本书为国家社科基金项目"现代中国域外纪游文学研究"（17BZW157）结项成果、湖南省文艺发展基金会资助项目成果、湖南省作家协会 2025 年扶持项目。

Research on Modern Chinese
Foreign Travel Literature

现代中国域外
纪游文学研究

傅建安　著

中国社会科学出版社

图书在版编目（CIP）数据

现代中国域外纪游文学研究 / 傅建安著. -- 北京：
中国社会科学出版社，2025. 8. -- ISBN 978-7-5227
-5198-6

Ⅰ. I206.6

中国国家版本馆 CIP 数据核字第 2025A8P961 号

出 版 人	季为民	
责任编辑	王　越	
责任校对	夏慧萍	
责任印制	戴　宽	

出　　版	中国社会科学出版社	
社　　址	北京鼓楼西大街甲 158 号	
邮　　编	100720	
网　　址	http：//www. csspw. cn	
发 行 部	010 – 84083685	
门 市 部	010 – 84029450	
经　　销	新华书店及其他书店	

印　　刷	北京明恒达印务有限公司	
装　　订	廊坊市广阳区广增装订厂	
版　　次	2025 年 8 月第 1 版	
印　　次	2025 年 8 月第 1 次印刷	

开　　本	710 × 1000　1/16	
印　　张	21.75	
字　　数	359 千字	
定　　价	119.00 元	

凡购买中国社会科学出版社图书，如有质量问题请与本社营销中心联系调换
电话：010 – 84083683

寻觅和确立现代中国域外纪游文学"中国性"

——傅建安《现代中国域外纪游文学研究》序

谭桂林

多年前和一个学生聊天时，我曾说过一个人最好的生活状态是在旅途中。记得那时我刚读完凯鲁亚克的小说《在路上》，深深地为小说所渲染的那种自由率性的氛围所陶醉。曾经和凯鲁亚克同居过的一位女作家，就是读完这部小说，哇了一声就走了出去，可见这部小说在当时美国青年中影响之大。事后我也有点诧异，自己这么说，是不是也受到凯鲁亚克的影响？仔细想想，是，但也未必尽然。过去曾流行一种说法，西方是海洋文化，喜欢冒险；中国是内陆文化，安土重迁。我一度也很喜欢这个说法，常以这种思维来看问题。但后来自己喜欢上了旅行，才觉得这一分别似乎过于绝对。喜欢游走，恐怕是人的天性。作家蔡测海曾写自己少时想看看大山外面的风景，翻过一座大山，站在山上看到的是更大的山，当下就坐在地上绝望地哭了。我一直感动于他的这段回忆，连那么深的大山里的孩子都蠢蠢欲动，想看山外的世界，说什么东方文化安土重迁，实在有点盲人摸象。

其实，东西方文化中都曾拥有过伟大的纪游文学。西方不用说，从荷马史诗《奥德赛》到《鲁滨孙漂流记》，再到后来的流浪汉小说，"漂泊"是一个经久不衰、杰作频出的文学母题。中国文学传统中，《离骚》

已开漂泊母题之先河，其中如"朝发轫于苍梧兮，夕余至乎县圃"，可见游走之行迹；而"路漫漫其修远兮，吾将上下而求索"，则写尽了漂泊者阅历之沧桑。李白、杜甫、苏轼、秦观等各个时代的伟大诗人，贡献出的纪游经典更是无以计数。当然，就纪游文学所表达的内容而言，山水形胜，离情别绪，爱恨情仇，这些主题在中西文学传统中都是共同的。但仔细辨识，在共同的主题之下，由于历史、文化、地理等的不同，表现方式甚至纪游内容存在许多差异。其中有一点是比较明显的，海洋性民族的纪游文学往往与海洋的开发与征服有关，带有强烈而鲜明的冒险性质，异国情调特别浓郁；而中国虽然也有很长的海岸线，但清前期以来采取的是闭关政策，广袤的国土和丰富的自然资源使得国人不屑于了解海外世界，而交通的艰难与舟车劳顿也使得好游者视航海为危途。因而，中国古代的纪游文学往往在疆域上囿于国境之内，在形式上徜徉于山水之间，没有异国，只有他乡。虽然"乡音未改鬓毛衰"的感叹，"近乡情更怯，不敢问来人"的踌躇，其心理也感人至深，但异国情调的欠缺，域外经验的稀少，以及由此而来的眼界之狭窄，也就难以避免了。近代以来，国门的打开吸引几代知识分子中的先觉者向西方寻求救国救民的真理，而工业革命所带来的交通便利也大大地增进了国人域外游历的信心与兴趣，时代精神的强风劲吹和现代工业化成就的结合，鼓荡起了中国文学从古典向现代的形态转型，而纪游文学这种文学体式的改观也是水到渠成的事情了。

学术界对现代纪游文学的综合研究，如果我没有记错，大概始于朱德发先生主编的《中国现代纪游文学史》，朱先生认为近现代兴起的纪游文学给五四文学第一个灿烂的春天添上了十分光彩的一笔，还把域外纪游文学特别提升出来，同社会型、政治型、战争型、流亡型并列成为其中的一类，可见朱先生对域外纪游文学的特殊性和重要意义也是刮目相看的。但朱先生的著作出版于1990年，写作的时间无疑更早。囿于时代条件，在缺乏大数据库的情况下，对于域外纪游文学的原始文献难以收集完备，而时代的学术资源也还没有凸显城市文明这一命题。所以那个时代对纪游文学的思考，要么就聚焦在具体的社会政治层面上，要么就落实在审美的山水自然层面上。从这个意义上看，傅建安的《现代中国域外纪游文学研究》（以下简称傅著）的出版对于现代纪游文学史研究，无疑在深度和广度上都是一次有价值的学术拓展。首先，本书资料文献更加齐全，不仅把近代的出使游记纳入了研究的范围，而且对诸如《吴宓日记》这样的更为私人化的作品也进行了考察，一些传统话题得到了更多材料的补充佐证，如红色纪游中白薇、冯铿等人的作品也进入了研究者的视线。其次，由于21世纪以来都市化进程的快速发展，都市文化成为21世纪文学艺术乃至政治、学术关注的热门问题。承受着都市文明发展带来的都市文化理论的润泽，傅著对域外纪游文学的研究视点更多地聚焦在都市文化的记叙与表达上，如对"东京鲁迅"建构过程的分析，特别关注了东京性即东京文化场域特性之功用。此外，本书对于游记中关于西方科技、教育、医疗等成就的考察也予以特别的关注，因为即使在西方现代化的历史过程中，这些成就最早其实也主要是在城市生活中得以呈现。从世界范畴来看，20世纪是都市文明发展的世纪，虽然乡土中国在发展阶段上较之世界落后了一大步，但从近现代以来上海在中国经济社会发展中的引领效果、从五四新文化运动自身的精神属性以及启蒙功能来看，由乡土文明向城市文明的转型乃是必然的趋势，也是正在艰难进行的历史过程。相对于传统的纪游文学更多地着眼于乡土与自然而言，域外纪游文学对于城市与人文的关注，给国内的读者打开新的眼界，增添新的知识，传输新的信息，这正是域外纪游文学出现的意义所在，傅著抓住了这个意义，也就是赋予了域外纪游文学以富有生气的灵魂。

当年朱德发先生在为现代纪游文学分门别类时，将域外型与政治型、战争型、流亡型等并举，其潜在的意思当然是要突出域外纪游文学的现代性意义。但这种分类带来的问题就是它的交叉与混合。域外型虽然是域外经验，域外视角，但这种经验和视角又何尝不是政治的，何尝没有战争的、流亡的。如十月革命后一度非常时尚的苏俄游记，第一次世界大战和第二次世界大战时期的欧陆游记，许多优秀作品中其政治的、战争的乃至流亡的个人体验可谓融汇一起，感人至深，其包含的历史内容和文化意蕴也格外丰厚。所以，如何找到一个时代思想的高度，把这些个体经验与历史内容串联起来，寻觅、发掘和确立现代中国域外纪游文学的现代性与"中国性"，也就是说这些域外纪游文学如何在讲述域外风景（物质的与精神的、自然的与人文的）时呈现出中国作家的本位意识。

在这一点上，傅著做出了认真的尝试，这也可以说是这部著作在学术观念上的一个突出的亮点。譬如，晚清维新派的纪游，无论是欧游心影，还是东洋杂话，都是他们的文化人格形成和确立之后的精神产物。他们的域外游历既有着求知觅法的目标，也有着坚定的文化立场，所以傅著在分析晚清维新派的域外纪游时，着重阐述了他们的世界格局和文化自信的相得益彰。对于现代留学知识分子的纪游文学，也比较注意描述他们在中西文化碰撞交流过程中的心路历程，尤其关心他们的个体体验在时代洪流中的默默坚守与孤独实践，如对吴宓纪游文学中的新人文主义与现代中国思想现代化之关系的分析，就是一个很有呈现度的例证。傅著不是纪游文学史，关注的研究对象不可能也不应该面面俱到，但选择哪些研究对象，择取什么样的视角来统摄和透视，这里面显现的恰恰也是研究者的学术高度和文化立场。

一部学术著作的样貌呈现与研究者的学术积累有着密切的关系。这部著作的作者博士论文研究都市女性形象及其精神特质，都市文明的理解与女性书写的特色，这是作者长期以来思考的问题，所以，这次跨入域外纪游文学的研究领域，看似拓宽了自己的研究疆界，其实也是自己研究路数的一个承续。傅著中对域外纪游的都市性的关注，对谢冰心、谢冰莹、庐隐等女性作家的器重，甚至专门辟一章来谈女性作家走出闺房与走向世界的重叠与合流，这些思路和论证结构的设计都可圈可点。当然，任何一部学术著作都不可能尽善尽美，总会有这样或那样的局限，有的是时代性造成的，有些是个人学力性所致的，傅著也是如此。譬如，我在前面提到的旅游在人类精神发展上的个体意义，这是一种永恒价值。作为一部域外纪游文学研究的专著，傅著在纪游文学的社会文化意义上下足了功夫，这自然是无可厚非的，但对作为永恒价值的人类精神发展的一种原型的意义探索，显然有所回避，这多少有点影响著作的理论深度。如果作者以后继续在这个课题上拓展开去，希望能够在这样的问题上有更加深入和专门性的思考。

是为序。

写于癸卯年中秋

目　录

绪　　论

域外文明的探寻与中国现代化的思考

　　纪游又称游记。古代的游记文学属于散文文体之一。著名作家徐迟认为，中国是一个有纪游文学传统的国度。"行万里路，读万卷书"是传统士大夫的人生追求，特别在恰逢国家灾难或遭遇人生困厄之时，文人士大夫往往寄情山水，在观光游历后留下传世名篇，如苏轼《赤壁赋》、韩愈《山石》、柳宗元《永州八记》、徐霞客《徐霞客游记》等游记作品。现代化是指人类从现实社会向理想社会迈进的历史过程，它是进步，也是选择，更是淘汰。中外文化的交流与碰撞是文化进步的一大诱因。近代以来，由于内忧外患的历史文化背景，向国外学习借鉴成为实现中华民族独立与富强所必需。行旅特别是域外行旅在很长时间内都成了热潮。为此，中国现代纪游文学的发展为中国现代化进程增添了极为精彩的一页。鸦片战争以后的国难家仇使大批有志之士旅居海外，"自从一八四〇年鸦片战争失败那时起，先进的中国人，经过千辛万苦，向西方国家寻找真理"①。异域生活给这批知识精英带来了全新的体验，异域文化带来了宝贵的精神财富。他们以旅居地的政治、经济、文化为背景，写下了诸多域外纪游文学作品，在中国借鉴外来文化、反思中国传统文化、努力建构中国现代文化的进程中起了重要的作用。

一　救亡图存背景与文化焦灼

　　有着五千年文明史的中国是世界文明的发源地之一，与古埃及、古

---

　　① 毛泽东：《论人民民主专政》，《毛泽东选集》（第四卷），人民出版社 1991 年版，第 1469 页。

巴比伦、古印度并称为世界"四大文明古国"。中国的造纸术、指南针、火药和印刷术"四大发明"光耀千古,是对世界历史文化与科学技术的杰出贡献。

到了晚清时期,长达2000多年的中央集权帝国制度已经走到了历史的尽头,按照历史的发展规律中国必将迎来一个近代历史的大变革时期。西方资本主义国家自文艺复兴以来,从封建神学的束缚中解放了出来,思想得到了解放。人权观念深入人心,自由平等与欲望合理化等理念被放大,科学求知与竞争进取的精神进一步加强。这为资本主义的发展提供了精神动力。接之而来英国资产阶级革命、法国大革命、美国的独立战争等早期的资产阶级革命,使西方资本主义国家建立了资产阶级专政,在政治体制层面为资本主义的发展扫清了障碍。经过第一次工业革命、第二次工业革命及日本的明治维新等社会大变革,西方资本主义的发展走入了快车道。马克思在《共产党宣言》中如此盛赞资本主义创造的生产力:"资产阶级在它的不到一百年的阶级统治中所创造的生产力,比过去一切世代创造的全部生产力还要多,还要大。自然力的征服,机器的采用,化学在工业和农业中的应用,轮船的行驶,铁路的通行,电报的使用,整个大陆的开垦,河川的通航,仿佛用法术从地下呼唤出来的大量人口,——过去哪一个世纪能够料想到有这样的生产力潜伏在社会劳动里呢?"[①] 而清政府却对剧烈变动的世界大势茫然不知,在挨打的局势中被动地步入中国近代化进程。

新航道的开辟不仅打破了世界各地区的隔绝的状态,也给进入垄断资本主义阶段的西方资本主义国家抢占殖民地掠夺资源、转嫁危机提供了可能。号称老大帝国而实质身处颓势的清政府在帝国主义侵略战争中受到了强烈的冲击。鸦片战争失败,清政府被迫签订了丧权辱国的南京条约。接着帝国主义相继发动了第二次鸦片战争、中法战争、甲午中日战争、八国联军侵华战争,迫使清政府与侵略国签订了北京条约、马关条约、辛丑条约等一系列不平等条约。中国逐渐沦为了半殖民地半封建社会。历次的战败也使整个中国弥漫着屈辱感。精英知识分子在被动的比照中表现出对中国落后屈辱的现状的深深失望以及强烈的焦灼。龚自

---

① 《马克思恩格斯选集》(第一卷),人民出版社1972年版,第256页。

珍称其时的中国为"将萎之花""将倾之大厦"。康有为指出"社稷之危未有若今日者"。瞿秋白对当时中国现实如此描绘："阴沉沉，黑魆魆，寒风刺骨，腥秽污湿的所在，我有生以来没见一点半点阳光，——我直到如今还不知道阳光是什么样的东西。"谭嗣同慨叹："四万万人齐下泪，天涯何处是神州。"胡适引用任叔永以其友人某君书云："吾辈生此可怜之时，处此可怜之国。"巴金的视野中乡土充满着残酷的景象，悲痛的回忆，以至去国离乡之际对故国故土充溢着又爱又恨的情绪，如此发问："哟，雄伟的黄河，神秘的扬子江哟，你们的伟大的历史在哪里去了？"①郁达夫在《沉沦》中，也借人物之口激情呼唤："中国呀中国，你快快强大起来吧！"在对中国现状的焦虑与中国强大的呼唤中，精英知识分子开始踏上异国他乡的旅程，去"求一个'中国问题'的相当解决——略尽一分引导中国社会新生路的责任"②。

二　放眼世界与域外文化借鉴

鸦片战争以后国难家仇使大批有志之士开始开眼看世界，冲开闭关锁国的牢笼，学习西方的科学技术、政治制度与人文精神。郭嵩焘指出："洋人之强，与其逼处中国危害之深，远过于前代。体察天下大势，与西洋交涉已成终古不易之局。"③ 可以看出，郭嵩焘已深刻意识到与西洋打交道已成为国家发展的长远之计。奕䜣意识到知己知彼的重要性，他在向皇帝上奏折时说："查自各国换约以来，洋人往来中国，于各省一切情形日臻熟悉。而外国情形，中国未能周知，于办理交涉事件，终虞隔膜。"所以需要"派员前往各国，探其利弊，以期稍识端倪，借资筹计"④。魏源在《海国图志》中明确提出"欲制夷患，必筹夷情"，提出"师夷长技以制夷"的构想，希望利用夷族之长技使国家强大最终达到制约夷族的目的。"中学为体""西学为用"，借鉴外来文化，反思中国传统文化，建构中国自己的现代文化，成为当时朝野的共识。到西方国家实

---

① 巴金：《海行杂记》，东方出版中心2017年版，第8—9页。
② 瞿秋白：《瞿秋白游记》，东方出版社2007年版，第7页。
③ （清）郭嵩焘：《郭嵩焘诗文集》，杨坚点校，岳麓书社1984年版，第196—197页。
④ 宝鋆等：《筹办夷务始末》（同治朝卷39），民国十九年故宫博物院影印清内府抄本1930年版，第1页。

地体验成为当时与世界交流与对话的重要方式，域外行旅成为获取西方先进文化的重要手段。

使节出访、官派、私费留学、政治避难成为最早的域外行旅发生的缘由。异域生活给这批知识精英们带来了全新的体验，异域文化成了他们精神的宝贵财富。他们以旅居地的政治、经济、文化为蓝本，写下了诸多域外纪游文学作品。使节出访是清政府主动了解世界的最初的方式。1867 年，清政府派遣了第一支使节团考察欧美等国。① 斌椿、志刚、郭嵩焘、刘锡鸿、张德彝、薛福成等 20 余人留下了使西日记大约 30 部，其中，斌椿著有《乘槎笔记》、志刚有《出使泰西记》、郭嵩焘有《使西纪程》、薛福成有《出使英法义比四国日记》，张德彝将自己多年出访经历写成日记体游记八部"述奇"，200 余万字，共 70 卷。这些游记将"该国一切山川形盛，风土人情，随时记载，带回中国，以资印证"②。为了进一步实现中国的独立、民主与富强，官派留学提上日程。日本明治维新是使日本实现西方化现代化的重大改革。因为日本"路近、费省、同文、时短"，留学日本成为向西方学习的桥梁与捷径，从而掀起留日热潮，催生大批旅日游记。据实藤惠秀《中国人留学日本史》记载，中国人留学日本游记达 227 种，其中晚清 148 种，中国近代 79 种，③ 如张謇的《东游日记》、吴汝纶的《东游丛录》等。美国因其是当时世界上科技最先进、政治实行民主总统制度的国家，备受青睐。留学欧洲、苏俄也是官方及民间许多有志之士的迫切选择。1909 年、1910 年和 1911 年三次庚款留美学生是第一批大规模的官派留学生，之后，俄、英、法、荷、比等国相继效仿，将庚款余额用于留学教育。自费留学很快也出现了高潮，"有一阶段几乎占整个留学生的一半"④。很大部分是官宦人家的子弟，其父母有开阔的视野或本身就是留学生。还有一部分是靠勤工助学

---

① 王德威、季进主编：《文学行旅与世界想象》，凤凰出版传媒集团、江苏教育出版社2007 年版，第 94 页。

② 陈学恂、田正平主编：《中国近代教育史资料汇编：留学教育》，上海世纪出版股份有限公司、上海教育出版社 2007 年版，第 5 页。

③ ［日］实藤惠秀：《中国人留学日本史》，谭汝谦、林启彦译，生活·读书·新知三联书店 1983 年版，第 104 页。

④ 李喜所：《近代中国的留学生》，人民出版社 1987 年版，第 5 页。

解决经费，如蔡元培、李石曾、吴玉章、吴稚晖、张继等在北京发起组织"留法俭学会"，在他们的提倡下，赴法勤工俭学的学生有1500人以上。在美国、英国也有这种勤工俭学学生。他们半工半读，接触马克思主义思想和社会主义思潮，考察资本主义社会，研究工人运动。留学生成为中国现代海外游历的最重要的组成部分。康有为、梁启超、王韬等则因为政治避难而有着国外或长或短的羁留。1898年，"戊戌变法"失败以后，康有为、梁启超等维新派领袖遭到清廷通缉。康、梁二人先后东渡日本，寻求政治庇护。随后游历了美、英、意、法等30多个国家，写成《欧洲十一国游记》《夏威夷游记》《新大陆游记》《欧游心影录》等纪游文学作品。王韬则因给太平天国攻取上海献策被清政府下令捉拿而辗转新加坡、意大利、法国，到达英国，开启23年的流亡生活，晚年应邀出访日本，著有《漫游随录》《扶桑游记》等。而在大革命失败以后，郭沫若、茅盾、邹韬奋、郑振铎、陈学昭也被迫亡命出走、避难海外。

正如梁启超在《五十年中国进化概论》所述，中国向当时发达资本主义国家学习的历史进程，是从器物、制度、文化三个层面循序渐进的，这也是近现代域外纪游文学域外借鉴的发展历程。近代知识分子肩负着拯救国家使命踏上域外行旅之途，他们最初最直接的目的是学习欧美、日本等资本主义国家的先进的科学技术，从而实现器物层面的借鉴与革新，如李鸿章因为要创办新式海军，先后奏请皇上派遣福建船政学堂、北洋水师学堂学生、艺徒分3批共70人赴英法等国学习先进技术，为中国海军的现代化做出了杰出的贡献。最初的行旅者初到异国他乡，给他们带来震惊体验的是异国的"声光化电""奇技淫巧"，如斌椿最初出使时最感兴趣的是火车、轮船、自行车、电梯、照相机；郭边城的《西游笔略》记录了罗马的"火轮车""自燃灯""绘像馆""窥天楼"等代表着科技进步的当时国人见所未见、闻所未闻的新奇事物；斌椿的《乘槎笔记》与张德彝的《航海述奇》向国人介绍了欧洲各国工业化之后机械、制造、造船、采矿、纺织、枪炮、火药等方面的科技进步；傅云龙以先进的地理信息技术，记录下日本、美国、英国、古巴、秘鲁、巴西等国的城市群落、经济统计、金石物产等方面现代化资料，从而助推了"求新法以致富强"的洋务计划。在将西方科技文明传到中国，实现器物层面的革新之后，域外纪游文学体现出来的是体制方面的借鉴。康有为在遭到以慈禧为首的清朝顽固派的残酷镇压后，流亡他国十多年，作为维新改良派代表人物，他在行旅过程中，面对其他国家的政治体制，思考维新改良失败的原因，在他的《欧洲十一国游记》留下了他的所思所感。梁启超考察并记载美国的政治与社会，思考其对中国近代化进程所起的作用，由此写成《新大陆游记》。他的流亡考察经历成为他以后支持新文化运动与五四运动的思想源泉与动力。郭嵩焘的《使西纪程》盛赞西方的民主制度，何如璋的《使东述略》记录了日本人明治维新取得的改革成就，力求改变中国的封建专制，使中国通过制度的变革走上富强的道路。随着对发达资本主义国家了解的深入，域外知识分子对异国文明的借鉴体现为文化借鉴。吕碧城在《欧美之光》自序中就如此写道："予去国十年矣，游屐所及，遍于瀛寰，不歆其物质之发展，惟觇其风化之转移。"① 域外行旅者对现代文明的进行宽视野多层次的探求，在文化借鉴方面域外纪游文学留下了丰富多彩的篇章，如鲁迅、郭沫若、郁达夫对思想启蒙的呼唤，蔡元培、梅贻琦对教育教学理念的探求，冰心、谢冰莹、庐隐等对女性文化的感悟，太虚、吕碧城、苏曼殊、许地山对宗教文化现代化的思考，胡先骕、梅光迪、吴宓等对人生价值的观照……域外纪游文字在对域外文明的探寻中，在政治体制、思想启蒙、女性文化、宗教文化、人文精神等各领域都留下了现代化的思考。

三　纪游文学研究的发展与现代中国域外纪游文学现代性研究

自古以来，纪游文学都是一种非常重要的文学样式，留下了诸多经久不衰的经典。随着中国改革开放政策的实行、旅游事业的发展、传播方式的更新，纪游文学越来越成为一种引人注目的文学形式，纪游文学研究也越来越引起广泛的重视，呈现如下特点。

（一）研究视角涵盖了作品研究与文学史观照

当今时代，"诗和远方"成为人们的向往与追求，旅行成为人们生活

---

① 吕碧城著，文明国编：《吕碧城自述》，时代出版传媒股份有限公司、安徽文艺出版社2014年版，第10页。

的审美追求。追往抚昔，纪游文学作品也不断被整理出版，研究者也不时对其品味、赏析、解读。吕叔湘的《笔记文选读》从《梦溪笔谈》《老学庵笔记》等九种文集中选录近百则进行注释与评论。有些研究者站在宏观的视角，对纪游文学进行整体观照，考察其不同历史时期社会背景、美学特征等，如王兆胜的《论 20 世纪中国纪游散文》①、陈晓兰的《当代中国旅外游记中的西方表述》② 等。

（二）文体发展经历了文体学探讨到元学科创建

对于游记的美学特征的探讨一度成为研究热点，如举岱的《游记选》（桂林文化供应社，1942 年）、沈从文的《谈"写游记"》（《旅行家》，1957 年）、徐迟的《漫谈游记》（《文艺报》，1959 年）等。进入 20 世纪90 年代，对于纪游文体特征的探讨又一次形成热潮，如朱德发的《中国现代纪游文学史》（山东友谊出版社，1990 年）、余光中的《从徐霞客到梵谷》（台北九歌出版社，1994 年）等。朱德发的研究提高了纪游文学的地位，拓展了它的文体范畴，从而标志着纪游文学作为一门元学科开始创建。学界以一系列纪游文学史及纪游文学作品选与之呼应，如马先义等的《中国古代纪游文学英华》（山东人民出版社，1986 年），李伯齐的《中国古代纪游文学史》（山东友谊出版社，1989 年），杨守森等的《外国纪游文学英华》（山东友谊出版社，1987 年）等。

（三）不同时期不同地域的近现代纪游文学得到特别关注

因 20 世纪上半叶国家的动荡，不少知识精英主动或被迫地选择了身体与心灵的漫游，中国近现代纪游文学成为醒目的文学现象得到特别的关注，如姜振昌的《新文化运动激起的涟漪——五四纪游文学创作概况的描述和判断》③、姜静楠的《左翼十年间中国纪游文学的兴盛与白色政治恐怖》④、周宪的《旅行者的眼光与现代性体验——从近代游记文学看

---

① 王兆胜：《论 20 世纪中国纪游散文》，《海南师范学院学报》（人文社会科学版）2001年第 3、4 期。

② 陈晓兰：《当代中国旅外游记中的西方表述》，《当代作家评论》2008 年第 2 期。

③ 姜振昌：《新文化运动激起的涟漪——五四纪游文学创作概况的描述和判断》，《山东师大学报》（社会科学版）1990 年第 2 期。

④ 姜静楠：《左翼十年间中国纪游文学的兴盛与白色政治恐怖》，《山东社会科学》1992 年第 1 期。

现代性体验的形成》① 等，分别对五四时期、左翼十年、中国近代等不同历史时期的纪游文学进行梳理分析。不少论者阐释了异域体验对中国文学现代化的影响，如李怡的《日本体验与中国散文的近现代嬗变》②、尹德翔的《晚清使官的西方戏剧观》③ 等。

（四）现代中国域外纪游文学的思想文化现代性需得到系统性研究

中国近现代纪游文学作为一种独立的文学现象得到特别关注。研究者们对纪游文学从微观到宏观，从文体到学科进行了具体、全面而富有深度的研究。但是，对于中国现代纪游文学的研究，研究者的视野往往较多聚焦在国内题材的纪游文学，或者梳理各阶段纪游文学的美学特征，或者阐析其与时代背景的关联。对于以域外生活、域外游历为主题的纪游文学，仍然缺乏专门性的、系统性的研究。实际上，中国现代纪游文学出现在中国社会现代化转型的重要历史时期。许多先进知识分子漂洋过海，汲取域外现代文明的优秀成果，不断推进着中国社会的现代化进程。域外纪游文学作为一种特殊的文类，不仅详细地记录了他们对异域现代文化的观感与体验，也较深刻地反映了他们面对西方异质文化时的复杂矛盾的心态与思考。正如孟华所说："在形象学中的游记研究实际上必须绕经一个民族的思想史、心态史。……近现代是中国人对世界的观念发生重大变化的时期，而在这种变化中，对外部世界，对异国及异国人的认知和看法起到了关键的作用。"④ 因而，域外纪游文学乃是中国现代纪游文学体系中的一个独特的、十分重要的组成部分。对于这一特殊文类的研究，不仅在纪游文学类型学的研究上，而且在中国社会思想文化的现代性研究上，都具有重要的学术价值与理论意义。

当今中国的现代化进程进入了一个崭新的历史阶段，中国与西方的文化交流从过去的"引进来"，开始进入一个"走出去"的阶段。无论是"引进来"还是"走出去"，文化主体都是知识分子，知识分子同样还得

① 周宪：《旅行者的眼光与现代性体验——从近代游记文学看现代性体验的形成》，《社会科学战线》2000 年第 6 期。
② 李怡：《日本体验与中国散文的近现代嬗变》，《文学评论》2004 年第 6 期。
③ 尹德翔：《晚清使官的西方戏剧观》，《中国比较文学》2006 年第 4 期。
④ 孟华主编：《比较文学形象学》，北京大学出版社 2001 年版，第 16 页。

面对不同文化碰撞中的复杂性与错综性，还是同样地会出现心理的动荡与不安，出现认知上的误读或曲解。深入探究中国近现代纪游文学中知识分子在汲取域外文明推进中国现代化过程中的心理态势和心路历程，对当今中国文化走出去的国家文化战略的实施，具有一定的借鉴意义。

第 一 章

中国现代域外纪游文学发展概况

20 世纪上半叶是中国历史风云动荡的时期。在这"国家不兴诗家兴"的时代，不少知识精英主动或被迫地选择了身体与心灵的漫游，中国现代域外纪游文学成为醒目的文学现象。中国现代不同历史时期、不同地域、不同类型的知识者走出国门，对当时发达资本主义国家的现代文化有着不同的接受态度与接受方式，形成不同的现代化感悟。不同时期、不同地域纪游文学的发展概况在本章两节中重点阐述。不同类型的纪游文学创作群体主要有维新作家、新文化运动领袖、女界代表、宗教革新人士、文学研究会作家、学衡派作家、官派留学生、留苏人士、战地记者，他们在政治体制、思想启蒙、女性文化、人文精神等各领域探寻域外文明，对中国思想文化现代化进行思考，本书将按类型、分主题，在以后章节中进行专门分析。

第一节　中国现代各历史时期域外纪游文学发展脉络

各个不同历史时期的域外纪游文学因不同的历史背景呈现出阶段性的主题内涵与时代性的意义。

一　19 世纪末至 1917 年：中国域外纪游文学的兴起与中国思想文化现代性的先导

19 世纪末，清政府多次战败，被迫签订了丧权辱国的一系列不平等条约。特别是甲午海战的失败，堂堂华夏输给了长期不屑一顾的蕞尔岛夷，带来比以往战败于英法等国所带来的耻辱感更加强烈的震撼。维新变法的领导者康有为发出强烈的慨叹："夫以中国二万里之地，四万万之民，比于日本，过之十倍"，而中国"坐受剥割，耻既甚矣，理亦难解"①。梁启超也痛心疾首："吾国四千年之大梦唤醒，实自甲午战败，割台湾，偿二百兆始也。"② 因为在甲午海战中北洋海军全军覆灭，历经30余年的变法自强的洋务运动最终宣告破产。义和团扶清灭洋运动失败以后，八国联军血洗北京城，给中国人民带来更加深重的耻辱与伤痛。血泪的中国近代史使中国朝野开始站在文化的原点，以世界性视野思考问题。求新求变成为广大知识分子的共识，他们游学东西方留下寻求真理的足迹。

初次踏上异域旅程的行旅者无一不为西方发达的机械工业文明、便利的交通、丰富的物产、昌明的政治制度所吸引折服，如伟大的革命先行者孙中山于1878年出国以后，就表达了自己初次接触西方文明的体验感悟："始见轮舟之奇，沧海之阔，自是有慕西学之心，穷天地之想。"③ 林鍼盛赞异域风景："宫阙嵯峨现，桅樯错杂随；激波掀火舶，载货运牲骑；巧驿传千里，公私刻共知；泉桥承远溜，利用济居夷；战舰连城炮，浑天测海蠡；女男分贵贱，白黑辨尊卑；俗奉耶稣教，人遵礼拜规；联邦情既洽，统领法犹垂；国以勤农富，官从荐举宜；穷招孤寡院，瞽读揣摩碑；断狱除刑具，屯军肃令仪；暑寒针示兆，机织火先施；土广民仍少，售昂物只斯；南方宽沃壤，北省善谋赀；少蓄遨游志，今开夙昔疑。"④ 短短一段文字，对西方的器物、交通、礼仪、政教、司法各方面赞不绝口。斌椿在《乘槎笔记》中遍赞马赛、里昂、巴黎、伦敦、阿姆斯特丹、柏林等欧洲现代大城市高楼林立，华灯如海的美景。李圭的《环游地球新录》、志刚的《初使泰西记》、张德彝的《航海述奇》同样建构了富饶、民主、自由的美国形象。

他们亲历了西方文明的现代化速度与便捷舒适的交通，毫无保留地

---

① 汤志钧编：《康有为政论集》（上册），中华书局1981年版，第139—140页。

② （清）梁启超：《戊戌政变记》，中华书局1937年版，第1页。

③ 张宝林：《一夜庐城外杂诗》（续编），中国财富出版社2023年版，第30页。

④ 林鍼：《西海纪游草》，林鍼、斌椿、志刚、张德彝《西海纪游草·乘槎笔记·诗二种·初使泰西记·航海述奇·欧美环游记》，岳麓书社1985年版，第35页。

表达对西方资本主义文明的艳羡并建议将其用于国内的现代化改造中。如斌椿初次乘火车的感受："宛然筑室在中途，行止随心妙转枢；列子御风形有似，长房缩地事非诬，六轮自具千牛力，百乘何劳八骏驱?"并且认为中国应该向资本主义国家学习此法，"若使穆王知此法，定教车辙遍寰区。""云驰电掣疾于梭，十日邮程一刹那；回望远峰如退鹢，近看村舍似流波；千重山岭穿腰去，百里川原瞥眼过；共说使星天上至，乘槎真欲泛银河。"① 后来经过傅云龙、刘启彤、郭嵩焘等的考察与推动，1881 年，李鸿章创办的开平矿务局修建了一条从唐山至胥各庄的铁路，成为中国第一条铁路，对国内铁路修建也起很大的推动作用。

志刚观察比利时的煤窑，研究其如何提高工作效率问题，"轮上所垂之皮条有二，窑口亦中隔为二条，所系之铁箕亦二。如一箕上，则一箕下。更迭提放，则窑中常有入煤之箕，窑口常有出箕之煤，不致耽时矣"；研究通风与排水问题，"窑中无风，则人闷绝。设风轮如扇车，斜扇入于风口，则窑底有风，而人不闷。地窑深则见水，攻煤者于窑底掘坑，使所出之水入于坑。于坑中置汲筒，上有轮机，轧而激之，则水之入于汲筒者不竭，而机之轧而激之者不止；虽溥博渊泉，而时出之矣。人之入窑者，直下而坠入，则虚火上炎，而头目眩晕。乃另设转梯，秉烛而入。初入进木框中立，落丈许，又过一框。框分左右，人有倒换之暇，而不觉其晕矣"②。继而联系煤窑现状以思改进，认为中国地窑可以效仿此法增效，山窑则可在窑口外设火机，才能达到用力少，而见功多的效果。徐建寅奉旨前往德国考察其工艺技术与管理制度，订制了"定远号""镇远号"两艘铁甲舰，后来造出了中国第一艘轮船"黄鹄"号，接着又有了"操江""测海""驭远"等轮船，为我国现代制造业与海军的发展打下了坚实的基础。斌椿、张德彝、黎庶昌、薛福成、李圭等在行旅的过程中，认证了地圆说、地球的自转，体验到了时差，纠正了中国过去的"天圆地方""天动地静"的错误观念，确定了世界上有五大

① 斌椿：《乘槎笔记·诗二种》，林鍼、斌椿、志刚、张德彝《西海纪游草·乘槎笔记·诗二种·初使泰西记·航海述奇·欧美环游记》，岳麓书社 1985 年版，第 163 页。
② 志刚：《初使泰西记》，林鍼、斌椿、志刚、张德彝《西海纪游草·乘槎笔记·诗二种·初使泰西记·航海述奇·欧美环游记》，岳麓书社 1985 年版，第 353—354 页。

洲、四大洋，地球上有300多个国家，中国只是其中的一个。这种行旅认识帮助早期知识分子初步树立了科学观念，并对中国认识世界产生了很大的影响，也有利于中国改变唯我独尊的观念，树立向西方学习的思想。

不仅如此，这时期的行旅者也感受到了西方的政教风俗，如民主制度、男女平等的观念等，无不彻底地刷新了封建士大夫的传统观念，而产生文化比较，继而反思传统文化，思考迫在眉睫的富国强民以及中国未来思想文化现代性建构等问题。

本时期的行旅者由"地东到泰西"，接触到从未有过的现代文明，他们"在初亲历各国，习其语言文字，察其地势人情，与夫山川道里之所经，一一穷其奇而笔之书"①，不仅学习西方强大的军事技术，也学习西方的科学知识与实践精神，更学习了西方的政治体制与其强大背后的务实精神。

从清末域外纪游文学作品可以看出，尽管清末知识分子开眼看世界借鉴域外文化时还保留某种程度的封闭保守的状态，在文化选择的过程中表现出徘徊与犹疑，在文化接受的过程中存在以中国传统文化固有的态势来解释与接受西方文化的现象，但是他们毕竟迈出了非常可贵的一步，给中国带来了开放的视野与世界的格局。正如林鍼所言："去日之观天坐井，语判齐东；年来只测海窥蠡，气吞泰岱。"② 所以，王德威的经典论断"没有晚清，哪来五四"即使只站在域外纪游文学的视角也可以看出这句话有充分的现实依据，是建立在当时历史背景下深刻的理性思考。晚清时期是中华民族积弱深重的时刻，同时也迎来一个重要的发展时期，把一切传统推倒，然后站在文化的原点进行文化重建。在这里的推倒并不是全盘否定，这里的重建也是出自我的内在需求，自觉地整合世界文化资源为我所用，是鲁迅先生所说的"拿来"。19世纪末至1917年的域外纪游文学体现接纳文明的心胸，在文化借鉴与文化建构的意义上成为中国文化现代性的先导。

---

① 张德彝：《航海述奇》，林鍼、斌椿、志刚、张德彝《西海纪游草·乘槎笔记·诗二种·初使泰西记·航海述奇·欧美环游记》，岳麓书社1985年版，第436页。

② 林鍼：《西海纪游草》，林鍼、斌椿、志刚、张德彝《西海纪游草·乘槎笔记·诗二种·初使泰西记·航海述奇·欧美环游记》，岳麓书社1985年版，第39页。

二　1917—1927 年：中国域外纪游文学的发展与中国思想文化现代性的发端

五四时代，海禁进一步开放，中外文化交流日益频繁，进步知识分子记载异域风情、西方物质文明与世界新思想，并推动着新文化运动与思想启蒙运动。与此同时，狂飙突进的五四运动反过来影响行旅者对异域文化的接受，使此阶段的域外纪游文学呈现全新的主题内涵。

如果说晚清时期的战败与不平等条约的签订，全国上下集体情绪表现为屈辱的隐忍、无奈的郁结，那么五四运动就是意味着郁结已久的情绪的决堤而出，这是由青春而来的呐喊，体现排山倒海的破旧立新的历史伟力。正如习近平同志对五四运动的评价："（五四运动）是一场中国人民为拯救民族危亡、捍卫民族尊严、凝聚民族力量而掀起的伟大社会革命运动，是一场传播新思想新文化新知识的伟大思想启蒙运动和新文化运动，以磅礴之力鼓动了中国人民和中华民族实现民族复兴的志向和信心。"[1]从晚清到五四，集体情绪从沉郁转为昂扬。广大青年的奋不顾身捍卫国家的领土主权的行动激发了全国人民前所未有的爱国热忱，爱国主义精神成为五四精神的核心，也是高扬的时代精神。国际形势上，俄国十月社会主义革命取得了胜利，1922 年成立苏维埃社会主义共和国联盟。无产阶级登上历史舞台、社会主义国家的成立彻底改变了世界格局，苏俄文艺与思想大规模的涌入给知识分子行旅者带来极大的思想冲击。1921 年中国共产党成立，领导中国人民进行彻底的反帝反封建的斗争，阶级意识更加鲜明。这样，爱国主义精神成为这阶段域外纪游文学主旋律，并且具有强烈的忧患意识与深广的社会思考。同时，世界格局的变化与阶级斗争理论的深入，使精英知识分子思考世界大势，对国家与世界的未来进行理性思考。

旅欧美的作家爱国之情体现出来的是对祖国的深情呼唤，体现远行千里的游子魂牵梦萦的家国情怀。冰心在《寄小读者·通讯二十》中，记录了面对大西洋彼岸的明媚的湖光、汪洋的大海、葱绿的树林、边际的芳草，思念故乡、思念北京的感情。虽然"我的故乡，我的北京，是

---

[1]　习近平：《在纪念五四运动 100 周年大会上的讲话》，人民出版社 2019 年版，第 6 页。

一无所有"，但"有了我的爱，便有了一切！"① 传达出作者对祖国温柔的爱。刘半农在伦敦写了《教我如何不想她》，表达客居异乡的游子对祖国的浓浓的思念。作为法国勤工俭学的学生代表陈毅由于现代军阀与法国政府之间的阴谋在被迫遣返回国时写下了这样的诗歌："我今东归，/归向那可爱的故乡，/故乡是我的情人，/不知她而今怎样？/欧陆的风云苍茫，/一股横流东向，/妙手空归的我呀！/怎好，/怎好还乡"②，表达了他报国壮志未酬的悲愤心情。

爱国主义情怀在当时旅日作家的笔下，不仅有深情的呼唤，更有热烈的呼号。旅日作家郭沫若便有这样直白的表达："'五四'以后的中国在我的心目中就象一位很葱俊的有进取气象的姑娘，她简直就和我的爱人一样。我的那篇《凤凰涅槃》便是象征着中国的再生。'眷念祖国的情绪'的《炉中煤》便是我对于她的恋歌。《晨安》和《匪徒颂》都是对于她的颂词。"③ 与此同时，他们对日本帝国主义者仇视丑化，对祖国强大热切呼唤。郭沫若在《今津游记》中以讽刺、鄙夷的口吻，抒发当年留学日本游今津的观感：以洁净闻名于世的日本，在郭沫若的笔下其街道是侧街陋巷，泥淖淋漓，"昏白色的浆水中含混着铜绿色的水垢"，好像"消化不良的小儿的粪便"，所以他用嘲讽的口吻评价"这种风味，恐怕全世界中，只有五大强国之一的日本国民才能领略了"④。而被誉为"护国的大堤"元寇防垒不过是一条杂乱的矮矮石堤，"堤长不过百丈。堤上狼藉些极不规则的乱石，大者如人胸廓，小者如人头首，中段自砂中露出之石垣"，石垣最高处也不过"及股臀关节"⑤。在护国大堤中没有找到沉沙的折戟，而只找到元军载来的水牛残骨。可见，在郭沫若笔下日本暴强的尴尬与中国历史的强大及中国将来的必然强大形成强烈对比，凸显作家的爱国热情。在深深体会到日本人呼中国人为"支那人"

---

①　冰心：《寄小读者》，山东文艺出版社 2019 年版，第 99 页。

②　聂之素编辑整理：《陈毅早年的回忆和文稿》，四川人民出版社 1981 年版，第 63 页。

③　郭沫若著作编辑出版委员会编：《郭沫若全集·文学篇章》（第十二卷），人民文学出版社 1992 年版，第 73 页。

④　郭沫若著作编辑出版委员会编：《郭沫若全集·文学篇章》（第十二卷），人民文学出版社 1992 年版，第 310 页。

⑤　郭沫若著作编辑出版委员会编：《郭沫若全集·文学篇章》（第十二卷），人民文学出版社 1992 年版，第 314 页。

的极端的恶意之后，郭沫若借《行路难》中的爱牟之口咒骂："日本人哟！日本人哟！你忘恩负义的日本人哟！"① 郁达夫留学日本时出于对当时弱国小民身份的体认，大声呼号："他们都是日本人，他们都是我们的仇敌，我总有一天来报仇，我总要来复他们的仇。"② 周恩来在日本求学返国时，在《大江歌罢掉头东》一诗中，强烈表达"返国图他兴"的报效祖国的强烈愿望。他们在切肤的旅日体验中，强化了国家民族观念，发出祖国富强、民族振兴的呼声。

旅苏作家的爱国情怀体现为了祖国的强大而奋不顾身的献身精神。如瞿秋白把到苏俄借鉴社会主义革命与建设的经验比喻为"进赤俄的东方稚儿预备着领受新旧俄罗斯民族文化的甘露"，含泪暂别我的旧社会，"向着红光里去！""拨准船舵，前进！前进！"③ 蒋光慈纪游诗歌《送玄庐归国》写出革命热情与改造社会的决心："你今归去，我立看着你飞过乌拉山，/经过贝加尔湖，跳过满洲里，/跑入那闷沉沉的群众中。/高呼无产阶级革命与全世界被压迫民族的解放万岁！"④ 一个出发，一个回来，中心目标都是拯救被压迫的人们，建设现代意义的中国。

本阶段域外纪游文学除了直接表达爱国情，还有对如何借鉴域外文化，在科学、民主、自由、法制、教育等方面如何开展中国文化的现代性建构的深广的社会思考与探索。行旅者为美国等发达资本主义国家工农业的机械化程度，汽车电车、地铁、铁路等城市系统立体交通系统，图书馆、商场、学校、公园等公共服务系统等领域的科技进步与科学构架发出惊叹。如钱用和所言："汽车电车，往来街市"⑤，笔名为乡下人的行旅者形容横跨美洲的大陆火车如"陆地飞行大旅馆"，城市有完备的供水系统、供电系统，这些都体现出欧美城市的科技昌明，物质文明发达。在拥抱科学的同时，行旅者盛赞欧美的民主与自由。钟巍称"法国人是真平等，真自由"⑥。认为美

① 郭沫若著作编辑出版委员会编：《郭沫若全集·文学编》（第九卷），人民文学出版社1985年版，第309页。

② 《沉沦》《郁达夫小说全集》（上），广东人民出版社2023年版，第23页。

③ 瞿秋白：《瞿秋白游记》，东方出版社2007年版，第104页。

④ 蒋光慈：《送玄庐归国》，《新梦 哀中国》，人民文学出版社1983年版，第79页。

⑤ 钱用和：《到美一瞥》，《钱用和回忆录》，东方出版社2011年版，第180页。

⑥ 钟巍：《致友人信》，《大公报》1920年10月13日。

国"开世界民主的先声，树自由的基础"（世界都市游历记）。徐志摩歌唱个性与自由。在意大利佛罗伦萨的大自然怀抱中，抒发天性的释放、个性的解放的快乐体会与深层感悟，渲染"永不须踌躇你的服色与体态"的无拘无束、自在自为的心情。"只有你单身奔赴大自然的怀抱时，像一个裸体的小孩扑入他母亲的怀抱时，你才知道灵魂的愉快是怎样的……体魄与性灵、与自然同在一个脉搏里跳动，同在一个音波里起伏，同在一个神奇的宇宙里自得。"①　表达作者对于"自由"理想的高歌与憧憬。所以，侯鸿鉴在《环球旅行记》中书写1924年3—8月游历日、美、英、法、德及南洋各地的见闻，表达考察欧美人的公共道德水平及社会精神风貌的感受，以期对中国建构积极向上的国民精神文化起积极的作用。与中国传统封建宗法制不同的是美国等资本主义国家的法治化。王一之在《旅美观察谈》中书写美国法治精神："美国以法为重，故虽达官巨富，不敢干法纪而利己私。朝野上下，无尊无贱，苟有一人稍存蔑弃法治之心，全国必起而痛掊之。"②　"然美国人士之能遂其宏愿以为社会谋福利，则亦法律保障之功也。有此保障物以督率社会，则无论何人，必不敢攘公众之物以为己有。久而久之，渐成社会风习。公德之美满，亦不期然而自然矣。"③　而对于教育的借鉴，也是五四前后域外借鉴的重点。蔡元培也称赞法国教育："现今世界各国之教育，能完全脱离君政及教会障碍者，以法国为最。法国自革命成功，共和确定，教育已一洗君政之遗毒。"④　钱用和在回忆录中赞美美国教育对于个性与创新的重视，培养目的在于"养成知德体健全之国民，为升学之预备、树优良习惯之基础，注重个性教育，培养相爱、负责、活泼、兴趣、干练之人才"⑤。

这时期的行旅者深深感受西方文明、科技昌盛。与此同时，因为马克思列宁主义思想、共产主义理论的传播，中国共产党的成立，行旅者

① 徐志摩：《翡冷翠山居闲话》，四川文艺出版社2019年版，第15页。
② 王一之：《旅美观察谈》，陈晓兰编校《美国印象——中国旅美游记选编（1912—1949）》，复旦大学出版社2018年版，第31页。
③ 王一之：《旅美观察谈》，陈晓兰编校《美国印象——中国旅美游记选编（1912—1949）》，复旦大学出版社2018年版，第35页。
④ 蔡元培：《华法教育会之意趣》，《中国伦理学史：外一种》，山西出版传媒集团、山西人民出版社2020年版，第158页。
⑤ 钱用和：《到美一瞥》，《钱用和回忆录》，东方出版社2011年版，第221页。

又能按照社会的发展规律理性地看待资本主义文明。他们看到了资本主义社会因为战争及垄断所带来的经济危机所暴露的资本主义的隐患，如陶孟和在《战后之欧洲》中所写："我这次看到了各国战后的情状，觉得西欧的国家正遇着一个大难关，好像他们进行的路程到了山穷水尽的时候。战前战后所积累的政治、经济、社会诸问题，一时都如潮地涌出来，要所有的人民一齐努力去解决。"① 梁启超云："科学愈昌，工厂愈多，社会遍枯亦愈盛，富者益富，贫者益贫，物价一日一日腾贵，生活一日一日困难。"② 1921 年周恩来总理的第一篇旅欧通讯《欧战后之欧洲危机》也如此理性分析："吾人初旅欧土，第一印象感触于吾人眼帘者，即大战后欧洲社会所受巨大之影响，及其显著之不安现状也。影响维何？曰生产力之缺乏，经济界之恐慌，生活之窘困；凡此种种，均足以使社会上一般人民饥寒失业交困于内外。"③ 甚至宣扬"爱、自由与美"的徐志摩也说巴黎"收藏着不少失意人最后的呼吸"。这些论断都表明世界资本主义的发展已经面临前所未有的困难，正因为如此，这一阶段的域外纪游文学昭示中国的未来不在于民族资产阶级，而在于新兴的无产阶级，在于中国共产党的领导。因此，在五四前后掀起的"以俄为师""到莫斯科去"留苏热潮中的纪游文学诠释着对革命道路的选择与理想信念的坚守。瞿秋白在《饿乡纪程》中就明确了入俄的志愿，"就是担一分中国再生时代思想发展的责任"④。虽然在当时的俄国没有吃、没有穿，饥寒交迫，但他认定"他始终是世界第一个社会革命的国家，世界革命的中心点，东西文化的接触地"。他以朝圣的心情"向着红光里去"，"研究共产主义，俄共产党，俄罗斯文化"。蒋光慈如此歌颂十月革命："十月，十月，/从荆棘的、荒废的、蔓草的园中，/开辟了一块新土地，栽种下，蕃殖着将来的——/美丽的花朵！/……/它们的清香/刺透了我的心灵"⑤，

———————

　① 陶孟和：《战后之欧洲》，《孟和文存》，世纪出版集团、上海书店出版社 2011 年版，第104 页。

　② （清）梁启超：《欧游心影录》，商务印书馆 2014 年版，第 12 页。

　③ 周恩来：《欧战后之欧洲危机》，清华大学中共党史教研组编《赴法勤工俭学运动史料》（第三册），北京出版社 1981 年版，第 3 页。

　④ 瞿秋白：《饿乡纪程》，《瞿秋白游记》，东方出版社 2007 年版，第 30 页。

　⑤ 蒋光慈：《十月革命的婴儿》，《新梦 哀中国》，人民文学出版社 1983 年版，第 110 页。

高歌"红色的俄罗斯啊！／你是蕃殖美丽的花朵的新土"①。这些作家的书写集中体现对社会主义的向往与中国未来的理想追求。

　　这时期域外纪游文学对域外文化的接受心态不是晚清时期的惊羡或者对文化选择的彷徨无着，也不是以"中学为体，西学为用"的迂回曲折，"犹抱琵琶"的学习态势，而是以"科学与民主"为核心，以否定一切、重建一切的五四精神对外来先进文化进行全方位的拥抱，展现出世界现代文明的勃勃生机。虽然请进了"德先生"与"赛先生"，但是基于爱国主义精神的时代内蕴、救国兴邦的历史要求，他们"抒发着人与自然与故土的血肉相依之情，内聚力来自对人间不灭的正义、人性、人道主义以及至善至美的追求"②，他们对于域外文化的借鉴体现出更加深层的忧患意识与更深广的理性思考。因为世界格局的变化，马克思列宁主义思想的引入，他们理性地以历史唯物主义的观点解读世界大势，明确中国未来。马泰·卡林内斯库在《现代性的五副面孔》中解读西方文明史的一个阶段的现代性时，说到现代性的内涵包括"进步的学说，相信科学技术造福人类的可能性，对时间的关切……对理性的崇拜，在抽象的人文主义框架中得到界定的自由理想，还有实用主义和崇拜行动与成功的定向……"③ 此时期的域外纪游文学所传达的科学进步、民主自由、对未来的探索等观念集中体现在马林内斯库的现代性精神内涵，而彭斯所定义的现代性概念内涵包括理性、进步与科学，追随其与生俱来的通过断裂与危机来创造的意识。而在此意义上，与破坏一切、创造一切五四时代精神相呼应的域外纪游文学具有鲜明的现代性意义。这一阶段的域外纪游文学成为真正的现代性的发端。

三　1927—1937 年：中国域外纪游文学的兴盛与中国思想文化现代性的发展

　　1927—1937 年的中国社会处于政治革命、思想文化变革的重要时期。

---

　　① 蒋光慈：《十月革命的婴儿》，《新梦 哀中国》，人民文学出版社 1983 年版，第 114 页。
　　② 朱德发主编：《中国现代纪游文学史》，山东友谊书社 1990 年版，第 37 页。
　　③ ［美］马泰·卡林内斯库著：《现代性的五副面孔》，顾爱彬、李瑞华译，商务印书馆 2002 年版，第 48 页。

1927 年国民党发动"四一二"反革命政变，蒋介石领导的反动军队疯狂搜捕和屠杀共产党员和革命群众，国民党与共产党的合作全面破裂。反对帝国主义与北洋军阀的大革命从高潮走向失败。无产阶级单独领导的政治革命、文化运动蓬勃发展。在国民党的白色恐怖下，革命文学旺盛起来，正如鲁迅先生在《上海文艺之一瞥》中所说："到了政治环境突然改变，革命遭了挫折，阶级的分化非常显明，国民党以'清党'之名，大戮共产党及革命群众，而死剩的青年们再入于被压迫的境遇，于是革命文学在上海这才有了强烈的活动。"① 1928 年 1 月，蒋光慈、钱杏邨主持的《太阳》月刊，从日本回来的创造社成员李初梨、冯乃超、彭康等主持的《文化批判》月刊与《创造》月刊，旗帜鲜明地宣布"个人主义的文艺老早过去了"，代替他们的将是无产阶级的文艺。1930 年中国左翼作家联盟成立，上海的左翼作家们团结起来，与国民党反动派作斗争。鲁迅先生第一次提出了文艺的"工农大众"方向，并且指出左翼文艺家一定要立足实际的社会斗争。而以徐志摩、胡适、梁实秋为核心的《新月》月刊，则表明自己的态度是维护独立的"健康的原则"与"尊严的原则"。阶级矛盾越来越尖锐，文学与文化的阶级分野越来越鲜明。1931年"九一八"事变爆发，日本蓄意制造并发动侵华战争。民族危机感逐步加深，民族责任感也逐步增强。在党的抗日民族统一战线思想的影响下，文艺界同人团结御侮。中国革命的历程从五四时期的思想革命转向社会政治革命，"中国社会向何处去"成为时代意识的中心。

由于当时国民党的白色恐怖，日本帝国主义的侵略，许多精英知识分子流亡海外。革命文学兴起与发展，抗敌御侮成为民族共识。这一时期域外纪游文学创作同样承担了时代的重任，并且比前一个阶段更具有社会性与时代性特征。民族意识、阶级意识、对苏维埃社会主义国家政治制度、文化精神的接受、分析与传达成为当时域外纪游文学几大主题。

首先，延续前两个阶段家国意识的主题，本阶段因日本侵略中国使民族矛盾进一步强化，域外纪游文学同样体现出强烈的民族意识。王希恩认为民族意识有两方面的内涵："一是社会成员对自己民族归属的感

① 鲁迅：《上海文艺之一瞥》，《鲁迅全集》（第四卷），鲁迅先生纪念委员会编，东方出版传媒、人民文学出版社 2005 年版，第 303—304 页。

悟，二是社会成员对自己民族利益的感悟。"① 正是在这两种意义上，作家进行了颇有意味的思考。这一时期的民族意识，除了表达国家落后、人民屈辱、民族利益受到侵犯的沉痛外，作者并没有一味地呐喊与狂呼，而是深沉思考造成这一局面的深层次的原因，包括长期受到欺凌甘愿为奴、帝国主义的殖民教育等造成的民族归属感的钝化等。邹韬奋在意、法、英、比、荷、德、美、苏等国漫游的过程中，见到了积弱已久的国情使中国人在国际上受歧视、受欺辱。邹韬奋痛心于祖国的不振作，民族利益受到侵犯，中国人被人打压与欺辱的现实。在《船上的民族意识》中的甲君就对外国老太婆欺负中国人特别愤激，并且上升到国家层面进行维护："中国人都是做贼的吗？这样的欺侮中国人"，他描写在巴黎的青田人"干着牛马的工作，过着犬马不如的非人的生活"，"动辄被外国警察驱赶毒打"，没有谁出来说话，也没有谁出来保护。即使在瑞士这个所谓的"中立国家"，中国人也沦为了所谓的"劣等民族"。所以他悲叹哀痛："聪明才智并不逊于他国人的中国人，何以就独忍受这样的侮辱和蹂躏！"② 进而深刻思考为什么中国人在外随时随地受着他族人的凌辱与蹂躏，是因为有些中国人的畏缩怕事、甘愿为奴的思想，再而思考民族解放就要铲除帝国主义国家的附属物的大问题。同样当时英帝国主义对华侨实行殖民教育，以图消灭中国人民的民族记忆，王统照对此深感痛心，站在民族归属感的角度，深切地表达其民族意识与民族情感。在《华侨教育之一斑》中，王统照描述了英国对华侨进行殖民教育的现状："提学司"（新加坡的英国管教育的最高官吏）分季赴各校视察，"防备学校内是否有民族思想的传布"，"各华侨学校对于民族思想的书籍检查更严，有些学校将这类的书付之一炬，有的便收藏起来，不敢再在图书馆中陈列"③。这些措施便是帝国主义国家当时在政治经济层面实现殖民地化之外，在思想层面上弱化乃至消灭民族意识，实现思想殖民。而文明古国在帝国主义铁蹄践踏下文明破碎、尊严不再的惨状，成为当时行旅者将帝国主义对华人实行殖民教育的地方现状与我国现状进行比对的

---

① 王希恩：《民族认同与民族意识》，《民族研究》1995 年第 6 期。
② 邹韬奋：《萍踪寄语·初集》，生活·读书·新知三联书店 2014 年版，第 128 页。
③ 《王统照文集》第五卷，山东人民出版社 1982 年版，第 116 页。

重要感兴。而在《他也有自己的国土》中，作者写古印度"苦行僧"的梦幻被"历史的车轮所碾碎"，古老的文明在"西方的巨艑"的冲击下，变成"伟大的古老的空壳"，无以抵御外敌的入侵。① 郑振铎的《阿拉伯人》描写"勇骛"彪悍的阿拉伯人在帝国主义的欺辱下显得那么谦卑，"不能相信"也"不忍相信"这些受着帝国主义压迫的阿拉伯人是古代骑着壮马，执着长矛的古代阿拉伯骑士的后裔。② 作者借景生情，言在此而意在彼，借印度、阿拉伯的悲剧来讽喻中国的现实，强化中华民族的归属感，思考祖国命运。在中华民族生死存亡的时刻，有正义感有爱国心的精英知识分子在现实的感悟中触发了民族认同与民族意识，在域外纪游文学中进一步进行民族前途、国家命运的思考。

国共两党的分野，中国共产党领导人民进行的革命斗争，左翼文学的兴起与发展，苏联社会主义国家的强大等诸多因素，都使本阶段的域外纪游文学阶级分析到位，阶级意识明显。邹韬奋的《首途》写欧船上上下等舱搭客的极不平等的状况，"上几等舱的搭客可随意到下几等舱里去瞎跑，下几等舱的搭客不许到上几等舱里去走动"③；《曼彻斯特》写雇佣者与被雇佣者之间的"劳逸的不均，人生的不平"，女侍者终日奔忙，老板们却闲着无事。④ 邹韬奋不仅展现阶级剥削、阶级压迫在世界范围内存在的现象，而且从制度层面进行阶级分析，认识到"活跃着资本主义制度下的不平等现象"，抨击欧美等发达国家"生产力的进步已和生产工具私有的社会制度不相容"造成了"少数人的穷奢极欲"和"多数人的日趋贫困"⑤。王统照在《失业者之歌》中写出炫目的城市外表下面失业者的哀歌，"伦敦、巴黎、罗马、柏林，那些或觉得如地上天堂的大都市中"，有着"流浪的无食者，乞人，残废无依者"，"在伦敦的中等街道上常常有面容憔悴，蓬发粗手的工人来往徘徊，到处想找点小机会可

---

① 王统照：《欧游散记》，北京师范大学出版集团、北京师范大学出版社 2012 年版，第 127 页。

② 《郑振铎作品精选》，云南人民出版社 2019 年版，第 56—57 页。

③ 邹华义选编：《韬奋散文》，浙江文艺出版社 2003 年版，第 117—118 页。

④ 邹韬奋：《萍踪寄语》，北京师范大学出版集团、北京师范大学出版社 2014 年版，第 76 页。

⑤ 邹韬奋：《韬奋文集》（第二卷），生活·读书·新知三联书店 1955 年版，第 218 页。

以弄到这一天买面包的辨士"①。你会"从那一层的人民身上，从他们的目光里，找到这些虚张声势、'血脉偾兴'的所谓'列强'的病因"。在表达对失业者的同情时进行严厉的阶级批判。而在《华侨教育之一斑》中，作者发现"有蹲在街上擦皮鞋卖报的童子，有守着香烟摊售烟的女孩子"②，以抨击阶级的不平等。巴金的《锡兰岛上的歌伦波》写斯里兰卡的一个码头工人在吃饭时受到法国兵的欺负③，《吉卜的》里黑孩子与波浪搏斗，泅水乞钱的见闻④，都是对被压迫者进行人文关怀，对资本的占有者进行阶级批判。这些作家的域外见闻解读了生产资料、财富与特权之间的关系，厘清了社会归属与社会态度之间的逻辑链条。马克思在《哲学的贫困》对阶级意识做过这样的解读：一个以社会群体的形式存在的"自在阶级"，只有通过一个历史的、认知的和实践的觉悟化过程，才能产生阶级意识，才有可能通过一致的集体行动争取共同的阶级利益。⑤这阶段的域外纪游文学通过域外行旅中的具体案例，强化了阶级意识，从而实现共同的阶级利益。

20 世纪 20 年代末至 30 年代的苏联显示出社会主义制度的绝对优越性。在别的资本主义国家为经济危机所困时，苏联提前完成第一个五年计划，从落后的农业国一跃而为世界第二工业强国。以国家富强、民族振兴为己任的中国人无疑从苏联的成功看到了未来与希望。因此，这一时期的苏联理所当然成为中国借鉴的对象，苏联模式也成为许多知识者认为的中国未来制度的不二选择。因此，对苏维埃社会主义国家政治制度、文化精神的接受、分析与传达成为当时域外纪游文学的又一主题。主要作品包括胡适的《莫斯科印象记》、邹韬奋的《萍踪寄语》、曹谷冰《苏俄视察记》、林克多的《苏联闻见录》、戈公振的《从东北到庶联》、冰清的《赤都的新景象》等。在这些纪游作品中，苏联是"制度先进、经济腾飞、劳工神圣、一切为民、没有特权、一切平等、福利制度健全、

①　《王统照文集》第五卷，山东人民出版社 1982 年版，第 147 页。
②　《王统照文集》第五卷，山东人民出版社 1982 年版，第 118 页。
③　巴金：《海行杂记》，东方出版中心 2017 年版，第 56 页。
④　巴金：《海行杂记》，东方出版中心 2017 年版，第 75 页。
⑤　中共中央马克思恩格斯列宁斯大林著作编译局编译：《马克思恩格斯选集》第一卷，人民出版社 1995 年版，第 193 页。

人民幸福、言论自由重视文化的新型国家"①。胡愈之《莫斯科印象记》
中的导游如此谈自己生活的体会:"现在我们是过着生平最美满的日子,
而且是过最合理、公平的生活。……现在我们已没有忧虑。"② 胡愈之虽
然因过境临时访问莫斯科,住宿困难,但是他却感受到了"居住在巴黎、
柏林大旅馆内的阔客所梦想不到的快乐"。苏联对掠夺制度的废除,国家
的经济与分配的统筹规划与管理、集体化的工农业等都让他为之心动。
特别是美好的人性的发现,成人都是大孩子,"天真、友爱、活泼、勇
敢"。邹韬奋将苏联的体育运动与法、德、英、美等国进行比较,资本
主义国家华丽背后的黑暗使资本主义逐步走向灭亡,而苏联运动员健康
健美,提倡体育的目的是"为工作和防卫而准备",苏联的疗养院、休
养胜地是开放给大众的,苏联的儿童"好像图画上所绘的'乐园'中
无数的'安琪儿!'"③ 向人们展现了一幅幅大众生活的幸福美景。戈公
振也感受到苏联没有了剥削压迫,人们地位平等,正在走向"大同世
界"的生活图景。马克思认为,生产方式是决定一个国家制度形态的
基础。苏联选择的生产方式,决定了苏联自由、民主、平等的理想国度
形态,行旅者这阶段对苏联的展示与报道构筑了一个"苏俄乌托邦",
让中国知识者看到了理想的曙光,找到了可供效仿的制度模板和强国梦
实现的可能性与路径。正如曹谷冰《苏俄视察记》在记述苏联社会主
义建设所取得的成就后,也希望政府能"及早确定经济建设的方案,
快把基本工业建设起来"④,像苏联一样通过制度的优越性实现腾飞,
从而全面分析与启示我国制度与文化的选择。

　　发展、选择与淘汰是现代化的发展路径,国家的发展不仅需要物质
技术的强大,更需要精神层面软实力的强大。民族意识的加强与阶级意
识的觉醒就是精神软实力的重要体现。中华民族的民族意识作为一种自
在意识一直深深扎根于每个中国人的血液中,而本阶段的域外纪游文学
通过行旅过程中民族利益受到侵犯、民族尊严受到践踏等形成的民族感

---

　　① 陈晓兰主编:《想象异国:现代中国海外旅行与写作研究》,安徽人民出版社 2012 年版,
第 65 页。

　　② 胡愈之:《莫斯科印象记》,湖南人民出版社 1984 年版,第 10 页。

　　③ 邹韬奋:《韬奋文集》第二卷,生活·读书·新知三联书店 1955 年版,第 268 页。

　　④ 曹谷冰:《苏俄视察记》,湖南人民出版社 1984 年版,第 218 页。

悟，刺激并刷新了中华同胞的民族意识与民族情感，把民族意识的自在状态变为自觉的精神思考，逆向加强了中华民族的自我认同感，促进了中华民族共同体意识的凝结与升华。无产阶级受资本压迫是人类发展进程中现代性的深层困境，"丛林法则"的弱肉强食使劳动者的生活卑微如蝼蚁。而本阶段域外纪游文学不仅站在正义与良知角度抨击黑暗的社会现象，对底层人民寄予深厚的同情，而且在马克思列宁主义思想的指导下，深入剖析社会本质，揭示资本主义社会中压迫者与被压迫者之间的关系及制度原因，为马克思所说的同质而又互相分离的"一麻袋土豆"的阶级意识凝聚起来，从而为国家与人类的发展采取一致行动。苏联社会主义建设的新成就是本阶段域外纪游文学表现的又一主题。马克思认为，资本拜物教成为社会生产关系的精神归宿，资本成为万物之源。苏维埃社会主义国家通过资本的社会分配彻底解决了资本主义社会的基本矛盾。并且通过科技创新完成了物象的现代性进程，从资本主义的以物为本过渡到社会主义的以人为本，实现了现代性的精神进程。这批作家通过制度的比较与分析为中国社会制度的淘汰与选择提供了可供借鉴的资源与理性判断的依据。总之，这一阶段域外纪游文学由旅游所得的感兴深入社会政治层面，为社会的进步、淘汰与选择提供了可供参考的借鉴源。因此，这一阶段域外纪游文学促进了中国思想文化现代化的发展。

四 1937—1949 年：中国域外纪游文学创作的迂回与中国思想文化现代性的深化

从 1937 年卢沟桥事变到 1949 年中华人民共和国成立的 12 年，中华民族经历了全面抗日与解放战争两个重要的历史阶段，最后取得了伟大的胜利，浴火重生走向了社会主义的新中国。

1937 年 7 月 7 日，日本发动全面侵华战争的卢沟桥事变，中华民族到了最危险的时候，中国的历史进程也进入全民族争取民族独立解放的时代。毛泽东在中央政治局会议上作《论反对日本帝国主义的策略》报告，阐明了中国共产党的抗日民族统一战线政策。"'民族命运'问题被推到了社会生活与时代意识的前景位置，'个人'与'社会'都暂时抛置到了不被注目的后景中去，以至社会心理，思维方式都发生变化，"不再如五四时期那样强调个性，而着意突出共性，也不再如十年内战那样鼓动对立，而是真心提倡统一。① 听从时代召唤、民族召唤成为时代的最强音。而文学作为时代的号角，也成为抗战的重要力量。而在这战乱动荡之时，作家们无心山水风光，旅行也只是出于改变民族前途与祖国命运的有目的的社会考察，或被动的流亡，最典型的纪游形式有流亡记、旅寓记和复员记。因全国人民都结集成抗战的力量，这时期的域外行旅少之又少。更有一批已经在国外的行旅者，在这国难当头之时，主动选择回来参加抗战报效祖国，还有一批是因为第二次世界大战的爆发，中国与他国断交，被动撤回国内。据王淑良《中国现代旅游史》记载，旅日、旅美、旅德的留学生人精兵简政大大减少以至留学活动完全终止："七七事变后，弃学归来的学子们没有再返日本续学。"② "抗战爆发后，在美中国学生因国难当头，有相当一部分学生辍学回国，参加抗日。国内为适应战时需要，对出国留学也从严控制。1938 年 6 月，教育部制定《限制留学暂行办法》，使出国留学人数大大减少，留美学生数也随之减少，1939 年 5 月，留美学生为 1163 人。"③ "抗战开始后，中德绝交，留德学生大多撤回国内，1939 年赴德留学完全中止。"④

这期间域外行旅处于低潮时期，域外纪游文学也没有形成一种有力的文学思潮，域外纪游文学的发展进入转折期。域外行旅者往往是国家特派的记者，如萧乾、严仁颖等。1939 年，萧乾赴英讲学，从此开始了他长达七年的欧美生活。1943 年，他正式成为《大公报》的驻外记者，也是第二次世界大战期间欧洲战场上唯一的中国记者。在战火弥漫的欧洲，他随英军多次横渡德国潜艇出没的英吉利海峡，到达美、法两个占领区的战场，也曾随美军第七军挺进莱茵，进入刚刚解放了的柏林。他参加了苏、美、英三国首脑讨论战后问题的波茨坦会议，见证了纽伦堡审判纳粹战犯场景，报道了联合国成立大会的历史性场面。他了解战争局势以及战后惨淡的社会处境，写了许多战争动乱的作品，如《伦敦三日记》《美国散记》《南德的暮秋》《瑞士之行》等。除了正面写战争，

---

① 吴福辉、钱理群、温儒敏：《中国现代文学三十年》，上海文艺出版社 1987 年版，第 446 页。

② 王淑良等：《中国现代旅游史》，东南大学出版社 2005 年版，第 254 页。

③ 王淑良等：《中国现代旅游史》，东南大学出版社 2005 年版，第 261 页。

④ 王淑良等：《中国现代旅游史》，东南大学出版社 2005 年版，第 266 页。

萧乾还与国内时代主旋律相应和，并延续纪游文学前一阶段民族意识主题，站在国际主义的立场，极写战争引发的民族意识与民族情感。如《赴欧途中》描述了一些性格各异、经历不同的人物，他们在强大的民族凝聚力指引下，共同抗击法西斯侵略，保护国家人民利益不受侵犯。《银风筝下的伦敦》中，德军的炮弹给伦敦造成了难以估量的损失，人民就像处于炼狱之中。可是一批如高射炮手、英勇的"敢死队"以及戴钢盔的"纠察员"等民族英雄一直在用行动为民众点燃生存的希望，用生命去捍卫民族的尊严，并且用智慧和勇气狠狠地打击了法西斯反动势力。正如萧乾所言："在危机时刻，这种气概，这种精神力量对于一个民族的存在来说，是具有决定性意义的。"[①]

严仁颖于 1941 年赴美，担任了《大公报》驻美特派记者。在美三年，他报道了美国战时局势和中美关系的进展，如美国的战争动员与征兵工作、战时供应、排华律的取消、对于中国的援助等，调查了美国的文盲、战时体育及教育等方面的问题，结集为《旅美鳞爪》出版。严仁颖不是战地记者，所以他对战争进行的是一些外围的报道，也谈救国、谈华侨在美国所受的不公正的待遇。除此之外，美国作为当时最发达的国家，严仁颖借鉴其优秀的治理体制，提出了所谓"市民治"（Municipal Home Rule）的思想。提出消除几千年来家族制度造成的自私观念和对公众事务的漠视与畏惧，提倡并促进市民治，并依据宪法制定市民治法则。

抗战胜利后，主要行旅热潮为旅美、旅苏，"据华美协进社统计，1948 年留美学生达 2710 人，1949 年又增加到 3797 人"[②]。旅美纪游文学比较有影响力的还是萧乾的美国游记。他感慨于美国文化中的"爱与同情"、平等、公正及美国工作中的高效率——既有在夜总会"拼命玩"，也有在工地上"拼命干"的精神，表现了美国民众精神与意志的积极性的一面的阐释与借鉴。旅苏人群主要是应邀访问者，如郭沫若 1945 年 9 月应邀参加苏联科学院 220 周年纪念大会，进行了为期两个月的访问，他将行旅经历编为《苏联纪行》出版。1946 年 12 月至 1947 年 4 月茅盾与妻子应苏联对外文化协会邀请出访苏联 4 个月，写成《苏联见闻录》与

---

① 鲍霁编：《萧乾研究资料》，十月文艺出版社 1988 年版，第 116 页。

② 王淑良等：《中国现代旅游史》，东南大学出版社 2005 年版，第 261 页。

《苏联札记》，记载行旅经历与感受。郭沫若、茅盾二人的纪游文学继续上一时期胡愈之、邹韬奋、戈公振等对苏联经验的正面报道与借鉴，消除了徐志摩、抱朴的报道所形成的不利影响，描绘了苏联政治、军事、经济、科学、文艺等各方面伟大成就，揭穿谣言者对苏联的诬蔑的把戏，满足了中国广大人民群众对于苏联的知情意识。郭沫若感叹"葛天氏之民欤？无怀氏之民欤？这是古人的乌托邦式的想象，而在苏联则是现实"①。而茅盾所描绘的苏联则是一个童话的世界，每人都青春、激情、向上，朝着理想社会阔步迈进。

这一阶段的域外纪游文学创作虽然由于全民抗战与中华民族出路选择的斗争等特定的社会现实原因创作状况出现了迂回，没有像前几个阶段一样形成强劲有力的潮流。但是仍然出现了一些优秀的域外纪游文学作品。由于与时代、与社会结合得更为紧密，此时期域外纪游文学在民族意识的强化、和平反战的呼吁、未来道路的选择等方面更具有思想价值与社会意义，体现出对国家发展与世界发展的时代思考，在此意义上，本阶段域外纪游文学在思想文化现代性建构方面进一步走向了深化。

第二节　旅日、旅欧美、旅苏纪游文学对现代文化的接受分析与比较

具有五千年文明史的中华民族发展到今天并具有如此绚丽多彩的文化的一个重要原因，就是努力吸纳外来优秀文化。

晚清以来，在西学东渐的背景下，进步的知识分子借助留学、出访、游历的机会对发达资本主义国家进行考察，在对异质文化的观照中冷静总结中国社会落后的原因，对中国未来命运进行探索与思考。他们以其才华与慧眼展现异域的美丽风光与文明成果，以其世界视野使域外纪游文学呈现出立体丰富的迷人景观。屐痕所至英国、美国、德国、法国、日本、意大利、比利时、瑞士、苏联、新加坡等多个国家。就行旅地理位置而言，最重要的是日本、欧美、苏联三个区域。不同的行旅者

---

① 郭沫若著作编辑出版委员会编：《郭沫若全集·文学编》（第十四卷），人民文学出版社1992年版，第390页。

记载着各自的行旅背景、传达着不同的文化特点，体现出不同的接受心态。

一　旅日、旅欧美、旅苏纪游文学不同的行旅背景

（一）日本现代化之路与中国旅日纪游文学的文化借鉴

明治维新以前，日本也和亚洲其他国家一样，无力抵御外国坚船利炮的进攻，是一个面临着沦为半殖民地或殖民地社会危机的东方小国、岛国。1868 年日本明治维新后，明治政府在"富国强兵、殖产兴业、文明开化"的口号下，考察资本主义国家制度，派留学生出国以培养高级科技人才，积极引进西方科学技术，进行大规模原始积累，建立一批以军工、矿山、铁路、航运为重点的国有企业，引进缫丝、纺织等近代设备，这些手段使日本迅速崛起。随着经济实力的快速提升与军事力量日趋强大，在 1895 年中日甲午战争与 1904—1905 年日俄战争中，日本击败昔日强盛的大清帝国与沙皇俄国，成为能与欧美国家抗衡的现代化国家。日本是中国一衣带水的邻邦，历史上是受到中华传统文化影响的国家，在近代时期与中国一样面临着同样民族危机与社会危机。日本通过文明开化，学习西方先进的制度与文化摆脱社会的危机，走上强国富民的道路。同样的历史、同样的困境，日本迅速摆脱危机实现富强的现实使中国人感触深刻，特别甲午海战中国的失败、《马关条约》的签订更使中国朝野震动，清醒意识到日本"维新之历史，足为东洋未来国之前鉴"。日本成为中国早期知识分子谋求富国强民之路的借鉴对象。日本的强盛，离不开向西方的学习。而中国此时也开始开眼看世界。中国学习西方路途遥远，费用不菲，且有语言障碍。而日本经过多年的学习，西方的各种学科"在日本已灿然美备"①。不仅如此，日本对于西方制度文化做了适应自己国情的修改。"西书甚繁，凡西学不切要者，东人已删节而酌改之。"且中日文同源、俗相近，易通晓。"我取径于东洋，力省效速。"②学习日本成为中国转学西方的重要手段，赴日留学"本一而利十"。1896年中国政府派遣唐宝锷等 13 名"使馆学生"赴日本学习成为留日学生的

① 李喜所：《近代中国的留学生》，人民出版社 1987 年版，第 118 页。
② 王淑良等：《中国现代旅游史》，东南大学出版社 2005 年版，第 254 页。

发端。随后，中国留日学生人数逐渐增加，到 1906 年竟有 8000 名之多①，形成留学的高峰。但自此，留日学生规模再也没有出现如此盛况。一是由于留日学生遭受日本人的羞辱，人格被践踏，不堪屈辱，所以选择不去日本，如郑伯奇《最初之课》的描述："你们看那支那人！他们走到哪里，人家讨厌他们，叫他们做猪，他们却只是去，泰然地去，世界上最多而处处都有的只有老鼠同支那人。"② 而郭沫若在《行路难》中也描述主人公爱牟的感受："你们单在说这'支那人'三个字的时候便已经表现了你们极端的恶意，你们说'支'字的时候故意要把鼻头皱起来，你们说'那'字的时候要把鼻音拉做一个长顿"，"我们单听着'支那人'三字的声音，便觉得有点吃紧"③。郁达夫则表示："日本是我最厌恶的土地，所以今后大约我总不至于再来的。"④ 二是因为中国试图从清末照搬日本的模式中走出来，自创一条民族教育与发展的新路。三是因为日本民族好战而致力扩张，对中国虎视眈眈，妄图把中国变成他们的殖民地，所以他们的对华教育是其实现对华侵略扩张的工具，这样为中国人所不齿。并且日本 1931 年发动了"九一八"事变，1932 年又制造了"一·二八"事变，这两次事件事关祖国危亡，全体留日学生同仇敌忾，选择辍学回国。1937 年的七七卢沟桥事变之后，抗战全面爆发，绝大多数留日学生更是选择愤然回国。

（二）欧美资本主义的繁荣与中国旅欧美纪游文学的文化借鉴

欧洲进入近代以来，思想获得了极大的解放，生产力也得到了极大的发展。14 世纪意大利出现了资本主义萌芽，出现了大量手工工场，有了早期资产阶级。14—16 世纪的文艺复兴从意大利开始，进而扩展到整个欧洲。这次思想解放运动的人性对抗神性，促进了人类的觉醒与人文主义的发展。因此，15 世纪以来，欧洲在文艺复兴思想的影响下，逐步产生了科学思维并付诸了实践，自由民主理念也实现了从胚胎孕育发芽

① 孟旭：《张之洞中体西用教育观》，山西出版传媒集团、山西人民出版社 2019 年版，第 138 页。

② 郑伯奇：《郑伯奇文集》，人民出版社 1988 年版，第 583 页。

③ 郭沫若：《行路难》，《郭沫若全集·文学编》（第九卷），人民文学出版社 1985 年版，第 309 页。

④ 郁达夫：《归自己》，《郁达夫散文集》，浙江文艺出版社 1985 年版，第 4 页。

生长，为欧洲资本主义发展奠定了思想文化基础。15—16 世纪新航路开辟，欧洲人开始了殖民扩张和殖民掠夺，这为后来资本主义的发展提供了原始的资本积累。再加上罪恶的黑奴贸易，欧洲经济迅速发展起来。广大亚非拉地区处在欧洲列强的统治之下，成为欧洲的原料产地和商品市场。随之英国发生了资产阶级革命，建立了第一个君主立宪制的资本主义国家，为工业革命创造了前提。启蒙运动、法国大革命和拿破仑的统治，动摇了整个欧洲的封建制度，为资本主义的发展扫清了发展制度障碍。随后英国开展工业革命，然后扩展到欧美主要资本主义国家。工业革命使欧洲经济快速发展并使资本主义制度最终确立。欧洲殖民扩张的日渐加剧与第二次工业革命促使欧洲经济进一步发展。19 世纪末至 20 世纪初，欧洲资本主义国家进入帝国主义阶段并处于世界殖民体系中心。英、法、德、日、比等欧洲老牌资本主义国家，科学进步、制度完善、经济发展、文化繁荣，文明程度极高，成为急于摆脱国家困境的近代中国人效仿与借鉴的对象。

在所有欧洲国家中，被称为"日不落帝国"的英国从 1700 年就开始了持续的经济增长，以致有人认为英国是"全球竞争中所谓大国崛起意义上的第一个大国"，"从国家的规范发展和持续繁荣来看，1500 年以来只有两个堪称大国的国家，那就是 19 世纪的英国和 20 世纪的美国"[1]。英国具有最健全的市场经济制度；英国的《大宪章》规范了英国的政治行为，进而形成政治制度，在宪政平台上展开政治经济活动；英国人具有超强的贵族克制能力，促使他们在文化上着意积累点滴的社会进步，保守文化根脉。[2] 在这种意义上，学习考察英国的意义非凡。近现代历史上从清廷派出的大使斌椿、志刚、张德彝、郭嵩焘等到徐志摩、邹韬奋、萧乾等，出使、游历英国的重要代表人物几乎贯穿了中国近现代各个历史时期。

作为另一大国的美国，是资本主义世界的后起之秀，但也是一个发

---

① 任剑涛：《思想的钝化：中国现代政治理念的英国导向》，《政治思想史》2012 年第 2 期。

② 任剑涛：《建国之惑：留学精英与现代政治的误解》，中国政法大学出版社 2012 年版，第 47—50 页。

展得最快的国家，被认为是"财富、民主与自由"的国家。① 北美大陆原本是英国的殖民地，英国对北美的殖民剥削与统治，激起了北美人民的抗争。1775 年 4 月列克星敦的枪声揭开了美国独立战争的序幕，1776 年 7 月 4 日通过了由托马斯·杰斐逊执笔起草的《独立宣言》，宣告了美国的诞生，1783 年美国独立。获得独立的美国于 19—20 世纪之交正处于资本主义发展的黄金时期，社会繁荣安定，国力大幅提升。不仅汲取了欧洲资本主义发展的精华，而且因权利法案、独立宣言、人权宣言的颁布，美国在制度与人文思想方面有崭新的借鉴的因素。因为美国长期的富足与 20 世纪上半叶生生不息的发展动力，留美学生保持着持续的热度。从第一代中国留美学生容闳，到后来派遣的幼童，庚款留学生、各种自费留学生等都到美国学习新思想、新知识。1912 年，中国留美学生有 594 人，占美国各大学的外国留学生总数（4222 人）的 14%。到 1925 年，在美国的各国留学生总计 7510 人，其中中国学生达 2500 人，占 1/3 以上②，以致《美国中国留学生手册》的编者惊呼："中国留学生满布于美国。"③ 重要代表人物包括梁启超、胡适、冰心、邹韬奋、萧乾等。

法国是中国留学生除近邻日本、后发强国美国之外的第三大聚集地。法国除现代科学技术先进以外，还具有"自由、平等、博爱"的政治理念以及激进的革命精神。中国旅居法国的人员众多，除了经济政治方面的原因以外，还与来自中法两国民间组织的力量密切相关。由华法教育会、留法勤工俭学会和门类众多的勤工俭学预备学堂的推动，留法勤工俭学运动在 1919 年达到高潮。据 1921 年 12 月 8 日和 15 日的《时报》报道，到 1920 年留法人数有 1600 多人。中法友好人士还创建了专门接收中国留学生的里昂中法大学。赴法国勤工俭学留学生基于"劳工神圣"的理念，集生活、劳动、读书三者于一体，促进了社会主义与共产主义思想的传播，为中国培养了革命力量。

因为第一次世界大战以欧洲为主战场，欧洲各国经济政治受战争破

① 陈晓兰主编：《想象异国：现代中国海外旅行与写作研究》，安徽人民出版社 2012 年版，第 81 页。
② 王淑良等：《中国现代旅游史》，东南大学出版社 2005 年版，第 260 页。
③ 舒新城：《近代中国留学教育小史》，吕达、刘立德主编《教育论著选》（上册），人民教育出版社 2004 年版，第 560 页。

坏，第二次世界大战以后德意法西斯彻底失败，英法也受到冲击，实力削弱。中国出访、留学欧洲国家热度降低。美国则没受到很大冲击，成为 20 世纪世界强国。中国旅美热相比欧洲国家，更具有持续性。

（三）苏联新时代的书写与苏联经验借鉴

俄国在近代沙皇统治时期并不发达，甚至可以说很落后，还是一个手扶木犁的农业国家。1904—1905 年日俄战争以及第一次世界大战中俄国的失败，证明并加剧了俄国的落后。据 1911 年的调查统计，俄国当时使用木犁 1000 万个、木耙 2500 万个，而铁犁只有 420 万个，铁耙则不到 50 万个。① 农业生产机械化程度很低，生产力低下。第一次世界大战前几年，俄国谷物平均每英亩的产量仅仅达到德国农夫收获量的三分之一和法国农夫收获量的二分之一。俄国的电力和机器制造业刚刚创立，没有机床工业、化工工厂和汽车制造工厂。

从 1917 年列宁领导"十月革命"之后，俄国发生了翻天覆地的变化。1917 年建立了苏维埃俄国，1922 年，苏维埃社会主义共和国联盟建立，简称苏联。苏联成为首个社会主义共和国，是马克思主义民族化道路的伟大实践，它创造了伟大的奇迹。首先，它完成了生产资料私有制的社会主义改造，统筹生产资料与利益的分配，基本实现生产资料公有制，全民所有制和集体所有制经济占主导地位，从而消灭了产生剥削和阶级的根源。其次，它实现了经济的飞速发展，由落后的农业国变成了先进的工业国，综合国力急速增强，跻身于发达国家行列。1925 年召开的苏共十四大通过了社会主义工业化的方针，决定把苏联从农业国变为工业国。在优先发展重工业方针的指导下，苏联人民在 10 年内完成了资本主义国家用 50—100 年才完成的事业。苏联工业生产在整个国民经济中所占比重逐年增加，1925 年占 33.3%，1928 年占 48%，1932 年年底至 1933 年年初占 70%，1937 年占 77.4%。第二个五年计划于 1936 年提前 9 个月完成，苏联工业生产水平较之 1913 年增长了 8.2 倍，1937 年，苏联工业总产值跃居欧洲第一位、世界第二位。1927 年 12 月，苏共十五大通过了逐步开展农业集体化的方针。1933 年 1 月，苏共中央宣布："把分散

---

① 周尚文、叶书宗、王斯德：《苏联兴亡史》，上海人民出版社 2002 年版，第 5 页。

的个体小农经济纳入社会主义大农业的轨道的历史任务已经完成。"① 农业集体化的实现，为苏联农业机械化、现代化开辟了广阔道路，为苏联的社会主义工业化创造了条件。再次，建立了比较完整的工业体系，基本上完成了国民经济的技术改造，能保证提供人民经济和国防建设所需要的一切生产和技术设备，从根本上摆脱了对外国经济的依赖。最后，苏联大力发展教育事业，进行文化建设。苏联生产资料所有制的改革充分调动了人民群众生产积极性，经济的发展、文化教育的进步、人民生活水平的提高使苏联人民豪情满怀，民族意识得到凝聚提升。这样，整个苏联从内外到外都展现出崭新的面貌。在西方资本主义社会因垄断产生供求矛盾、经济滑坡倒退的时候，新兴的社会主义国家体现由制度的优越性带来的无尽的生机，为社会主义国家带来了重要的话语资源。特别是对于中国来说，民族资产阶级先天不足后天畸形，本来不适合走西方资本主义国家的道路，而马克思主义理论传入中国，中国共产党登上了历史舞台，领导人们上下求索，这使中国在民族道路与民族命运选择的过程中对苏联模式有一种天然的接近与期待。这是 20 世纪上半叶"以俄为师""到莫斯科去"的旅苏浪潮产生的原因。旅苏热潮中，影响较大的有志刚、曾纪泽受清廷派遣赴俄考察，瞿秋白、李仲武、俞颂华作为《晨报》特派记者赴苏俄考察，中国共产党高层领导人刘少奇、任弼时、罗亦农、萧劲光等赴莫斯科中山大学学习，胡适、邹韬奋、戈公振等人因出访或流亡至苏联，郭沫若、茅盾的短期文化交流等，为旅苏热潮留下了可圈可点的一页。

二 旅日、旅欧美、旅苏纪游文学的文化借鉴异同分析

旅日、旅欧美、旅苏知识者归国后大多都成为各行业的翘楚与精英。日本与欧美国家是发达资本主义国家，苏联（1922 年前为苏俄）是社会主义国家。旅日、旅欧美纪游文学呈现出更多的可比性，旅苏作家与前者相比，呈现出完全不同的精神特质。旅日、旅欧美的行旅者在渐行渐远的域外求真过程中，有着同样的出游的初衷，面临同样弱国子民的窘境，域外纪游文学表现出一以贯之的爱国主义母题。苏联因为是社会主

---

① 高德步：《中外经济简史》（第三版），首都经济贸易大学出版社 2021 年版。

义国家，没有统治野心与民族压迫，对中国的发展抱着扶持的态度，旅苏知识者同样心怀救国梦进行文化借鉴，却没有那么深切的屈辱体验。不同旅居地的域外纪游文学也呈现出不同的域外文化特征。

（一）旅日、旅欧美纪游文学的文化借鉴异同比较

1. 行旅者的初衷与旅居地的处境：屈辱感、爱国心与报国志

早期知识分子的域外行旅是因为国家落后而升腾起爱国心与报国志，而在国外行旅的过程中，被视为弱国子民的身份尴尬更加深了行旅者的屈辱感，磨砺了行旅者的爱国心与报国志。

（1）怀揣爱国心踏上救国路

如前所述，不同的行旅者域外行旅的初衷都是因为中国积弱已久，中国受到帝国主义国家的凌辱，面临"国将不国"的危险，必须进行文化借鉴与文化融合。屈辱感激起爱国心与报国志，强化了早期知识分子向国外学习借鉴的信心与决心。为了改变中国被凌辱、受压迫的命运，在西学东渐过程中，虽然不少先行者进行了"中学为体，西学为用""师夷长技以制夷"的器物层面的变革与戊戌变法为代表的政治制度革新，但还是宣告失败。为了进一步加强与世界的交流与对话，深层次地进行文化比较与文化思考，完成中国救亡图存的根本任务以至实现国家的独立富强，怀揣爱国心与报国志的行旅者踏上异国征程，如同鲁迅先生所说的"走异路，逃异地，去寻求别样的人们"，不管前面是"坟场"还是"鲜花"，只管奋不顾身地向前走，如早期留学者容闳的表述："我苦心孤诣地完成派遣留学生的计划：这是我对中国的永恒热爱的表现，也是我认为改革和复兴中国的最为切实可行的办法。"① 关心国家前途、心系民族命运成为早期知识分子域外纪游文学一以贯之的主题。

（2）心受异国辱更怀报国心

作为屡次战败并缔结各种不平等条约的国家，还处在自给自足小农经济状态下，生产力非常低下，所以，中国当时国际地位很低。虽然行旅目的地是世界不同地区、不同国家，但是同样遭遇被视为弱国子民的身份尴尬。不仅近在日本的郭沫若与郁达夫深切感受到与"猪"同日而

---

① 容闳：《西学东渐记》，徐凤石、恽铁樵译，张叔方补译，湖南人民出版社1981年版，第1页。

语的"支那人"身份的低贱与被歧视，远在法国的艾青与远在美国的闻一多也同样感受到民族歧视与民族压迫。艾青在巴黎近郊写生时，一个喝醉了的法国人对他嚷嚷，说："中国人！国家快亡了，你还在这儿画画！"① 而闻一多在美国时因为华人以洗衣为职业的人多，被美国人疑"支那人"举国皆洗衣匠。这些体验都使他们痛彻心扉，以致艾青从一名艺术家变成革命者，闻一多年底归家度岁时与家人围炉叙谈，痛哭流涕。而郭沫若在一封给宗白华的信中更表达了当时留日学生的共同情感："我们在日本留学，读的是西洋书，受的是东洋气。"② 而这种异常的屈辱更磨砺了行旅者的民族意识与爱国情怀。所以，"惟念国破家亡，急在眉睫"，"只有精忠，全无杂念"成为当时留学生的集体情绪。

2. 旅日、旅欧美纪游文学文化接受的不同特点

日本、欧美等国同样是属于发达资本主义国家，对于行旅者来说，同样客居异乡，有着异乡非故乡的乡愁与文化相遇而带来的文化震惊，但由于日本与欧美等国不同的历史文化背景与底蕴，两大行旅目的地的纪游文学呈现出不同的特点。

（1）慷慨激昂的政治态度与理性克制的理想操守：不同接受心态

旅日群体文化接受的心态体现为情绪激昂，这与日本民族文化、中日邦交历史与中国人在日本的切肤之痛的境遇、中日一衣带水容易传达国内集体情绪的地理环境、日本现代思潮与旅日学生的群体身份等原因密切相关。第一，日本是岛国，四面环海，多山地，国土面积狭小，资源匮乏，且多地震海啸等自然灾害。频发的自然灾害使日本人形成敏感特质，日本人对自然的敬畏之心和认识到人作为个体的局限性使其产生集体感、趋同意识与耻感文化，且强调忠诚无畏的武士道精神。浸润在日本文化中的旅日作家的国恨家仇更容易触发并发酵形成群体的激烈反应。第二，中日同源，但呈现此消彼长的态势。历史上日本是中国的藩属国，而近代中国反过来受日本歧视。这样的对比，中国人更难以接受而形成愤激情绪。第三，日本离中国近，国内各大事件如反对"二十一

---

① 艾青：《履踪心迹》，四川人民出版社 1998 年版，第 134 页。

② 郭沫若：《郭沫若致宗白华》，《郭沫若全集·文学编》（第十五卷），人民文学出版社1990 年版，第 140 页。

条"、反对袁世凯称帝、反对日本帝国主义占领我东三省、反对日本帝国主义的殖民宣传与侵略等更容易为旅日同胞所知晓，国内主体情绪与旅日同胞情绪更容易互相感染与传达。第四，20世纪初日本社会主义思想异常活跃，浓烈的革命气氛很容易感染留日学生，且旅日同胞往往本身经济条件不是很好，并且很多旅日人员为革命失败以后的流亡群体，容易感染与接受推动革命情绪，如在反"二十一条"的斗争中，日本留学生组织了留日学生总会，并组织召开国民大会，提出了"抵制日货""力御外侮"等主张，李大钊还专门写了《警告全国父老书》《国民之薪胆》《留日学生全体泣告全国同胞书》等文章，号召大家粉碎日本的侵略阴谋，并揭穿袁世凯"复古之非，弃民之失"的反动本质。神州学会会员更是"奔走呼号，以发表吾真正民意者有若干人"，留日学生一时摩拳擦掌，群情激奋。1931年"九一八"事变爆发以后，留日学生愤慨到极点，第二日即集体罢课，成立"中华民国留日学生抗日救国会"，发表告国内同胞书，明确表示"我们三千同学之目的在促成和平统一，合力对外"，"誓死与国内革命民众合作，一致抗日"①，从而与国内民众一起点燃抗日的烽火。

而旅欧美群体由于欧美文化氛围及行旅者身份原因，其接受心态更显得理性而节制。就历史传统来说，欧美国家具有理性传统，理性主义在西方中世纪、近代、现代各个不同时期得到丰富与发展。欧美国家多属于基督教国家，基督教把理性和逻辑作为探索宗教真理的指导。在日常生活中，欧美人民特别重视在公众交往中注意自己的仪容举止，给人留下彬彬有礼和富有教养的印象。这样使欧美国家的文化特征显得理性节制，特别是老牌资本主义国家英国。旅英群体身处保守的英国文化氛围中，注重贵族感与保守感。而法国是浪漫之都，生活精致，讲究品位。当时的美国在新人文主义者白璧德的影响下崇尚古典主义，呼吁节制情感，恢复人文秩序。这样的氛围使旅欧美者，不像旅日群体一样歇斯底里，而是显得理性与节制。而旅欧美者往往家境较好，有着较好的文化教养，这也使他们自身气质就带有理性而温和。胡适最早提出文学革命的主张，并提出具体的八项改革要求，但他1917年在《新青年》

---

① 王奇生：《九一八事变后中国留日学生的抗日救亡活动》，《民国档案》1989年第3期。

杂志上发表关于文学革命的文章标题却为《文学改良刍议》，把"文学革命"变为"文学改良"，并且用了非常自谦的"刍议"二字，意为"自己粗浅的议论"，把大刀阔斧的改革变成了谦和的探讨。徐志摩的域外纪游文学基调是清丽平和的，他并不采取急剧的方式表达自己的思想感情，他醉心于性灵的解放，追求爱、自由和美。他对康桥有着浓得化不开的情感，但这种情感却用淡淡的忧郁、辽远的愁绪远兜近转的方式表现出来，而不是一种歇斯底里的呐喊。冰心的域外纪游文学对爱的描画、对祖国的思念显得那么诗情画意，"满蕴着温柔、微带着忧愁，欲语又停留"，即使在表达中美差别的时候，也只是说"祖国纵是一无所有"，"有了我的爱，便有了一切"①，深厚的情感却用理性内蕴的方式体现。

（2）宏观着眼与具体着手：不同的接受视野与思考内容

由于日本是东西方文化的聚散地、革命文化与新思想的聚集地，因此旅居日本群体对于文化思考与文化借鉴是从宏观着眼的。他们能抓住并引领时代潮流，进行思想革命。他们认识到单纯技术层面的革新是不可能改变国家贫困落后的状态的，如鲁迅通过仙台学医的境遇，认识到拯救麻木的灵魂比医治身体的病痛更重要。所以他们关注社会热点，关心思想解放，着力文化建设，思考国家未来，从宏观层面解读社会问题，并试图提出解决方案以建构国家的文化未来。所以鲁迅、郭沫若、郁达夫等在日本学习时弃医从文，许寿裳谈及鲁迅最喜欢思考的三个关联问题："一、怎样才是最理想的人性？二、国民性中最缺乏的是什么？三、它的病根何在？"②鲁迅与许寿裳等新文化运动的主将在弘文学院读书时，更是讨论中国国民性及其改造问题的重要性，提出中国国民性中最欠缺的是"诚"与"爱"，认为其最大的病根在于被外族所征服后表现出的"奴性"，只有革命才能改变。

而欧美国家当时已是成熟的现代国家，拥有先进的科学技术与完善的政治制度。在中国向"东土取经"时，日本同时也在向"西天取经"。欧美国家各方面具体而微的完善，使中国人想去欧美先进国家，

---

① 冰心:《寄小读者》，山东文艺出版社 2019 年版，第 99 页。
② 许寿裳:《亡友鲁迅印象记》，生活·读书·新知三联书店 1949 年版，第 23 页。

学习西方各方面先进的科学技术与社会制度以及文学思潮。20 世纪初，中国所缺乏的莫过于科学。中国最初向西方国家派出留学生的目的，就是培养能制造"坚船利炮"的科技人才。他们认识到："欧美各国实力的强大，都是应用科学发明的结果，而且科学思想的重要性，在西方国家的学术、思想、行为方面，都起着指导性的作用。在现今世界里，假如没有科学，几乎无以立国。"① 所以最初留学欧美是学习现代科学技术的。据统计，"1909 年的 47 名留美生中，学理工农医的达 39 人，攻文学、教育、经济者仅 8 人；1910 年的 70 名留美生中只有 5 人学文学，其余 65 人全都学工程、理化、农、医"②。茅以升、竺可桢、钱学森、华罗庚、梁思成等都是其中的佼佼者。虽然也有部分留学生学习西方国家完善的政治制度、民主制度与教育制度等，但也是从具体解决某个领域实际问题的角度进行学习，而不是从思考国民性改造等宏观问题出发。

（3）务虚的气魄与务实的精神：相异的解决问题的方式

旅日群体做的是启迪民智，从根本上唤醒麻木的灵魂，实现国民性改造的宏大母题，所以他们具有务虚的气魄。他们大量译介西方文学，并创办杂志，成立文学社团。当遇到具体的社会热点问题时，往往通过会议、电报、发送传单等方式呼吁全体留学生以至全中国人民，他们的行文的标题往往是"告全体同胞""告全国父老"等醒目的大标题，以求最大限度内统一思想，形成共识。所以，李大钊为筹安会成立在"留日各界全体大会"上的一段演说上谈到他们干预社会的方式只有开会、打电、发传单、派代表这四大武器，虽然有时流于虚文，效果不是很佳，但可以见出他们为了国家利益与国家未来，奔走相告，极力呐喊与狂呼的努力。另一位留日学生李墨卿在《墨园随笔》中回忆神州学会活动时谈道："民国四五年之交，山西马鹤天、李墨卿、苏理平、高一涵、李大钊、殷汝耕及其他各省同志，组织神州学会，每于星期六，讲演一次，并讨论祖国政治及世界大势，汇集讲演录与选述，刊行神州学会杂

① 林丽成、章立言、张剑编注：《中国社会科学社档案整理与研究·发展历程资料》，上海科学技术出版社 2005 年版，第 291 页。

② 李喜所：《近代留学生与中外文化》，天津人民出版社 1992 年版，第 312 页。

志。……余于课余之暇，在杂志上，又作长篇论文。"① 也谈及他们干预社会政治的主要方式是集会、演讲、论文等诸多务虚的形式。但是他们却能从较高层面激发潜力，实现思想引领，给阴柔、文弱而缺乏阳刚的抵抗力的中华民族性格注入一剂强心剂。

中国人到西方学到的是务实精神。徐行言在《中西文化比较》中谈到中西文化的差异：中国人讲究天人合一，西方人讲究物我二分；中国人重视直觉思维，西方重视逻辑推理；中国人讲求羚羊挂角无迹可寻，而西方人偏偏重视板上钉钉。② 从这里可以看出，中西哲学思维"重直觉与崇逻辑""重模糊与尚精确""重整体与尚个体"的区别。更有人如此论述英国人务实重行的性格特征："英人性格中最主要的一点是务实重行。英人不重视抽象的理论，很少幻想，不尚辞令及一切浮面的虚文。……很少参加无关的公共集会，很少发表大而无当的演说。"③ 在当时西方，研究自然科学蔚然成风，科学、技术、实验在西方世界呈现三足鼎立之势，它们彼此促进、互相影响，并为生产力的发展注入了强劲的动力。到西方进行文化借鉴的中国人无疑受到欧美文化科学精神与实践求证理念的影响。受到美国约翰·杜威的实用主义思想影响的胡适提出"大胆地假设，小心地求证"的治学方法。梁启超如此赞叹："美洲游学界，大率刻苦沉实，孜孜务学，无虚嚣气，而爱国大义且相切磋，良学风也。"④ 也有人指出，"所谓走英美道路，便有一役全功和务实重行做出了双重保证"⑤。许多欧美留学生一方面由于中国派出的目的使然，另一方面由于西方氛围的感染，大部分选择的是理工科专业，潜心于现代科学技术，体现务实的科学理念与实证精神。

（4）思想的财富与科学的实绩：旅日与旅欧美群体的巨大影响

在中外文化的交流与沟通中，域外行旅者的作用不容低估。旅日、

---

① 富田昇、韩一德、刘多田：《李大钊在日本留学时代的事迹和背景》，《齐鲁学刊》1985年第2期。

② 徐行言主编：《中西文化比较》，北京大学出版社2004年版，第152页。

③ 储安平：《储安平文集》（上册），张新颖编，东方出版中心1998年版，第453—454页。

④ （清）梁启超：《新大陆游记》，商务印书馆、中国旅游出版社2016年版，第134页。

⑤ 任剑涛：《建国之惑：留学精英与现代政治的误解》，中国政法大学出版社2012年版，第71页。

旅欧美群体对于中国未来社会与文化的现代性建构，分别起着不可替代的重要作用。对于旅日群体来说，他们在国民性的改造，对于中华民族精神的振奋、中国思想的现代性建构等方面起了积极的作用。他们勇敢地干预社会现实，构筑了中国思想文化的宝贵的精神财富。1910年《留美学生年报》中如是评价留日学生："当吾华似醒未醒、初醒之际，新欤旧欤？彷徨莫定之时，有日本留学生之书报，有日本留学生之詈骂，有日本留学生之通电，以致通国人之人为之大醒。已明者因而更明，顽固者因其詈骂而醒悟，前进者有其驱策而更前，后退者有其鞭策而前进。故曰：中国之醒悟，受日本留学生之影响巨矣。"① 这说明留日学生唤醒了沉睡中的国民灵魂。胡适也认为中国"晚近思想革命、政治革命，其主动力，多出于东洋留学生"②。鲁迅先生一生致力于现代"人国"建构的努力，被誉为现代中国的"民族魂"，郭沫若"我国文化阵线上又一面光辉的旗帜"。可以见出旅日群体在我国思想文化建设方面的重要作用。

　　旅欧美群体用科学精神、实证方法开启了中国现代化的新时代。首先，他们跨越巨大的东西方文化差异，克服封建制度的阻碍，在国内政局动荡和帝国主义列强侵略的时代背景下，传播了科学精神，培育了中国人的科学意识，使科学成为五四运动的两大主题之一。他们引领我国完成从古老的"格致学"向近代科学的历史转变，实验方法与逻辑推理在中国得到了迅速的推广和应用。其次，他们为新中国科学人才队伍做出了卓越的贡献。中国第一位数学博士胡明复、中国第一位气象学家竺可桢、中国导弹之父钱学森、中国化学工业奠基人侯德榜、近代物理学家钱三强都具有留学欧美的背景。1948年第一届"国立中央研究院"院士81名77名科学技术类专家接受过留学教育。留学院士中又以留学美国者最多，占院士比例高达60.5%，加上欧洲诸国，高达89%。如表1-1所示。

---

① 周棉主编：《留学生与中国的社会发展》（第一卷），中国矿业大学出版社1997年版，第247页。

② 胡适：《为人与为学》，《胡适言论集》（评注本），中国纺织出版社2014年版，第184页。

表1-1　　　1948 年"国立中央研究院"院士接受留学情况一览

	数理组 留学生专家	生物组 留学生专家	人文组 留学生专家	总计	所占留学生 比例（%）
美国	17	17	15	49	63.6
英国	3	4	2	9	11.70
德国	3	1	2	6	7.80
法国	2	1	2	5	6.50
日本	1	1	3	5	6.50
比利时	0	1	1	2	2.60
瑞士	1	0	0	1	1.30
合计	27	25	25	77	

资料来源：白云涛：《留学生与中国院士的计量分析》，《徐州师范大学学报》（哲学社会科学版）2004 年第 3 期，有删减。

最后，为新中国科技的勃兴做出了重要贡献。欧美留学生学习领域包括数学、物理学、化学、生物学、天文学、地质学、地理学、气象学、生理学等理论科学领域和冶金、化工、铁路、采矿、机械、土木工程、电气、水利及农林等方面的各类新技术方面，从而在中国国内形成完整的科学体系，为新中国科技的勃兴、国家的富强做出了重要的贡献。

三　旅苏纪游文学的文化借鉴的特点

（一）中苏渊源与旅苏热的形成

作为中国的邻邦，俄罗斯很早就进入中国人的视野中。清康熙期间，图理琛出使俄国，并写下《异域录》，以后晚清的志刚、曾纪泽曾受命出使俄国考察，分别写下《初使泰西记》和《使西日记》记录俄国的政治社会。在他们的笔下，俄国政治黑暗，人民生活艰苦。沙俄是历史上一个有侵略野心的国家，曾妄图把长城以北变成"黄俄罗斯"，并伙同英、法等八国联军侵略中国。近代俄国在中国人的心目中除了修筑铁路的先进，其他技术是落后于欧美国家的，加上沙皇统治暴力血腥，俄罗斯是不值得学习与借鉴的。但列宁领导十月革命成功，建立了代表被压迫阶级利益的人民政权，苏联呈现一片欣欣向荣的景象。而第一次世界大战以后，资本主义社会普遍陷入了经济危机，资本主义制度的弊端纷纷呈现。梁启超曾叙述战后欧洲社会生活的狼狈："在战败的德、奥等国固然是加倍的艰辛，就是战胜的英法等国还不是一样的荆天棘地。"① 苏联成为中国乃至世界人民的关注点。新生的社会主义国家苏俄对身处水深火热中的中国体现了深厚的阶级友谊：同意把沙俄从中国掠夺的一切交还给中国人民，不接受庚子赔款，废除不平等条约等。加上当时马克思主义和列宁思想传入中国，中国对社会主义的苏联产生天然的认同与向往。中国的域外借鉴也发生了"从取法英美到以俄为师的转变"②。苏联领导人对中国革命与建设一直用情很深。为了帮助中国培养人才，苏联为中国留学生开办了一所规格很高的学校——莫斯科中山大学（后改称中国劳动者共产主义大学），学校由联共（布）中央决定开办，校领导为苏联高层，在苏联，中国留学生的生活条件大大优于苏联本国学生。托洛茨基还规定苏联人必须尊重"中国同志"。联共（布）中央和共产国际也曾帮助中国建立中国共产党并在中国人民抗日的烽火中促成国共合作。正如瞿秋白在《饿乡纪程》中所说的："中俄两国民族的接近，确比日本人及其他欧洲人鞭辟入里得多，是中国苦力心目中的俄国人决不是上海黄包车夫心目中的'洋鬼子'。"③ 而茅盾也这样说道："每当中国人民艰苦奋斗以求自由解放的时候，首先给予伟大的同情与援助的就是苏联。"④中苏关系形成稳定的联盟，中国出访、留学苏联成为国家层面的行为，一时蔚为大观。

　　1921 年是中国共产党成立之年，任弼时、萧劲光、刘少奇、曹靖华、罗亦农、韦素园、梁伯台等第一批中国青年赴莫斯科东方大学留学学习马克思列宁主义。随后，在中国共产党的指示下，旅欧的勤工俭学学生转入莫斯科东方大学学习。1923—1925 年有多批次进步知识者赴苏联学

---

　　① （清）梁启超：《欧游心影录》，《梁启超全集》（第五册·第十卷），北京出版社1999 年版，第 2971 页。

　　② 任剑涛：《建国之惑：留学精英与现代政治的误解》，中国政法大学出版社 2012 年版，第 201 页。

　　③ 瞿秋白：《饿乡纪程》，《瞿秋白游记》，东方出版社 2007 年版，第 48 页。

　　④ 茅盾：《苏联见闻录》序，开明书店 1948 年版，第 4 页。

习。1925 年莫斯科中山大学成立以后，中国通过公开招考方式，选拔优秀人才、国民党与共产党党员、法国勤工俭学学生如邓小平等赴莫斯科中山大学学习。1927 年大革命失败以后，赴中国劳动者共产主义大学学习的只有共产党员和共青团员。1930 年中国劳动者共产主义大学停办，赴苏联学习的人员已经很少，只有少数官方与民间的出访。中国现代旅苏活动陷入低潮，直到中华人民共和国成立。据统计，20 世纪 20 年代，中国共有 1600 人左右学生在苏联学习。①

（二）对苏联红色文化的接受与传播

随着苏联社会主义国家的建立，以及苏联经济的发展、政治制度的完善，旅苏者对苏联文化的接受与传播经历了早期的期待、问题披露与解决，到中期歌颂与批判并存再到 20 世纪 40 年代后期完全朝圣的心态拜谒苏联的变化过程。

早期的瞿秋白、李仲武、俞颂华作为《晨报》特派记者赴苏俄考察，在瞿秋白的笔下，中国是"黑甜乡"，是"乌沉沉甘食美衣的所在"，俄国是"饿乡""没有吃，没有穿，饥、寒"，但因为它是"世界第一个社会革命的国家，是世界革命的中心点"，所以怀着极大的期待，抱着蜜蜂采蜜般博采众长的心情，"进赤俄的东方稚儿预备着领受新旧俄罗斯民族文化的甘露了"②。因为苏俄社会主义政权还刚刚建立，还存在许多弊端，如物资匮乏，人民生活艰苦，甚至新政府工作人员也存在徇私舞弊、敲诈勒索的现象。虽然这里的人们生活非常清苦，但是有着很好的精神面貌，在这种制度下，"女役与医学博士携手同歌"，是资本主义社会所没有的真正的平等。行旅者从苏俄的新变化中看出未来趋势，坚信俄国是"赤潮"，是人类"黎明的前兆"。20 世纪 30 年代，胡愈之、邹韬奋等访问苏联时，苏联的社会制度已相对完善成熟，人民生活水平得到了提高，经济也得到长足的发展，位列发达国家，充分体现出制度带来的优越性。社会主义制度给大家带来一个没有特权的社会，一个人民生活愉快，内心充盈丰满的社会，是一个走向大同的社会。与此相反，徐志摩、曹谷

---

① 周棉：《近代中国留学生群体的形成、发展、影响之分析与今后趋势之展望》，《河北学刊》1996 年第 5 期。

② 瞿秋白：《饿乡纪程》，《瞿秋白游记》，东方出版社 2007 年版，第 104 页。

冰等的报道中，苏联却是一个"狄克推多"（英文 dictate 的音译，专制、独裁之意）的社会，人们穿着举止粗砺，没有一点雅致的现象，物质平均化，人没有个性。这是资产阶级民主主义者的典型感受，也是后来毛主席在延安文艺座谈会上着重批评的小资产阶级知识分子的典型体现。20 世纪 40 年代末期，14 年抗战已经取得了胜利，与国民党的斗争也胜利在望，即将迎来一个新的社会主义中国。郭沫若、茅盾出访苏联，苏联社会主义制度的优越性更体现得淋漓尽致，他们全面解析苏联在政治、军事、经济、科学、文艺等各方面取得的伟大成就，整理了与沙皇统治时期及各个历史阶段的对比数据，并由苏联的成功做出了对中国未来的展望。

中国现代域外纪游文学在对苏联红色文化的接受与传播过程中，均总结出苏联社会主义制度解决了资本主义社会的根本矛盾，即生产社会化与资本主义生产资料私有制之间的矛盾，生产无限扩大的趋势与劳动人民购买力相对缩小的矛盾，个别企业中生产的有组织性与整个社会生产的无政府状态的矛盾。因为消除了阶级剥削与阶级压迫，占人口最大多数的劳动者的奋斗目标是为了大家的利益、为了整个社会的进步而努力奋斗，所以，极大地调动了劳动人民的积极性；因为国家的发展有部署、有规划，因此，人们的奋斗有目标，有奔头；奋斗目标的提前实现，人们的生活得到切实的改善、精神更受鼓舞；社会主义文化面对全社会的宣传更能使人们明确目的与任务，了解国家的发展动态、取得的成就，也更充实俄罗斯的文化传统，引导人民的精神追求，社会主义制度更能迎来社会发展勃勃生机。

进入苏联的行旅者很多都是熟读马列主义著作，对世界大势和未来有着充分了解，知晓其向上向善的精神面貌。有志有识的知识者在步入苏联前满怀期待，希望看到一个不一样的世界，经过走访、参观后，他们获得了来自另一个世界的不一样的声音，诠释人类生存更有希望的模样，并坚信中国与人类都必将获得新生。对未来中国与世界的期待将使这批苏联行旅者更加积极向上，行动有力。

旅日、旅欧美、旅苏行旅者从不同角度给中国带来现代化的启迪。旅日群体唤醒民心、鼓舞民气，从思想现代化的角度给我国带来有益的启示；旅欧美群体则从科技现代化层面为新中国科技体系的形成与科学人才队伍建设做出了卓著的贡献；旅苏群体在制度层面学习符合中国国情与时代发展趋势的社会制度。这样，三个代表性的行旅群体，从各自的侧重点出发，为中国进入一个新的时代、助力新中国腾飞奋进做好了准备，而这也是域外纪游文学"社会相"的重要体现。

第二章

晚清域外纪游文学的兴盛与现代化借鉴

自清末以来，一批知识精英在国内设立同文馆、开展洋务运动的同时，开启了他们的域外行旅，希望通过他们的亲历体验破解未来文明的密码。清末的域外行旅，主要体现民间出游、官派留学、官派出使等多种形式。容闳、斌椿、志刚、张德彝等留学、出使西洋，写有《西学东渐记》《乘槎笔记》《初使泰西记》《航海述奇》等域外纪游作品，极述与西方现代文明相遇相激的现代性惊艳体验，成为中国现代化的先声。维新运动的领导者康有为、梁启超在维新变法失败以后游历了美、英、意、法等30多个国家，写成《欧洲十一国游记》《新大陆游记》等著作，大量介绍西方社会政治学说、经济文化体制，对我国政治体制现代化做出了富于创见的思考。

第一节　晚清出使、游学与域外纪游的兴盛

清末域外求真的过程经历了从自发到自觉，从民间个体到国家主导的一个过程，在游历的规模、游历的国家、游历的频率，游历的深度等各方面都有一个长足的发展，并形成域外纪游文学的空前盛况。在这个过程中，晚清整个国家逐步打破坐井观天的陈腐理念，向域外开放学习已成为国家共识。

一　从被动出游到主动遣使：中国对待域外文化交流态度的变化

（一）晚清自发域外行旅，亲历西方世界

主动探索一个未知的世界，在中国古已有之。张骞出使西域、玄奘

西游、鉴真东渡、郑和下西洋……都是中外文化交流史上的重要篇章，对于中国与世界其他国家互通有无，传播中华优秀传统文化做出了重要的贡献。但是中国传统社会是一个安土重迁的社会，"以农为生的人，世代定居是常态，迁移是变态"①。孔夫子"父母在，不远游"的规训强调要在父母有生之年奉养孝顺父母宣扬孝道的同时也成为古代知识分子主动探求外部世界的重要羁绊。封建文人士大夫保持着"锢踏于一室之中，老死于户牖之下，几不知天地之大、九州之外更有何物"②的生存状态与封闭保守的心态，对世界的认知缺乏开阔的视野。清政府夜郎自大，封闭国门。进入近代以来，世界的概念较古代已经发生根本的变化，从地理大发现以来，人们认识到地球上有"五大洲、四大洋"，地球的表面积大约是5.1亿平方公里，较之以前认知的世界大很多倍。而这个外面的大世界具有更多千难万险的未知性："或云风涛险，……祸福畴能许？或云虎狼秦，待人以刀俎，又如使匈奴，被留等苏武。洪涛高盈云，所经多险阻；谁与涉重洋，试触蛟龙怒？"③这使更多人对外面的世界心存畏惧，踟蹰不前。所以，鸦片战争爆发前后，域外考察学习的谢清高、容闳、林鍼等或者是由于个人机缘际遇而偶然出国，或者如林鍼一样为"谋菽水之奉"。谢清高由于出海远航遇海难，被葡萄牙商船救起而在商船上当了船工；容闳很小的时候进教会学校，马礼逊纪念学校勃朗校长夫妇愿意带他同行返美接受美国教育；林鍼受外国花旗聘舌耕海外——他们的域外行旅处于被动的状态，而并非主动要求考察域外文化。

（二）主动接触西方，对知识层的行旅观念产生重大冲击

虽然1840年鸦片战争失败，中国被迫开放了5个通商口岸，紧接着第二次鸦片战争再次失败，中国的门户开放已成定局，但是，"樊守义、谢清高以至林鍼的见闻，或者湮没不彰，或者被视为海客谈瀛，并没有得到知识阶级的普遍重视和承认"④。而当主持总理衙门的奕诉意识到知

---

① 费孝通：《乡土中国——生育制度》，北京大学出版社1998年版，第7页。
② 林鍼：《西海纪游草》，林鍼、斌椿、志刚、张德彝《西海纪游草·乘槎笔记·诗二种·初使泰西记·航海述奇·欧美环游记》，岳麓书社1985年版，第22页。
③ 斌椿：《乘槎笔记》，林鍼、斌椿、志刚、张德彝《西海纪游草·乘槎笔记·诗二种·初使泰西记·航海述奇·欧美环游记》，岳麓书社1985年版，第74页。
④ 斌椿：《乘槎笔记》，林鍼、斌椿、志刚、张德彝《西海纪游草·乘槎笔记·诗二种·初使泰西记·航海述奇·欧美环游记》，岳麓书社1985年版，第69页。

已知彼的重要性，准备派员出访西方国家时，大小官员"总苦眩晕，无敢应者"，可见当时的士大夫层面对于域外交流普遍缺乏意识，只有六十三岁的斌椿"慨然愿往"。而当时斌椿官职很小，仅仅是山西襄陵县知县。斌椿回国后，他将沿途见闻及观感著成一部《乘槎笔记》，并呈报总理衙门。作为工作汇报的《乘槎笔记》得到奕䜣的充分肯定，认为斌椿对西方"虽不能毕悉底蕴，其于所历之国山川形胜风土人情，尚能笔诸日记，略举端倪"。作为"中土西来第一人"的斌椿往返九万余里，寻访欧罗巴的政教风俗，土俗民情的经历给知识分子以震撼与影响，他亲历感受到"瞬息六百里，飞仙应我羡"的现代火轮船速度、"织机万张，刻不停梭"的现代纺织效率、与"水中建屋，各处通船，筑堤排水"的现代水利技术，艳羡资本主义国家机械战胜自然的伟力。斌椿好朋友李善兰在《序》中这样写道："举天下之人，其足迹有不出一郡者矣，有不出一邑者矣，甚至有终身不出里巷者矣。……即曰不畏风涛，视险若夷，而中外限隔，例禁綦严，苟无使命。虽怀壮志，徒劳梦想耳"①，表达了对斌椿的经历无比羡慕之情。斌椿的出游对当时知识阶层行旅观念产生了非常大的影响。

（三）中国开放意识与外交观念的初步形成

但是在当时的历史语境中，对于是否应该打开国门向西方学习，统治阶层内部产生了激烈的争论。有人认为不能让从正途出身的人员，也去研究西人所擅长的学问，"文崇近臣，不当崇尚技能，师法夷裔"②，并把"师法夷裔"上升到"国耻"的高度。奕䜣义正词严地驳斥坐井观天的观点："天下之耻，莫耻于不若人。查西洋各国，数十年来，讲求轮船之利，互相师法，制作日新。东洋日本，近亦遣人赴英国学其文字，究其象数，为仿造轮船张本，不数年亦必有成。……独中国狃于因循旧习，不思振作，耻孰甚焉？今不以不如人为耻，而独以学其人为耻，遂可雪其耻乎？"③ 到

---

① 斌椿：《乘槎笔记》，林鍼、斌椿、志刚、张德彝《西海纪游草·乘槎笔记·诗二种·初使泰西记·航海述奇·欧美环游记》，岳麓书社1985年版，第81页。
② 张德彝：《欧美环游记》，林鍼、斌椿、志刚、张德彝《西海纪游草·乘槎笔记·诗二种·初使泰西记·航海述奇·欧美环游记》，岳麓书社1985年版，第413页。
③ 张德彝：《欧美环游记》，林鍼、斌椿、志刚、张德彝《西海纪游草·乘槎笔记·诗二种·初使泰西记·航海述奇·欧美环游记》，岳麓书社1985年版，第414页。

了 1867 年《天津条约》的换约期，奕䜣总结以往经验，认为中外之间存在隔阂，"外国之情伪"中国丝毫不了解，换约之前要事先沟通交涉，才能有效维护国家利益。因此，上折建议派遣原美国驻华公使蒲安臣为中国"办理中外交涉事务大臣"，志刚、孙家谷同为出使大臣，组成外交使团。这个由外国人担任外交大使的使团成为清政府向西方国家派出的第一个外交使团，这个使团在西方国家第一次升起了中国的国旗。蒲安臣在俄国因病去世之后，志刚、孙家谷成为外交使节，是本国自己人担任外交大使的首例。使团依次访问了美国、英国、法国、瑞典、丹麦、荷兰、普鲁士、俄国、比利时、意大利、西班牙十一个国家。这次出使的纪游作品有志刚的《初使泰西记》、孙家谷的《使西书略》、张德彝的《再述奇》（收入钟叔河"走向世界丛书"，书名为《欧美环游记》）。志刚总结域外经验，极言外交与域外学习的重要性。他在由英抵法的这一段游记中谈道："中外交涉，最难解说，无如动辄恃强，以兵船为办事之具。若时常动兵，必误商政实两不相宜之道。盖西国以通商为正务，以兵船为辅助，因兵误商，非其本意。……若不及时明定国是，使隔膜者徒滋谤议，而不肯济其艰；勤恳者或存忧畏，而不敢任其事。……则必至于日久因循，以至于决裂而不可收拾矣！"① 他认为通过互相沟通，可以消除隔膜，国与国的关系不至于决裂成要靠战争解决的程度。他的目的就是使国家高层，即各省封疆大吏和在廷大小臣工，深明主动与外国打交道的道理，"使天下皆知与各国交际，所以筹国计而保民生者，实实出于事势之不得然"②，"不准撷拾不切之陈言，徒为知病无方、有方无药之见，以误大局"③。如此，"而国是可定，人心可定，从此以求自强之人，行自强之道，庶不挠于局外，而可捍灾患于无形矣"④。志刚进一步强调域外求真的重要性，"若使人能者而我亦能之，何忧乎不富，何虑乎

① 志刚：《初使泰西记》，林鍼、斌椿、志刚、张德彝《西海纪游草·乘槎笔记·诗二种·初使泰西记·航海述奇·欧美环游记》，岳麓书社1985年版，第239页。
② 志刚：《初使泰西记》，林鍼、斌椿、志刚、张德彝《西海纪游草·乘槎笔记·诗二种·初使泰西记·航海述奇·欧美环游记》，岳麓书社1985年版，第240页。
③ 志刚：《初使泰西记》，林鍼、斌椿、志刚、张德彝《西海纪游草·乘槎笔记·诗二种·初使泰西记·航海述奇·欧美环游记》，岳麓书社1985年版，第240页。
④ 志刚：《初使泰西记》，林鍼、斌椿、志刚、张德彝《西海纪游草·乘槎笔记·诗二种·初使泰西记·航海述奇·欧美环游记》，岳麓书社1985年版，第240页。

不强"①。志刚对于外交的强调与对西方科技政教重视给严守"夷夏"之大防的中国人带来有益的启示。

（四）统治阶层与精英阶层域外求知集体意识形成

虽然中国旧的习惯势力异常强大，几经卷土重来，但派遣官员赴外观光游历成为清政府国家层面的理念，并且逐步规范化、制度化。总理衙门拟定了《出洋游历章程》14 条，规范地遴选优秀人才出国学习、游历。作为近代第一个获得美国耶鲁大学毕业证的容闳也尽力促成了派幼童去美国学习之事，1872—1875 年连续 4 年每年派遣 30 人，共 120 人赴美学习，为我国现代化进程提供人才储备。1875 年，清政府正式派遣驻外公使，郭嵩焘担任驻英公使，后又兼任驻法公使。薛福成、张德彝都担任过驻外大使。旅外的范围遍及世界发达资本主义国家，旅外的频率变高，旅外的时间变长。1887 年清政府经过严格挑选，派遣傅云龙、顾厚昆、刘启彤、李瀛瑞、洪勋、缪佑孙、徐宗培等 12 人同时分赴世界 20多个国家考察，这是洋务运动时期规模最大的域外考察。张德彝 1 人便有 8 次出国经历，并写成日记体游记八部"述奇"；容闳负责的幼童出洋留学计划中的幼童在美学习时间达 15 年；傅云龙游历 26 个月，行程达60422 千米，考察了 11 个国家；康有为"七年以来，汗漫四海。东自日本、美洲，南自安南、暹罗、柔佛、吉德、霹雳、吉冷、爪哇、缅甸、哲孟雄、印度、锡兰巴，西自阿剌伯、埃及、意大利、瑞士、澳地利、匈牙利、丹墨、瑞典、荷兰、比利时、德意志、法兰西、英吉利，环周而复至美"②。这样，异域考察学习成为统治阶层、上层知识分子的共识，它与洋务运动互相推进，共同推动着国家的现代化转型。

二　浅表化、理性化与理想化、否定化：域外纪游文学异域文化想象嬗变

形象学的观点认为，人们对异域形象的兴趣实际上是出于对自我的

---

① 志刚：《初使泰西记》，林鍼、斌椿、志刚、张德彝《西海纪游草·乘槎笔记·诗二种·初使泰西记·航海述奇·欧美环游记》，岳麓书社 1985 年版，第 253 页。

② 康有为：《欧洲十一国游记》，李冰涛校注，社会科学文献出版社 2007 年版，"自序"第 10 页。

关怀，对异国的形象描述即是对自我形象的反射。所以，"中国知识分子的世界游记首先也反映了他们对中华五千年文明的自我意识。这些知识分子在游记中都是以中国文明为坐标，中国的天干地支纪年为尺度，自觉不自觉地按照自身的文化传统和思维方式来选择、切割进而理解异域文化"①。可见，中国古代对西方的想象是中国五千年文明的自我意识的反映，近代域外纪游文学的域外书写是结合我国文化传统、近代中国现状与近代知识分子的自我心态所进行的文化想象，经历了丑化、现实化、理性化、理想化与否定化的过程。

中国古代自认为"天朝帝国"，严守"华夷"观念。因为对异域文化接触很少，所以对于洋人及域外文化都存在不着边际的妖魔化的想象，《明史·和兰传》中对荷兰做如此解释："和兰又名红毛番，地近佛郎机，其人深目长鼻，发、眉、须皆赤，足长尺二寸。……所役使名乌鬼，入水不沉，走海面若平地。其柁后置照海镜，大径数尺，能照数百里。"②从这段记述可以看出，人们把荷兰戏称为"红毛番"，认为他们入海不沉，照海镜能照数百里，实在是对荷兰的毫无根据的臆测。第一次鸦片战争洋人携洋枪洋炮闯入时，带队将领误判敌情，认为"其腿足裹缠，结束紧密，屈伸皆所不便，若至岸上更无能为，是其强非不可制也"，后来留下"他们的膝盖不会弯，陆战完全没有杀伤力"的笑柄。更可笑的是，有人传言洋人天天吃干牛肉粉，如果没有了中国的大黄和茶叶，就只得大便不通活活憋死。

（一）晚清早期域外纪游文学走马观光的行旅与西方文明浅表化传播

晚清初期域外行旅者亲历了西方资本主义文明，对于域外文化书写由以往敌意的妖魔化想象转为客观写实。如林鍼的《西海纪游草》就将他到美国时"往来之跋涉，遭际之奇异，以及人情土俗、物产天时"一一详细记录下来。而斌椿通过他的考察在《乘槎笔记》中拨开以往蒙在欧洲各国的面前的迷雾，将欧洲的自然风光、宫殿街衢、民俗风情等真

---

① 康有为：《欧洲十一国游记》，李冰涛校注，社会科学文献出版社 2007 年版，"自序"第 10 页。

② 转引林鍼《西海纪游草》，林鍼、斌椿、志刚、张德彝《西海纪游草·乘槎笔记·诗二种·初使泰西记·航海述奇·欧美环游记》，岳麓书社 1985 年版，第 76—77 页。

实的状况带回中国。他们的纪游作品虽然带有"以蠡测海"（以贝壳来测量大海）的味道，但是毕竟接触了真实可感的异域文明，体现出超出以往的胆识与气概。他们的纪游文学扩充了晚清知识分子的认知视野，恢复了欧洲作为地理指称的中性形象，"在一定意义上，是近代中国人直接接触和学习西方轨迹的起点"①。但是由于早期行旅者的视野、社会地位与历练等各方面的限制，对于跨文化语境下的文化交流与文化相遇的更多地体现出游山玩水式的异域体验，"洋人看京戏"的态度与搜奇揽异的姿态，域外经历只不过是丰富了自己的人生阅历而已。他们以旁观者的心态看异域奇观、对于琳琅满目的西方景观进行罗列。林鍼《西海纪游草》序中表达的是"谱海市蜃楼，表新奇之佳话；借镜花水月，发壮丽之大观"②的宏愿，记载下"眼界森临万象，彩笔难描；耳闻奇怪多端，事珠谁记"的景观"③。而斌椿的出访对西方现代性的理解还停留在宴会应酬、新奇制造、风俗习惯、奇珍怪兽的浅表层次，对于国家急需的军工等深层次的东西表现得无兴趣，也无法理解，所以他的《乘槎笔记》记录了晴空下高楼林立，夜晚华灯似海的景观；记载了"如奔马不可遏"，"车外屋舍、树木、山冈、阡陌皆疾驰而过，不可逼视"的现代速度；描述了伯明翰"织机万张，刻不停梭"的纺织盛况。但是综观斌椿的记载，他的《乘槎笔记》按照自己认知范式对西方国家进行主观选择的物象主要是西方的街道、宫殿以及歌剧、照相技术，而对当时洋务运动领导者注重的能富国强民的军事、工商业、政治制度等则轻描淡写，甚至毫不涉及。由于早期域外行旅者本人的站位与层次，其域外纪游文学所进行的文化选择与文化想象思考的深度与力度，不免带有钱锺书先生所说的只是"热闹热闹眼睛"和辜鸿铭先生说的"出洋看洋画"的不足。

（二）晚清中期域外纪游文学对异域文明的理性借鉴

晚清早期域外纪游文学表达了传统士大夫游山玩水式的异域体验，

---

① 尹德翔：《东海西海之间》，北京大学出版社 2009 年版，第 65 页。

② 林鍼：《西海纪游草》，林鍼、斌椿、志刚、张德彝《西海纪游草·乘槎笔记·诗二种·初使泰西记·航海述奇·欧美环游记》，岳麓书社 1985 年版，第 35 页。

③ 林鍼：《西海纪游草》，林鍼、斌椿、志刚、张德彝《西海纪游草·乘槎笔记·诗二种·初使泰西记·航海述奇·欧美环游记》，岳麓书社 1985 年版，第 39 页。

体现出他们对于异域资源认识的不足。志刚出使以后的域外纪游文学却表现出对域外文明的理性选择与现代性借鉴。志刚出使虽然就在斌椿之后的两年，即 1868 年，但志刚的身份是总理衙门的章京，当时洋务运动方兴未艾，志刚能深入了解奕䜣、曾国藩、李鸿章等人"练兵""制器""自强"的时代需求。所以，他的视野相对开阔，具有强烈的政治意识。他带着主人翁的精神以使国家富强的心态考察西方异域文化。他的《初使泰西记》所述重点为国家急需的西方国家的科技、军事、政治和外交，关切世道人心与民生国计，集中探求其中的洋务思想与近现代意识。既有丰富的史料，又有很多个人见解。张德彝的《航海述奇》也记录了中国人对西方近代工艺技术的"第一印象"，正如孟保为他所作序中所说，他"亲历各国，习其语言文字，察其地势人情，与夫山川道里之所经，一一穷其奇而笔之书。岂徒侈游览之大观，夸新奇以骇俗哉？将为圣朝备有用之材也"①。可见，与林鍼、斌椿这批域外行旅者相比，志刚、张德彝等面对迥异的西方文化不仅有惊诧，更有思考的责任意识与担当精神，体现出他们面对文化相遇文化碰撞时的现代意识、民族精神与国家视野。

不仅如此，与林鍼、斌椿走马观花式的行旅不一样，志刚、郭嵩焘与张德彝等带着问题意识深度交流。志刚仔细观察、细心研究、详细记录西方现代科学技术及其应用。在波士顿，他参观千数百机统于总轴，一人可得二十人之力的省工获利的现代纺织技术；在伦敦，他参观"掘河底成洞"的泰晤士河底隧道，并仔细询问其施工方法；在巴黎，他研究"恍如白昼"的煤气灯的原理与用途；在比利时，他参观煤窑，研究通风与排水问题，联系中国山窑实际思考如何增加工作效率等问题……从现代科技到政治体制、风俗民情都成为志刚纪游文学记述的范围，并且结合中国现状进行述评。郭嵩焘认识到格致之学是西方富强的原因，"但在现实层面，还要看工商实业，军工生产以及政府组织的具体情况"②。所以郭嵩焘访问兵工厂、矿务局、电报局、铸币行等各行各业，仔细研究西方技术与工艺，同时深入思考物质文明背后的制度原因，研

① 张德彝：《航海述奇》，林鍼、斌椿、志刚、张德彝《西海纪游草·乘槎笔记·诗二种·初使泰西记·航海述奇·欧美环游记》，岳麓书社 1985 年版，第 436 页。

② 尹德翔：《东海西海之间》，北京大学出版社 2009 年版，第 94 页。

究其政治制度与上层建筑，考察西方现代教育与人才录用方式。可以见出，他的《使西纪程》视野更加广阔。张德彝则利用他的语言优势与社会各方面人员深度交流，他曾"和二十多位曾经旅行东方的美国人作了交谈。在华盛顿，他又到过旅馆对门麦汉家，以及三德兰、魏廉、陶达等美国朋友家作客，和美国青年们讨论过地球寒暑四季形成的原因，和旅行家阿丹讨论过旅行记的写作，并访问了男子学校和女子学校。到伦敦后，他接触过七十多岁的贵族、著名的诗人、大主教夫人、开业医生、饭店男女仆役，并应邀参加过教堂集会和人家婚礼"①。这也意味着张德彝对西方社会的记录与前人相比越来越广泛和深入，让人对中国以外的世界产生了浓厚的兴趣。以后徐建寅的《欧游杂录》、吴汝纶的《东游丛录》、李圭的《环游地球新录》等就工程、教育等问题进行的专项考察记录则问题意识更强，研究问题更加深入。到这个阶段，人们的观念逐步完成了从"学夷为耻"到"转相学习"的变化，中国早期域外行旅者也同时变成新思想、新知识的传播者。

（三）从理想化到否定化：维新政治家的域外纪游文学在国家现代性建构中对西方文化的狂热拥抱与批判选择

康有为和梁启超本来对西方文化理解比较深，有革旧布新的意识与观念，在没有进入欧美进行实地考察前，他们对于西方文化就存在狂热拥抱的心理。康有为对于即将踏上的旅程满怀期待，形容西方政教、艺俗、文物都丽郁美，西方文明"万木森森，百果具繁"，"康有为虽爱博好奇，赜研精，何能穷极大地之奇珍绝胜，置之眼底"，他满怀激情地"萃大地百年之英灵，竭哲巧万亿之心精。奔走荟萃，发扬飞鸣，磅礴浩瀚，积极光晶，汇百千万亿之泉流而成江河湖海，以注于康有为之生世，大陈设以供养之。俾康有为肆其雄心，纵其足迹，穷其目力，供其广长之舌，大饕餮而吸饮焉！"②他将要与之相遇的西方文明视为"珍奇绝胜""百年英灵""万亿心精"，是大饕餮而吸饮的精华。在过地中海时，

_____

① 张德彝：《欧美环游记》，林鍼、斌椿、志刚、张德彝《西海纪游草·乘槎笔记·诗二种·初使泰西记·航海述奇·欧美环游记》，岳麓书社1985年版，第424—425页。
② 康有为：《欧洲十一国游记》，李冰涛校注，社会科学文献出版社2007年版，第9—10页。

他继续歌颂"日新而妙微"的西方文明,歌咏"地中海之人民秀白,地中海之山岳华离"。梁启超也在蓄志游美时作《二十世纪太平洋歌》,写道:"吾闻海国民族思想高尚以活泼,吾欲我同胞兮御风以翔,吾欲我同胞兮破浪以飏",以"思想高尚以活泼"来形容彼岸文明。可见他们对于西方文明的充分肯定与欲热情拥抱的姿态。作为具有实践经验的政治家,他们的纪游文学蕴含着政治煽动性与情感效应,对待西方文化理想化、狂热化。他们将西欧模式作为现实政治的理想化的模式,希望能够按照西方资本主义国家的模式来改造中国的国家制度与社会制度,以期挽救民族危亡。但是随着他们行旅的逐渐深入,他们对西方文化的态度从盲目崇拜转变为理性批判,以至梁启超认为中国若采用西方政体,"无以异于自杀其国也"。

晚清域外纪游文学对域外文化经历从最初的漠视、不理解到康梁的理性批判与否定,似乎事情又回到了原点,但是这其实是在充分了解基础上的批判与否定,是在文化想象与文化借鉴方面于否定之否定基础上的一个新的起点。

三 晚清域外纪游文学的兴盛

随着晚清游学考察的频繁,域外纪游文学日渐兴盛。近代中国域外考察与交流,主要包括官派考察、使节派驻、民间文化交流、政治流亡、因私出国等多种。域外纪游文学的主要形式主要有使臣日记、考察游记、私人游记三种。使臣日记是按清政府出使时"将该国一切山川形势、风土人情随时记载,带回中国,以资印证"的要求以日记的形式所做的工作汇报,如斌椿的《乘槎笔记》、志刚的《初使泰西记》、孙家谷的《使西书略》、郭嵩焘的《使西纪程》、何如璋的《使东述略》、李凤苞的《使德日记》等,这类游记对西方社会和文化有着或深或浅的介绍,大多比较浮泛,个人观点不是很多。考察游记为清政府及地方官署派员到西方国家考察国情,或出于民间团体机构邀请,或者因政治避难等原因所写的对国家现代性建构有着深入思考的游记,如徐建寅的《欧游杂录》、吴汝纶的《东游丛录》、李圭的《环游地球新录》、康有为的《欧洲十一国游记》、梁启超的《新大陆游记》等,这些游记有的是专门考察,如徐建寅的工程技术考察、吴汝纶的教育考察,有的是政治考察,如康有为与梁启超的考察。专门考察游记就某个专业领域的问题进行系统深入的探析，政治考察游记则结合中国实际对整个社会现状进行述评、理性思辨相对比较多，较使臣日记思考更宏观更深入。私人游记则是因私去西方旅居、旅游所作的带有个人观感的游记，如林鍼的《西海纪游草》、王韬的《漫游随录》和《扶桑游记》等，往往观察视点往往基于个人生活记录，虽然也有社会性的观感，但也个人生活感悟较多，如王韬对于巴黎便捷而繁华的都市的描绘"大商巨铺、格局堂皇……大道广衢，四通八达"，每相距若干里，就有一块栽种了树木的休闲之地，此时王韬的感慨是这样能"疏通清淑之气"，"俾居人少疾病焉"①，不是站在城市规划的角度而是从生活的角度来感悟。而对于"栋宇巍峨，崇饰精丽"②，馆藏丰富，分类科学的卢浮宫事博物馆，他感叹的是自己能亲临此地"不可谓非幸也！"③ 综观晚清（1840—1911 年）域外纪游文学创作，此时的域外纪游文学已经成为一种醒目的文学现象。清人王锡祺所辑的《小方壶斋舆地丛钞》录入 19 世纪的域外游记 84 种，中国当代编辑大家钟叔河所浏览过的 1911 年以前中国人亲历西方的游记达 300 多种④。唐弢也认为（近代知识分子）出国回来后介绍西方文明，于是"游记、随笔、采风录、闻见记、杂事诗等等，雨后春笋，纷纷刊行，内容充实的不下几十种"⑤。它们叙录了西方社会的政教风俗，生活方式，成为中国人开眼看世界的重要读物。

　　根据记述内容，行旅性质与纪游类别将晚清域外纪游作品整理如表2-1。因为晚清时期域外行旅主要体现为国家层面的主导行为，个人出游的机会很少，所以晚清域外纪游作品中官方出访的记录远远多于民间个人的著述，如表 2-1 所示，个人出游的只有林鍼、王韬等极少数人，康有为、梁启超政治流亡虽然不是官派出访，但他们身后有着强大的政治团体。

---

① 王韬：《漫游随录·扶桑游记》，陈尚凡、任光亮校点，湖南人民出版社，第 83 页。
② 王韬：《漫游随录·扶桑游记》，陈尚凡、任光亮校点，湖南人民出版社，第 90 页。
③ 王韬：《漫游随录·扶桑游记》，陈尚凡、任光亮校点，湖南人民出版社，第 92 页。
④ 尹德翔：《东海西海之间》，北京大学出版社 2009 年版，第 2 页。
⑤ 唐弢：《西方影响与民族风格——中国现代文学发展的一个轮廓》，《文艺研究》1982 年第 6 期。

表2-1 晚清（1840—1911年）域外纪游文学一览

作者	题名	记述内容	行旅性质	纪游类别
容闳	《西学东渐记》	1847—1854年赴美孟松学校、耶鲁大学学习，回国后的生活以及派遣幼童赴美留学	官派留学、公派出使	自传体回忆录
林鍼	《西海纪游草》（包括诗和序）	1847—1850年赴美国担任翻译期间见闻	民间游历	私人游记
罗森	《日本日记》	1854年充任培理舰队汉文翻译赴日游记，描写日本横滨、下田、箱馆（今北海道函馆市）等地的山水、人情、风俗、物产，记录了访日期间各种文化交流活动，并收集了与日本友人唱和的诗歌多首	民间游历	私人游记
斌椿	《乘槎笔记》《海国胜游草》《天外归帆草》	1866年出使法、英、比、荷、挪、德、丹、瑞、芬兰、俄十国经历	官派短期考察	使臣日记
王韬	《漫游随录》	1867—1870年随英国人理雅各至英国、漫游英法	民间游历	私人游记
王韬	《扶桑游记》	1879年受邀赴日旅行考察	民间游历	私人游记
志刚	《初使泰西记》	1868—1870年出使美、英、法、普、俄等西方国家	官派考察	使臣日记
孙家谷	《使西书略》	1868—1870年随志刚出使美、英、法、普、俄等西方国家	官派考察	使臣日记
张德彝	《航海述奇》	1866年随斌椿出使欧洲	官派考察	使臣日记
张德彝	《再述奇》（欧美环游记）	1868—1869年随蒲安臣、志刚出使美、英、法等国，因坠马先返国	出使	使臣日记
张德彝	《三述奇》（随使法国记）	1870—1872年随崇厚使法	出使	使臣日记
张德彝	《四述奇》（随使英俄记）	1876年起随郭嵩焘使英，其间曾奉调使俄至1882年归国	出使	使臣日记

续表

作者	题名	记述内容	行旅性质	纪游类别
张德彝	《五述奇》（随使德国记）	1888—1891 年随洪钧使德	出使	使臣日记
张德彝	《六述奇》（参使英国记）	1897—1901 年随罗丰禄使英	出使	使臣日记
张德彝	《七述奇》（稿佚）	1902 年随那桐使日本	出使	使臣日记
张德彝	《八述奇》（使英日记）	1903—1907 年任出使英国大臣	出使	使臣日记
郭嵩焘	《使西纪程》	1876 年任驻英使节，后兼任驻法使节	出使	使臣日记
刘锡鸿	《英照日记》	1876 年作为副使随郭嵩焘出访	出使	使臣日记
李圭	《环游地球新录》	1876 年官派赴美参加世博会	官派文化交流	考察游记
黎庶昌	《西洋杂志》	1876—1881 年随郭嵩焘、陈兰彬出使英、德、法、西，游历比、瑞、葡、奥等欧洲十国	出使	使臣日记
		1881—1884 年、1887—1889 年担任中国驻日本国大臣 6 年		
何如璋	《使东述略》	1877—1882 年担任驻日使臣	出使	使臣日记
钱德培	《欧游随笔》	1877 年派为出使德国随员，在欧任职 6 年	出使	使臣日记
陈兰彬（陈嵩良、曾耀南、陈善言、蔡锡勇数人所散记合并参订）	《使美纪略》	1878—1881 年担任首任驻美公使	出使	使臣日记
曾纪泽	《使西日记》	1878—1897 年出使英法	出使	使臣日记
李凤苞	《使德日记》	1878 年出使德国	出使	使臣日记
徐建寅	《欧游杂录》	1879 年官派德、英、法考察工程技术	官派考察	考察游记

续表

作者	题名	记述内容	行旅性质	纪游类别
李筱圃	《日本纪游》	1880 年自费游历日本，先后到长崎、神户、大阪、京都、横滨、东京等地，体察日本建设西方体制的近代化进程及探究明治维新	民间游历	私人游记
蔡钧	《出洋琐记》	1881—1884 年随使欧美	出使	使臣日记
潘飞声	《天外归槎录》	1883 年赴欧执教，游历西欧诸国	民间游历	私人游记
缪佑孙	《使俄日记》	1886—1889 年任游历员往俄	出使	使臣日记
傅云龙	《傅云龙游历各国图经余记》	1887—1890 年任出洋游历大臣赴日、美、加、古、秘、巴西、巴拿马、厄、智等 11 国游历	出使	使臣日记
薛福成	《出使英法义比四国日记》	1890—1894 年出使法、英、比、意、德、瑞士等国	出使	使臣日记
张裕钊	《出使四国日记》	1890—1894 年出使法、英、比、意、德、瑞士等国	出使	使臣日记
黄庆澄	《东游日记》	1893 年前往日本参观访问	官派考察	考察游记
钱单士厘	《癸卯旅行记》	1899 年赴日本、游历意大利、俄国等欧洲诸国	民间游历	私人游记
钱单士厘	《归潜记》	1899 年对于意大利和古希腊罗马艺文及关于中西文化史的研究	民间游历	私人游记
康有为	《康有为列国游记》	1898—1913 年海外流亡欧美 31 国	政治考察	考察游记
吴汝纶	《东游丛录》	1902 年奉命赴日考察教育	官派考察	考察游记
梁启超	《新大陆游记》	1903 年美国旅行	政治考察	考察游记
戴鸿慈	《出使九国日记》	1905 年清廷派遣政治考察	政治考察	考察游记
载泽	《考察政治日记》	1905 年清廷派遣政治考察	政治考察	考察游记

第二节 西方世界"乌托邦"想象与意识形态思考
——晚清使臣域外纪游文学现代性借鉴的文化间性

晚清域外使臣在国家使命的感召下，在时代大潮的冲击下，越过千山万水，亲历感受西方耳目一新的异域文明，其域外纪游文学叙述了初次遇到西方现代文明的震惊体验与所进行的文化想象。保·利科在《论阐释学》一书中认为，社会想象实践的多样性可在意识形态和乌托邦这两极间来理解，这些社会总体想象物呈现敌对和半反常的面孔，其共同准则是与历史社会现实不一致。① 晚清使臣徘徊在传统与现代之间，站在乌托邦与意识形态两极解读西方现代文化，其域外纪游文学表现出对西方想象与现代性借鉴过程中形成的文化间性，也表明中国从传统走向现代时的复杂轨迹。

一 生活美好、科技进步与制度民主——西方世界的"乌托邦"想象与启蒙意识的萌芽

保·利科认为，一个异国形象，当它偏向于相异性，并将相异性再现为一个替换的社会、富含被群体抑制的潜能时，就是乌托邦式的。从形象为建立一个彻底相异性而背离自身文化观念的意义上说这是一个颠覆性形象。它就这样使奇异性超出了对群体的认同性。② 晚清使臣域外行旅，所接触的是与中国传统文化迥异的西方文明。在文化相遇的过程中，这批早期行旅者惊艳于所亲历的异域文明，在不同层面上为西方文明所俘获，颠覆了自身文化观念，西方社会的奇异性超出了整个社会群体的认同，形成西方世界的"乌托邦"想象。因文化相遇产生的伟力，作为早期行旅者的晚清使臣面对扑面而来的西方文明，暂时忘记华夏文化中

---

① ［法］让·马克·莫哈：《试论文学形象学的研究史及方法论（续）》，孟华译，《中国比较文学》1995 年第 2 期。

② ［法］让·马克·莫哈：《试论文学形象学的研究史及方法论（续）》，孟华译，《中国比较文学》1995 年第 2 期。

心意识，"生活美好、科学进步与制度民主"是他们对西方世界"乌托邦"初印象。

（一）西方生活美好的乌托邦表层想象

初入西方世界的晚清使臣感受到优美的自然风光、繁华的都市景观以及由火轮船、火车、电梯、自行车、自来水、制币、印造书籍、电机寄信等给人们生活带来的便捷的生活条件，充分构筑了西方生活美好的乌托邦想象。

清政府第一次派出西方文化考察代表团是以斌椿为首的代表团。斌椿多次写到达异域都市的感受，如写马赛："到处光如昼，真同不夜城；珠灯千盏合，火树万株明；画槛云中列，香车镜里行。"① 写到巴黎："康衢如砥净无埃，骏马香车杂逻来；画阁雕栏空际立，地衣帘额镜中裁；明灯对照琉璃帐，美醴频斟玛瑙杯；醉裹不知身作客，梦魂疑是住蓬莱。"② 写到荷兰："荷兰自古擅名都，沧海桑田今昔殊。处处红桥通画舫，湾湾碧水界长衢。晶帘十里开明镜，璧月千潭照夜珠。创造火轮兴水利，黍苗绿遍亚零湖。"③ 在斌椿的文化想象中，西方世界就是仙界、胜境。所以，英太子接见斌椿时问："伦敦景象较中华如何？……昨游行馆，所见景物佳否？"④ 斌椿以"中华使臣，从未有至外国者，此次奉命游历，始知海外有此胜境"⑤ 回应。维多利亚君主问斌椿："敝国土俗民风与中国不同，所见究属如何？"⑥ 斌椿答："来已兼旬，得见伦敦屋宇器具制造精巧甚于中国。至一切政事好处颇多"，并且再一次强调到英国看

---

① 斌椿：《海国胜游草》，林鍼、斌椿、志刚、张德彝《西海纪游草·乘槎笔记·诗二种·初使泰西记·航海述奇·欧美环游记》，岳麓书社1985年版，第164页。

② 斌椿：《海国胜游草》，林鍼、斌椿、志刚、张德彝《西海纪游草·乘槎笔记·诗二种·初使泰西记·航海述奇·欧美环游记》，岳麓书社1985年版，第165页。

③ 斌椿：《海国胜游草》，林鍼、斌椿、志刚、张德彝《西海纪游草·乘槎笔记·诗二种·初使泰西记·航海述奇·欧美环游记》，岳麓书社1985年版，第170页。

④ 斌椿：《海国胜游草》，林鍼、斌椿、志刚、张德彝《西海纪游草·乘槎笔记·诗二种·初使泰西记·航海述奇·欧美环游记》，岳麓书社1985年版，第117页。

⑤ 斌椿：《海国胜游草》，林鍼、斌椿、志刚、张德彝《西海纪游草·乘槎笔记·诗二种·初使泰西记·航海述奇·欧美环游记》，岳麓书社1985年版，第117页。

⑥ 斌椿：《海国胜游草》，林鍼、斌椿、志刚、张德彝《西海纪游草·乘槎笔记·诗二种·初使泰西记·航海述奇·欧美环游记》，岳麓书社1985年版，第117页。

到的是"胜景"①。当瑞典太后问："历过西洋各国景象如何?"斌椿回答："中华官从无远出重洋者,况贵国地处极北,使臣非亲到,不知有此胜境。"并为太后吟诗一首:"西池王母住瀛洲,十二珠宫诏许游;怪底红尘飞不到,碧波青嶂护琼楼。"② 三次问答,三次皆言西洋各国有琼楼、胜景,是蓬莱,是人间胜境。虽然是外交辞令,但无疑也是基于内心的真实感受的西方想象。志刚初到纽约,"见其街市喧阗,楼宇高整",感叹美国"家有安居乐业之风,人无游手好闲之俗"的新国之气象③;薛福成笔下的巴黎"街道之宽阔,阛阓之宏整,实甲于地球",里昂则"水陆通衢,商贾辐辏"④;即使是一盏煤气灯在张德彝叙述下也是如花朵一样美丽;连一向保守的刘锡鸿看到伦敦"衢路之宽洁,第宅之崇闳,店肆之繁丽"也不禁感慨"真觉生平得未曾见也"⑤。印象深刻的还有西方女性都是非同一般的美好,如斌椿的描绘"惟泰西各大国,则端正文秀者多,妇女亦姿容美丽,所服轻绡细縠,尤极工丽……,耳语如梁燕之呢喃,如鸳鸯之翼,天真浪漫,了不忌人。"⑥ 可以见出西方给域外使臣的第一印象便是梦幻一样的美感。

(二) 西方科学先进、生产力发达、国家富强的乌托邦社会想象

西方近代科学先进、生产力发达、国家富强,这也是文化相遇过程中域外使臣的独特体会与文化想象。

张德彝一到欧洲,就表现了对"一切皆用火机,不需人力"现代机械动力的兴趣,记录了不少近代中国人对工艺技术的"第一印象"。如火轮车日行5000余千米,无害于商农,裨益于国家,因此西方国家富强日

①　斌椿:《乘槎笔记》,林鍼、斌椿、志刚、张德彝《西海纪游草·乘槎笔记·诗二种·初使泰西记·航海述奇·欧美环游记》,岳麓书社1985年版,第117—118页。

②　斌椿:《乘槎笔记》,林鍼、斌椿、志刚、张德彝《西海纪游草·乘槎笔记·诗二种·初使泰西记·航海述奇·欧美环游记》,岳麓书社1985年版,第128页。

③　志刚:《初使泰西记》,林鍼、斌椿、志刚、张德彝《西海纪游草·乘槎笔记·诗二种·初使泰西记·航海述奇·欧美环游记》,岳麓书社1985年版,第268页。

④　(清)薛福成:《出使英法义比四国日记》,商务印书馆、中国旅游出版社2016年版,第30页。

⑤　刘锡鸿:《英轺私记》,刘锡鸿、张德彝《英轺私记·随使英俄记》,岳麓书社1986年版,第70页。

⑥　斌椿:《乘槎笔记》,林鍼、斌椿、志刚、张德彝《西海纪游草·乘槎笔记·诗二种·初使泰西记·航海述奇·欧美环游记》,岳麓书社1985年版,第101页。

盛。斌椿看到荷兰水利的发展，用火轮取水器具，涸出良田三十余万亩。因为水利的妙用，达到"变斥卤为膏腴"的效果。志刚使美时，看到美国大船"长四十丈，载四千顿（每顿一千六百斤）。并船身、机器煤仓、水井、粮囤、牲圈，总计不知其几千万钧之重"①。面对过太平洋的风险，"然是舟也，不但或遇横冲，或遭逆撞，即在惊涛怒浪纷至沓来时，仍是蜿蜒奔腾于左翻、右覆、前掀、后坠之中，而不敢息"②。薛福成谈英国的化学技术，"一千年后，驾驶轮船似可以不必用煤。盖轮车之改用电气……又研思化水之质，用水之法，……将来可激水力以驶舟车，用代火力"③。郭嵩焘参观演试舰炮，发现其射程达 7500 余步；参观《泰晤士报》时发现其每日印刷新闻报 70000 张，所用工人不过 300 余人，白天不过数 10 人；并体验了电话交谈，亲眼见了爱迪生演示的留声机；参观了格林威治天文台、牛津大学天文馆、地质馆等西方科学活动之后，认为西人的格致之学（科学），是"天地之精华"，能够"牢笼天地，驱役万物"。郭嵩焘将西方科学与中国圣人之学并举，感叹"西洋博物之学，穷极推求，诚不易及也"，认为若"讲求实在之学问，无有能及泰西各国者"④。李圭认为西方医学通过科学实验透彻了解了人体的结构，所以强于中医，肯定西方格物致知的实验精神。徐建寅考察了德国、法国和英国的工程技术，参观考察了克虏伯、西门子、伏尔铿和基尔海军基地等几十个单位，借用丁韪良的话评价西方"机器之妙能夺天工，此事曾见古书，不谓今日乃目睹之尔！"⑤ 这批使臣经过游历考察西方资本主义国家的军事、制造、天文、生物、化学等诸多领域的先进科技之后，形成科技先进使国家奔腾万里、辉煌壮观的乌托邦景象。

（三）西方政治昌明，制度民主、保障完善的乌托邦想象。

经过对人们生活场景与科技发达所产生的惊艳反应而形成乌托邦想

---

① 志刚：《初使泰西记》，林鍼、斌椿、志刚、张德彝《西海纪游草·乘槎笔记·诗二种·初使泰西记·航海述奇·欧美环游记》，岳麓书社 1985 年版，第 255 页。
② 志刚：《初使泰西记》，林鍼、斌椿、志刚、张德彝《西海纪游草·乘槎笔记·诗二种·初使泰西记·航海述奇·欧美环游记》，岳麓书社 1985 年版，第 259 页。
③ （清）薛福成：《出使英法义比四国日记》，商务印书馆、中国旅游出版社 2016 年版，第 56 页。
④ 《郭嵩焘日记》第三卷，湖南人民出版社 1982 年版，第 203 页。
⑤ 徐建寅：《欧游杂录》，中国旅游出版社、商务印书馆 2016 年版，第 106 页。

象之后，域外知识分子随着行旅的深入，进一步接触到深层次的东西，形成文化昌明所带来的乌托邦想象。

中国封建社会是君主集权制，讲究君臣父子之间绝对服从的关系，不能有丝毫的僭越。即使在服饰层面，皇上的龙袍与各级臣子的服装都是等级森严。因此，西方君主的彬彬有礼、平易近人让使臣们感喟颇深，如斌椿受维多利亚女王接见时，女王亲自站在门口迎接使者一行。志刚见到普鲁士国王时，国王平时待人毫无架子，显得亲切温厚。如果路上遇到君主，"鞠躬为礼，摘冠相答"即可。张德彝在《航海述奇》中同样记述瑞典君臣之间融洽的相处状态："王貌雍容，重眉隆准，碧目乌须，服色与庶民同，能谈英法语言，辞气执谦。其君臣相见，无山呼跪拜礼，只垂手免冠而已。明等相见亦如之，只不脱帽。"① 瑞典国君衣服的颜色和样式与百姓相同，且君臣相见，没有特别的礼仪，只是垂手免冠，礼节甚是简易。华盛顿作为创造历史的英雄，他的墓没有一点特殊化，志刚对其女儿"夷为黎庶"感触深刻；戴鸿慈叙述华盛顿故居，"室中陈设朴素，无异贫民"。他进一步体会到"欧美诸国，君臣之间，蔼然可亲，堂陛周旋，宛如宾友。虽以俄皇之尊严，其廷见臣僚，亦皆和色立谈，俾尽其意"②。平时对皇上"三叩九拜"，无论皇上的旨意对否，始终"山呼万岁，谢主隆恩"的中国使臣对西方君臣平等、融洽自如的关系心生向往。

不仅如此，他们还进一步赞美西方民主政治体制。斌椿叙述"（公议厅）高峻宏敞，各乡公举六百人，共议地方公事"③。如有意见不合，则互相辩论，君主的意见不能强加在众论之上。志刚详细叙述了美国上下议会制度："华都有议事之上下会堂。会堂者，取公论之地也。择年老谙练者主之。美国三十三邦联为一大国。每遇大政，则各邦首领，皆有派在都邑会议之人。"上下议会各司其职，下议院负责赋税，上议院负责条约法令，"惟赋税出于民者，下堂议之。条约法令出于上者，上

---

① 张德彝：《航海述奇》，林鍼、斌椿、志刚、张德彝《西海纪游草·乘槎笔记·诗二种·初使泰西记·航海述奇·欧美环游记》，岳麓书社1985年版，第546页。
② 戴鸿慈：《出使九国日记》，陈四益校点，湖南人民出版社1982年版，第234页。
③ 斌椿：《乘槎笔记·外一种》，湖南人民出版社1981年版，第25页。

堂议之"①。基本原则是要遵从大多数人的意见，再由总统负责执行。"亦必上下询谋佥同，或议从其数之多，而后上其议于伯理喜顿，听其照准施行。故民情达而公道存如堂上所言，堂下然之则诺，不然则否，不相强也。否者任其倡言驳议，公同听之，归于从众"②。刘锡鸿详细描述西方开议会通宵达旦、热烈紧张的气氛："凡开会堂，官绅士庶各出己见，以议时政。辩论之久，常自昼达夜，自夜达旦，务适于理、当于事而后已。官政乖错，则舍之以从绅民，故其处事恒力居上游，不稍假人以践踏。"③ 郭嵩焘、薛福成等使臣无不详细地叙述西方的民主政治，认为西方政治民主，人民参加议政，享有舆论自由。对于习惯了皇上"一言九鼎"的中国使臣而言，制度上的民主比他们见过的资本主义物质文明还要令人惊诧，更能给中国的变革带来启示作用。志刚总结议会制度能使"民情达公道存"，薛福成赞赏其能"通君民之情"，郭嵩焘认为西方的民主制度关乎"西洋立国之本末"，甚至被称为顽固派的刘锡鸿也高度评价议会制度的长处，"而举办一切，莫不上下同心，以善成之。盖合众论以择其长，斯美无不备；顺众志以行其令，斯力无不殚也"④。

另外，西方具有渐趋完善的社会保障制度，在育婴、济贫、疗病、教育等方面都有充分的保障。洪勋游览欧洲时，看到欧洲的"养育院"，专门收养那些孤儿和衰老穷苦的人和一无所能的人。为了"不使穷民失所"，欧洲成立善举局，"凡养老、育婴、济贫、疗病等"一切善举皆由善举局负责，其城市偏僻、人口较少的地方则由工局兼任，或者由教堂办理。志刚访问了美国的养济院、育婴堂、养疯院，惊叹于美国社会保障制度。即使是得了疯病，美国社会也能为其量身定制康复的环境，"为之择园林以逍遥之，为之置钓弋以消遣之，为之设丝竹以娱乐之。调饮

① 志刚：《初使泰西记》，林鍼、斌椿、志刚、张德彝《西海纪游草·乘槎笔记·诗二种·初使泰西记·航海述奇·欧美环游记》，岳麓书社1985年版，第270页。
② 志刚：《初使泰西记》，林鍼、斌椿、志刚、张德彝《西海纪游草·乘槎笔记·诗二种·初使泰西记·航海述奇·欧美环游记》，岳麓书社1985年版，第270页。
③ 刘锡鸿：《英轺私记》，刘锡鸿、张德彝《英轺私记·随使英俄记》，岳麓书社1986年版，第31页。
④ 刘锡鸿：《英轺私记》，刘锡鸿、张德彝《英轺私记·随使英俄记》，岳麓书社1986年版，第83页。

食以适其饥渴，易衣服以适其寒热"①。而对于受不起教育的国民，则设置习正院。李圭描绘费城的习正院："童稚男女，父母已故，无依倚者；或有父母而不能教者；或子女不肖，不受教者：皆由院中收留，使习正道，俾免流于不齿，诚善政也。"②

在西方文化强烈的震撼下，晚清行旅者惊羡于域外见闻，展现一个与中国传统社会具有相异性的非常完美的西方世界，呈现晚清时期域外纪游文学对西方文化的乌托邦想象。这些纪游文学在国内刊发出版后，以往将西方国家视为"蛮夷妖孽"的观念变为"欧美先进"的意识，冲击了当时士大夫阶层的思维模式。虽然维新与保守力量几度较量，但是从根本上来说，晚清域外纪游文学有力地改变了中国权力阶层实践救国的方向与路径。并且晚清域外纪游文学从追求个性发展，"批判专制、呼唤理性"，追求"自由、平等"等方面启蒙了国人的思想，影响了整个中国近代化的进程。

二　精神层面意识形态思考与对传统的固守

保·利科认为："所谓意识形态角度进行的文化想象就是指群体再现了自我存在并由此强化了自我身份。它使人们从该群体关于自身起源、身份，并使其确信自我在世界史中地位的观念出发去读解异国。其目的是使想象出的本群体的身份支配被描写的相异性。"③由此可见，早期知识分子站在文化想象的一极对西方现代文化进行乌托邦想象时，同时又站在另一极，从意识形态层面解读异国，强化自我身份，体现出他们对中国传统文化的固守。整体策略体现为将"他者"本土化与从意识形态角度的批判与否定。

（一）"他者"的本土化策略

当晚清使臣讶异于西方现代文化，并对他们进行乌托邦想象时，他们的身份毕竟是大清的使臣，所以过多赞美惊羡于西方文化，使中国传

---

① 志刚：《初使泰西记》，林鍼、斌椿、志刚、张德彝《西海纪游草·乘槎笔记·诗二种·初使泰西记·航海述奇·欧美环游记》，岳麓书社1985年版，第268页。

② （清）李圭：《环游地球新录》，商务印书馆、中国旅游出版社2016年版，第39页。

③ ［法］让·马克·莫哈：《试论文学形象学的研究史及方法论（续）》，孟华译，《中国比较文学》1995年第2期。

统文化相比之下显得那么落后而不堪一击，似乎不符合他们的身份与心态。正如彼得·伯克所言："当一群人与其他文化相遇时，一般会产生两种截然不同的反应。一种是否认或无视文化之间的距离，无论自觉地还是不自觉地，会用类比的方法将他者来与我们自己或我们的邻人相比较。于是，他者被看作对自我的反映。……正是通过这种类比的方法，异国的文化才变得可以理解，才变得本土化。……第二种普遍的反应与前者相反，就是有意识或无意识地把其他的文化建构为与自己的文化相对立的一种文化。以这样的方式，人类自己的同胞'变成了他者'。"① 而这批中国传统文化深入血脉骨髓的早期行旅者为了心心念念的大清帝国，为了固守的文化传统，为了维护天朝大国的中心地位，在对西方文化无尽赞美之时，他们采取了将这种文化本土化的叙事策略——或者用中国传统笔法来表意抒情，或者认为西方现代文明是中国各历史阶段文明的反映。如斌椿等震惊于资本主义文明时，其描绘资本主义文明的笔法还是中国传统文化意象与笔法，如他在《寓楼即景》中的描写："楼榭连霄起，雕栏照水明；画船随处泊，人在镜中行。十里珠簾卷，虹桥影正圆；绿阴深树裹，摇出卖花船。"在《十八日夜登轮船，海滨有奏乐并烟火戏》中词句"聒耳笙歌月色新，楼台高下集游人；彩霎五色当空见，火树银花照海滨"②他运用中国传统的赋体及雕栏玉砌、楼船画舫、火树银花等传统的词汇与意象书写异国印象，在表现异国景时凸显中国魂。郭嵩焘、曾纪泽等以自己心目中的优秀的中国传统文化解释西方现象。郭嵩焘认为西方国家文明的精髓与中国"三代盛时"有着异曲同工之妙。英法两国的议会制，体现了《周礼》所述国家体制。"西洋一切情事，皆诸之新报"，当政者"所行或有违件，议字群起而攻之"，这种现象，正是《周礼》"讽群臣讯万民"的理念在当今西方国家的体现。西方国家的重商、重民思想与"三代"相符，科学技术的发达又与经世致用、实事

① ［英］彼得·伯克：《图像证史》（第 2 版），杨豫译，北京大学出版社 2018 年版，第183—184 页。

② 斌椿：《海国胜游草》，林鍼、斌椿、志刚、张德彝《西海纪游草·乘槎笔记·诗二种·初使泰西记·航海述奇·欧美环游记》，岳麓书社 1985 年版，第 170—171 页。

求是的务实主张相符。① 因此，他解析世界局势，"政教风俗，欧洲各国乃独擅其胜。其视中国，亦犹三代盛时之视夷狄也"②。认为当今世界格局帝国主义国家之于中国正犹如三代盛时中国藐视夷狄。西方文明国家之所以强大，正因为暗合了以中国"三代盛时"的理想国式。张德彝看到美国监狱管理文明，也认为"饶有唐虞三代之风"。曾纪泽也曾表示，"西人一切局面，吾中国于古皆曾有之"③。刘锡鸿认为英国政俗皆美，人民安居乐业，但其民主选举制度无非是和中国古代选举制度相类似。志刚笔下的华盛顿总统等带有中国古代圣君明主的气象。志刚则认为，西人炼汞之术，在中国古已有之，西人冠以化学之名，以此炫之如人。其他西人的先进科技，都源自中国。"然炼朱成汞，炼汞还朱，本中国古法。西人得之，以为化学之权舆。乃凡遇有形质之物，无不取炼之，以观其变。俟化成他物，考其形质，以施于用。有炼之而无所得者，有得之而无用者。就中取其有用者，乃愈出愈奇，以技于人，而化学遂名家焉。"④ 而斌椿、张德彝等认为西方街道的自行车得自中国古代"木牛流马"的遗意。这就是当时典型的"西学中源"说。作为传统的封建士大夫，他们心中已经有了一套固有的知识体系与认知方式。面对西方铺天盖地的新奇事物，旧式知识分子牵强比附，在现有认知结构中尽量寻找与西方事物相近或类似的事物与概念。这样，他们就可以"按照自己原有的思维习惯，用自己所熟悉的概念来表征、理解西方事物了"⑤。

这种现象一方面说明晚清知识者接纳异域文明时求同的观念，另一方面也说明具有坚定的华夷意识观念的晚清中国人在"开眼看世界之后"对"天朝型的世界观"的顽固坚守。这"既是一种对既有文化优势心态的延迟，又是传统社会秩序对西方意识入侵做出的应激反应"⑥。

---

① 陈晓兰主编：《想象异国：现代中国海外旅行与写作研究》，安徽人民出版社 2012 年版，第 6 页。

② （清）郭嵩焘：《伦敦与巴黎日记》，岳麓书社 1984 年版，第 491 页。

③ （清）曾纪泽：《出使英法俄国日记》，岳麓书社 1985 年版，第 177 页。

④ 志刚：《初使泰西记》，林鍼、斌椿、志刚、张德彝《西海纪游草·乘槎笔记·诗二种·初使泰西记·航海述奇·欧美环游记》，岳麓书社 1985 年版，第 263 页。

⑤ 冯雪：《晚清域外游记中的欧美形象》，硕士学位论文，山西大学，2013 年。

⑥ 李岚：《行旅体验与文化想象：论中国现代文学发生的游记视角》，中国社会科学出版社 2013 年版，第 68 页。

（二）从意识形态角度对西方文化的批判与否定

晚清使臣们对亲历的西方世界进行乌托邦形象的传达，甚至为了西方形象更具有亲和力、更容易被接受而将其本土化。与此同时，早期行旅者还是持着"华尊夷卑"的态度站在天朝大国的角度，强调中国的中心地位，不自觉地将外国视为蛮、夷、番、狄。他们以中国传统价值观念对西方文化进行意识形态的批判与否定。

西方的物质文明是让绝大多数使臣惊艳与叹服的，但是多尚"奇技淫巧"也成为晚清使臣言说西方世界的共同词汇。而"奇技淫巧"却不是褒义词，而是他们对西方贬义的评价。淫，词源意义是"过度"，淫巧意为"过度工巧"，古人对"奇技淫巧"是嗤之以鼻的。据《礼记·王制》记载，司法官在遇到"作淫声""异服""奇技""奇器以疑众"的四类犯人时，可直接不经审讯而将其处死。晚清使臣在一边叙述西方物质繁华、科技先进之时，另一边用精神否定物质，用传统的仁、义、礼、智、信将其批判否定。斌椿面对"询问大中华，何如外邦侈"的发问，他"答以我圣教，所重在书礼；纲常天地经，五伦首孝悌。今上圣且仁，不尚奇巧技"①，用纲常、书礼、孝悌等中国传统价值观念表达了对"奇巧技"的忽略，仍然带着"夜郎自大"的良好的自我感觉。朱克敬则认为西方国家"凡饮食衣服宫室车马，穷极逸乐，务以奢靡相尚"②，这种高度的物质文明是一种奢靡之风，贪多不能守约。刘锡鸿大发议论："彼之实学，皆杂技之小者。其用可制一器，而量有所限者也。子夏曰：虽小道，必有可观者焉，致远恐泥，君子不为。"③ 他站在中国圣人之道的角度批判否定西方的"奇巧技"，认为实学是雕虫小技，不是正途，仁义才是安家立国之根本。"外洋以富为富，中国以不贪得为富。外洋以强为强，中国以不好胜为强。"④ 面对中西方的对比，晚清使臣通过这样的方

---

① 斌椿：《天外归帆草》，林鍼、斌椿、志刚、张德彝《西海纪游草·乘槎笔记·诗二种·初使泰西记·航海述奇·欧美环游记》，岳麓书社1985年版，第202页。

② 朱克敬：《儒林琐记：雨窗消意录》，岳麓书社1983年版，第186页。

③ 刘锡鸿：《英轺私记》，刘锡鸿、张德彝《英轺私记·随使英俄记》，岳麓书社1986年版，第20页。

④ 刘锡鸿：《英轺私记》，刘锡鸿、张德彝《英轺私记·随使英俄记》，岳麓书社1986年版，第130页。

式获得某种精神的优势。

晚清使臣往往在肯定西方文明的某种长处时，又能从中国文化的某些方面予以否定。斌椿、志刚、张德彝很多使臣都感受到西方火轮车速度之快，并且"无害于商农，裨益于国家"，对于富国利民有诸多好处，但是在中国却难以行通。原因在于修筑铁路要挖祖坟，有违孝道；侵占农田，与民争利；破坏风水，带来各种灾害等。从中国人的天性与人性的角度对这能改变中国局面的行为予以否定。张德彝认识到避孕套预防疾病和计划生育的两种功用，但又用儒家思想对其进行抨击，饶有感慨地引用孟子的"不孝有三，无后为大"来进行批判，"要之倡兴此法，使人斩嗣，其人也罪不容诛矣！"特别是在女性的地位与生存状态方面更是如此。中国女性几千年地位都是特别低，处于被遮蔽的状态，女性在社会中都只是作为生育的机器被认知。中国封建社会的女性没有地位与人格可言，三纲五常当中有一纲就是"夫为妻纲"。所以男女平等、女性解放等观念也是清末使臣域外纪游文学最被批判与否定的。张德彝对"洋女读书，针黹女红一切略而不讲"非常不理解。刘锡鸿用极其鄙夷的口吻叙述西方舞会场景："跳舞会者，男与女面相向，互为携持。男以一手搂女腰，女以一手握男膊，旋舞于中庭。每四、五偶并舞，绕庭数匝而后止。女子袒露，男子则衣襟整齐。然彼国男子礼服下挥染成肉色，紧贴腿足，远视之若裸其下体者然，殊不雅观也。"[1] 斌椿同样描写跳舞场景，讥讽女性染成白发，"几以令妻为寿母矣"[2]。男女之间的接吻之礼与女性在社交活动中的歌舞都被认为是有伤风化的。

甚至有些使臣行旅者在肯定西方文化中的进步发展的现代文化时，冷静理性地让中国以"仁"为本的文化和伦理道德观念来医治西方资本主义国家的弊病。他们的观念正如林语堂所言："在中国人的眼里，中国人的文明不是一种文明，而是唯一的文明，而中国的生活方式不是一种生活方式，而是唯一的生活方式，是人类心力所及的唯一的文明和生活

---

① 刘锡鸿：《英轺私记》，刘锡鸿、张德彝《英轺私记·随使英俄记》，岳麓书社1986年版，第151页。

② 斌椿：《乘槎笔记》，林鍼、斌椿、志刚、张德彝《西海纪游草·乘槎笔记·诗二种·初使泰西记·航海述奇·欧美环游记》，岳麓书社1985年版，第121页。

方式。"① 集中体现出中国近代一度坐井观天的态势，也是"华夏居中，四夷居表"的夜郎自大的优越感的体现。但是世界的文明有东方文明、地中海文明、欧洲文明、伊斯兰文明等多种。"海中地思维"与"地中海思维"呈现出椭圆流变的态势。② 可见，以开放的姿态学习与借鉴才能使中国传统文化吸收新的血液从而更具有生命力，在以后的文化博弈中更显优势。以开放的姿态拥抱世界一切优秀文化是早期行旅者需要突破的心理瓶颈。

三 传统向现代转型的心理轨迹

游记是作者主体情绪的映射与传达。美国游记作家保罗·索鲁认为："旅行是种心态。它与外在事物或异国风情无关，几乎完全是内在的体验。"③ 林非也对游记文学定义："游记，它具体而微地书写出作家主观的精神色彩，以及他们接触客观的风景时内心中种种悲怆或欢乐的印象、感受、咏叹、呼号、颤栗和搏击，正是能够感动和启发读者的地方。"④游记中的景观是作者主观精神的投影，域外游记在书写异域景观、塑造异国形象时，同时用心烛照顾出作者的内心世界。行旅者在由"眼中之景"经过心灵的内化转述出"心中之景"时，呈现出他们对传统文化不同的接受心态和学习西方时复杂的精神轨迹。晚清游记不但记录了旅行家的个人体验，同时也承载了几代中国人看世界的经历和艰难转变。

站在历史的转折点，面对纷至沓来令人惊羡的来自发达资本主义国家现代化信息，回首中国几千年的文化传统，这一代行旅游者视点游移于华夏与西方两端，徘徊在传统与现代之间，飘忽于乌托邦想象与传统意识形态两极。他们在纪游作品中进行现代性传达时，体现出传统与现代的博弈。但是，随着晚清域外行旅的不断深入，也随着洋务运动的开展、近代以来清政府与帝国主义屡战屡败的交战，晚清知识者对西方社

---

① 林语堂：《中国人》，浙江人民出版社1988年版，第310页。
② 张耀南：《"海中地思维"与"地中海思维"的椭圆流变》，瞿秋白《瞿秋白游记》，东方出版社2007年版，第1页。
③ 〔美〕保罗·索鲁：《旅行之道》，张芸译，广西师范大学出版社2020年版，第15页。
④ 林非：《关于散文、游记和杂文的思考》，《中国社会科学院研究生院学报》2000年第1期。

会的认可不断地向前推进。旅外使臣的类型不同，如郭嵩焘思想具有开创性、刘锡鸿等思想具有守旧性，存在个体差别，这也是在晚清时期国人接受异域文化时各种极具代表性的思想，反映了当时的知识分子传统走入现代的思想交锋与复杂心态。郭嵩焘是域外学习借鉴的先行者，他从西方的绘画就总结出西方人学术分科而治，教习有序，严谨务实的精神。进而提升到这是西方日益强盛的关键所在："区区一画学，而崇尚之、推广教习之如此。西洋人才之盛，有由然矣。"①"西洋于画事考求至精，未易几也。"②他记述参加西方的舞会："晚赴柏金宫殿跳舞会，男女杂沓，连臂跳舞，而皆着朝服临之。西洋风俗，有万不可解者。自外宫门以达内厅，卫士植立，皆有常度，无搀越者。跳舞会动至达旦，嬉游之中，规矩仍自秩然。其诸太子及德国太子，皆与跳舞之列。以中国礼法论之，近于荒矣。而其风教实远胜中国，从未闻越礼犯常，正坐猜嫌计较之私实较少也。"③而刘锡鸿认为不必用机器，现代化的速度不重要。西方男女之间的礼仪与社交龌龊不堪。而斌椿的《乘槎笔记》也表现了对异域文化某种程度的不能接受，但是他却以一种暗讽的方式或顾左右而言他的方式进行表达，如前面所述的"几以令妻为寿母矣"，对待物质文明的看法，称"我上圣且仁，不尚奇巧技"④。其他一些域外使臣一方面盛赞域外文明，另一方面对西方的器物与文化进行挞伐批判，认为西方文化功利性太强，重武轻文等，如张德彝认为"西俗好兵喜功，贵武未免贱文"⑤，志刚则批判西方之"机心"与"无道"，"由利心而生机心，由机心而作机器，由机器而作奇技淫巧之货，以炫好奇志淫之人"⑥。可以见出，晚清使臣纪游文学一方面体现了文化转型时期的集体意识，另一方面因旅人的身份背景与观看视角差异，建构出晚清域外游记的多

---

① （清）郭嵩焘：《伦敦与巴黎日记》，岳麓书社1984年版，第516页。
② （清）郭嵩焘：《伦敦与巴黎日记》，岳麓书社1984年版，第580页。
③ （清）郭嵩焘：《伦敦与巴黎日记》，岳麓书社1984年版，第580页。
④ 斌椿：《天外归帆草》，林鍼、斌椿、志刚、张德彝《西海纪游草·乘槎笔记·诗二种·初使泰西记·航海述奇·欧美环游记》，岳麓书社1985年版，第202页。
⑤ 张德彝：《航海述奇》，林鍼、斌椿、志刚、张德彝《西海纪游草·乘槎笔记·诗二种·初使泰西记·航海述奇·欧美环游记》，岳麓书社1985年版，第521页。
⑥ 志刚：《初使泰西记》，林鍼、斌椿、志刚、张德彝《西海纪游草·乘槎笔记·诗二种·初使泰西记·航海述奇·欧美环游记》，岳麓书社1985年版，第290页。

元面貌。

晚清使臣域外纪游文学在将现代意识纵向推进、横向展示过程中体现出域外学习与借鉴过程的复杂机理。但是从早期的猎奇想象到后期的文化审视，晚清使臣域外游记所传递的西学新知却是一个不变的方向，同时投射出晚清中国认识世界的变迁方向。在这过程中，旧式士大夫也逐步形成具有新思想、新知识的现代知识分子。同时晚清使臣域外纪游文学为五四运动"科学与民主"两面旗帜的诞生起着重要的启示作用。

第三节　维新作家的天涯漂泊求真

在晚清使臣亲历域外考察学习以期实现国家富强、民族振兴之时，维新派在国内加快了变法改革的步伐。在变法改革失败之后，他们踏上天涯漂泊求真之路，以亲历考察印证心中既往的西方形象，解读中西文化差别，探索现代中国之途。

一　维新之路漂泊之旅

维新派最先是通过国内制造局译书所译介的西学启蒙书籍了解西方国情与政治，学习西方的天文、地理、化学、生物等各种科学知识的。这些书所介绍的新的知识、新的观念、新的方法，给中国的知识者带来了别开生面的景观。他们通过这些书籍研究西方的政治体制与社会思想。这批人中的佼佼者就是康有为。

康有为在维新变革方面起着领导与导师的双重作用。1891 年康有为在广州开设万木草堂，开始开堂讲学，"讲中外之政，救中国之法"①，梁启超、陈千秋、麦孟华、徐勤先后及门从学，以后便成了维新变法的中坚力量。梁启超不仅是康有为的追随者，还将康有为"西学"思想发扬光大并进行推广与传播。他们组织强学会，创办《时务报》宣传维新变法，影响日益扩大。梁启超曾形容康有为的新思想给当时中国带来强烈的震撼，如飓风、如火山、如地震。康有为在中国山河破碎之时五次上书光绪皇帝请求变法。光绪皇帝最终采纳其意见，把学习西方、改行新

---

① 康有为著，汤志钧编：《康有为政论集》（下册），中华书局 1998 年版，第 1018 页。

政作为国策，并召集康有为、梁启超等实行维新变法，史称1898年的戊戌变法。

　　顽固派为了既得利益，拼死反对新政，阻挠和破坏维新改革。慈禧发动戊戌政变，将光绪幽禁于瀛台。正如梁启超在《戊戌政变记》中记载的谭嗣同"不有死者无以酬圣主，不有行者无以图将来"的慷慨誓言，谭嗣同等戊戌六君子就义于北京菜市口"以酬圣主"，康有为、梁启超亡命天涯"以图将来"，康有为在英国公使馆的帮助下，逃往香港避难，梁启超在日本使馆的帮助下，由天津乘日舰逃亡日本。此后，康、梁把流亡生活当成了环球考察之旅的最好机会。康有为从1898年9月戊戌变法失败后开始流亡海外，直至1913年11月回国，历时16年。他如此自述自己的流亡经历，"两年居美、墨、加，七游法，五居瑞士，一游葡，八游英，频游意、比、丹、那，久居瑞典……"①并请著名篆刻家吴昌硕刻"维新百日，出亡十六年，三周大地。游遍四洲，经三十一国，行六十万里"的朱文小字印章。他曾游历美国、法国、英国、德国、加拿大、意大利以及日本等发达资本主义国家，也到访过印度等古代文明辉煌但近代逐步走向衰败的殖民地国家。他游历时间长，游历国家多，对各种类型的国家都有了解，他立志要当"尝百草"的神农，为中国的发展开出药方。梁启超1898年东渡日本，旅日期间，梁启超一方面继续联合在日本的维新人士，创办《清议报》宣传西学；另一方面通过日文进一步接受西学。1899年梁启超应美国华人的邀请准备赴美国，但因清政府的阻挠，旅程只到夏威夷檀香山，在夏威夷滞留半年，随后由香港经新加坡、槟榔屿、印度，绕澳大利亚一周，1901年经菲律宾回到日本。1903年应美洲维新会之邀，梁启超从日本横滨出发，横穿太平洋到达北美洲大陆，对加拿大和美国的政治社会进行了为时7个多月的考察，将其观感和思考整理成为16万字的《新大陆游记》。1912年10月，梁启超结束了长达14年的流亡生活，从日本回国。

二　域外真知"思迈大秦"

　　康、梁作为对"西学"有着充分了解与思考、对于国家的发展改革

---

① 康有为著，汤志钧编：《康有为政论集》（下册），中华书局1998年版，第1018页。

有着实践体验的政治家，与晚清使臣出访欧美以仰视的视角考察西方文明不一样，他们的纪游文学作品能站在世界局势的制高点上，纵横指点中西文化利弊得失。

（一）踌躇满志激情澎湃——康、梁域外纪游文学"思迈大秦"的豪迈心态

康有为、梁启超的域外行旅虽然是仓皇出逃，但是他们的纪游作品丝毫看不到壮志未酬的感伤与沉郁，而代之以充满期待与希望的踌躇满志与豪情万丈。

康、梁在维新变法运动失败以后，认为中国病已沉疴，怀着"哀中国之病而思之以药寿之"的心理踏上异国流亡旅程。所以，康有为在《欧洲十一国游记》的开篇就表达了要将万国政教艺俗尽采吸之的行旅理想："将尽大地万国之山川、国土、政教、艺俗、文物，而尽揽掬之、采别之、掇吸之，岂非凡人之所同愿哉！于大地之中，其尤文明之国土十数，凡其政教、艺俗、文物之都丽郁美，尽揽掬而采别掇吸之，又淘其粗恶而荐其英华焉，岂非人之尤所同愿耶？"① 同样，他的流亡诗《生民》也表达了要拯救四万万生民的豪迈理想："尧舜君民愿，艰难险阻身，明良思会合，肝胆尚轮囷，欲铸新中国，遥思迈大秦。吾不能拯溺，四万万生民。"而梁启超在叙述自己编《新大陆游记》的初衷时也表明："以其所知者贡于祖国，……或亦不无小补。"② 他们希望通过"考其政变之次第，鉴其行事之得失，去其弊误，取其精华"③，"在一转移间，而欧美之新法，日本之良规，悉发见于神州大陆矣"④，在西方找到中国将来发展的理想模式，并期待有朝一日能重新得到皇帝的重用，从而将学习借鉴的成果用于国家改革与发展的实践中，造就国力上超过"大秦"（欧洲）的新中国。

---

① 康有为：《欧洲十一国游记》，李冰涛校注，社会科学文献出版社 2007 年版，"自序"第 9 页。

② （清）梁启超：《新大陆游记》，商务印书馆、中国旅游出版社 2016 年版，"凡例"第 3 页。

③ 中国史学会主编：《戊戌变法》（第二册），神州国光社 1953 年版，第 3—5 页。

④ 陈学恂、田正平主编：《中国近代教育史资料汇编：留学教育》上册，上海教育出版社 1991 年版，第 310 页。

所以，康有为在《欧洲十一国游记》中记叙在锡兰乘巨舰往欧洲途中，虽然"巨浪拍如山"，但他油然而生的感慨是"海不扬波无险探"①。记叙过地中海时临波而歌之："浩浩乎沸潏灏渺哉！地中海激浪之雄风。……滔滔洪波，邈邈天幕。几世之雄，赋诗横槊。汽船如飞，我今过兹。浊浪排天，浩浩淘之。英迹杳香，犹在书诗。……激荡变化，颇难测知。全球但见海环地，岂有万里大海在地中之恢奇。不知木土火诸球地，似此海者有几希。地形诡异吾地稀，宜其众国之竞峙而雄立，日新而妙微。昨日一日行希腊，云峰耸秀天表接。岛屿万千曲曲穿，澜漪绿碧翻翻涉。遥望雅典哥林多，岚霭溟蒙岳嵯蝶。七贤不可见，民政今未渫。呜呼文明出地形，谁纵天骄此浃渫。"②康有为面对地中海激浪雄风的浩渺景象，遥想雅典人在希波战争中的丰功伟绩及古代英雄横槊赋诗的豪迈气概，感叹时势，呼唤能在浪涛汹涌的大海中纵横驰骋的"天骄"。在这"四千年大变局"的时代，康有为在其域外纪游文学中更多地抒发了乘风破浪、舍我其谁的气概。而梁启超的《新大陆游记》也豪气干云地表达在这"世界无尽愿无穷，海天辽阔立多时"的历史语境中，"适彼世界共和政体之祖国，问政求学观其光"，实现"锐意欲造新国"的伟大心愿。他们在纪游文学中抒发的豪情来源通过亲历域外获得比较的视野，通过与西方"他者"的比较就很清晰地找到医治中国沉疴的良方。正如康有为在《欧洲十一国游记》中所云"不可不读中国书，不可不游外国地"，"中国书"与"外国地"的互证是他们理想的"迈大秦"的基本方法。

（二）从器物惊艳到制度文化借鉴——康、梁域外纪游文学"思迈大秦"的域外借鉴理路

与晚清使臣域外行旅的目的一样，康、梁也希望通过域外行旅进行文化比较与文化借鉴遥思"迈大秦"的方法，但是他们的思考借鉴却表现在不同的层面。晚清使臣在域外游历中主要是惊艳于西方的物质文明，希望借鉴西方的现代科学技术以改变晚清中国贫困落后的面貌。所以晚

---

① 康有为：《欧洲十一国游记》，李冰涛校注，社会科学文献出版社 2007 年版，第 15 页。

② 康有为：《欧洲十一国游记》，李冰涛校注，社会科学文献出版社 2007 年版，第 23—24 页。

清使臣在其纪游文学作品中常用"奇妙至极""不可思议"等词语来形容西方的器物文明。为了达到学习的目的，志刚、徐建寅等在其纪游作品中对西方科学技术的描写甚至具体每一步的工艺流程。与晚清使臣对于西方物质文明的震惊即器物惊艳不同，康、梁已经认识到"舍本逐末地办一点洋务，搬运一点坚船利炮，引进一点制造工艺"已经不能挽救中国的危亡。梁启超曾在《变法通议》中分析中国实行新政多年，但是没见多少成效，原因在于"变法不知本原"，并引用德相毕士麻克（德国宰相俾斯麦）的话加以论证，认为当时中日强弱此消彼长在于"日人之游欧洲者，讨论学业，讲求官制，归而行之"，"中人之游欧洲者，询某厂船炮之利，某厂价值之廉，购而用之"①。所以，中国向西方学习不能停留在坚船利炮、制造技术等层面，而是在改革政治制度方面，这就是梁启超所说的"本原"。他们在其纪游文学作品中记叙其考察重点不在于表面"神妙不可思议"的物质繁荣与技术革新，而在于深层次的制度与文化，所进行的是政治考察。

康有为在《欧洲十一国游记》中曾旗帜鲜明地表明"考政治乃吾专业也"。而梁启超在其《新大陆游记》"凡例"中说明"中国此前之游记，多纪风景之佳奇，或陈宫室之华丽，无关宏旨，徒灾枣梨，本编原稿中亦所不免，今悉删去……所记美国政治上、历史上、社会上种种事实，时或加以论断"②，即表明他思考的重点是政治、制度与文化。康、梁二人书写自己亲历欧美的游历观感时，也充分肯定欧美物质文明，但是他们对西方物质文明的肯定是建立在物质文明在西方发展格局中的重要作用来看的，落脚点还是在制度文明，如康有为："自华忒（瓦特）之后，机器日新；汽船铁路之交通，电、光、化、重之日出；机器一日一人之力，可代三十余人，或者可代百许人。于是器物宫室之精奇，礼乐歌舞之妙，盖突出大地万国数千年之所无，而驾而上之。"③ 所以当晚清域外使臣关注欧美富国强兵之术时，康、梁最直接关注的就是能达到富

---

① （清）梁启超：《饮冰室合集》（第一册），中华书局 1989 年版，第 8—9 页。

② （清）梁启超：《新大陆游记》，商务印书馆、中国旅游出版社 2016 年版，"凡例"第 3 页。

③ 康有为：《欧洲十一国游记》，岳麓书社 1985 年版，第 459 页。

国强兵效果西方政治体制与文化。"康南海乃中国较早提倡民权之人"①，他在域外纪游文学中不仅书写对欧美现行的政治体制考察的结果，还将其与中国古代社会进行比较，"斟酌古今，考求中外"。他主张君主立宪，提倡地方自治与民权，认为英国是宪法开辟的先导，提倡设立议院，"以通下情"，认为其政体的先进也影响到科技。康有为重视古物的保存，但他从古物保存所得出来的结论是强调文化精神的传承——"古物虽无用也，而令人发思古之幽情，兴不朽之大志，观感鼓动，有莫知其然而然者。"② 梁启超在《新大陆游记》中书写美国的选举制度，写出对美国总统的作用、美国总统与英王的区别、美国三权鼎立的制度模式的独到见解。更重要的是，梁启超表达了行旅中对美国社会女性地位的认可与对种族平等的呼吁与重视。他把西方社会对女性的尊重及其相关礼节与风俗提升到了民权民主的高度。他观察到，"凡旅馆、凡汽车以及诸等游乐之具，往往为妇女设特别之室，其华表远过于男室。道中男子相遇，点头而已，惟遇妇人必脱帽为礼。在高层之升降机室中，一妇人进，则众皆脱帽。街中电车座位既满，一妇人进，诸男必起让座"③。认为"此实平等主义实行之表征也"。西方女性地位的平等、自由是晚清使臣迈不过的一道鸿沟，梁启超能从文化体制层面对其高度评价与赞扬，这在中国女性文化史、中国文明史来说都是非常重要的。他对种族不平等的现象进行愤怒的抨击，他数次提到在美华人受歧视的境遇，很多方面都受限制，只能从事最低贱的工作。而美国黑人生活更惨，"每黑人有罪，不经法官，直聚众而焚之"，"美国独立檄文云：凡人类皆生而自由、生而平等，彼黑人独非人类耶！"④ 在遍游美国之后，梁启超总结出美国富强的原因在于民权与共和，即他所谓"成功自是人权贵，创业终由道力强"⑤。

康、梁同样对西方工商业进行考察，但是他们的游记很少着眼于工

---

① 康有为：《康有为全集·第十二集》，姜义华、张荣华编校，中国人民大学出版社 2007 年版，第 452 页。

② 康有为：《欧洲十一国游记》，李冰涛校注，社会科学文献出版社 2007 年版，第 75 页。

③ （清）梁启超：《新大陆游记及其他》，康有为、梁启超、钱单士厘《欧洲十一国游记二种·新大陆游记及其他·癸卯旅行记·归潜记》，岳麓书社 1985 年版，第 1 页。

④ 梁启超：《新大陆游记》，商务印书馆、中国旅游出版社 2016 年版，第 92 页。

⑤ 梁启超：《新大陆游记》，商务印书馆、中国旅游出版社 2016 年版，第 85 页。

厂的机械化程度本身的先进，而是在此基础上对西方经济发展整体状况的观察与对新趋势的深入思考。康、梁也都夸赞欧洲城市的整齐、华丽，交通道路的发达，但是他们把城市的外观当成衡量城市文明的标志，从西方交通发达联想到的是"铁路与国政群治的关系"。他们考察并重视资本主义的物质文明，但他们"关注的是总统制、议会制这样的政治制度，是太平洋、大西洋这样的国际格局"①。

康、梁二人的域外纪游文学写出欧美考察时发现的诸多西方社会的体制文化差异，与使官日志相比，其记述的考察内容有明显变化。

三　康、梁域外纪游文学对中国现代化思考的开阔深入与犀利冷静

康、梁作为综观全局的政治家，重点记载了由行旅地所得出的对中国现代思考的文化感兴，酣畅淋漓地纵论世界文化格局与中国发展路径，既能宏观着眼，又能深入剖析。

（一）集广度与深度于一体的旅游感兴

康、梁对欧美实地政治考察的记载及观感是建立在中外文化比较的基础上的，目的是寻找中国在世界文化中的位置，探索中国振兴的可能以及如何振兴之法。

康有为在《欧洲十一国游记》中纵论阿拉伯文明、埃及文明、地中海文明，细论文明的兴衰更迭；他从地形论述欧洲列国竞争之势、欧洲议会制民权之产生、雅典文明的兴起与发展，论述欧洲各国特色各异、强弱不一、治法不一的个性特征；他将英国与东亚诸国进行比较，欧洲与亚洲进行比较，中国与意大利、与印度甚至是与南非白人等世界各国家民族历史文化进行比较，呼唤中国的自立。康有为认为欧洲文明发展最快就在近100年，只要中国改革得法就会很快实现国家富强。他将中国和意大利进行对比，认为意大利的变法，中国可以采用；欧洲文明也有许多粗陋落后之处；法国的学问、技艺远不如德国、英国；英国的伦敦应该为中国城市建设之鉴……而梁启超在其《新大陆游记》中曾四次写到"罗斯福氏"巡行太平洋沿岸的政治演讲，历数美国将太平洋视为自

---

① 李书磊：《作为异文化体验的"梁启超游美"——重读〈新大陆游记〉》，《中国现代文学研究丛刊》2014年第3期。

己"独一无二的势力范围",认为"彼中国者老朽垂死"的政治态势;评析欧美及日本将在中原逐鹿,以及美国海军一日千里进步之势,拟向中国推行门罗主义的事实。通过分析美国野心与太平洋局势,进一步唤起中国的忧患之心。可见他们视野的宏阔高远。

不仅如此,康、梁对资本主义文明的分析深入细致。他们总是能够考虑问题的各个方面,充分用数据说话,论述欧洲各国发展趋势及其对中国的影响,中国的应对策略等,如康有为对意大利的分析:"意大利地方面积十一万有六百四十六英方里,人口三千二百四十五万。上溯百年前,不过一千七百万,今已倍之矣。……意国铁路长八千八百英里,费一亿八百四十万磅,……故其食谷品,法兰西人每年一吨,意人仅得半吨。其农产物值,法国每人平均得五十九磅,意人仅得三十磅。其全国产肉三十九万吨,除百分之三十八。……民以贫而天弱,亦可畏哉!……美国则二十八万六千人,其他各地六十二万,共二百余万人焉。……意国二十年来,机器之进步亦大矣。同治十年时,其蒸汽力一百三十二万吨。至光绪二十年,已增五倍余,为五百五十二万吨。此则过于我国者矣。"① 从意大利的国土面积,人口状况,历史上人民贫困的状况、贫困的原因,现在机器生产之后生产力发展状况,中意对比,意大利与英德法等国的对比,后面还包括意大利的陆海军、财政、银行等多方面数据展示,可以说对意大利的分析深入细致、鞭辟入里。康有为对法国的分析同样全面而深入,他从林业、渔业、织麻业、织棉业、制铁业、制革业、矿业、铁路、银行等各产业的产量、产值、人均所得等各方面进行了详细的介绍。梁启超同样深入介绍他所访问的新大陆美国。他认为美国工业发达,实力在英国之上。然后对英美两国进出口情况与工业生产总值进行对比。他统计得出美国在 1894 年生产总值就超过了英国,从而完成英美国际地位的易位。为了深入剖析美国新生事物托拉斯(trust,垄断组织的高级形式之一),他历数托拉斯的滥觞,它的发展盛况,并列举最近五年的托拉斯的资本表,细数托拉斯之利弊,美国国家针对托拉斯出台的文件与调查报告,民间关于托拉斯的研究著述等。作

① 康有为:《欧洲十一国游记》,李冰涛校注,社会科学文献出版社 2007 年版,第 124—125 页。

为一名政治家他尤其意识到当其发展为国际托拉斯时对中国的重大负面影响。他说："勿以为市侩之事业，大雅所不到也，更勿以为对岸火灾，非我远东国民所宜厝意也。二十世纪以后之天地，铁血竞争之时代将去，而产业竞争之时代方来。……抑我国中天产业之重要品，若丝、若茶、若皮货。其制造之重要品，若瓷器、若织物。苟以托拉斯之法行之，安见不可以使欧洲产业界瞠然变色也。……"① 呼吁大家不要以为托拉斯是别的国家的事情，就因此用对岸观火之势去对待。当今的国际竞争已经不是过去武力争夺地盘，而是产业竞争，托拉斯的出现对中国的重要产业会发生重要影响。可见，梁启超对问题的分析是深入透彻的。

康、梁以其宏阔的视野与深入的剖析使其域外纪游文学有广度、有深度、有力度，更能突出影响国内广大民众对西方国家的了解与对国家未来的思考。

（二）犀利冷静的文化审视

康、梁是以求强图变的目的赴国外进行考察、学习与借鉴的。面对西方之景，最先联想到的是中国的落后，中国需要借鉴西方的诸多方面。康有为在《欧洲十一国游记》中描述参观法国的宫殿，"宫中有朝房，其华整与诸殿同"，"穿武将朝房，壁地皆以文木作花，上穹用回教式，中金桌置一大瓷盘"②，法国朝房精致整洁，连连感叹与中国朝房天壤之别："以视吾国朝房之卑污寒陋，相去何啻天渊。"他还将德国的路政与中国路政进行对比，认为必须要效仿德国："德道路之洁为天下冠，日扫三次，夜另计，宜其过于各国也。雇马车皆领牌，事讫，车夫缴还，以防失物，其良法亦各国所无。道路为国大政，养生所关，观游所属，吾国道路一不洁，车马无管理者，重为外人笑，不可不仿德人之法焉。"③ 他认为中国可以借鉴英国富人捐赠而建藏书楼以开启民智，"美迦利忌以借读于市中藏书楼而开智慧，故富后施舍二万万为藏书楼，凡一千二百所，吾国不可不采法焉。其便民开智多矣"等。当康有为重访拜西诃，恰遇

---

① （清）梁启超：《梁启超全集》（第二册），北京出版社1998年版，第1113页。

② 康有为：《补法国游记》，上海市文物保管委员会编《列国游记——康有为遗稿》，上海人民出版社1995年版，第503—506页。

③ 康有为：《德国游记》，上海市文物保管委员会编《列国游记——康有为遗稿》，上海人民出版社1995年版，第126—127页。

某位诗人雕像的揭幕仪式的盛况，尽管他不知道这位诗人是谁，但他仍不禁感叹意大利人对文艺的尊重，发出当为吾国所惭的感慨。而梁启超的文化自省来得更加宏观深入与情绪猛烈。《新大陆游记》中记述了梁启超的同学徐勤盛赞美国："举美国一学校也，举美国一兵队也，举美国一商店也，举美国一工厂也，举美国一家族也，举美国一花园也。""吾因而反观比较于我祖国，觉得我同胞匪惟不能自治其国也，乃实不能自治其乡，自治其家，自治其身；乃至所行者不能谓之路，所居者不能谓之室，所卧者不能谓之榻；此岂耻，恶衣恶食，亦以觇文明程度之标准也。"① 梁启超非常赞成徐勤的观点。而当他行旅到达美国旧金山时，他通过对美洲的深入了解与对比，用极少的篇幅总结了华人的长处后，又用极长的篇幅系统分析了中国人的缺点："一曰有族民资格而无市民资格。"即使华人作为个体来到美国，思考的还是家族利益，目前的中国人还不具有现代国家的国民的素质。"二曰村落思想而无国家思想。"如果不破村落思想，要成一巩固的帝国是很困难的。"三曰只能受专制不能享自由。"中国人习惯受长官、父兄的约束，不能很好地享受自由的权利，以致"专制安而自由危""专制利而自由害"②。所以中国人封闭保守，没有政治能力，合议制度与选举制度在当时中国还行不通。"四曰无高尚之目的。"中国人缺乏欧美人之"爱美心""社会的名誉心""宗教之未来观念"，这样使中国人的状态凝滞堕落。另外，他还列举了中国人与美国人的区别，如美国人做事讲效率，中国人重勤奋；美国会场安静，中国会场哗然；美国人身直头昂，中国人则呈"伛、偻、俯"的样式；西人数人同行如雁群，中国人数人同行如散鸭……正如梁启超所言"内地无外人之比较，不足以见我之长短，故在内地不如在外洋"③，康、梁在行旅过程中，找到西方"他者"，在与他者的比照中审视自我，从而在中国融入世界文化潮流、走入世界过程中做出了不朽的贡献。

康、梁初次接触到的西学是令他们耳目一新的，他们希望以西方为

---

① 徐勤：《徐序》，（清）梁启超《新大陆游记》，商务印书馆、中国旅游出版社2016年版，第1页。

② （清）梁启超：《新大陆游记》，商务印书馆、中国旅游出版社2016年版，第126—130页。

③ （清）梁启超：《新大陆游记》，商务印书馆、中国旅游出版社2016年版，第112页。

模式进行变法维新。所以康、梁在去往欧美之前，西方文化在他们眼中是蒙上一层玫瑰色的梦幻色彩的。但是当他们真正接触到了欧美文化，却看到西方政治体制与文化中的诸多的社会问题，西方现代制度不能成为中国现代化借鉴的蓝本，于是开始进行批判与抨击。诚如康有为所言："未游欧洲者，想其地若皆琼楼玉宇，视其人若皆神仙才贤，岂知其垢秽不治，诈盗遍野若此哉！……吾昔尝游欧美至英伦，已觉所见远不若平日读书时之梦想神游，为之失望。"① 他对罗马和雅典仰慕已久，亲游罗马雅典之后却失望至极。康有为不仅对目之所及有失望，而且对于心中所期盼的欧洲文明同样失望而批判。他批判意大利贫而多诈，盗贼犹多，而盗抢现象在葡萄牙、西班牙等西方国家都存在。"罗马虽承埃及、巴比伦、亚西里亚、腓尼基、巴勒斯坦、希腊诸文明国之汇流，以一统大国名于西土，今欧人艳称之。然以之与我汉世相较，有远不逮者"②，并总结了五个不及我汉世的方面："一曰治化之广狭"，"二曰平等自由之多少"，罗马人所有权利限于一城数十万人之内，我汉扩之百郡万里五千万人之远，"三曰乱杀之多寡"，"四曰伦理之治乱"，"五曰文明之自产与借贷"③。他批判罗马的国会"私于贵族，徒召乱争"④，失去了国会民主平等的真正意义。他还批判罗马淫俗流行，彩而不讳。他通过西方宗庙的壮丽，反观其迷信神道；他批判法国"议院党派之繁多，世爵官吏之贪横，治化污下"⑤……

梁启超首先也通过比较谈人们初到纽约的印象："从内地来者，至香港、上海，眼界辄一变，内地陋矣，不足道矣。到日本，眼界又一变，香港、上海陋矣，不足道矣。渡海至太平洋沿岸，眼界又一变，日本陋矣，不足道矣。更横大陆至美国东方，眼界又一变，太平洋沿岸诸都会陋矣，不足道矣。"⑥ 但是当他真正来到纽约，却发现纽约的"嚣尘杂

---

① 康有为：《欧洲十一国游记》，李冰涛校注，社会科学文献出版社 2007 年版，第 27 页。
② 康有为：《欧洲十一国游记》，李冰涛校注，社会科学文献出版社 2007 年版，第 141—142 页。
③ 康有为：《欧洲十一国游记》，李冰涛校注，社会科学文献出版社 2007 年版，第 142—146 页。
④ 康有为：《欧洲十一国游记》，李冰涛校注，社会科学文献出版社 2007 年版，第 147 页。
⑤ 康有为：《欧洲十一国游记》，李冰涛校注，社会科学文献出版社 2007 年版，第 157 页。
⑥ （清）梁启超：《新大陆游记》，商务印书馆、中国旅游出版社 2016 年版，第 37 页。

乱"，在纽约光鲜亮丽的外表下，存在财富分配不均、移民过多、种族歧视、脏乱贫穷等诸多社会问题。所以他对纽约进行批判评价："天下最繁盛者莫如纽约，天下最黑暗者殆亦莫如纽约。"他剖析美国贫富不均的社会现象，统计美国全国总财产的 7/10 集中在 20 万富人的手里，3/10 属于 79800000 贫民，富人诚富，穷人实穷。纽约社会分工精细，机械化程度高，但与之俱来的是人沦为机器的奴隶。① 美国虽是共和政体，但也存在政党斗争、官吏贪渎、缺乏政治效率、好用庸才等诸多弊端。正如研究者指出，对近代的中国知识分子来说，"西方"也是"中国"自我意识的重要来源，但它提供的，并不是论证自我优越性的"镜像"，而是一套进行自我反思、自我批判的标准，是一个校准自我变革道路、未来发展方向的指针。② 在康有为、梁启超的行旅体验中，核验了以往西方世界的形象，认识到欧美并不是他们心目中自由、民主的文明新世界，从而对国家道路的选择又有了全新的理解。

四　世界格局的建立与文化自觉的彰显

康、梁的域外纪游文学意义重大，代表着他们能站在世界格局与未来世界大势高度来思考社会问题，标志着知识分子思维的拓展与文化自觉的彰显。

（一）世界格局的建立

康、梁在国内提倡新学、实施改革时就带有世界意识。梁启超在年轻时就有将自己变为世界人的自我意识，他曾自述："余生九年乃始游他乡，生十七年乃始游他省，犹了了然无大志，梦梦然不知天下事。余盖完全无缺、不带杂质之乡人也。曾几何时，为十九世纪世界发风潮之势力所簸荡、所冲激、所驱遣，乃使我不得不为国人焉，浸假将使我不得不为世界人焉。"③ 他认识到在当时波涛汹涌的时势变化中，自我成为世界人的必然性。康有为在给光绪帝上第五书时分析世界局势："大地八十

---

① （清）梁启超：《新大陆游记》，商务印书馆、中国旅游出版社 2016 年版，第 40—41 页。

② 曹颖龙：《晚清维新士人眼中的"西方"——以康、梁的欧美游记为中心》，《全球史评论》2010 年第三辑。

③ （清）梁启超：《梁启超全集》（第二册），北京出版社 1998 年版，第 1217 页。

万里，中国有其一；列国五十余，中国居其一。地球之通自明末，轮路之盛自嘉、道，皆百年前后之新事，四千年未有之变局也。列国竞进，水涨堤高，比较等差，毫厘难隐，故《管子》曰：'国之存亡，邻国有焉。众治而己独乱，国非其国也。众合而己独孤，国非其国也。'"① 也表达了中国必须融入世界思考问题的重要性。他在欧洲十一国游时明确提出"读中国书，游外国地"的认识世界的双重视野。康、梁在其域外纪游文学中在"他者"文明者反观自我，在世界格局中对照自我，在亲历域外时正视、批判西方文明的不足，都足以体现其二人观察思考问题的世界格局与眼光。而这种世界格局的建立，并不仅仅体现在突破了以往中国是天下之地理的中心、中国是天下之文化的中心的"华夏中心"观念，让中国不再坐井观天、夜郎自大，而是体现在于世界格局中思考中国的未来与发展路径，并站在世界文明的制高点，进行西方异质文明的比较与评价，评点世界格局与未来趋势。李欧梵高度评价梁启超，指出"梁启超在 1899 年的《夏威夷游记》中特别说他自己要做一个世界人，他在心目中所画的地图，就是将自己的足迹从广东画到中国，画到日本，画到夏威夷，画到美国，最后画到整个世界"。李文认为"中国进入世界的历程是从梁启超开始"②。

在康、梁的影响下，晚清知识分子从"天下"走向"世界"，他们的主体精神被空前激活，从而发生了知识结构、文化意识以及世界观等层面的现代性嬗变。"国家、民族、主权、领土等观念开始生成并流行开来，中国人的新的世界意识或世界观最终得以形成。"③ 中国近代思想文化告别了自我封闭而成了世界思想文化的一部分。

（二）文化自觉的彰显

康、梁面对西方异文化观察思考，在其域外纪游文学中以世界的视野进行中外文化的比较，在世界格局中分析中国社会现实，理性借鉴域外先进文明，从而彰显文化自觉。首先他们能肯定西方先进之处，正视

---

① 康有为著，汤志钧编：《康有为政论集》（上册），中华书局 1981 年版，第 250 页。

② 李欧梵：《当代中国文化的现代性和后现代性》，《文学评论》1999 年第 5 期。

③ 郑大华：《从"天下"走向"世界"——近代中国人世界意识的形成与发展》，《中国文化研究》2020 年第 2 期。

中国落后面貌。他们对中华旧有积习的自省与批判有的时候甚至达到"文化自恨"的程度，如梁启超在《新大陆游记》中还用"不禁长太息者矣""痛哉！"等来抒发自己愤怒的情绪。但是这种"文化自恨"并不是表明行旅者文化自卑，而恰恰是中国人能够正视自己的开始。它表明"中国的政治/文化精英通过对西方的体验、观察与描写，拒绝了西方、东方之间的'观察'与'被观察'、'描写'与'被描写'的既定权力关系，实际上打破了'文明'与'野蛮'的文化等级格局"①。其次，他们通过中西文化比较，也发现了西不如中的很多地方，从而更加唤起文化自觉，如康有为将中外历史进行对比，认为世界格局的改变就是这近百年的事情，中国也可以尽快改变贫困落后的面貌，跻身于世界强国之列。批判当时"学者无中外之学，不考其本来，徒观其外迹，及震其百年之霸，而畏之媚之"的普遍心态。他将罗马与汉唐时代的民主与文明相比，认为国外现在的先进政治体制在汉唐时代就已经出现。所以，他在《游希腊毕感赋》高呼："陆国我最大，愿起神州魂"②，最后，通过对西方鞭辟入里的分析，康、梁发现黑暗、不合理、不符合历史潮流之处进行猛烈抨击，从而表明在文化发展过程中，没有绝对先进的文化，大家可以站在同一起跑线上共同探索世界未来进步的新体制、新路径的理念。这从另一侧面增强了中国的文化自觉。

康、梁在域外求真过程中，在文化相遇中理性看待异质文化，力图实现文化的平等与交融，真正深入思考国家与世界发展的趋势与路径，从而对中华文明与世界文明都起着不可低估的作用。

---

① 曹颖龙：《晚清维新士人眼中的"西方"——以康、梁的欧美游记为中心》，《全球史评论》2010 年第三辑。

② 康有为：《康有为全集·增订本》第十二集，姜义华、张荣华编校，中国人民大学出版社 2020 年版，第 292 页。

第 三 章

20 世纪初旅日纪游文学与中国近代
思想启蒙

晚清使臣的出游翻开了西方物质文明与制度文明精彩的一页，而旅日知识分子对于域外文化思考与借鉴则朝着纵深层次推进。20 世纪初，旅日热的出现使日本成为中国各类知识精英的聚集地，中日之间一衣带水的邻邦关系使旅日知识分子更容易感受国内救亡图存的政治空气。加上旅日知识分子务虚的基本特征，对人的发现、对人性的追寻、对封建文化桎梏下中国人性的劣根性的批判及对理性人性建构的思考是旅日纪游文学的重要主题。

第一节　20 世纪初日本游学热潮与纪游
　　　　文学发展

20 世纪初，不少中国知识分子负笈东游，留学生如潮水般涌向日本。如前所述，旅日热潮的出现主要有以下四个方面的原因：一是经过明治维新之后，日本学习西方获得极大的成功，已经跻身于世界强国行列；二是距离中国近，留学费用低；三是日本与中国历史渊源深，生活习惯容易适应；四是日本想对中国实行殖民教育，极力推动中国留日项目。

一　20 世纪初中国知识分子的留日热与各种旅日群体概况

日本学者青柳笃恒曾生动地描述了当时留日盛况："学子互相约集，一声'向右转'，齐步辞别国内学堂，买舟东去，不远千里，北自天津，南自上海,如潮涌来。每遇赴日便船,必制先机抢搭,船船满座。……总之分秒必争,务求早日抵达东京"。① 当时赴日本留学不仅有官派留学生,也有许多自费留学生;不仅有青年男子,也有缠足妇女、老人和小孩,年龄最大的有70岁;论学历,有进士、举人、秀才等各层次。往往父子、兄弟、夫妻同时留学,有的甚至全家出行,如鲁迅兄弟、郁达夫兄弟。单士厘《癸卯旅行记》中记载他离开东京时的场景,"此行也,留两子一妇一女婿三外孙于东京",可见当时全家出动。当时旅日人数之多、学习科目之广、开展各种活动之频繁,在世界留学史上也是罕见的。

李喜所曾统计20世纪初中国旅日学生人数,数据如下②:

1901 年　274 人

1902 年　570 多人

1903 年　1300 人左右

1904 年　2400 多人

1905 年　8000 多人

1906 年　12000—13000 人

1907 年　10000 人左右

1909 年　3000 人（东京）

1912 年　1400 人

据李喜所的数据统计,20世纪初留日学生人数呈抛物线形状,1906年达到最高点,以后呈逐渐回落的趋势。1901—1911年,每年留日学生的人数都高于其他各国留学人数的总和。直到美国退还庚子赔款用于留学资助,留日热潮受到影响才有所减退。

20世纪初的留日热潮不仅有力地促进了中日文化的交流,而且对于近现代中国革命运动和现代化建设都产生了很大的影响。其中还涌现了一大批著名的政治家、军事家、文学家和学者。

曾经留学日本的政治家有周恩来、吴玉章、沈钧儒、黄炎培、林伯渠、董必武、程潜、何香凝、廖承志、陈权通等。学者或文学家有郭沫

---

① ［日］实藤惠秀:《中国人留学日本史》,谭汝谦、林启彦译,北京大学出版社2012年版,第29页。

② 李喜所:《清末留日学生人数小考》,《文史哲》1982年第3期。

若、田汉、欧阳予倩、成仿吾、周扬、夏衍、艾思奇等。著名作家、学者贾植芳根据自己的旅日经历回忆将20世纪初旅日文学家分为四代：第一代从1898年戊戌变法失败开始陆续东渡日本，主要有梁启超、王国维（1902）、鲁迅（1902）、周作人（1906）、苏曼殊（1903）、陈独秀（1902）、钱玄同（1906），欧阳予倩（1902）、夏丏尊（1905）、杜国率（1907）等。第二代是1911年辛亥革命前后赴日本的，包括郭沫若（1914）、郁达夫（1913）、成仿吾（1910）、张资平（1912）、田汉（1916）、郑伯奇（1917）等。第三代是在"五四"以后去日本留学的，如穆木天1920）、夏衍（1920）、丰子恺（1921）、谢六逸（1920）、彭康（1920）、朱镜我（1920）等。第四代是在大革命失败以后去日本，或为流亡，或为留学，如任钧（1928）、胡风（1929）、周扬（1929）、楼适夷（1929）、蒋光慈和茅盾等。① 在旅日成为潮流时，最可喜的是养于深闺举步维艰的女留学生，她们往往跟随其父兄或夫婿一起留学，1901年最早出现于东京。到1902年，女留学生有10余名。某日本人士曾这样描写初期女留学状况和精神风貌："中国女子数人，航海来日，……中国女子留学海外者，自此发轫。……此等留学生，举止娴雅，志趣高尚，对日本人亦不畏惧，彬彬有礼，为日本妇女所不能及。留学生中，有夫婿在东京留学者，会晤之际，其应对之仪式，周旋之情谊，实称平等。昔闻中国男尊女卑，以今观之，殊为不然。男子对女子如此殷勤郑重，岂以奴隶待女子者耶？"② 随着《女报》与《女子世界》等刊物的发行，在新学与新杂志的影响下，女子留学日本的情况逐渐增多，且单身留日情况兴起并逐渐增加。著名革命者秋瑾就是典型例子。

最先，中国留学生齐聚东京，以神田区为中心，逐渐分散于牛込、本乡、麴町、赤坂、四谷、小石川等地区。主要留学学校有嘉纳治五郎所创立弘（宏）文学院、东京同文书院、振武学校、东斌学堂、法政速成科及普通科、经纬学堂、早稻田大学清国留学生部及路矿学堂、警监

---

① 贾植芳：《中国留日学生与中国现代文学》，《山西师大学报》（社会科学版）1991年第4期。

② ［日］实藤惠秀：《中国人留学日本史》，谭汝谦、林启彦译，北京大学出版社2012年版，第44页。

学校等诸多留日学生教育机构。

二　20 世纪初旅日纪游文学新思想、新潮流的涌现与纪游文学主题

20 世纪初旅日热潮涌现，加上日本政府鼓励中国留学生旅行，旅日纪游文学兴盛。但是除传统意义上的考察纪游作品以著作形式出版外，广大具有影响力的作家的纪游作品散见于当时各杂志及作品集中。有的纪游文学作品也不是传统意义上的游记，而是在日本体验基础上的观感。但是不能淹没的是其旅日纪游文学思想的光华，给中国文化现代化带来了极大的影响。

（一）20 世纪初日纪游文学新思想、新潮流的涌现

20 世纪初，在中国文化处于破旧立新之中，中国文化的域外借鉴已经从器物、制度方面的借鉴过渡到了文化借鉴，旅日知识分子的文化思考对于新文化建设起着非常重要的作用。在这风云激荡的文化变革时代，新思潮与新思想大量涌现，其产生与发展体现于其域外纪游文学中。当时新思潮与新思想产生于如下历史语境中。

1. 20 世纪初作为中西文化集散之地的日本

20 世纪初的日本是东西方文化集散之地，因此多种新思想、新潮流都同时在日本涌现。当中国向日本派出留学生时，日本也正在向欧美派出留学生。在中国转道学习日本时，日本人也正在向西方学习。除科技层面的内容外，大量社会改革、近代化政治、法律制度及相关思想都被日本社会引进，成为推行文明开化方针的指导思想。张之洞、梁启超等曾形容日本受欧美影响之盛："大率商贾市井，英文之用多；公牍策约，法文之用多；至各种西学书之要者，日本皆已译之。"[①]"日本维新三十年来，广求智识于寰宇，其所译所著有用之书，不下数千种，而尤详于政治学、资生学（即理财学，日本谓之经济学）、智学（日本谓之哲学）、群学（日本谓之社会学）等。"[②] 一时间，人民权利思潮、自由主义思潮、社会平等思潮涌现，皇权主义和民族主义思潮泛滥，社会主义思潮

---

① （清）张之洞：《劝学篇》，陈山榜评注，吉林出版集团有限责任公司 2011 年版，第 14—15 页。

② （清）梁启超：《饮冰室合集》（第四册），中华书局 1989 年版，第 80—83 页。

萌发，古典主义、现代主义、唯美主义、浪漫主义等西欧各历史阶段文学思潮汇集于日本。同时东方文明是日本在中国影响下的传统文明，东方精神是日本文明的底蕴，许多坚持国粹的知识精英如章太炎等把中国传统文化精神带入日本。东西文明在日本交汇，日本成为世界近代多样性文明的重要载体。奔赴日本的行旅者吸收日本明治维新后思想界的大量成果，在此基础上做了基于中国文化和个人学识的再选择与再创造。如梁启超等通过创办杂志等方式在日本转译并传播西方思想，鲁迅、郭沫若等各种时代精英分别发扬富于建树的各种文化思想。新思想、新思潮在旅日群体中蔚为大观。

2. 作为中国各类人才的会聚之地的日本

由于旅日热的出现，20 世纪初在日本聚集了急于改变中国命运的各种类型的知识分子，有政治的、思想的与文学的，有保皇的与革命的，有保守的与激进的，有青年学子式的与流亡刺客式的……他们满怀革命激情，办起了为数众多的报纸杂志。当时的各省同乡会差不多都有自己的刊物，如《江苏》《浙江潮》《洞庭波》《湖北学生界》《河南》《晋乘》《四川》《云南》《关陇》《夏声》《直说》等。比较有影响力的报刊有郑贯公、冯自由编辑的《开智录》，梁启超、马智由、马君武编辑的《新民丛报》，杨守仁、陈天华、黄兴编辑的《游学译编》，赵毓林编辑的《新小说》，抱真女士编辑的《女子魂》，宋教仁、黄兴、田桐编辑的《二十世纪之支那》，马君武、陈去病、柳亚子编辑的《醒狮》等①。他们还编写了数以百计、大小不等、种类繁多的图书，如邹容的《革命军》、陈天华的《猛回头》《警世钟》、章太炎的《訄书》、刘师培的《攘书》，以及《黄帝魂》《国民日报汇编》《热血》《自由血》《回天手段》《中国民约精谊》《荡虏丛书》《陆沉丛书》《清秘史》《最近支那革命运动》《美国独立战史》《法兰西革命史》《苏格兰独立史》《波兰衰亡史》《西力东征史》《自由原论》《俄罗斯大风潮》《支那化成论》等宣传反清、革命与民主的书籍，风格各异，引人入胜。这些书题材广泛，涉及政治、经济、哲学、历史、法律、外交、文艺等各个领域，包含欧美、中国、古代、现代广泛内容。在旅日知识群体中形成了包括资产阶级民

---

① 李喜所：《清末留日学生人数小考》，《文史哲》1982 年第 3 期。

主主义、国粹主义、无政府主义、社会主义等形形色色的思想流派；他们还组织了名目繁多的进步团体，如钱洵、蔡锷组织的留学生会，龚宝铨、鲁迅组织的浙学会，秋瑾、胡彬夏组织的共爱会，蓝天蔚、陈天华、王璟芳组织的拒俄义勇队，黄兴、宋教仁组织的革命同志会，景梅九等组织的社会主义研究会，欧阳予倩组织的春柳社，梁启超组织的政闻社。他们力求探求真知、认识世界，从世界思想宝库中引进了许多新思想、新主义，同时通过办杂志、出书刊等进行思想的磨砺，通过各种流派、团体与组织产生思想交锋与思想撞击，形成更多的新思想与新潮流。

3. 脱离旧有习惯束缚，享受新的环境

日本作为东边的岛国，古代文明没有达到古中国的水平，也没有一套完整严谨的统治秩序，但是近代以来日本较多接触西方文化，明治维新以来更是敞开胸怀接纳西方先进的一切。中国知识精英一到日本，一方面产生了"一个生命体全面介入另一重世界的整体感觉"，容易有新的灵感，产生新的自我；另一方面，由于来到一个相对宽松自由的环境，他们逐步摆脱了原来日常的束缚与传统礼教对年轻人种种有形无形的压迫，在新的生活环境里自由地接受着来自全世界的各种新思想，勇敢地进行各种尝试与实验，大胆地进行思想的求索，这为新思想、新潮流的出现提供了新的可能。

4. 中国人在日本受到歧视的状态

中国和日本的关系微妙。中日一衣带水，日本文明源自中华文明，明治维新以前，日本是中国附属国，日本皇帝是需要朝拜中国皇帝的。但是随着中日近代化的差别，中日国际地位发生了历史性的转变。中国人在日本备受歧视，比中国人在英美感受到的歧视更痛彻。这种极致的压抑与屈辱使他们一方面要极致地张扬个性，要做"东游的摩罗"；另一方面要图强，要发奋，要寻找新的支撑点与方法论。这使他们更进一步激发自己的思维，去努力去创新。新思想、新潮流成为时代之必需。

日本聚集了东西方文明成果，在文化充满生机与活力的特定的历史时空，各路旅日爱国精英群贤毕至，感受自由空气、接触新的思想，其域外纪游文学作品异彩纷呈，而且极具思想与文化价值。

（二）20世纪初旅日纪游文学主题类型

20世纪初出现了一批旅日纪游文学代表作品，如钱德培的《重游东瀛阅操记》、吴汝伦的《东游丛录》、胡景桂的《东瀛纪行》、林炳章的《癸卯东游日记》、鲁迅的《自题小像》《藤野先生》《呐喊自序》《从孩子的照相说起》《摩罗诗力说》《文化偏至论》等，郭沫若纪游诗《自然之追怀》《与成仿吾同游栗林园》《创造十年》《笔立山头展望》、纪游散文《今津纪游》《海外归鸿》《跨著东海》、纪游小说《漂流三部曲》《行路难》《湖心亭》，郁达夫《海上——自传之八》《雪夜——自传之一章》《日本谣》《盐原十日记》《最后的慰安也被夺去》《迟桂花》等大量纪游诗文与小说，周作人纪游散文《访日本新村记》《知堂回想录》，向恺然的纪游小说《留东外史》，等等。一些女性作家如庐隐的《异国秋思》、凌叔华的《登富士山》、陆晶清的《东瀛杂碎》等也都是名篇佳作。这些纪游文学体现出非常深厚的思想与文化意蕴，这些纪游文学代表作品主要有以下四种主题。

第一，是钱德培、吴汝伦、胡景桂、林炳章等对日本改革方略及成果的考察。延续19世纪末使官日记的路径，此类纪游文学内容主要集中在军事、科技、教育、制度、文化经验的学习与借鉴方面，如日本社会与欧美文化的接轨（包括饮食、礼仪、穿着方面的西化），日本铁路建设与运营，日本教育中教学内容、教学方法，身份制度、土地制度、司法制度、历制、军队编制等制度建设等方面问题。在这类游记中，作者将日本作为转学西方的窗口，希望能够通过借鉴学习挽回中国饱受世界各国侵凌的颓势。

第二，是梁启超、黄遵宪、陈独秀纪游文学中的文学革命主题。中国近现代作家因为日本而改变中国文学的发展道路，李怡认为，"这在一开始就主要不是'中日文化交流'的结果，而是这些中国作家自身生存实感的重要变化所致"①。这批作家面对日本新生活的感悟，触发文学革命的思考。戊戌变法失败以后，梁启超流亡日本。1899年，梁启超在《夏威夷游记》中提出"诗界革命"的口号，要求诗歌努力反映新时代和

---

① 李怡：《东游的摩罗——日本体验与中国现代文学的发生》，江苏凤凰文艺出版社2018年版，第11页。

新思想，冲击了长期统治诗坛的拟古主义、形式主义倾向。但是因为强调保持旧风格，所以进步意义不大。黄遵宪出于对日本异域风情的新奇直感，强调"苟能即身之所遇，目之所见，耳之所闻，而笔之于诗，何必古人？我自有我之诗者在矣"①，开拓了中国诗歌新的可能。他的诗界革命的实践与理论，突破古诗的传统天地，形成了足以自立、独具特色的"新派诗"，梁启超高度评价其"独辟境界，卓然自立于二十世纪诗界中"，黄遵宪成为"诗界革命"的巨匠和旗帜。陈独秀于1901—1915年，先后五次东渡日本求学或避难。1914年11月10日，陈独秀在《甲寅》杂志上发表《爱国心与自觉心》一文，指出"范围天下人心者，情与智二者而已"，而在当时的中国，"人心散乱，感情智识，两无可言"②，已经出现了既无"爱国心"也无"自觉心"的状况，这种状况将导致"国必不国"。陈独秀反思政治革命失败是因为没有文化思想，从而提出中国的出路在提高国民的"自觉心"。这些思想成为他回国创办《青年杂志》进行文学革命思想的萌芽。他在《青年杂志》上发表创刊词，号召青年把"孰为新鲜活泼而适于今世之争存，孰为陈腐朽败而不容留置于脑里"③，后来明确提出"推倒雕琢的、阿谀的贵族文学，建设平易的、抒情的国民文学"；"推倒陈腐的、铺张的古典文学，建设新鲜的、立诚的写实文学"；"推倒迂晦的、艰涩的山林文学，建设明了的、通俗的社会文学"④的文学革命主张。从内容到形式否定封建旧文学，主张以革新文学作为革新政治、改造社会之途。梁启超、黄遵宪、陈独秀等的文学革命的意义不仅体现在为中国文学现代化起到了非常重要的作用，而且体现为文学与鲜活的社会生活与现实政治的结合，为启发民智发挥了重要作用。

第三，鲁迅、陈独秀、钱玄同、许寿裳等立人救国主题。鲁迅等人在日本留学时，日本的民族主义思想空前高涨，许多日本知识分子批评日本过度追求西方近代物质文明，忽略建设主体性及树立健康的国民精

---

① 黄遵宪：《黄遵宪全集》（上），陈铮编，中华书局2005年版，第291页。
② 《陈独秀文章选编》（上），生活·读书·新知三联书店1984年版，第67页。
③ 《陈独秀文章选编》（上），生活·读书·新知三联书店1984年版，第74页。
④ 《陈独秀文章选编》（上），生活·读书·新知三联书店1984年版，第172页。

神的问题，这对鲁迅等人产生了重要影响。鲁迅、许寿裳、周作人、钱玄同等 8 人曾齐聚于国学泰斗章太炎的门下，章太炎对庄子思想的阐发、对魏晋文章的推崇、对国民性的论述等，对他们的思想影响深刻。他们的思想也互相激荡启发。鲁迅常与许寿裳谈到三个相关联的问题："（一）怎样才是理想的人性？（二）中国民族中最缺乏的是什么？（三）它的病根何在？"① 许寿裳当时写了《兴国精神之史曜》一文，历数欧洲各国复兴祖国的史实，说明精神力量在历史进程中的推动作用，并提出了改造国民精神的迫切需要。鲁迅对立人问题最终形成中国现代化道路的根本思考："根柢在人""首在立人""人立而后凡事举"②。在五四运动前夜，钱玄同与鲁迅关于"铁屋子"的谈话开启鲁迅了"用文艺唤起国民"立人救国的思想。诚如鲁迅在《呐喊》"自序"中所言，改变国人的精神比强健其体魄更为重要，所以，他们提出国民性改造的立人救国的主张。鲁迅的国民性改造思想与陈独秀有默契和共鸣。陈独秀从改造现实的愿望出发，分析中国国民精神上的若干病症，其中最突出的是"无抵抗力"，即没有反抗侵略和压迫的精神。他痛心斥"退葸苟安，诡易圆滑"的"国民性"是"亡国灭种的病根"。所以，他后来在《青年杂志》的发刊词中写道："盖改造青年之思想，辅导青年之修养，为本志之天职，批评时政，非其旨也。国人思想倘未有根本之觉悟，直无非难执政之理由。"③ 指出当时国民思想没有觉悟的现状，目前要改造青年思想的重任。鲁迅在日本文化潮流的影响下，在陈独秀、钱玄同、许寿裳等人的思想交锋过程中，逐步思考深入而至完善的了国民性改造的思想，形成系统的立人救国的主张。

第四，向恺然、郭沫若、郁达夫等人性解放主题。在中国传统社会中，性爱被严重遮蔽，是不洁的，见不得光的。如鲁迅在《肥皂》中众多假道学们的嘴脸。但是日本是一个崇尚自然的古老民族，强调感官享受，女子的贞操观念淡薄。日本人并不认为"满足自己的欲望是罪

① 许寿裳：《回忆鲁迅》，倪墨炎、陈九英编《许寿裳文集》（上卷），百家出版社 2003 年版，第 208 页。

② 鲁迅：《鲁迅全集》（第一卷），人民文学出版社 2005 年版，第 58 页。

③ 《陈独秀文章选编》（上），生活·读书·新知三联书店 1984 年版，第 82 页。

恶，……他们认为肉体享受是正当的，而且是值得提倡的"，"对于性享受，我们有许多禁忌，日本人可没有。在这个领域里日本人没有什么道德说教，而我们则装得道貌岸然"①。这一观念对不少旅日中国青年产生了不同层面的冲击与影响。郁达夫在《雪夜——自传之一章》写到这一观念的冲击与影响："两性解放的新时代，早就在东京的上流社会——尤其是知识阶层，学生群众——里到来了，当时的名女优像衣川孔雀，森川律子辈的娇艳的照相，化妆之前的半裸体的照相，妇女画报上的淑女名姝的记载，东京闻人的姬妾的艳闻等等，凡足以挑动青年心理的一切对象与事件，在这一个世纪末的过渡时代里，来得特别的多，特别的杂，伊孛生的问题剧，爱伦凯的恋爱与结婚，自然主义派文人的丑恶暴露论，富于刺激性的社会主义两性观，凡这些问题，一时竟如潮水似的杀到了东京，而我这一个灵魂洁白，生性孤傲，感情脆弱，主意不坚的异乡游子，便成了这洪潮中的泡沫，两重三重地受到了推挤，涡旋，淹没，与消沉。"② 所以，郁达夫写日本不受伦理道德约束的"肥白柔美"的日本女性带来的性的诱惑与冲动，他笔下的日本女性"一例地是柔和可爱的；她们历代所受的，自从开国到如今，都是顺从男子的教育。……一般女子对于守身的观念，也没有像我们中国那么的固执。又加以缠足深居等习惯毫无，操劳工作，出入里巷，行动都和男子无差；所以身体大抵总长得肥硕完美，绝没有临风柳弱，瘦似黄花等的病貌。更兼岛上火山矿泉独多，水分富含异质，因而关东两靠山一带的女人，皮色滑腻通明，细白得像似磁体；……就是在日本也有雪美人的名称，她们的肥白柔美，更可以不必说了"③。从而表达在异域环境中除"生的苦闷"外的另一主题——"性的吸引。"周作人受到的影响则体现为对人的天性的重新发现。他在东京伏见馆第一个遇到的女子，"赤着脚，在房里走来走去"，周作人惊羡于少女的"天足"而深深赞美。而在中国传统文化中，女子的"足"是无比的隐私与性暗示符号。周作人在日本对"天足"的惊羡，

---

① ［美］鲁思·本尼迪克特著：《菊花与刀——日本文化的诸模式》，孙志民、马小鹤、朱理胜译，浙江人民出版社1987年版，第155页。

② 黄乔生编著：《郁达夫散文》，中国出版集团、现代出版社2015年版，第39页。

③ 黄乔生编著：《郁达夫散文》，中国出版集团、现代出版社2015年版，第39页。

无疑也是对人的天性的发现。向恺然的纪游小说《留东外史》极力书写留日学生寻花问柳的放浪生活，但他所营造的"自由性爱"的场景却在一定程度上表达了留日青年受日本文化的影响想要脱离封建礼教束缚的强烈愿望。在他作品中，侯爵千金、大家闺秀、小家碧玉、看护妇、女仆等各类女性都很轻率地与男人发生性关系。她们把和男人睡觉这桩事，本看得不算什么。如湖南留学生杨玉与同学去蒲田赏梅，偶遇一个十五六岁女孩西山玖子，杨玉逢场作戏和她开了个玩笑，她却当真，连夜赶到东京，"也不问杨长子肯不肯，匆匆脱得精光，钻入杨长子被里"①。郭沫若的《今津游记》从郑交甫遇江妃之二女的传说与卢梭同雅恪二姑娘的邂逅故事寄寓着对情爱的追求，体现了个性解放意识与对理想人性的追求。在他们的纪游文学中，中国男人在日本女性的温柔乡里挣脱了长期的性禁锢，人的天性得到张扬，虽然有的时候表达对性欲的释放、对自由的追求走向另一让人否定的极端——"嫖经食谱"的庸俗品位。可见旅日中国青年受日本人天性释放的影响及西方自由开放观念的吹拂，有了挣脱封建礼教束缚、追求性爱自由的思想，这种自由慢慢拓展到其他形式、其他领域的自由。他们反对陈腐的封建伦理道德和金钱势力对他们的束缚，热烈追求恋爱自由、婚姻自主，形成主张自我表现和个性解放，强调忠实于自己"内心的要求"的纪游文学主题。这对后来郭沫若毁灭一切、创造一切的文学思想产生了重要影响。

　　20世纪初，旅日群体在日本文化的场域中，在思想启蒙、救国自强的氛围中，其纪游文学各种主题互相激荡，互相阐发，如文学革命与立人救国主题：梁启超等主张文学革命的内容从某种程度上也是为了与时代的发展合拍，从而实现立人救国的目的，个性张扬与人性解放；鲁迅等所主张的反抗奴役、实现自我的精神解放的主题与郭沫若等主张的释放天性、个性自由的主题的相互补充，共同完成人的全面解放的命题等。纪游文学作家也互相启发，如陈独秀与鲁迅、梁启超与鲁迅、梁启超与黄遵宪等。这些作家及纪游文学主题不仅体现出科学理性、制度体制方面的现代性的探索，更重要的是对现代性的主体——"人"的现代性进行了卓有成效的思考，从而对中国思想文化现代化的影响比以往现代域

---

①　不肖生：《留东外史》（下），百花洲文艺出版社1991年版，第849页。

外纪游文学起着更深层次的作用。而在这批旅日纪游文学主题中，最具影响力的就是鲁迅立人自强的思考与郭沫若、郁达夫人性解放的现代追求。

第二节　"东京鲁迅"与立人自强的现实思考

鲁迅是中国现代文学的奠基人，是中国现代思想解放的先驱。学界对鲁迅如此崇高的赞誉往往是建立在对"五四鲁迅"与"左翼鲁迅"的充分认知与肯定的基础上的。然而"东京鲁迅"却是"五四鲁迅"与"左翼鲁迅"的基础。

鲁迅生于 1881 年，1902 年 4 月至 1909 年 8 月，正值华年的鲁迅受益于清政府"整顿中法，学习西洋"的教育改革，在日本留学长达 7 年零 4 个月，其很长的旅日时光在东京度过。东京时期的鲁迅接触到东京的革命空气与西方现代自然科学、文艺思想与哲学理论，在嘉纳等日本师长的启发下，在许寿裳、杨度等友人的影响下，开始思考科学主义与人文精神等诸多命题，并将民族国家的发展与现代化的主体——"人"的现代性结合起来进行立人自强的现实思考，形成国民性问题的最初的探索。鲁迅东京时期纪游文学创作不仅是他思想与学术的起点，是他以后成为思想与文化巨人的基石，更以其深刻的思想内涵推动着国民思想现代化的进程，从而打开了近代思想启蒙的新格局，以历史先知先觉者的身份吹响了思想革新的第一号。

一　"东京鲁迅"的精神游历与 20 世纪初东京文化场域中国民性改造主题的精神之旅

（一）鲁迅东京时期纪游文学创作的精神游历

朱德发在《中国现代纪游文学史》中将纪游文学的概念做了现代性的拓展，提出构成纪游文学的四要素，即游踪、风貌、观感、载体，其中"游踪"不仅包含有形可察有迹可循的现实的"游踪"，也包含那些无形的摸不着见不到的"游踪"，即"情感游历""精神游历""梦中游"

"忆中游"等带有强烈主观浪漫色彩的"神游"。① 而20世纪初的东京是
世界文化的集散地，青年鲁迅在这样一个处于世界性的场域中，充分地
汲取日本"异文化"资源而得到感悟，这种"异文化"只有小部分是日
本本土文化，更多的是在日本东京文化场域中的世界性文化。据鲁迅先
生自己回忆，"赴会馆、跑书店、往集会、听演讲"是他日本留学时的主
要生活内容，革命精神与民族情感是鲁迅在东京时期主要的观感。所以，
他在《中国地质略论》强烈指责帝国主义列强染指中国的铁路和矿产开
发，高呼"中国者，中国人之中国，可容外族之研究，不容外族之探险；
可容外族之赞叹，不容外族之觊觎"②。鲁迅和顾琅所著《中国矿产志》
"罗列全国矿产之所在"，为的就是要国人知道家底，作为"致富之源，
强国之本"来对待。③ 许寿裳等挚友回忆，鲁迅在东京时期只要有钱就去
买各种书籍，对于表现弱小民族反抗与斗争的文学特别关注与喜爱。他
为斯巴达八百勇士捍卫独立自由的战斗而高歌，"借了异国士女的义勇来
唤起中华垂死的国魂"，④ 他为尼采、拜伦、雪莱、但丁、普希金、莱蒙
托夫、密茨凯维支、斯洛伐斯基、克拉辛斯基、裴多菲等反体制、反传
统、反"良风美俗"的"撒旦精神"而激动，以致在《坟题记》写道：
"其中所说的几个诗人，至今没有人再提起，也是使我不忍抛弃旧稿的一
个小原因。他们的名，先前是怎样地使我激昂呵。"谈到他一直念念不忘
那时那几个诗人，这成为他结集成集的理由。⑤ 所以，鲁迅在写作《摩罗
诗力说》《文化偏至论》《人之历史》《科学史教篇》诸文是在神游拜伦、
雪莱、但丁、卡莱尔、格尔纳及日本文学支流代表作家有岛武郎与厨川
白村等的作品，面对中国固有积习时得到的感兴。虽然这些作品没有一
般游记里的美丽的自然风光，使人触动的人和事，但是鲁迅通过接触以
日本为舞台的19世纪欧洲思想文艺及其他精神营养，在内心产生了"新

① 朱德发主编：《中国现代纪游文学史》，山东友谊书社1990年版，第9页。
② 鲁迅：《鲁迅全集》，人民文学出版社2005年版，第8卷，第6页。
③ 鲁迅著，陈漱渝、王锡荣、肖振鸣编：《科学论著集》序，广东人民出版社2019年版，第4页。
④ 许寿裳：《我所认识的鲁迅》，《亡友鲁迅印象记》，长江文艺出版社2019年版，第109页。
⑤ 鲁迅：《鲁迅全集》（第一卷），人民文学出版社2005年版，第3页。

鲜与惊奇"的感受甚至是震人心魄的撼动,并且将其诉诸笔端,从而完成了奇特的精神之旅,有了发诸内形诸外的观感。其载体形式虽然不是一般意义上的散文,但从纪游文学的概念与诸要素而言,它有游踪、有风貌、有观感、有载体,可以认为是广义上的纪游文学,这种纪游文学较传统纪游文学更具有"社会相"的意义。所以本节的研究对象除了鲁迅现实观感基础上《自题小像》《藤野先生》等纪游作品之外,更重要的是鲁迅进行精神游历所形成的广义的域外纪游作品,包括他在 1902 年写的 1903 年发表于东京出版的《浙江潮》的《斯巴达之魂》《说鈤》、1907 年发表于东京出版的《河南》杂志创刊号上的《人之历史》(原题为《人间之历史》)、1908 年发表在《河南》杂志的《文化偏至论》《摩罗诗力说》《科学史教篇》《破恶声论》等。

二　20 世纪初东京文化场域中国民性改造命题的形成与发展

立人思想与国民理念追求是贯穿鲁迅一生的课题,而这种思想在鲁迅就读于南京矿路学堂就有萌芽,于旅日时期东京文化场域中逐渐明确并成熟深入。鲁迅从 1901 年就读于矿路学堂时就如饥似渴地阅读严复翻译的赫胥黎的《天演论》、亚当·斯密的《原富》、孟德斯鸠的《法意》等书籍及严复所写的《原强》《辟韩》等论文,在这些译本与严复所加的按语及严复光彩照人的论文中,鲁迅接触到严复所主张的国家独立、社会进步的根本途径在于"立民"的思想。伴随着 20 世纪初旅日热潮,大批各种类型的精英知识分子齐聚东京探讨国家前途与国家命运,关于中国国民性改造的命题则也成为很多旅日有为知识分子与日本友人共同关注的热门话题。而鲁迅日本留学后进一步接触到东京文化场域中中国"国民性改造"的热门话题,并结合自己独特的思考进一步发酵形成立人自强的思想体系。在东京立人自强的中国"国民性改造"话题中,较早的思想者有梁启超与严复。

(一)章太炎与梁启超等早期流亡日本者的"立人""新民"言说

章太炎是有名的国学大师,1897 年因参加维新运动被通缉而流亡日本。鲁迅在日本时曾师从章太炎。章太炎将国学与"立人"联系起来,从传统文化中寻找"立人"的力量。他非常重视人的道德修养,认为人的道德修养与民族命运密切相关，"道德衰亡，诚亡国灭种之根极也"①。针对当时中国国民性怯弱的现实，章太炎大力提倡勇猛顽强、不怕牺牲进行反抗斗争的国民精神。他认为，"道德者，不必甚深言之，但使确固坚厉、重然诺、轻死生，则可矣"②。因此，他主张"用国粹激动种性，增进爱国的热肠"③，也就是说，要借助民族传统文化激起民族主义和爱国主义，高扬蹈厉敢死的义侠之风。赞扬古代侠士敢于舍生取义、杀身成仁，"当乱世则辅民，当治世则辅法"，"天下有亟事，非侠士无足属"，他们"为国民发愤，有为鸱枭于百姓者，则利剑刺之"④。他将是否具有勇猛无畏的道德作为判断各阶层道德高下的标准。章太炎把社会上的所有人分成16类，"认为农工商贩和下层知识分子最有道德，原因是他们无损人，利己或损人利己程度较低，而强毅反抗精神强烈或较强"⑤。章太炎1906年第二次流亡日本时在东京讲国学，这次活动被认为是教学相长的典范，他曾为鲁迅、周作人等8人另设一班逢周日于其寓所授课。他的讲学活动对东京文化思想产生了很大影响，培养了一大批思想名家，同时他主编同盟会机关报《民报》。通过他的讲学活动与主笔刊物，章太炎"立人"思想无疑对当时的东京文化场发挥着强大的影响力。

梁启超是中国近代著名的启蒙思想家，因其视野开阔、思想进步，20世纪初许多中国青年知识分子都受到他的影响。他在1896年就提出了"立人"的主张，认为只有通过"立人"才能推动社会进步，才能实现民族独立。戊戌变法失败后，梁启超进一步吸收了严复译介的斯宾塞的"社会有机体"理论，认为国家与人民的关系犹如身体与四肢、五脏、筋脉、血轮的关系。为此，他较早地引入"国民"的概念，以区别于"族民"与"子民"，意识到族民、市民、国民之间的巨大差别。他深知因封建伦理制度的压制，国民性中存在奴隶的根性，"盖我国民所以沉埋于十八层地狱，而至今不获见天日者，皆由此等邪说成为义理，而播毒种于

① 汤志钧编：《章太炎政论选集》，中华书局1977年版，第310页。
② 汤志钧编：《章太炎政论选集》，中华书局1977年版，第311页。
③ 汤志钧编：《章太炎政论选集》，中华书局1977年版，第272页。
④ 《章太炎全集》（第三卷），上海人民出版社1985年版，第140—141页。
⑤ 哈九增：《鲁迅对章太炎思想的继承与发展》，《上海大学学报》（社会科学版）1988年第3期。

人心也"①，"我中人以服从闻于天下也久矣。二千余年俯首蜷伏于专制政体之下，以服从为独一无二之天职"②。所以，他深入揭批奴隶性形成的原因，"抚我而后也，固不忍不服从。虐我而仇也，亦不敢不服从。但得他人父我，则不惜怡色柔声而为之子。但使他人主我，则不惮奴颜婢膝而为之奴。若无父之怙恃，则孤儿逐仆，将伶仃孤苦，不能自立于天地，养成服从之习惯，深种奴隶之根性"③。所以形成"举国皆盲瞽之态，尽人皆妾妇之容"的态势。正因为这奴隶的根性，所以国人"只能受专制不能享自由"④。他进一步指出国民性中"隔岸观火"的劣根性，指出"天下最可厌、可憎、可鄙之人，莫过于旁观者。旁观者如立于东岸，观西岸之火灾，而望其红光以为乐；如立于此船，观彼船之沉溺，而睹其凫浴以为欢。……中国寻常人有俗语二句，曰'各人自扫门前雪，不管他人瓦上霜'。此数语一者实旁观派之经典也、口号也。而此种经典、口号，深入于全国人脑中，拂之不去，涤之不净。质而言之，即"旁观"二字，代表吾全国人之性质也。是即'无血性'三字，为吾全国人所专有物也。呜呼，吾为此惧！"⑤他的"新民说"提出："苟有新民，何患无新制度、无新政府、无新国家。"⑥梁启超在1898年逃亡日本时创办《清议报》主持清议、开发民智，1902年创办《新民丛报》主张"新民"，注重向国民灌输新思想、新观念，并于同年创办了中国第一个纯文学刊物《新小说》。而他立人救国的思想与观点通过他的传播阵地在旅日知识青年中广为传播，1902年踏上旅日征程、富于创见的鲁迅理所当然受到影响。

（二）嘉纳治五郎与杨度关于改造中国国民性思想的论辩

嘉纳治五郎虽然在日本主要作为现代柔道的创始人而闻名，但他是对中国教育做出了较大贡献的著名教育家，他创建了弘（宏）文学院，专门负责19—20世纪之交中国留学生上高等专门学校之前的补习教育。

---

① 易鑫鼎编：《梁启超选集》（上卷），中国文联出版社2006年版，第13页。
② 吴其昌：《梁启超传》，团结出版社2020年版，第134页。
③ 吴其昌：《梁启超传》，团结出版社2020年版，第134—135页。
④ （清）梁启超：《新大陆游记》，商务印书馆、中国旅游出版社2016年版，第127页。
⑤ 易鑫鼎编：《梁启超选集》（下卷），中国文联出版社2006年版，第521页。
⑥ 易鑫鼎编：《梁启超选集》（下卷），中国文联出版社2006年版，第589页。

作为关注中国发展、振兴中国教育的国际友人，他对于近代学校教育与中国留学生的培养有着自己的实践与思考。他给弘（宏）文学院第一批毕业生讲话时涉及的国民性与教育的问题引发了其与杨度的四次讨论，从而厘清了东京文化场域中关于中国国民性改造问题的一些思路，对当时鲁迅立人自强思想产生了较大的影响。

嘉纳以"代兴支那教育"为己任，游历北京、江苏、浙江、湖北、湖南等地，观其国政民风而定教育宗旨，认为只有普及教育，学习西方的科学技术，使民智达到一定的程度，培养具备国家一员资格之国民才是中国强盛之路。他主张开设师范学校与法学、医学等专科学校进行速成教育，为中国的发展进行人才储备，特别注重加强普通教育，强调涵养德性是教育的根本，提倡下以诚意感动上，反对"骚动的进步主义"，主张"和平的进步主义"。杨度对此提出不同意见，认为如果教育徒具形式，学习的只是技能，那么人才培养与洋务派无异。"敝国今日有精神之教育则犹可存，无精神之教育则将立亡。"① 根据欧洲与日本近代飞速发展的经验，没有不经过"骚动"即革命与激进的改革就能获得文明进步的。正是"骚动"鼓起民气，提高了国民重视程度。此时中国处于"百亡之中而求一存"危急状态中，只有孤注一掷的"骚动"才有"存"的希望，不能期待慢慢改革。杨度针对封建文化压制下的中国人善于服从、无人不可以当其主，无人不可以奴隶之的根性，质问嘉纳"先生以为善于服从之根性为美根性乎恶根性乎?"② 他认为关于国民性改造的问题，应汲取今日卢梭等人的教育思想，斩断几千年来服从之根性，切不可名为精神教育，实则增其奴隶根性。嘉纳提出教育的要旨在于养成国民之公德，虽不可服从于强力，而不可不服从于公理。在"服从于公理"两人达成一致。基于黄色人种携手对抗白种人，二人也达成了"二民族各去其压制服从的'恶根性'，结其相爱之情"的共识。但是杨度强调的是去除奴隶根性，培植富于血性的国民精神。我民族独立精神之萌生，为我国前途之依赖。

---

① 《支那教育》，《新民丛报》第 24 号，1903 年，第 95 页。

② ［日］北冈正子:《鲁迅改造国民性思想的由来——加纳治五郎给第一批毕业生讲话的波澜》，靳丛林译，《鲁迅研究月刊》2002 年第 3 期。

　　通过杨度与嘉纳治五郎的论战，东京文化场域继续深化了章太炎、梁启超国民性批判中中国国民奴隶性强、"无血性"的观点，号召以"骚动"的斗争去除奴隶根性，加强国民精神培育。杨度与嘉纳论战之时，鲁迅和许寿裳是弘（宏）文学院的学生，两个人中国国民性的讨论更是直接影响了鲁迅与许寿裳，这一点也为日本鲁迅研究专家北岗正子考证认可。

（三）鲁迅与许寿裳国民性问题的讨论

　　许寿裳和鲁迅是有着35年的友谊、"同声相应，同气相求"的朋友。据许寿裳回忆，他们"在东京订交的时候，便有缟带纾衣之情，从此互相关怀，不异于骨肉"①。这种友情不仅体现在私交，更体现在他们的国民性问题上的讨论。因为了解得深切，他们讨论的问题很深，许寿裳对于日本留学期间的鲁迅评价极高。许寿裳认为鲁迅的作品充满着战斗精神，创造精神，以及为劳苦大众请命的精神。"鲁迅一生功业的建立是在民元以后，而它的发源却都在民元以前。他深切地知道革命先要革心，医精神更重于医身体，所以毅然决然地弃医学而研究文艺了。他曾在《浙江潮》和《河南》两种杂志上撰文，又翻译《域外小说集》，都是着重在精神革命这一点。"②许寿裳评价鲁迅在游学时期对祖国热烈的情感与思考解决问题时冷静的头脑，指出鲁迅用心研究人性和国民性问题，因为冷静所以深刻——"惟其爱国家爱民族的心愈热烈，所以观察得愈冷静。这好比一个医道高明的医师，遇到了平生最亲爱的人，患着极度危险的痼疾，当仁不让，见义勇为，一心要把他治好。试问这个医师在这时候，是否极度冷静地诊察，还是蹦蹦跳跳，叫嚣不止呢？这冷静是他的作品所以深刻的根本原因。"③

　　1902年，刚到日本作为江南班剪辫第一人的鲁迅，剪辫之后与许寿裳"相视一笑"及鲁迅赠诗《自题小像》，两人便交流了关于国家民族问题的情感与看法：辫子作为满清附属物的被剪代表着鲁迅与封建文化的

　　①　许寿裳：《亡友鲁迅印象记》自序，广西师范大学出版社2010年版，第127页。

　　②　许寿裳著，倪墨炎、陈九英编：《许寿裳文集》（上卷），百家出版社2003年版，第35页。

　　③　许寿裳著，倪墨炎、陈九英编：《许寿裳文集》（上卷），百家出版社2003年版，第35页。

彻底决裂，赠诗则表达了当时祖国风雨如磐的黑暗现状下抒情主体彷徨忧虑及愿为国家的未来献出自己生命的信念，这两个事件成为唤醒他们心底自发性民族意识的契机。两人同在日本东京《民报》社同侍章门，受章太炎革命思想的影响，对严复、林纾译著的热爱使他们间接获得诸多西方文化，特别是进化论、社会有机体理论等方面的营养。他们的思想有过很深入的交流与碰撞，如他们对严复、林纾都非常热爱，以至严氏所译赫胥黎的《天演论》有好几篇两人都能背，共同接受了进化论思想的影响。许寿裳从鲁迅最爱诵的《离骚》中的"朝吾将济于白水兮，登阆风而猚马。忽反顾以流涕兮，哀高丘之无女"（"女"是理想的化身）四句，解析鲁迅从中获取的精神力量及鲁迅对理想人格的追寻与思考。他们之间关于国民性的讨论有三个经典论题，其中对于中国最缺乏的是什么，他们讨论得出中华民族深中诈伪无耻和猜疑相贼的毛病，提出"我们民族最缺乏的东西是诚和爱"，然后总结问题症结所在，"当然要在历史上去探究，因缘虽多，而两次奴于异族，认为是最大最深的病根。做奴隶的人还有什么地方可以说诚说爱呢？""惟一的救济方法是革命。"①

　　他们的思想的成熟也受益于他们拟创办的《新生》杂志及当时在日本公开出版的《浙江潮》《河南》等刊物。《新生》取"新的生命"的意思，刊物封面设计的西文译名，也不肯随俗用现代外国语，而必须用拉丁文 Vita Nuova。可见，他们改变现状的雄心。当时浙江同乡会刊物《浙江潮》主编蒋百里的《发刊词》"忍将冷眼，亡国于生前，剩有雄魂，发大声于海上"的精神对他们影响很大。② 后来许寿裳接编《浙江潮》，向鲁迅约稿，鲁迅写了《斯巴达之魂》与《说鈤》回应，于是有了编辑与作者之间的思想交流。许寿裳赞其"叙将士死战的勇敢，少妇斥责生还者的严厉"③ 以激励中华民族的尚武精神，肯定其为中华民族精神的建构

---

　　① 许寿裳：《回忆鲁迅》，马会芹编《挚友的怀念：许寿裳忆鲁迅》，河北教育出版社2000年版，第110页。

　　② 许寿裳著，倪墨炎、陈九英编：《许寿裳文集》（上卷），百家出版社2003年版，第86页。

　　③ 许寿裳著，倪墨炎、陈九英编：《许寿裳文集》（上卷），百家出版社2003年版，第87页。

所做出的努力。鲁迅与许寿裳在《河南》杂志上发表了以"立人"为主
题的系列文章。许寿裳在《河南》第四、第七期发表文言论文《兴国精
神之史曜》，文章发表时鲁迅先生建议许寿裳采用笔名"旒其"，是俄文
"人民"的音译。可见他们当时的"民众观"——所期盼的有自觉精神的
国民。文章开首就指出"兴国不在政府而在国民，不在法令而在自觉"，
而中国的国民是"傀儡"国民，中国目前的状态是"有政府而无国民"。
文章列举欧洲法国、英国、德国、意大利等各国复兴祖国的史实，如
"佛朗西革命之精神，一言蔽之曰：重视我之一字，张我之权能无限
尔"①，"德处国步艰难之日，发愤自厉……精神之于肉体，得支配力"②，
"伊大里（意大利）之国民朝亲山水，夕览明星、戮力同心，遂其光
复"③ ……以此证明精神力量在历史进程中的推动作用，号如"发人道之
辉光"，"腾性灵之驰骋"④。而鲁迅也在《河南》的第七期中发表了《文
化偏至论》，指出"将生存两间，角逐列国是务"⑤，认为一切文明在其
发展的过程中都会产生"偏至"。就真正能够称为万物之灵的"人"而
言，应该能够在合理、健康有序的体制中间，充分地发挥高度的聪明才
智与独创个性，而绝对不是任由独裁的帝王来发号施令，自己却匍匐在
地，点头称是，歌功颂德。只有每一个社会成员的个性都充分得到了健
康发展，实现了个性解放，独立的人格和价值都受到了应有的尊重，才
能提高和升华整个社会群体的思想与精神，使之既具有高度的道德情操，
又掌握完整的法律意识，真正地获得"群之大觉"，最后促成"人国"的
建立。他们这两篇文章从材料与观点以至行文的方式都有一致之处，可
见他们的互相影响。他们放眼世界，看到了片面学习西方 18 世纪以来的
物质文明和立宪国会派所产生的偏颇，吸取欧美之强，根底在人的经验，

---

① 许寿裳著，倪墨炎、陈九英编：《许寿裳文集》（下卷），百家出版社 2003 年版，第
469 页。
② 许寿裳著，倪墨炎、陈九英编：《许寿裳文集》（下卷），百家出版社 2003 年版，第
476 页。
③ 许寿裳著，倪墨炎、陈九英编：《许寿裳文集》（下卷），百家出版社 2003 年版，第
479 页。
④ 许寿裳著，倪墨炎、陈九英编：《许寿裳文集》（下卷），百家出版社 2003 年版，第
461 页。
⑤ 鲁迅：《鲁迅全集》（第一卷），人民文学出版社 2005 年版，第 58 页。

分别从各个角度阐明"立人"的兴国战略方针。

这样"东京鲁迅"与许寿裳等人通过日常交流、西方译著养分、章门革命精神、筹划创办《新生》杂志、《浙江潮》《河南》刊物的交流进一步明确了民族发展的症结所在、立人兴国解决问题的基本方式、立人自强的基本内涵,较章太炎、梁启超、嘉纳、杨度等的思想更明确、更坚决、更忧愤深广。

三 "东京鲁迅"的立人思想与近代思想启蒙

前面部分讲到20世纪初中国旅日精英知识分子对国民劣根性的分析与"立人"自强思想的发展路径,他们都在中国思想文化的现代转型中做出了非常重要的贡献,但是远远没有鲁迅的影响力大。鲁迅被称为"民族魂",日本文学家竹内好称他为"现代中国国民文化之母"。同样提出"立人"观点与国民性改造的启蒙主题,为什么鲁迅先生会有这么巨大的影响力,这是许多人心中的疑惑。而与前述先行者不同的是,"东京鲁迅"在"人类之能""神思""精神""意力""心声""内曜""白心""进化"等概念中,系统地表达了以"立人"为动机的"个人"观念。他将中国现代转型的问题意识深刻地推进文明基础的"自我"——"个人"层面,形成一个深度视点,构成"东京鲁迅"思想启蒙体系。在中国启蒙运动正式开始之前,"东京鲁迅"就已前瞻性地指出了启蒙运动发展的方向和道路,并以不折中不妥协的启蒙态度、"尊个性""张精神"的启蒙方式形成由"立人"到"立国"的启蒙纲领。他以摩罗精神反抗复仇,"变哀音为怒吼",使国人走出自怨自艾的精神低迷,为国人昭示"深无底极"的精神向度和"刚健不挠"的精神动力,从而召唤国人精神境界的拓进。

(一)不折中不妥协的启蒙态度

中国是一个有着灿烂文化的文明古国,但长期封建专制统治加上一千多年的科举制度的影响,人才培养奴性化,国民思维模式固定,缺乏生机与创造力。中国虽曾"负令誉于史初,开文化之曙色",而今日却"转为影国者",这样的文化已使中国沦入"勾萌绝朕,枯槁在前"的境地。痛心于旧中国生存环境的窒息、国民精神的沉沦,鲁迅发出绝望而不乏希望的呐喊,试图唤醒昏睡于"绝无窗户而万难破毁"的铁屋子里面的人们。所以鲁迅在翻译日本武者小路实笃所作的四幕反战剧本《一个青年的梦》时在序言中说道"我想如果中国有战前的德意志一半强，不知国民性是怎么一种颜色"，[①]"全剧的宗旨，自序已经表明，是在反对战争，不必译者再说了。但我考虑到几位读者，或以为日本是好战的国度，那国民才该熟读这书。中国又何须有此呢?"[②]

在"国将不国"的时代性忧虑中，鲁迅知道中国已经来不得半点犹豫踌躇，只能采取革命的手段。因此，鲁迅在东京断发之后，作诗《自题小像》，来表达自己革命的斗志："灵台无计逃神矢，风雨如磐暗故园。寄意寒星荃不察，我以我血荐轩辕。"鲁迅决意"以尼采学说看国民性格"，而且在个人心境上深深地咀嚼着背负"鬼气"与"毒气"前行的生命之重，以至于发出要么全有，要么宁无的时代绝叫，不留丝毫的折中与妥协的空间。[③]为此，他 1903 年发表于《浙江潮》的《斯巴达之魂》就表现出知其不可而为之的战斗精神。作品选材于古希腊城邦之一斯巴达（Sparta）与波斯军队对决的故事，为了阻挡波斯军队的进攻，斯巴达人虽然明知与敌人相比实力悬殊，但是毫不妥协，与敌军奋战，以至于全体阵亡。鲁迅于 1907 年以文言文创作了署名"令飞"的《摩罗诗力说》，更是张扬"撒旦"的不折中不妥协的抗争。"摩罗"本为佛教用语，也写作"魔罗"，简称"魔"，与基督教的"撒旦"同义。这篇文章在俄国和东欧被压迫民族的诗人中间，找到了英国被称为摩罗派诗人拜伦的谱系。文中选取了拜伦、雪莱、普希金、密茨凯维支郎、莱蒙托夫、克拉辛斯基、斯洛伐斯基、裴多菲等一大批摩罗诗人作为研究对象。推崇这批拜伦系浪漫主义诗人"所遇常抗，所向必动，贵力而尚强，尊己而好战"[④]的恶魔精神。而这批诗人"如狂涛如厉风，举一切伪饰陋习，悉为荡涤，瞻顾前后，素所不知；精神郁勃，莫可制抑，力战而毙，亦必自救其精神；不克厥敌，战则不止"[⑤]。据北冈正子研究鲁迅《摩罗诗力说》的材源，鲁迅的创作《摩罗诗力说》关于拜伦的材料源自日本木

---

① 刘运峰编：《鲁迅序跋集》（上），山东画报出版社 2004 年版，第 205 页。

② 刘运峰编：《鲁迅序跋集》（上），山东画报出版社 2004 年版，第 207 页。

③ 谭桂林：《鲁迅：用世界眼光讲叙中国故事》，《探索与争鸣》2016 年第 7 期。

④ 鲁迅：《鲁迅全集》（第一卷），人民文学出版社 2005 年版，第 84 页。

⑤ 鲁迅：《鲁迅全集》（第二卷），人民文学出版社 2005 年版，第 84 页。

村鹰太郎的《拜伦——文艺界之大魔王》和拜伦著、木村鹰太郎译的《海盗》，但是鲁迅"着眼于意志力量和复仇精神是反抗压迫之原动力，把《曼弗雷德》《海盗》《该隐》等分别作为表现强大意志力量、复仇精神和对神进行反抗的作品加以介绍。可是，没有从拜伦的快乐主义和女性观中选取任何材料"①。关于雪莱的材料北冈正子也指出，鲁迅的重心"放在诗人与伪俗尖锐对立的关系上"②，写出他在"时既艰危"中的反抗性格和行动，突出"性复狷介"而行动"奋迅如狮子"的"狂人雪莱"形象。而对于普希金与莱蒙托夫，鲁迅关心的是普希金接受拜伦主义的情况，同时又给莱蒙托夫以重要影响，从而形成《摩罗诗力说》中的拜伦谱系。可见，鲁迅先生选取这批摩罗诗人并明确其复仇反抗、行动迅速有力的着重点，目的是号召中国人民像"恶魔"那样为了民主、自由，勇猛地反抗封建社会，与旧有的腐朽的一切决裂。

在《文化偏至论》中鲁迅用独特的视角——"偏至"对人类文明进行诠释，破除中国传统文化中"中正平和"思想对人个性的钳制，乃至篇名都非常任性地用了"偏至"二字。所谓"偏至"，在鲁迅这篇文章中，可以认为是偏颇到极致的意思。站在"偏至"的角度，鲁迅大胆否定中国传统文化中的盲目自大、抱残守缺等劣根性。他充分肯定欧洲19世纪末的破坏、反抗精神，抨击扫荡旧有的文明以获得新生。他大力推崇尼采、叔本华、施蒂纳，其原因并不仅仅是借鉴几位大师的西方政治思想，而是找寻到他们思想内核中的自由主义与激进主义精神，敢于怀疑一切、否定一切的强大意志。

"东京鲁迅"所选择的对象无论是"摩罗诗人"，还是尼采、叔本华、施蒂纳等西方思想文化界的斗士，抑或是斯巴达人，其视角都是在于他们对现实环境不折中不妥协的斗争精神。鲁迅呼唤中国人民应该像"恶魔"那样勇猛地对抗中国几千年来的消极蒙昧主义，使中国脱离肃杀的严冬，入于温煦的春日。这种永不妥协的精神推动着启蒙思想的发展，

---

① ［日］北冈正子：《摩罗诗力说材源考》，何乃英译，北京师范大学出版社1983年版，第4页。

② ［日］北冈正子：《摩罗诗力说材源考》，何乃英译，北京师范大学出版社1983年版，第62页。

并给当时古老的中国注入了新鲜的活力，也决定了近代思想启蒙的彻底性的程度，因而具有极其重要的意义。同时这也构成五四时期狂飙突进时代精神的源头，五四时期郭沫若的《女神》所表现的破坏一切、创造一切的精神正是呼应"东京鲁迅"的思想所弹奏出的时代最强音。

（二）"尊个性""张精神"的启蒙方式

鲁迅在《呐喊》自序曾述说自己"弃医从文"的原因是在生物课上看录像时，看到围观自己的同胞被帝国主义者处决的"看客"，他们一律有着强壮的体格、麻木的神情。这段经历使鲁迅产生应激性的心理反应，意识到唤醒民众的生机与创造力的重要性。而这其实只是其中的一个触发点。鲁迅其实早就意识到中国封建社会压制人性的制度只会让人无希望、无努力、无斗志。鲁迅于弘（宏）文学院读书时曾与许寿裳经常在一起讨论国民性及其改造的问题，认为中国最大的病根就在于被外族所征服而表现的"奴性"。因此，"东京鲁迅"不止一次地提到国民的麻木与奴性，缺乏个性与创造力，如《摩罗诗力说》中描述中国从泱泱大国沦为"影国"，失去生机与活力的现状，并批判老庄的消极蒙昧主义："老子五千语，要在不撄人心；以不撄人心故，则必先自致槁木之心，立无为之治，以无为之为化社会，而世即于太平。"① 鲁迅在《文化偏至论》里更进一步强调发挥聪明才智与独创个性的重要性。他在《从孩子的照相说起》谈到当时中日孩子的比较："温文尔雅，不大言笑，不大动弹的，是中国孩子；健壮活泼，不怕生人，大叫大跳的，是日本孩子"②，强调中国儿童拘谨性格的养成是因为中国愚昧的社会环境，分析批判"驯良之类并不是恶德。但发展开去，对一切事无不驯良，却绝不是美德"。所以，鲁迅东京时期作品提出"新神思宗""摩罗诗人""文野"的概念，是站在历史与现实的高度力主"尊个性"和"张精神"，把以"生命力"为基础的"精神"——"意力"的重建作为立人与立国的根本，以生命基础之上的创造力的振拔为文明振兴之道。

所以，鲁迅在俄国企图把东三省划入他们的版图时，写下了《斯巴达之魂》这篇恢宏的历史小说。他选材于斯巴达的故事，是因为斯巴达

① 鲁迅：《鲁迅全集》（第一卷），人民文学出版社2005年版，第69页。
② 鲁迅：《鲁迅全集》（第六卷），人民文学出版社2005年版，第83页。

人建立在爱国主义基础上刚勇强力的个性。除了构建斯巴达人在敌众我寡态势中浴血奋战，从而谱写出壮丽的英雄史诗外，鲁迅还特别营构了一个小故事：在温泉关战役中，当三百万战士几乎全都战死的时候，一个因眼疾而没上战场的战士得以存活，但其行为却为怀孕的其妻所不齿，甚至因痛心而自杀在他的面前。这位战士顿觉无地自容，最后战死沙场。斯巴达人到处传诵着这个具有血性的勇敢的妻子的故事。鲁迅通过这篇小说"便是借了异国士女的义勇来唤起中华垂死的国魂"，呼唤国人的血性，试图唤起国人的尚武的阳刚气质。让中国不能再在帝国主义者蹂躏之时，还执着"温、良、恭、俭、让"的传统美德，而应该像斯巴达人抗击波斯侵略者那样视死如归，以个性来"张精神"，"给中国的国民性注入一种刚健不挠、以身殉国的强力性格"①。而在《摩罗诗力说》中，"拜伦作品中的主人公乃是因厌世而以天地山川为友（恰尔德·哈洛尔德），渴望死亡（曼弗雷德），以破坏者身份向社会复仇（卢息弗、康拉德），或是无视道义的放浪者唐璜之类的人物。而拜伦自己则成为"义侠之人"，与"愚昧、有力之社会"斗争的战士②，他自己也死于希腊独立战争中。这批摩罗诗人无不体现"魔"性的倨傲纵逸，狂放恣睢。他们有的"张撒旦而抗天帝，言人所不能言"；有的舍命维护自尊、力抗定命、英勇战死；有的不受诱惑、不畏强权，"神天魔龙无以相凌"；有的虽然遭人诬陷，但意志强大、铁骨铮铮，以一剑之力蔑视国家法度和社会道德；有的逐师摩罗，效法撒旦，"上则力抗天帝，下则以力制众生，行之背驰，莫甚于此"；有的"死守真理，以拒庸愚，终获群敌之谥"……这些人"无不刚健不挠，抱诚守真；不取媚于群，以随顺旧俗；发为雄声，以起其国人之新生，而大其国于天下"③。而这正是腐朽的半殖民地半封建的中国缺少的个性精神。在《文化偏至论》中鲁迅从欧洲19世纪的文明史中挖掘出施蒂纳的极端个人主义，叔本华的言行奇特、

---

① 高旭东：《鲁迅：从〈斯巴达之魂〉到民族魂——〈斯巴达之魂〉的命意、文体及注释研究》，《文学评论》2015 年第 5 期。

② ［日］北冈正子：《摩罗诗力说材源考》，何乃英译，北京师范大学出版社 1983 年版，第 2 页。

③ 鲁迅：《鲁迅全集》（第一卷），人民文学出版社 2005 年版，第 101 页。

高傲刚愎，尼采的"意力绝世，几近神明之超人"①。正如鲁迅的好朋友许寿裳评价《文化偏至论》《摩罗诗力说》等的创作，认为鲁迅处于当时一般新党思想浅薄猥贱，不知道个性之当尊，天才之可贵的背景下，大声疾呼来匡教，所谓"自觉之声发，每响必中于人心，清晰昭明，不同凡响"②。他的被称为"人性思考的起点"的《人之历史》强调达尔文学说"举其要旨，首为人择"，肯定了屈原的怀疑精神等。

鲁迅根据中国的现实需求，将斯巴达精神、拜伦的摩罗诗力与尼采的强力意志一并加以吸纳，从而把生命从传统理性的束缚中解放出来，鼓励国民挥洒生命的自由和创造精神。鲁迅东京时期对个性和精神的追求蕴含了巨大的思想启蒙力量，他也从中找到了开启启蒙的正确方式。

（三）由"立人"到"立国"的启蒙纲领

鲁迅在东京留学期间，站在东西方文化比较的视野上，纵观欧美等发达国家发展史，意识到人的重要性，在《文化偏至论》中，鲁迅指出："然欧美之强，莫不以是炫天下者，则根柢在人，而此特现象之末，本源深而难见。"③ 他直接借鉴当时日本几乎同步引进的 19 世纪末西方"新神思宗"，将文明的衡量标准从以往人们重视的武力、实业、众治转移到个人精神生活领域，将国民性改造的主题从"新民"推进到"立人"，即由清末维新资产阶级所关注的器物制度层面的先进转而关注人格的健全，提出"个人的独立是国家的独立的绝对条件"，由"立人"实现"立国"，从而提出纲领性的主张——"其首在立人，人立而后凡事举。"这也就成为启蒙的思想内核与重要纲领。鲁迅认为，对被称为万物之灵的"人"而言，如果生活在合理、健康有序的体制中间，就能充分发挥个人聪明才智与独特个性；如果生活在独裁专制的体制中，就会成为缺乏个人思想主张，只会点头称是、歌功颂德的应声虫，这种人其实并不是真正意义上的人，只能算是一个虚假与空泛的符号。他进一步强调健全人格对国家民族的重要性：如果每一个社会成员的个性都得到了充足的发展，独立的人格都受到了尊重，个人的价值得到重视，那么提高和升华

---

① 鲁迅：《鲁迅全集》（第一卷），人民文学出版社 2005 年版，第 56 页。
② 许寿裳：《亡友鲁迅印象记》，长江出版传媒、长江文艺出版社 2019 年版，第 109 页。
③ 鲁迅：《鲁迅全集》（第一卷），人民文学出版社 2005 年版，第 58 页。

整个社会群体的思想与精神，建立既具有高尚的道德情操又具有健全的人格的民族国家，就成为水到渠成的事情了。而鲁迅所期望的"人国"也就建立起来了，"人国既建，乃始雄厉无前，屹然独见于天下"①。所以，在《科学史教篇》中，鲁迅由关注西方的科学史进入关注其思想史、精神史，进一步提出建立健全人格的主张，强调"致人性于全，不使之偏倚"。只有同"奴隶"对立的自由的"人"，"才能创造出西方近代的政治制度、文学作品、科学理论等整个西方近代文明"，而没有自由的"奴隶"是不可能产生近代科学的。②所以他的《说鈤》虽然谈的是居里夫人发现了镭，但是他是从自然科学的角度谈论人类科学精神的建立，而不是在科学技术本身。他"超越了五四时代所崇尚所宣示的知识图式与知识谱系，进入更深邃的精神追问和哲学质询"③。而《摩罗诗力说》《斯巴达之魂》《文化偏至论》《人之历史》中的"拜伦系"摩罗诗人、刚健勇猛的斯巴达人、狂妄的尼采、敢于怀疑的屈原等等都是鲁迅心目中理想人格的化身。

"东京鲁迅"是鲁迅一生思想的起点。如果说"五四"新文化运动后的鲁迅用自己的杂文和小说，鞭辟入里地解剖与批判长期封建思想毒害下的"国民劣根性"，那么在日本留学期间的鲁迅，以《摩罗诗力说》《文化偏至论》《科学史教篇》《人之历史》等一系列长文，率先透过笼罩在传统文化和近代文化论争上的迷云，表达了其最初的立人自强的启蒙理念。在民族生死存亡之际，他倡导不折中不妥协的启蒙态度；在如何启蒙的问题上，他提出必须"尊个性""张精神"；并且他还率先明确提出"立人"的思想主张，由"立人"而实现"立国"的梦想。他以深重的忧患意识和民族情感将中国新文化建设的核心拨正到作为文化主体的"人"身上，指明了由"立人"到"立国"的革新自强之路。所以北冈正子评价鲁迅："是那种可以凭借一己之力，连接起整个中国现代文学和东亚现代思想史的独异的个体。以鲁迅为研究对象，可以观照并了解

---

① 鲁迅：《鲁迅全集》（第一卷），人民文学出版社 2005 年版，第 57 页。

② 秦弓：《鲁迅与异文化的接触——以明治时期的日本为舞台》，《当代作家评论》1996 年第 6 期。

③ 刘纳：《〈说鈤〉·新物理学·终极——从一个角度谈鲁迅精神遗产的独异性和当代意义》，《中国现代文学论丛》2009 年第 1 期。

中国现代文学和东亚现代思想史的方方面面。从鲁迅出发，较之其他研究对象更具有普遍性和穿透力，更有助于把握中国现代文学和东亚现代思想史的高度、深度和广度。"① 所以，鲁迅与章太炎、梁启超等在中国现代性转型的历史时期都表现了深重的忧患意识与新文化建设的思考，但是鲁迅在思考的深度、广度与力度方面都体现出其他先行者不可企及的高度。

"东京鲁迅"在鲁迅个人的思想发展史乃至在东西方思想发展史中都具有非凡的意义。

第三节　郭沫若旅日纪游文学与生命哲学的现代思考

如果说鲁迅在日本留学期间体现出来的立人思想是社会政治层面人的觉醒，那么，郭沫若旅日纪游文学对人的生命哲学的思考则体现出人的本体方面的自觉。

郭沫若于 1914—1923 年、1928—1937 年先后两次旅居日本，旅日时光约 20 年之久。而对郭沫若一生思想影响最大的是他第一个阶段（日本大正时期 1912—1926 年）的日本留学，其时日本的大正文化对郭沫若的思想与创作产生了巨大影响。而这一时期中国也正处于五四运动孕育、兴起、发展的时期，人性解放是五四精神的主题词。郭沫若纪游文学对生命哲学的思考与国内五四精神互相影响、互相激荡。自然人性的回归与生命力勃发的生命哲学的现代思考成为郭沫若的旅日纪游文学的重要主题。

郭沫若的纪游作品有早期纪游诗《自然之追怀》《与成仿吾同游栗林园》《创造十年》《笔立山头展望》《抱和儿浴博多湾中》《凤凰涅槃》《地球，我的母亲》《炉中煤》等，纪游散文《今津纪游》《海外归鸿》《跨著东海》等，纪游小说《漂流三部曲》《行路难》《湖心亭》等，还包括他的通信集《三叶集》、回忆录《创造十年》等，这些纪游作品都充

---

① 鲍国华：《寻找"文学家"鲁迅的起点——北冈正子〈日本异文化中的鲁迅〉片论》，《文艺理论与批评》2020 年第 3 期（总第 203 期）。

分体现出自然人性的回归与生命力勃发的生命哲学思想。

一　郭沫若纪游文学生命哲学思想产生的文化语境

（一）　日本崇尚自然的传统风习与 20 世纪初自然主义文学思潮

日本是一个崇尚自然的民族，将自身视为自然的一个部分，是日本民族性的体现。他们强调官能愉悦与感官享受。在日本传统文化中，性欲的满足是自然合理的，不违背任何纲常伦理，不带有任何不洁的成分。所以，日本作家佐藤春夫对"风流"下了如此美好的定义：它是不具意志的、纯粹的、东方特有的"颓废的享乐主义"的感觉，是一种如"月光般的恍惚"的、微妙的、无常的美感。[1] 这种理念对郭沫若跨越中国传统文化的障碍，书写自然人性影响很大。

而在郭沫若留学的日本大正时期，正值日本自然主义思潮风行之时。日本明治时代以后，人们摒弃了旧有的信仰，却尚未建构新的社会道德评价的标准。文艺工作者们开始接受法国以左拉为首的自然主义，并进行日本化的改造与创新。日本戏剧家坪内逍遥的理论奠定了日本自然主义的基础。在《小说神髓》中，他提出文学应当排除道德和功利价值，忠诚于自然及人的本能欲望，立足于客观现实进行表现与书写。高山樗牛在《论美的生活》中明确提出，人生的最高境界是满足人的动物本能。小杉天外同样表达类似的观点——作品所描写的内容无所谓善恶美丑，作家的责任就是按照"自然"的现象如实去写。永井荷风则主张作家应该着力去刻画由"祖先遗传"带来的"动物性"。可见，当时日本自然主义文学强调人的"自然"本性与本能的特点。这对带有中国传统欲盖弥彰、欲说还休、欲拒还迎的性文化观念的郭沫若产生强烈的冲击，也对郭沫若等旅日作家大胆地进行欲望描写产生了重大影响。

而与之关系密切、相互补充、并行发展并对郭沫若思想与创作产生巨大影响的另一思潮是大正浪漫的个性解放思潮。

（二）　大正浪漫的个性解放思潮

明治时期日本经济得到极大的发展，跻身强国之列，为日本大正时期的民主、繁荣与自由创造了条件。大正时期的知识者开始思考明治时

---

① ［日］佐藤春夫：《定本佐藤春夫全集》第十九卷，临川书店 1998 年版，第 214 页。

代没有解决的日本社会精神文化层面的问题，形成体现个人解放与新时代思想的大正浪漫思潮。在对西方文化的选择与接受上，如日本学者西乡信纲所述："人们阅读托尔斯泰、歌德、惠特曼的作品，乐于接触尼采、柏格森、梅特林克的思想。"① 托尔斯泰小说对人性的深入思考，歌德《浮士德》中精神需求和肉体需求之间的激烈冲突、神性与魔性相生相克，惠特曼自由、恣肆的生命书写，尼采、柏格森、叔本华等人趋向感性、尊重个性、崇尚天才的生命哲学思想，梅特林克对于人生与生命奥秘的探索等从文学创作到文艺理论对日本的文艺界产生了深刻的影响，以爱欲为重要题材，赋予感官感受以一定的情趣，将欲望艺术化成为日本大正浪漫主义的创作特色之一。

日本大正文化时代以武者小路实笃为代表的"白桦派"在文学上和生活上的首要主张，就是发挥一般个体即与"人类"本身相通的"自我"，强调个性解放，推出新理想主义。白桦派的主力干将有岛武郎贯彻"因为欲爱，所以创作"的理念，提出"我"的爱被那想要如实地攫住在墙的那边隐现着的生活或自然的冲动所驱使，因此"我"尽量高举"我"的旗帜，尽量力挥"我"的观点。厨川白村以弗洛伊德的性本能理论作文学的动力，呼吁强健的生命力，赞赏耿介以至近乎偏执的人格。河上肇义无反顾地追求真理的态度，不断克服旧我、超越自我的精神，也是此时浪漫主义的代表。不同于明治时代的文化氛围以人生、国家、社会责任为着眼点，日本大正文化中人的自我意识得到确认，形成个人主义、自我主义的近代思想及发展自我的人格理想的大正文化思潮。

这样，日本传统文化中性欲自然化、合理化观念与 20 世纪初自然主义文艺思潮、大正浪漫精神使郭沫若从外在生理到内在精神对人性解放有了全新的理解，从而使郭沫若的纪游书写中具有将爱欲回归自然、冲破一切创造重生的生命力量。

（三）国内五四文化运动中个性解放精神

国内五四时期，在传统文化与西方现代文化的碰撞中，先进知识分子用人性解放的武器打破了中国几千年的封建束缚，对西方人本主义性文化观念的接纳更新了古老的性观念。新文化运动中对性的充分肯定、

① ［日］西乡信纲等：《日本文学史》，佩珊译，人民文学出版社 1978 年版，第 324 页。

对自然人性异常崇尚成为向封建道德公开挑战的现代性的声音。周作人主张建立"灵肉一致"的"人的文学",尤其重视肉的方面,周作人义正词严地指出:"我们相信人的一切生活本能,都是美的善的,应得完全满足。凡是违反人性不自然的习惯制度,都应排斥改正。"① 他在《读〈欲海回狂〉》再次抨击中国传统文化中的禁欲思想:"平常的青年,倘若受了这种禁欲思想的影响,于他的生活上难免种下不好的因,因为性的不净思想是两性关系的最大的敌,而'不净观'实为这种思想的基本",提出凡是人欲,如不事疏通,而妄去阻塞,终究是不行的。② 陈独秀指出:"法律上之平等人权,伦理上之独立人格,学术上之破除迷信,思想自由,此三者为欧美文明进化之根本原因。"而中国当时的落后正是因为缺乏这三者。所以陈独秀提出,伦理的觉悟为国民最大的觉悟。挣脱传统道德束缚获得精神解放是人类最高层次的自我解放。③ 李大钊也认为,每个人"应该顺应自然,立在真实上,求得人生的光明,不可陷入勉强、虚伪的境界,把真正的人生都归幻灭"④。冲破性封闭、歌颂自由爱情、追求人性自由为五四个性解放的主要内容。可见,五四时期作为精神文化深层结构的人的观念日益被渗入了新的因素,发生着根本性的变化。

五四个性解放精神激荡着郭沫若的内心,影响着郭沫若的思维方式、培养了他文学的创作能力与感知能力,激发了他的文学创作热情。为此,郭沫若发表了《生命的文学》,提出了"生命是文学的本质"的现代主义文艺观点。可以看出,郭沫若认识到了没有封建礼教束缚、人性自由平等、社会民主公正的新世界的社会理想与追求。与此同时,郭沫若的创作也深刻地表现与加深了五四主题内涵。

二 郭沫若纪游文学中对生命哲学现代思考的内涵体现

在中外文化思潮的影响下,郭沫若挣脱了封建文化束缚,打开了封闭的心门,表现出人性解放的思想。在20世纪20年代前后的纪游文学创

---

① 周作人著,止庵校订:《艺术与生活》,河北教育出版社2002年版,第8页。
② 周作人:《雨天的书》,岳麓书社1987年版,第183页。
③ 陈独秀:《吾人最后觉悟之觉悟》,《青年杂志》1916年第1卷第6号。
④ 李大钊:《现代青年活动的方向》,《晨报》1919年3月14—16号。

作中表现出对于自然生命状态的追寻、对生命美好状态爱的追求、对生命本能状态情欲的释放以及对创造重生的生命高歌。

（一）对于自然生命状态的追寻

郭沫若深受自然主义思想的影响。自然主义认为，神不是自然的造物主，自然本身就是神。所以，郭沫若尊崇自然的生命状态，体现出拥抱自然的纯真唯美的情感。他在《三个泛神论者》中宣称，他爱庄子、爱斯宾诺沙、爱加皮尔，因为他们都是泛神论者。在郭沫若的理念中"泛神便是无神。一切的自然只是神的表现，自我也是神的表现。我即是神，一切自然都是自我的表现"①。庄子、斯宾诺沙、加皮尔这三个泛神论者虽然都是当时的知识分子，但是他们都保持生命的自然状态，都不介意用自然的双手获得生存的权利：庄子是靠打草鞋吃饭的人，斯宾诺沙是靠磨镜片吃饭的人，加皮尔是靠编渔网吃饭的人。郭沫若在《辍了课的第一点钟里》写出自己摆脱社会束缚，投入自然怀抱的欣喜雀跃，"'先生辍课了！'我的灵魂拍着手儿叫道：好好！我赤足光头，忙向自然的怀中跑。我跑到松林里来散步，头上沐着朝阳，脚下濯着清露，冷暖温凉，一样是自然生趣"②，写出了奔赴自然的欢欣与美好。在《月蚀》中，作者幻想在未经跋涉的深山、未经斧钺的森林营造了一个与自然亲密拥抱的理想世界："在那儿的荒山古木之中自己去建筑一椽小屋，种些芋栗，养些鸡犬，工作之暇我们唱我们自己做的诗歌，孩子们任他们同獐鹿跳舞。啊啊，我们在这个亚当与夏娃做坏了的世界当中，另外可以创造一个理想的世界。"③ 在《我是个偶像崇拜者》中，郭沫若崇拜太阳、崇拜山岳、崇拜海洋、崇拜水、崇拜火、崇拜火山、崇拜江河、崇拜生、崇拜死、崇拜光明、崇拜黑夜、崇拜苏伊士、崇拜巴拿马、崇拜万里长城、崇拜金字塔，崇拜所有的自然的一切，对自然的崇拜上升偶像崇拜的高度。他在《海舟中望日出》将自己的整个身心和全部热情来

---

① 郭沫若著作编辑出版委员会编：《郭沫若全集·文学编》（第十五卷），人民文学出版社1990年版，第311页。

② 郭沫若著作编辑出版委员会编：《郭沫若全集·文学编》（第一卷），人民文学出版社1982年版，第124页。

③ 郭沫若著作编辑出版委员会编：《郭沫若全集·文学编》（第九卷），人民文学出版社1985年版，第49页。

观赏日出，与即将升起的太阳融为一体，为升起的太阳而欢呼。《晨兴》与《夜步十里松原》两首诗写诗人在清晨和夜晚在5千米松原漫步，诗人"耳琴中交响着鸡声、鸟声"，眼见"无数的古松，高擎着他们的手儿沉默着在赞美天宇"，"心琴也微微地起了共鸣"，唱出了与大自然融为一体的爱与美的生命赞歌。

郭沫若礼赞与自然相拥抱的生命状态，表达出摆脱社会束缚、生命回归自然的欣喜。在郭沫若的早期纪游作品中，自然的生命是最和谐、最快乐、最自由，也最富有生机的生命状态，包含着对自由的渴望与生活的理想。所以他在《三叶集》中与宗白华探讨诗歌的本质特征时写道："我想我们的诗只要是我们心中的诗意诗境底纯真的表现，命泉中流出来的 Strain，心琴上弹出来的 Melody，生底颤动，灵底喊叫；那便是真诗，好诗，便是我们人类底欢乐底源泉，陶醉底美酿，慰安底天国。"① 这不仅是郭沫若的诗歌理想，同时也是他对自然生命状态的赞歌。

（二）对于生命最美好的状态——爱的勇敢追寻

"爱"是生命中最美好的状态，婚恋自由是对西方文艺复兴以来"人"的发现观念的接受与体现。一批经过有过异域生活经历，经受西方文化洗礼的知识分子大多有对美好爱情的向往与追求。但是由于传统文化的厚重，鲁迅、胡适等知识分子面对爱情往往徘徊与踌躇，在经过理智与情感的较量之后，热情宣扬新文化的旗手却选择了维护旧式婚姻，与自己的新思想形成绝妙的反讽。而郭沫若不管是现实生活中还是在纪游文学书写中，面对爱情选择勇敢追爱，显示了对个性解放的真挚的表现与纯粹的理解。

郭沫若在老家四川有过包办婚姻，但他留学日本时与佐藤富子陷入了爱情，他对富子大胆表白："我在医院大门口看见您的时候，我立刻产生了就好像是看到圣母玛利亚那样的心情，您的脸上放出佛光，您的眼睛会说话，您的口好像樱桃一样。……我爱上了您！"② 他献给富子一首题名为 Venus 的情诗，写道："我把你这张爱嘴，比成着一个酒杯。喝不

① 郭沫若著作编辑出版委员会编：《郭沫若全集·文学编》（第十五卷），人民文学出版社1990年版，第13页。

② 桑逢康：《郭沫若和他的三位夫人》，海南出版社1994年版，第34页。

尽的葡萄美酒，会使我时常沉醉！我把你这对乳头，比成着两座坟墓。我们俩睡在墓中，血液儿化成甘露！"① 诗中作者尽情享受、歌颂爱与美，显示出青年人裸露的灵魂和坦荡的胸襟。在郭沫若纪游小说《漂流三部曲》中，爱牟做诗："去哟！去哟！/死向海外去哟！/家国也不要，/事业也不要，/我只要做一个殉情的乞儿，/任人们骂我是禽兽，我也死心塌地甘受！"② 显示出为爱奋不顾身的坚定与执着。而《星空》写欢会的爱人随着"三星在天""三星在隅""三星在户"的夜的流动爱的尽情："欢会着的爱人哟！三星在天时，他们邂逅山中；三星在隅时，他们避人幽会；三星在户时，他们犹然私语！自由优美的古之人，便是束草刈薪的村女山童，也知道在恒星的推移中，寻觅出无穷的诗料，啊，那是多么可爱哟！"③ 表达着对从古以来，从昏至旦尽情相爱的美好爱情的追怀与向往。而在书信体纪游小说《落叶》中，通过菊子给她情人的 41 封情书，表现一个陷入爱情情网、身处异地的青年女性对爱的真挚热烈、缠绵悱恻与荡气回肠。他以菊子的口吻写道："我要想把在两三日后便要动身远去的哥哥，紧紧地紧紧地按着，无论到什么时候，无论到甚么时候，都不放手的呀。无论到甚么时候，无论到甚么时候，都想把你作为自己的东西，紧握着的呀。"④ 写出了没有任何虚伪矫饰的爱的喷发。正如郁达夫对郭沫若的评价："把你真正的感情，无掩饰地吐露出来，把你的同火山似的热情喷发出来，使读你的诗的人，也一样的可以和你悲啼喜笑，才是诗人的天职。革命事业的勃发，也贵在有这一点热情。这一种热情的培养，要赖柔美圣洁的女性的爱。推而广之，可以烧落专制帝王的宫殿，可以捣毁白斯底儿（巴士底）的囚狱。"⑤ 全面彻底地诠释了真爱的

---

① 郭沫若著作编辑出版委员会编：《郭沫若全集·文学编》（第一卷），人民文学出版社1982 年版，第 130 页。

② 郭沫若著作编辑出版委员会编：《郭沫若全集·文学编》（第九卷），人民文学出版社1985 年版，第 272 页。

③ 郭沫若著作编辑出版委员会编：《郭沫若全集·文学编》（第一卷），人民文学出版社1982 年版，第 178 页。

④ 郭沫若著作编辑出版委员会编：《郭沫若全集·文学编》（第九卷），人民文学出版社1985 年版，第 74 页。

⑤ 郁达夫：《附记》，郭沫若著作编辑出版委员会编《郭沫若全集·文学编》（第一卷），人民文学出版社 1982 年版，第 304 页。

力量。

郭沫若作为时代新思想的接受者与传播者，他感受到时代的脉搏，勇敢追爱，以义无反顾之势吹响时代的爱的号角，迫不及待地发出打破封建束缚的强烈呐喊，起到开时代风气之先的重要作用，使当时中国社会实现了人的社会政治解放与人的精神解放，对于现代中国爱情话语的建构起到非常重要的作用。

（三）对于生命本能状态——情欲的释放

封建社会对于性爱要么置于工具理性的位置，要么流于淫邪，性爱从未被正常对待。而日本传统文化对性欲有自然合理的理解，加上明治时代以来资本主义不断发展，在对中国进行产品倾销中大肆捞金，物质财富得到深厚积累。这样的社会背景下日本人民的享乐欲望逐渐放大，日本社会将个人欲望置于了一个前所未有的高度。郭沫若回忆在日本的时光，写他与张资平在博多海边邂逅时所看到的抱洋阁里"怀拥艺伎的成金"，"临海大楼上寻欢作乐的男女"，"抱洋阁中男女的欢笑声"①，都深深地刺激着年轻的郭沫若，这对郭沫若的纪游文学情欲合理性甚至情欲扩张性书写产生了巨大的影响。

所以，1921 年，郭沫若与田汉晚间在东京街头散步时，银座的咖啡馆令郭沫若兴奋不已，认为田汉要带他去领略"咖啡馆情调"是"一个很大的诱惑"。在他的想象中咖啡馆里有"交响曲般的混成酒，有混成酒般的交响曲，有年青侍女的红唇，那红唇上有眼不可见的吸盘在等待着你，用另一种醇酒来使你陶醉。那儿是色香声闻味触的混成世界。在那儿能够使你的耳视目听，使你的唇舌挂在眉尖，使你的五蕴皆充，也使你的五蕴皆空"②。郭沫若写出咖啡馆这样一种充满魅惑的"仙境"，让人欲罢不能的存在。而在 1922 年的《今津纪游》中，郭沫若巧妙地借用郑交甫遇江妃之二女神话传说、卢梭同雅丽、恪拉芬里德二位姑娘的邂逅故事寄托他充满审美意蕴、浪漫情调情爱幻想与追求。作者深深艳羡

---

① 郭沫若著作编辑出版委员会编：《郭沫若全集·文学编》（第十二卷），人民文学出版社1992 年版，第 43—45 页。

② 郭沫若著作编辑出版委员会编：《郭沫若全集·文学编》（第十二卷），人民文学出版社1992 年版，第 114 页。

与美女拥抱的机缘，但又知道这只是"白日梦"和"空咽馋涎"，自惭"浪漫谛克的梦游患者哟！淡淡的月轮在空中发笑了"，通过对女性的爱慕与赞美、表达他的情欲幻想与情欲满足，曲折表达满溢赤裸裸情欲内涵的作家"理想"人生追求。在郭沫若纪游小说《残春》中，爱牟受 S 姑娘肉的吸引以致他以梦境的形式完成与 S 姑娘在笔立山山顶幽会，坠入放纵与悔罪中。① 郭沫若以暴露的性意识来表达内心真实的自我，张扬自我本能、欲望与个性，丰富了人们对于性爱意识的认知，借此表达对旧道德的批判与反驳，对于传统封建礼教观念有着很大的杀伤力。所以，他在与宗白华进行人性的探讨时说道："哥德是个'人'，孔子也不过是个'人'。孔子对于南子是要见的，'淫奔之诗'他是不删弃的，我恐怕他还是爱读的！我看他是主张自由恋爱（人情之所不能已者，圣人不禁）实行自由离婚（孔氏三世出其妻）的人！我看孔子同哥德他们真可是算是'人中的至人'了。他们的灵肉两方都发展到了完满的地位。"② 从古代到现代，从东方到西方，从圣人到浪漫主义诗人，郭沫若借历史史实充分表达出情欲的合理性。正如李怡的观点："如果说梁启超、鲁迅在留日期间的自我意识是在个人／社会、自由／责任之间的理性辨析与再认，那么郭沫若等青年一代的自我意识则更倾向于天使／魔鬼、善良／罪恶之间的非理性纠缠与彷徨，在这些非理性的纠缠与彷徨的背后，是一个欲望与本能世界的被发现。"③ 郭沫若在他的诗歌《死的诱惑》中这样写道："我有一把小刀／依在窗边向我笑。／她向我笑道：／沫若，你别用心焦！／你快来亲我的嘴儿，我好替你除却许多烦恼。／窗外的青青海水／不住声地也向我叫号。／她向我叫道：／沫若，你别用心焦！／你快来入我的怀儿，／我好替你除却许多烦恼。"④ 在这里，"小刀""海水"都在用沉溺的姿态展示着致命的诱惑，涉险情欲的纠缠来摆脱现实的困扰，表达

---

① 郭沫若著作编辑出版委员会编：《郭沫若全集·文学编》（第九卷），人民文学出版社 1985 年版，第 30—36 页。

② 郭沫若著作编辑出版委员会编：《郭沫若全集·文学编》（第十五卷），人民文学出版社 1990 年版，第 22 页。

③ 李怡：《东游的摩罗——日本体验与中国现代文学的发生》，江苏凤凰文艺出版社 2018 年版，第 11 页。

④ 郭沫若著作编辑出版委员会编：《郭沫若全集·文学编》（第一卷），人民文学出版社 1982 年版，第 137 页。

对社会至死的反抗。

郭沫若自称"罪恶的精髓"①，但是正是因为他有这样露骨的率真，使伪道学家、伪君子们感受着作假的困难。郭沫若表现出生命本身丰满圆融、酣畅恣肆的姿态，他以对情欲合理性的描绘展现出个性解放的内涵，从灵与肉的角度实现人性全方位的解放，以矫枉过正的姿态为反抗几千年的封建文化发出了振聋发聩的呼声。

（四）对创造重生生命状态的高歌

人的解放不仅是生命的自然属性、爱的自由与权力、性欲、情欲等人的天性的解放，更重要的是人的创造力、人的生命力的解放。郭沫若的纪游文学作品不仅从生命的自然性、生命的合理性的角度展现人性解放的内涵，而且以冲破一切去创造、重生的姿态加深人性解放的内涵，展现出生命的力量，体现出时代的声音。

1. 万物的生机

万物的生机是生命创造与重生的协奏曲。所以，对于他生活了6年之久的博多湾，郭沫若感受到安静的博多湾孕育着强大的生机与力量："平常简直像一个平静而明朗的湖"，但也有过"二百十日边的狂浪的光景"（《自然之追怀》），"届时轩然大波，如同鼎沸"（《追怀博多》）。作者登上日本笔立山头展望俯瞰当时现代都市，感受到蓬勃的生机，是"生的鼓动"、是"万籁共鸣的Symphony"、是"自然和人生的婚礼"。在《日出》中他表现光明与黑暗、生与死斗争的力量，"哦哦，光的雄劲！／玛瑙一样的晨鸟在我眼前飞腾。／明与暗，刀切断了一样的分明！／这正是生命与死亡的斗争！／哦哦，明与暗，同是一样的浮云。／我守看着那一切的暗云，／被亚坡罗的雄光驱除干净！"② 在《太阳礼赞》中他写波涛汹涌的大海、光芒万丈的新生太阳喷发出的磅礴力量："青沉沉的大海，／波涛汹涌着，／朝向东方。／光芒万丈地，／将要出了哟新生的太

① 郭沫若著作编辑出版委员会编：《郭沫若全集·文学编》（第十五卷），人民文学出版社1990年版，第44页。

② 郭沫若著作编辑出版委员会编：《郭沫若全集·文学编》（第一卷），人民文学出版社1982年版，第62—63页。

阳！/太阳哟！/你请永远照在我的面前，/不使退转！"① 这些描写都是郭沫若旅日期间感受到的由万物的生机带来的喷薄而出的生命力量。

2. 猛烈燎原的生命状态

猛烈燎原的生命状态是创造与重生的生命底色。郭沫若解读中国传统儒家文化，并契合时代精神提出发展猛烈燎原的生命状态的时代意义。他融合古今中外文化，找到生命发展与燃烧的支点。在与宗白华讨论中德文化异国之时，郭沫若提出中国文化的优秀传统是在肯定现世以图自我的展开，"我国的儒家思想是以个性为中心，而发展自我之全圆于国于世界"②。他解析老子与尼采的共同之处在于"以个人为本位力求积极发展"。他歌唱浮士德与魔鬼靡菲斯特签订契约时所体现的生生不息进取精神，歌唱献身的陶醉，歌唱"把自身的小己推广成人类的大我"的伟大。他在译诗《鲁拜集》的序言中写道："把一己的全我发展出去，努力精进，圆之又圆，灵不偏枯，肉不凌辱。犹如一只帆船，既已解缆出航，便努力撑持到底。犹如一团星火，既已达到烧点，便尽性。这便是至善的生活，这便是不伪的生活。"③ 所以，在诗歌《天狗》中，他塑造了一个具有无限能量的个体存在，"我"成了日月等一切星球的光，是全宇宙能量的总和。这些能量在"我"的体内积蓄着，难以疏解。于是"我"开始"飞奔""狂叫"，"我"将自己"剥皮""食肉"。"我"在不停地吞食、吸收、释放中，表达着自己的光热与力量、激情与勇气。在《女神》中，作者所展现的是一个情绪昂扬、"开辟鸿荒的大我"，"我"简直是宇宙的主宰，应该用最大号的字来写，用最高的声音来歌唱。在《湘累》中，作者借屈原之口呼喊"我效法造化底精神，我自由创造，自由地表现我自己"。作者通过"天狗""女神""屈原"等诸多抒情主人公表达自我追崇的生命力强旺，不停燃烧、不断自我实现、小物融于大我之中的自我成为五四时代青年自主人格的理想追求。

---

① 郭沫若著作编辑出版委员会编：《郭沫若全集·文学编》（第一卷），人民文学出版社1982 年版，第 100—101 页。

② 郭沫若著作编辑出版委员会编：《郭沫若全集·文学编》（第十五卷），人民文学出版社1990 年版，第 148 页。

③ 郭沫若著作编辑出版委员会编：《郭沫若全集·文学编》（第十五卷），人民文学出版社1990 年版，第 297—298 页。

3. 创造、重生的生命力量

郭沫若作品最闪耀的特色就是与五四共鸣的冲破一切去创造、重生的生命力量。20 年代初，郭沫若自述道："我郭沫若素来是富于反抗精神的人，我的行事是这样，我的文字也是这样"①，"要叫我们'休'，除非叫我们死！"② 在《我是一个偶像崇拜者》中郭沫若自认为是一个偶像崇拜者，"我"崇拜世间万物，"我"崇拜一切创造的力量。也崇拜"破坏""创造"的新的力量。"我"这个崇拜偶像破坏者，同样崇拜"我"，从破坏创造的角度建构了一个个性张扬、自我肯定的自我。

诗歌《天狗》就是关于毁灭与创造的颂歌。在《天狗》中，诗人一口气喊出 29 个"我"，充分表现了五四时期摧毁一切、创造一切的个性解放精神。诗作的开篇诗人就竭力咆哮："我是一条天狗呀！/我把月来吞了，/我把日来吞了，/我把一切的星球来吞了，/我把全宇宙来吞了。/我便是我了。"③ 抒情主人公天狗把"月""日""一切的星球""全宇宙"都吞了，将一切破坏干净了，然后不断积蓄能量，"我在我神经上飞跑，/我在我脊髓上飞跑，/我在我脑筋上飞跑"。完成从破坏到创造新生的整个过程。《女神之再生》于 1921 年正月上旬写成，通过改编女娲补天的神话故事，塑造出众多不再补天，而是重新创造、以拯救世界为己任的女神们。她们表示："我要去创造些新的光明，/不能再在这壁龛之中做神。/我要去创造些新的温热，好同你新造的光明相结。"呼吁："姊妹们，新造的葡萄酒浆/不能盛在那旧了的皮囊。为容受你们的新热、新光，/我要去创造个新鲜的太阳！"④ 诗剧中的女神们设问"破了的天体怎么处置呀/再去练些五彩石头补好它罢/"，然后再否定回答："那样五色的东西此后莫中用了/

① 郭沫若著作编辑出版委员会编：《郭沫若全集·文学编》（第十六卷），人民文学出版社 1989 年版，第 153 页。

② 郭沫若著作编辑出版委员会编：《郭沫若全集·文学编》（第十六卷），人民文学出版社 1989 年版，第 154 页。

③ 郭沫若著作编辑出版委员会编：《郭沫若全集·文学编》（第一卷），人民文学出版社 1982 年版，第 54 页。

④ 郭沫若著作编辑出版委员会编：《郭沫若全集·文学编》（第一卷），人民文学出版社 1982 年版，第 8 页。

我们尽他破坏不用再补他了／待我们新造的太阳出来／要照彻天内的世界，天外的世界！"① 郭沫若以此表达对旧有的传统不再修补，而是进行创造重生的生命活力与精神。可以看出，郭沫若首先让"天狗"把日月宇宙都吞了，随之又创造出一众"女神"，喊出更激情的口号——要创造新的太阳！借此表达了生命的激情与力量。

在《凤凰涅槃》中作者用传统的凤凰传说素材，通过凤凰集体自焚，从烈焰中新生的神话，塑造了一只浴火重生的凤凰形象。面对"悲哀，烦恼，寂寥，衰败"的旧我，决定重生再造"青春、甘美、光华、欢爱"的新我。最后凤凰更生了，诗歌表达更生的喜悦："我们更生了。／我们更生了。／一切的一，更生了。／一的一切，更生了。／我们便是他，／他们便是我。／我中也有你，／你中也有我。／我便是你。／你便是我。／火便是凰，／凤便是火。／翱翔！翱翔！／欢唱！欢唱！"② 在这样一个极力破坏与重新创造的新生时代中，郭沫若也迎着时代的潮流，创造出与旧时代完全不一样的集采众长、融合创新的"新我"，体现破坏的激情、创造重生的力量。

郭沫若在其20世纪20年代纪游文学作品中，通过对自然生命状态的追寻、对生命美好状态爱的追求、对生命本能状态情欲的释放以及对创造重生的生命高歌，表现了与旧有的颓废、没落、濒死的生命形态所完全不同的崭新的生命形态，建构了一种富于生机与活力、代表着发展与未来的生命形式，表达了作者的追求与渴望，表现出破除束缚、解放个性的思想律动。

三　郭沫若旅日纪游文学对生命哲学思考的现代意义

人的解放是社会进化的基本尺度，是社会解放的核心与基础。马克思、恩格斯在《共产党宣言》中认为人的自由发展将是未来共产主义社会的表现形态，"代替那存在着阶级和阶级对立的资产阶级旧社会

---

① 郭沫若著作编辑出版委员会编：《郭沫若全集·文学编》（第一卷），人民文学出版社1982年版，第12页。

② 郭沫若著作编辑出版委员会编：《郭沫若全集·文学编》（第一卷），人民文学出版社1982年版，第43—44页。

的，将是这样一个联合体，在那里，每个人的自由发展是一切人的自由发展的条件"①。可以见出，人从封建束缚中解脱出来是社会发展的必然规律，是人类社会进步的标志。中国封建社会存天理、灭人欲的理念严重束缚了人的发展，导致了人的僵化、缺乏创造力，使中国自近代以来成为帝国主义国家的附属品，失去了地位与主权的平等。"到了新文化运动时期，新一代先进分子才把人性复归和个体价值的确认变为鲜明的群体意识与时代精神。"在这个具有历史意义的重要时期，郭沫若与梁启超、陈独秀、李大钊、鲁迅、郁达夫、周作人等都留下了可贵的探索足迹。

梁启超提出了著名的新民说，以期唤起中国人民的自觉，使国人从皇帝的臣民转变为现代国家的国民。鲁迅提出立人说，主张"任个人而排众数"，"声发自心，朕归于我，而人始有己，人各有己，而群之大觉近矣"。他强调血性、个性的重要性，提出只有个人有了明确的自我意识，才能实现社会、群体的自觉。陈独秀、李大钊指出顺应自然，正视个人欲望的满足才能求得人生的光明。他们的思想有一个共同的目标，就是挖掘人的潜力、激发人的积极性以实现国家富强、民族振兴，实现人的社会层面的解放。

可以说，梁启超、鲁迅等对人性解放的理解是建立在人格尊严、思想自由、经济自主、社会地位平等的社会政治层面上的解放，也是人的精神层面的解放。郭沫若在 20 世纪 20 年代日本留学时期深受自然主义的影响，大自然的勃勃生机刺激着他与自然界进行生命的交流，感受着生命的律动与个性的活力，激发了他个性解放的需求。而这种需求是在生命本来意义上的真正人的本体需求。所以，郭沫若纪游文学从个人原始意义上打开自然人性的闸门，回归本身富于本真意义上的自我。郁达夫与周作人同样强调原始意义上人的解放与觉醒，但是郁达夫以反抗的姿态表现面对生命欲望的挣扎，体现出一种颓废、堕落的力量，周作人在"古风犹存"的日本更多的是以平淡、理性的态度表现个人生理欲望的满足与迷恋，而郭沫若的纪游文学则体现出一种阳光、积极、向上的生命力量，在旧伦理的废墟上重新建构出全新的伦理殿堂。所以，他

① 《共产党宣言》，人民出版社 2014 年版，第 51 页。

以破坏一切、重建一切的现代意识与狂飙突进的五四精神契合，体现时代性的价值与意义。同时，他的这种对生命哲学的现代思考又超越了国家、社会，直接和人类的普遍意义联系起来，更具有人类解放的重要意义。

第 四 章

走出闺房与走向世界

20世纪初期开始女性受到先进文化的感召，先后走出闺房走向世界。冰心、庐隐、谢冰莹是其中杰出的代表。冰心的《寄小读者》表现母爱美好，充实了女性文化的母性内涵。庐隐观光于日韩都市，写下了《东京小品》《扶桑印影》《蓬莱风景线》，以感伤情怀批判旧式女性文化。谢冰莹漂泊海外，写有纪游散文《我在日本》《在日本狱中》《冰莹游记》《菲岛游记》等，表现对封建传统的批判、对现代女性意识的追求等。她们通过感悟西方女性观，建构中国现代女性文化。

第一节　女性解放文化背景与女性域外纪游文学现状

一　20世纪初女性解放的文化背景

在漫长的封建社会中，女性长期处于被遮蔽的状态，作为男性的附属品而存在。中国历史进入近代社会，救亡图存成为中华民族的时代主题词。怀着寻找民族出路的历史使命感，五四新文化运动高扬起科学与民主的大旗，以摧枯拉朽之势荡涤了封建主义的旧思想、旧文化与旧道德。传统女性受封建礼教迫害最深，进入现代社会以后女性的解放力度最大。而女性解放的初衷是使作为一股长期被忽视却能被唤起的力量的女性群体得到前所未有的重视。五四运动前后，鲁迅、陈独秀、李大钊、胡适、沈雁冰等都写过关于伦理贞操问题、婚姻家庭问题、女子教育问题、妇女经济独立与职业问题等女性解放的文章，为女性解放摇旗呐喊、贡献自己的智慧与力量。女性启蒙被置于一个非常重要的位置。"强女以强男，智女以智男"成为女性解放最重要的依据，"不缠足""兴女学""开女智"成了女性启蒙的重要手段。在域外女性解放潮流的启迪与影响下，在男性引路人的引导下，不少女性先驱者上演娜拉出走的时代话剧，由家庭走上了社会的大舞台，与男性站在同一条起跑线上，从而演绎了轰轰烈烈、荡气回肠的女性风流，构建了全新的现代女性文化。

（一）放女足实现女性的身体解放

女性缠足是父权制社会对女性实行压迫与控制的重要手段。因为缠足导致的站立、行走不便，女性被束缚于锅台、禁锢于家庭，视野受到极大的限制，并失去了反抗的能力。男强女弱成为封建社会两性关系基本格局，"弱柳扶风""莲步娉婷"成为男权社会中对女性的畸形审美。女性被纳入工具理性的轨道，为牛马、为奴隶、为玩具、为傀儡、为生育机器，而唯独不是与男人比肩而立的"人"。在人性解放的潮流中，缠足对女性的扼制与摧残尤其引人警醒。英国浸礼会传教士秀耀春（F. Huberty James）指出："上帝生人，不分男女，各予两足，原以使之健步。……今任女子缠足，竟将重用之肢归于无用之地，辜天恩，悖天理，逆天命，罪恶丛生。"① 义正词严地抨击缠足是违背自然法则，摧残身心的行为。被誉为"传科技之火于华夏的普罗米修斯"的英国人约翰·傅兰雅（John Fryer）指出："今中华积弊最重大者计有三端：一鸦片，一时文，一缠足。"② 认为男子抽大烟与女子裹小脚是国人的最大陋习，革除裹足陋俗成为当务之急。作为维新变法领导者的康有为愤怒地抨击缠足的恶行："中国裹足之风千年矣，折骨伤筋，害人生理，谬俗流传，固闭已甚"③，"中国一向是号称教化之国、圣贤辈出，为什么没有人来对缠足加以禁止呢？"④ 他坚决反对给她女儿康同薇、康同璧及侄女缠足，并在南海县（今广东省南海区）创立了中国历史上第一个反对女子缠足的民间组织——不缠足会，"誓拯两万万女子沉溺之苦"。后来，康有为与其弟康广仁、弟子梁启超、谭嗣同等，在上海《时务报》馆创办了上海

---

① 秀耀春：《缠足论衍义》，李义宁、张玉法《近代中国女权运动史料》，龙文出版社股份有限公司1995年版，第486页。

② ［英］傅兰雅：《求著时新小说启》，《万国公报》1895年第77期，第66页。

③ 马洪林、何康乐编：《康有为文化千言》，花城出版社2008年版，第290页。

④ 李敖主编：《国学精要万木草堂丛书》，天津古籍出版社2016年版，第173页。

不缠足会。戊戌变法前夕，不缠足会遍及广州、上海、天津、北京、湖南、江苏、福建等地。1898年，维新变法开始康有为正式奏请光绪帝下诏禁止女子缠足。三寸金莲不再是女性美的标志，而代表着畸形、残缺。女子缠足成了社会的共识。由金莲崇拜到鄙视小脚，中国社会逐渐完成了事实的矫正与观念的转变，这为女性迈出家庭、走向社会、摆脱男性的附庸地位、获得经济独立提供了极大的可能性。

（二）兴女学开阔女性知识视野

有识知识分子认为，女性解放的问题归根结底是教育的问题。封建社会女性桎梏于闺阁之内，女性所受的教育都是贞节、德行教育，很少有机会受知识教育，导致女性处于蒙昧状态及对受过知识教育的男性仰视的心态。19世纪末20世纪初，一批接触西方文化的先进知识分子看到中西方女子教育的差距，如王韬游英法见到"女子与男子同，幼而习诵"[1]。李圭观察到"泰西风俗，男女并重，女学亦同于男"，德国女生8岁，必须到学校读书，"否则罪其父母"[2]。郑观应认识到西方"女学与男丁并重，人生八岁，无分男女，皆须入塾。训以读书、识字、算数等等"[3]。所以康有为、梁启超等先进知识分子认为，"妇人不学"是中国积弱之本，"妇女之需学，比男子为尤甚"，改变女性的思想与精神乃当务之急。19世纪末20世纪初，一些新式与半新式的女子学堂出现在古老的中国土地上。从教会学堂到非教会女学，最后女校在全国各地蓬勃发展。1890年，美国女教士海淑德在上海创办中西女塾（后改为中西女子中学），1897年，美国南浸信会在上海建立桂秀女学（后改名晏摩氏女中），1897年2月，江兰陵在苏州创办了第一所非教会女校。1898年5月，中国人自办的第一批女子学校中影响最大的中国女学堂——经正女学正式开学。女学堂的数量日渐增长，到1909年，奉天有女学堂46所，招收学生人数2358人，黑龙江14所，招生549人，云南33所，招生1468人。[4]女性解放的先行者秋瑾著文《敬告姊妹们》，号召女性同胞进

① （清）王韬：《漫游随录》，王韬、李圭、黎庶昌、徐建寅《漫游随录·环游地球新录·西洋杂志·欧游杂录》，岳麓书社1985年版，第107页。
② （清）李圭：《环游地球新录》，商务印书馆、中国旅游出版社2016年版，第32页。
③ 陈学恂主编：《中国近代教育文选》，人民教育出版社1993年版，第58页。
④ 夏晓虹：《晚清文人妇女观》，作家出版社1995年版，第25页。

女学堂、习女工艺，以谋自养自立，获自由幸福。女学生人数也呈几何级数递增，1900 年，全中国女学生人数只有 4000 多人，到 1915 年，女生人数超过 18 万。①"兴女学""开女智"的思想逐渐成为人们的共识。此后一些有识之士更发起"大学开女禁"与"男女同校"的倡议。随着女学的开办与女禁的开放，初始于男性改善种族目的的思想启蒙促成了女性解放的自觉，女性的精神与意识形态得到了前所未有的改变，为女性命运的改变创造了知识与主体意识觉醒的条件。女学生的精神面貌相对于传统女性有了极大的改变，女学生成为一种新的都市摩登。不管是小家碧玉还是北里名妓都喜欢效仿女学生装扮，冒充女学生。杨沫的《青春之歌》中林道静在去北戴河的火车上就以一身学生装扮——"白洋布短旗袍、白线袜、白运动鞋，手里捏着一条素白的手绢"引起人们的关注。中国近代女学生装成为一种永恒的记忆，到今天仍成为一种时尚元素。

（三）婚恋自由改变女性的生存命运

放女足、开女学对传统女性文化形成巨大冲击，为女性提供了自由活动的空间与接受教育的平台，而"父母之命、媒妁之言"的规约与对女性"三从四德"的苛求，使封建时代的婚姻成为女子永久的牢狱。婚恋自由被认为是"最急切最重要而立待解决的问题"②。洋务运动期间，一批走出国门的中国人就认识到西方婚俗与中国婚俗的区别，肯定西方"男女自相择配，非其所愿，父母不能强也"的婚姻观念。康有为提出男女婚恋"皆听女子自由，自行择配，不须父母尊亲代为择婿"③，谭嗣同则指出，"本非两情相愿，而强合漠不相关之人，縶至终身，以为夫妇"④是极不合伦理道德的。诚如鲁迅所言，"人之子醒了，他知道了人间应有爱情"⑤。一时间，鲁迅小说《伤逝》中子君的那句"我是我自己的，你

① 黄乔生：《西方文化与现代中国妇女观》，作家出版社 1995 年版，第 7 页。
② 仲明：《关于赵女士自刎以后的言论（选登）（二）》，中华全国妇女联合会妇女运动历史研究室《五四时期妇女问题文选》，生活·读书·新知三联书店 1981 年版，第 206 页。
③ 康有为：《大同书》，上海古籍出版社 2005 年版，第 158 页。
④ （清）谭嗣同著，蔡尚思、方行编：《谭嗣同全集》（下册），中华书局 1998 年版，第 323 页。
⑤ 鲁迅：《随感录四十》，中华全国妇女联合会妇女运动历史研究室《五四时期妇女问题文选》，生活·读书·新知三联书店 1981 年版，第 201 页。

们谁也没有干涉我的权力",成为时代的最强音。不少女生摆脱封建包办婚姻离家出走,追求属于自己的人生幸福。长沙女青年李欣淑反抗包办婚姻离家出走并登报声明:"我于今决计尊重我个人的人格,积极地同环境奋斗,向光明的人生大道前进。"① 以反抗的决心、实践的勇敢、大胆的宣言为广大女青年争取婚恋自由树立了一个光辉的榜样。而长沙赵五贞女士反抗包办婚姻自刎于彩舆中,更体现出在文化转型时期女性为婚恋自由以性命相搏的牺牲精神。女性为婚恋自由上演出一幕幕血泪交织、荡气回肠的抗争悲喜剧。丁玲、杨沫、苏雪林等中国现代著名女作家通过抗争改写了自己的人生之路:丁玲获得母亲的支持摆脱包办婚姻远赴上海,在上海大学文学系学习,后到达延安,成为到达延安的第一个文人,为女性解放呐喊,为社会主义革命与建设高歌;杨沫抗婚离家出走,投奔革命谱写了一曲自己的"青春之歌";苏雪林为摆脱包办婚姻远走法国15年,成就了一位极富才华的女性作家。

与此同时,传统的从一而终的贞节观念也遭到社会的炮轰。陈独秀1916年发表《孔子之道与现代生活》一文,揭示许多女性因为名节而致生活凄惨,"使许多年富有为之妇女,身体精神俱呈异态"②。1918年5月《新青年》杂志刊载了周作人译日本作家与谢野晶子《贞操论》,文章指出:"倘这贞操道德,同人生的进行发展,不生抵触,而且有益;那时我们当他新道德,极欢迎他。若单是女子当守,男子可以宽假;那便是有抵触,便是反使人生破绽失调的旧式道德,我们不能信赖他,又如不能强使人人遵守;因为境遇体质不同,也定有宽严的差别;倘教人人强守,反使大多数的人,受虚伪压制不正不幸的苦;那时也就不能当作我们所要求的新道德。"③ 提出了"她"与"他"同气相求、并行不悖的思想,引起了社会的广泛共鸣与反响。胡适通过诸多事例从人性、法律的角度深层剖析贞节问题的罪恶本质,"该反对这种忍心害理的烈女

---

① 中华全国妇女联合会编:《中国妇女运动史(新民主主义时期)》,春秋出版社1989年版,第105页。

② 陈独秀:《孔子之道与现代生活》,中华全国妇女联合会妇女运动历史研究室《五四时期妇女问题文选》,生活·读书·新知三联书店1981年版,第102页。

③ [日]与谢野晶子:《贞操论》,周作人译,《新青年》第4卷第5号,1918年5月15日。

论，……不但不把这种行为看作'猗欤盛矣'可旌表褒扬的事，还要公认这是不合人情，不合天理的罪恶；还要公认劝人做烈女，罪等于故意杀人"①。鲁迅作《我之节烈观》则表示节烈的女人，"做了无名主"的牺牲，号召大家"纯洁聪明勇猛向上"，"要除去虚伪的脸谱。要除去世上害己害人的昏迷和强暴"②。这些论述分别从不同的角度剖析封建礼教名节观对人的戕害，表达了对女性的人性关怀，因而能深入人心，改变社会的广泛认知。

在时代风云的动荡中，"父母之命，媒妁之言""三从四德""三贞九烈"等制约了女性几千年的道德规范一时之间土崩瓦解。

（四）女性自强形成新的审美

在西学东渐的历史背景下，"三纲五常""男尊女卑"的旧礼教受到了前所未有的质疑与挑战，"天赋人权，平等自由"的观念强烈地冲刷着封建主义的伦理道德观。劳动权作为女子的权益受到重视，不少女性由家庭站上了社会舞台，以极大的热情投入社会工作。据研究，"20年代初期的《解放画报》和《妇女杂志》，几乎每一期都介绍欧美各国妇女所从事的职业，并推荐适合妇女谋取的职业，如当打字员、速记员、编辑、邮务员、图书馆职员、接线员、秘书等"③。据统计，1917—1928年，全国女职工人数占全国职工数比在30%—40%。④ 在政治舞台上也出现了女性的身影，何香凝、宋庆龄等都是活跃政坛、身居要职的人物，她们在政治舞台上的成功验证着女子的参政能力。苏菲亚、罗兰、贞德等东欧女英雄的壮举更加激励了女性的英雄情怀，女性进而站在了救亡图存的最前沿。20世纪初，广大妇女产生了与男子共担救亡责任的意识，"国亡而不能补救，则匹夫匹妇皆与有罪；国将亡而思补救，则匹夫与无妇，皆与有责也"⑤。于是，辛亥革命时期秋瑾跨马携枪，策划起义，起义失

① 胡适：《贞操问题》，中华全国妇女联合会妇女运动历史研究室《五四时期妇女问题文选》，生活·读书·新知三联书店1981年版，第107—108页。

② 鲁迅：《我之节烈观》，《鲁迅全集》（第一卷），人民文学出版社2005年版，第130页。

③ 仪亚敏：《民国时期女子就业观与就业实践（1912—1936）》，硕士学位论文，苏州大学，2009年。

④ 王清彬等编：《第一次中国劳动年鉴》，北平社会调查部1928年版，第548页。

⑤ 柳隅：《留日女学会杂志题辞》，张枏、王忍之《辛亥革命前十年间时论选集》（第三卷），生活·读书·新知三联书店1977年版，第833页。

败后又大义凛然，杀身成仁。而在秋瑾就义的第二年，唐群英从日本回国，在湖南联络会党进行革命活动。返日后动员日本女留学生"与男子奋袂争先，共担义务"，投身反帝斗争，以"救国家之危亡"。她手持双枪，组织女子北伐队使南京顺利光复，写就一生传奇。接着1919年5月4日为抗议北洋军阀的卖国行径，一群群女学生走向街头游行示威，她们火烧赵家楼，痛打章宗祥，高呼口号，散发传单，要求"外争主权，内除国贼""取消二十一条""还我青岛"，勇敢地投身于爱国救亡的大风暴中。1924年，"始终微笑着的刘和珍君"和北师大女生以血肉之躯面对段祺瑞执政府门前的卫队荷枪实弹虽殒身不恤，实践着她们"救亡事业无男女，几辈英雄亦我流"的誓言。

女性由男女平等的观念引发了关注现实、改造社会的公共情绪。女性性格气质中的敏感、脆弱、温柔、感伤、浪漫等"柔弱"因素渐渐变淡，审美内涵中的"刚强"出现在女性的认知领域中。女生文学创作领域所流露的不再是女性"闺怨"的悲吟，而陶铸出了积极向上的公共性的情绪。"巾帼英雄""女英雄""女豪杰"已不足以表达男女社会地位的平等，转而一个令人惊奇的新词——英雌——脱颖而出。高燮的《女中华歌》中写道："胭脂染为历史光，自此须眉不名誉。……多少兰闺姊妹花，相将携手舞台上。"① 女性走出闺房走入社会，走向救国救民的第一线，谱写了女性慷慨激昂的新篇章。

二 20世纪初现代女性域外游历

(一) 中国近现代女子留学的历史进程

据记载，19世纪六七十年代中国已有出洋留学的女子，因出国路途遥远，安全问题无法得到保障，最早出国留学的往往不是富家子弟而是平民家的失怙或被弃女子，她们受到外国教会资助，出国留学之后回国成为播种火种的精英。这批最早留学的女子能找出名字的有金雅妹、柯金英、康爱德、石美玉四位。

中国社会进入现代，女子身上的封建桎梏被部分解除了，女校的开办与社会活动的参与开阔了女性的视野，一般的女子教育已经不能满足

---

① 夏晓虹：《晚清文人妇女观》，作家出版社1995年版，第77页。

女性同胞们的学习需求，女子留学成为一种潮流。早期女留学生是跟随其父兄或夫婿一起留学的，所以往往随着父兄、夫婿的学业的完成而中断自己的学业回国。后来随着女学的开办，国内女学与国外大学形成点对点的对接，女子独立留学人数与日俱增。

而从自费留学到得到官方认可，女子留学经历了一个过程。1907 年，江苏组织出洋学生考试，规定女子可以应试，意味着女子公派留学的权利得到官方认可。这次考试录取 3 名女生，被美国威斯里安女子学院接收。继江苏省后，浙江省也允许女生参加公费留学的考试。1910 年，清学部规定女子可以和男子一样享受公费留学的权利。1913 年，国民党留学规程规定女子可以和男子一起竞争官费留学。① 女子留学获得了社会层面与国家层面的认可与支持。域外行旅逐渐成为日常生活景观。

（二）20 世纪初中国女子留学三大地域

20 世纪初女子留学主要集中在日本、美国与欧洲三大地域，据 1930—1931 年国民党政府教育部对女子留学地域的统计，女留学生 53.3% 留学日本、28.6% 留学美国、18.1% 留学欧洲。②

1. 留学日本

有研究者根据《鄞县通志》的记载得出第一位留日女学生是原籍浙江省鄞县（现浙江省鄞州区）的金雅妹，留学时间在 1870 年前后。日本学者实藤惠秀则认为最早留日女学生于 1901 年出现于东京，1902 年中国留日女生有十余名。1902 年，吴汝纶赴日视察有力地推动了日本的女性留学教育。前山阳女学校校长望月与三郎向他力说女子教育的重要性③，认为国家的百年大计，在于女子教育。吴汝纶在《东游丛录》表达了对日本女子教育的钦佩，并介绍了日本众多与女性教育相关的学校。《东游丛录》作为当时清政府新教育的指针，为女性教育的推进起到了积极的作用，形成 1903 年以后中国女性留日热潮。1905 年湖南省派 20 名女学生到日本读速成师范科，奉天省在派遣熊希龄到日

① 刘杰：《浅谈中国近现代的女子留学教育》，《西南师范大学学报》（哲学社会科学版）1997 年第 3 期。

② 申报年鉴社编：《申报年鉴》，申报馆特种发行部 1933 年版，第 38 页。

③ ［日］实藤惠秀：《中国人留学日本史》，谭汝谦、林启彦译，北京大学出版社 2012 年版，第 78 页。

本视察教育后，与下田歌子约定每年派遣 15 名女学生到实践女学校学习。1907 年奉天女子师范学堂派出 21 名学生到实践女学校读师范科。江西省亦派出 10 名女性赴日官派留学。1907—1910 年中国留日女学生人数达到一个高峰：据不完全统计，1907 年有 139 名，1908 年有 126 名，1909 年有 149 名，1910 年有 125 名。[①] 1914—1926 年中国留日女学生人数大致呈现递减趋势。

表 4 – 1　　　1914—1926 年日本接收中国留学学校数及留学生人数
调查表（注）　　　　　　　　　单位：人

年份	学校数	男	女	合计
1914	135	3041	89	3130
1915	117	2273	60	2333
1916	118	1903	73	1976
1917	116	2015	60	2075
1918	109	2742	70	2812
1919	121	2433	63	2496
1920	112	2192	44	2236
1921	87	912	36	948
1922	133	980	91	1071
1923	295	1730	98	1828
1924	360	1624	132	1756
1925	378	2046	49	2095
合计	2081	2389	865	24756

注：本表数据转引自周一川《近代中国留日学生人数考辨》，《文史哲》2008 年第 2 期。原文献资料来源：文部省普通学务局『支那留学生ニ关スル调查』大正 15 年 5 月末。外务省档案『在本邦留学生关系杂件』第 3 卷收录。

赴日留学知名的女性有何香凝、秋瑾、唐群英、庐隐等。何香凝于 1902 年追随丈夫廖仲恺赴东京留学，先后于女子师范学校、东京目白女子大学和东京本乡美术学校等地就读，在日本结识了孙中山，并接触到

---

① 周一川：《清末留日学生中的女性》，《历史研究》1989 年第 6 期。

革命思想，投身革命工作，协助孙中山致力于中华民国的统一与建设。秋瑾受新思潮影响，于 1904 年 7 月，典质钗环东渡日本留学，在日本广交黄兴、宋教仁、陈天华等志士仁人，参加留日学生的爱国活动。并组织留日女生团体"共爱会"，创办《白话报》《中国女报》，秋瑾成为中国近代女性革命的一面旗帜，将生命奉献民族解放的崇高事业。唐群英追随秋瑾也于 1904 年留学日本，与秋瑾、葛健豪并称为"潇湘三女杰"。她首倡女权，为中国妇女解放运动作出了卓越贡献。她是中国同盟会第一个女会员，为推翻帝制、建立民国立下奇功，誉为"创立民国的巾帼英雄"。与冰心、林徽因并称为"福州三大才女"的庐隐于 1930 年与第二任丈夫李唯建赴日本留学，写成《东京小品》《蓬莱风景线》等作品。她的作品写出了五四女性所共同经历过的痛苦与哀伤。

2. 留学美国

因为现代美国经济发展迅速，19 世纪末美国在经济上就已经超越了英国位居世界第一，所以中国现代留学潮头逐渐转向美国。据记载，中国近代第一个自费留美的女子是江苏的曹芳云，曾于 1897 年和 1907 年两度赴美留学。1903 年梁启超旅美时，他记忆中 50 个中国留学生中有 3 个是女性，其中一个是康有为的女儿康同璧。从 1909 年庚款留美运动开始，中国定期向美国选派留学生，1911 年成立了清华留美预备学堂，1912 年后中国留美人数呈现长盛不衰之势，其中包括一定数量的女留学生。尤其是在 1914 年以后，清华留美预备学堂改为清华学校，并逐渐形成了每隔一年就会招收一定数量的女生远赴美国留学的惯例。清华学校从 1914 年起年招考 10 名女生赴美，1914—1923 年，清华共选送 43 名女生赴美。另外自费留学生中也有部分学生享受清华庚款津贴。[1] 据 1914 年统计，中国留美学生共计 1300 人，其中女生 94 人，1917 年留美女生增至 200 人。[2] 1925 年留美学生总数为 2500 人，其中女生占 640 人，比例高达 25.6%[3]，这可能是近代中国女子留美的顶峰（与表 4-2 孙月石的统计

[1] 舒新城：《近代中国留学史》，中华书局 1927 年版，第 130 页。
[2] 《留美中国学生会小史》，《东方杂志》（第 14 卷）1917 年第 12 期。
[3] 汪一驹：《中国知识分子与西方（1872—1949）》，台湾：久大文化股份有限公司 1991 年版，第 106 页。

数据相比有出入，可能为性别不详的人数最终确定了性别归属）。1909—1926 年中国女子留美人数见表 4 - 2。

表 4 - 2　　　　　　　1908—1926 年女子留美人数统计　　　　单位：人

年份	男性	女性	性别未详	总数
1909	58	3	8	69
1910	90	6	11	107
1911	77	7	6	90
1912	69	4	6	79
1913	109	14	15	138
1914	155	16	19	190
1915	172	17	24	213
1916	143	19	19	181
1917	136	21	16	173
1918	183	26	20	229
1919	219	20	22	261
1920	322	26	47	395
1921	304	40	43	387
1922	307	49	47	403
1923	351	32	43	426
1924	322	32	29	383
1925	279	37	33	349
1926	266	42	33	341
合计	3562	411	441	4414

注：本表数据来自孙石月《中国近代女子留学史》，中国和平出版社 1995 年版，第 135—136 页。原表格有 1850—1953 年数据，本表仅选取 1908—1926 年数据。原表数据采自陈学恂、田正平主编《中国近代教育史资料汇编：留学教育》，第 686—688 页，梅贻琦、程其保《百年来中国留美学生调查录》（1854—1953）。

赴美留学知名的女性有陈衡哲、林徽因、冰心、宋氏三姐妹等。陈衡哲 1914 年留学美国，在瓦沙女子大学专修西洋历史，同时学习西洋文学，后进芝加哥大学继续学习。在美国她结识了胡适、杨杏佛、梅光迪、胡先骕等人，并开始文学创作，比鲁迅还早一年发表白话小说。她是我国近代第一位女教授、女作家和女诗人。1924 年 6 月林徽因和梁思成赴美宾夕法尼亚大学攻读建筑学，著有《林徽因诗集》《林徽因文集》，被认为是中国著名的作家，中国第一位女性建筑学家，"中国现代文化史上的杰出女性"。冰心原名谢婉莹，1923 年接受了美国威尔斯利女子大学的奖学金，留学三年，1926 年回国。途中写下了《寄小读者》《往事》等纪游诗文，以对母爱的书写充实了女性文化，被认为是"五四文学运动最后一个元老"。冰心回国后，先后在燕京大学、清华女子文理学院执教，曾 12 次出访日、英、法、意等国家，为国际文化交流做出重要贡献。

3. 留学欧洲

20 世纪初，中国的进步人士更多了一份对欧美文明的向往。号称"中国女界之卢梭"的金天翮站在女子救国的立场上，主张如果要跳出旧风气建造新风气，最好游学欧洲，他对于日本女子之卑弱下人是更不赞成的，倡导"接引欧洲文明新鲜之空气，以补益吾身"。① 而在 20 世纪初留欧群体中，女留学生所占比例少之又少，真正能完成学业的更少。比较有影响力的有曾国藩的曾孙女曾宝荪，曾留学英国，回国后在中国教育界影响很大；蔡元培之女蔡威廉留学比利时，后来成为女油画家；被认为是 20 世纪最伟大的艺术家的张玉良留学法国、意大利。另外，还有苏雪林、袁昌英等。

而在女性留学欧洲活动中，影响最大是的留法勤工俭学活动。留法勤工俭学活动是中法两国基于互惠互利基础上的组织的一个活动，法国从中国招募华工帮助法国进行战争与战后生产建设，华人通过这个活动提高文化水平、掌握先进技术。在蔡元培、李石曾、吴玉章等人的组织与推进下，留法学生掀起了工读主义的高潮，大批青年在活动过程中接受了马克思主义、科学社会主义的影响，成长为无产阶级的革命战士。社会各界支持女子赴法国勤工俭学，吴稚晖、李石曾于 1912 年组织了"留法女子俭学会"与"留法居家俭学会"，两年左右的时间先后有十几个家庭赴法"居家俭学"。湖南女子首开赴法勤工俭学风气。1919 年，留法勤工俭学的热潮在湖南涌现。范新琼、范新顺和熊叔彬 3 人随国内第

① 金天翮：《女界钟·小引》，上海爱国女校 1903 年版，第 41 页。

11 批留学生赴法，向警予、葛健豪、蔡畅、李志新、熊李光、肖淑良 6 人随国内第 12 批留学生赴法，其中葛健豪赴法时已年满 54 岁。湖南女子赴法勤工俭学引起社会很大反响，被认为是"中国妇女解放运动史上一件别开生面的佳事"，"亦中国女界之创举"。据不完全统计，留法勤工俭学的女子有 40 多人，其中，湖南、四川最多，均为 12 人。① 各省留法勤工俭学女子人数情况如表 4-3 所示。

表 4-3　　　　　　　　各省留法勤工俭学女子人数②

省份	人数（人）
湖南	12
四川	12
江苏	4
直隶	3
河南	2
浙江	1
陕西	1
广东	5
不明省份	3
合计	43

三　20 世纪初女性域外纪游文学创作概况

20 世纪初随着欧风东渐，美雨西移，一批先觉醒的女性知识分子受益于时代文化潮流、受惠于现代高等教育，漫游域外山水，体悟社会人生，将性别意识与时代意识、社会意识相结合，以刚柔并济的女性文化精神打造出别样的域外纪游文学新天地。

20 世纪初纪游文学创作主体大致有如下三类。

① 留学生丛书编委会编：《中国留学史萃》，中国友谊出版公司 1992 年版，第 63 页。
② 孙石月：《中国近代女子留学史》，中国和平出版社 1995 年版，第 200 页。

第一类为晚清一批使官夫人。她们因为特殊的机缘际遇从闺门走出国门，并受丈夫维新强国、文化借鉴思想的影响，在行旅中以务实的眼光、政治的视角观照域外世界，在域外纪游文学中进行中外文化比较与借鉴。单士厘于1899年以外交使节夫人的身份随丈夫钱恂第一次旅居日本，1903年后离日赴俄，又遍游德、法、英、意、比、埃及、希腊等欧洲各国，旅行时间长达10年之久，她观光名山大川，了解东瀛和欧洲社会风土人情，将所见所闻撰写成《癸卯旅行记》和《归潜记》。她的《癸卯旅行记》被认为是迄今所知中国最早的一部女性外国游记，"以三万数千言，记二万数千里之行程"①，单士厘希望通过自己的行旅见闻，激起广大女同胞的"远征之羡"。亚俄女士的《菲律宾新年杂志》也是作者随丈夫出国的旅途见闻。

第二类是女权运动的领导者秋瑾、唐群英、向警予、燕斌、谢冰莹等。她们在国内就具有鲜明的女性解放意识，彻底反叛传统道德，对国家社稷与社会人生具有忧患之心，在动荡的年代中体现出狂放恣意的生活态度。她们往往将女性的解放与国家的富强结合在一起进行考虑，在国外通过办刊、办协会等方法呼吁女性的觉醒并为国家的未来奉献牺牲。她们在国外与男性引路人相识，提高自己的精神境界，将自己投入解放自己与解放国家的事业中，如秋瑾在日本游学期间创办《中国女报》，写了《敬告姊妹们》《勉女权歌》《日人石井君索和即用原韵》《感时》《有怀》等诗文，揭示女性"一世的囚徒，半生的牛马"的生存境遇，号召女性同胞不安于命运，摆脱奴隶地位，获得经济自立的能力，"奋然自拔"为伸张女权而奋斗，为革命建国而担当。唐群英追随秋瑾为女权而抗争、为国家而战斗的精神，在黄克强于日本东京组织同盟会、宁太一创办革命刊物《洞庭波》上写绝句八首，表达"愿身化作丰城剑，斩尽奴根死也瞑"的壮志豪情。在秋瑾牺牲后，唐群英写下《吊秋侠联语》"革命潮流是秋风吹起，自由花蕊要血雨催开"，歌颂秋瑾为革命献身的精神，以及距离革命的胜利仍雄关漫漫，自己与各位革命同人仍将舍生忘死、浴血奋战的精神气概。向警予在法国有与蔡和森的通信集《向上

① 钱恂：《钱恂题记》，（清）钱单士厘《癸卯旅行记·归潜记》，杨坚校点，湖南人民出版社1981年版，第21页。

同盟》及《给陶毅的信》等文章、燕斌的《留日见闻琐谈》《东瀛览胜赋》、谢冰莹的《冰莹游记》《菲岛游记》等，都表达了女性解放的种种见解及变革社会的种种构想，可以说这类域外纪游文学为女性纪游文学增添了一股刚劲的雄风。

第三类是吕碧城、吕美荪、陈衡哲、冰心、庐隐等女性知识者。她们较早接受了许多新思想，同样表达对社会变革的见解、对于女性解放的关怀。但是她们对于女性解放的态度远远没有秋瑾等女性解放先驱者激烈，对于社会的干预度也远远没有前者强烈。她们在其纪游文学作品中往往流露出对于自身存在的感悟、对于女性命运的叹惋，个人化的情绪比较强烈。在域外纪游文学作品中，她们往往以感性的笔触温婉、知性地表达对个人生存境遇的思考、对于社会的关怀与对于社会变革的渴望。1918—1922 年，吕碧城前往美国哥伦比亚大学就读，将她看到的美国之种种情形发回中国，让中国人与她一起看世界。1926 年，吕碧城再度只身出国，漫游欧美达 7 年之久。自述"自亚而美而欧，计时周岁，绕地球一匝"，将自己的见闻写成《欧美漫游录》（又名《鸿雪因缘》），于其中写下了大量描述西方风土人情的诗词。吕美荪为吕碧城的二姐，1935 年东游日本，访日本山水与诗文，旅行修学，将游日所作 48 篇游记整理结集为《瀛洲访诗记》，其中首先表达了对时间的流逝与生命的浩叹，其次作为曾经的女子美术学校、安徽第二女子师范校长，也述写中日女子教育的比较与对中国女子教育的思考。陈衡哲是 1914 年清华留美女生，有《老夫妻》《一支扣针的故事》《加拿大露营记》《一日》《人家说我发了痴》等纪游作品，体现出对于穷人与弱者的关怀、朦胧而向上的生活态度、对亲情性爱的关注、对于国家人类的思考。冰心访美，有《寄小读者》《往事》真诚地向读者介绍异国的山水之美，温柔地表达对祖国的思念、对母性情感的追怀，构筑了"爱的哲学"的思想内核。梁启超赠送冰心的一副对联："世事沧桑心事定，胸中海岳梦中飞"，总结出冰心内蕴美好的生命情感。庐隐的旅日纪游作品《东京小品》、方令孺的《去看日本的红叶》、凌叔华的《登富士山》等都感受女性生命的况味，体现出对于女性文化建构与社会发展的人性化、知性化的思考。

中国近现代这三类女性域外纪游文学作品构成女性域外纪游文学的和弦，谱写出女性域外纪游文学的美好乐章。

四　20 世纪初女性域外纪游文学的基本内涵

广州女校的创办者杜清持在谈行旅对女性人格养成的重要作用时说，"游学之益，愈远愈广，愈久愈多"，认为"眼界进一步，知识亦进一步"，"我辈今日，欲求平权平等，断不能不从广交游长智识做起，而游学实又为其先声也"①。强调游历对女子立身的重要意义，鼓励广大女性们走出家门开阔眼界。这批早期的域外行旅者心系故国，胸怀天下，在其域外纪游文学中体现家国之思、世界眼光与现代思考。

1. 家国之思

作为有着责任感与忧患意识的女性知识者身处异国，深受弱国子民之痛，在其域外纪游作品中寄托着深重的家国命运的忧思。

吕碧城去异国十余年，心系祖国。她在纽约病中接到中国来的报纸，面对"国事几乎糟的不可救药，纷乱如麻"，而感叹"谁能知道我家国的隐痛，已是痴心刻骨呢?"② 进而提到国家的发展要有国际的感触、世界的眼光，不能只在家里关起门来与同胞争雄长。她的《伦敦城之概略》写游伦敦堡之感慨，借他国兴衰，话我国兴亡，情绪异常激烈："迄今觚棱夕照，河水渐渐，更谁吊沧桑之迹，话兴亡之梦哉?"③ 在赴意大利时，意人似褒实贬地说"汝貌甚佳，颇似欧人，不类华人"，引起她强烈的愤慨，抨击帝国主义国家对我们的丑化、妖魔化，"竟臆断谓华人貌皆恶劣，必闻诸谣传，或见之滑稽图画耳"④。方令孺的《去看日本的红叶》描述了作者在欢欣雀跃欣赏异国美景之后，却遇到日本海关关员查问海客（尤其是中国人）的情形，感到真伤心，认为几天来在船上一些率真、悠恬的梦，到此破灭了，连一点痕迹都没有。面对在异国不公正的待遇，作者忧愤之感油然而生。庐隐面对异国秋景在悲凉的色调里，写出对祖

---

① 杜清持：《男女都是一样》，夏晓虹选编《〈女子世界〉文选》，贵州教育出版社 2003 年版，第 193 页。

② 吕碧城著，文明国编：《吕碧城自述》，时代出版传媒股份有限公司、安徽文艺出版社 2014 年版，第 36 页。

③ 吕碧城著，文明国编：《吕碧城自述》，时代出版传媒股份有限公司、安徽文艺出版社 2014 年版，第 112 页。

④ 吕碧城著，文明国编：《吕碧城自述》，时代出版传媒股份有限公司、安徽文艺出版社 2014 年版，第 61 页。

国欲罢不能的思念与祖国当时国际地位低下的歌哭："冷雨洒着的这些穷苦的同胞，也许正向茫茫的苍天悲诉呢！唉，破碎紊乱的祖国啊。"① 谢冰莹的个性的倔强让她将歌哭化为抗日爱国的行动。当她看到《读卖新闻》上清朝废帝溥仪去日本朝拜，日本举行盛大的欢迎仪式的新闻时，谢冰莹义愤万分，她的"心好像要爆炸似的痛起来，实在忍受不下了，除了把报纸撕成粉碎外，还用拳头重重地在席子上搥了几下"②。面对在日本狱中独特的行旅，受尽脑刑、指刑等各种残酷的刑罚，甚至可能会被日本特务折磨致死时，她还骄傲于自己所犯的"抗日反满"的"爱国罪"，而欣然含笑九泉。通过域外行旅，女性域外纪游文学的爱国情思因距离之感与民族情绪的触发变得更加深厚绵长。

2. 世界眼光

20 世纪初，女性域外行旅者根据各自不同的兴趣点，从各个不同方面进行文化比较与文化借鉴。

早期行旅者单士厘纵谈中日文化差别，认为日本文化重实用，中国文化重生活。"日本崇拜欧美，专务实用，不尚焜耀。入东京之市，所售西派品物，亦图籍为多，工艺为多，不如上海所谓洋行者之尽时计、指轮以及玩品也。"③ 在中西文化的比较中，她不是一味地仰视当时经济发展水平较高的国家的文化，而是能冷静客观地进行比较。所以她批判"近今论者，事事诋东而誉西，于妇道亦然"，告诫大家"慎勿为其所惑可也"④。吕碧城在早期时也和秋瑾等人一样在女性解放的道路上驱驰奔走，出国以后，她的视野不再只执着于女性解放之事，对于西方文化也有着风物、制度上的借鉴，如对于女性开车技能等女性素质的强调、对于"晚餐多御礼服，不可草率贻羞公共场所"⑤ 对西方修养的重视、在西

① 庐隐：《庐隐文集》，任海灯选编，北京燕山出版社 2007 年版，第 303 页。
② 谢冰莹著，艾以、曹度主编：《谢冰莹文集》（上册），安徽文艺出版社 1999 年版，第 317 页。
③ （清）钱单士厘：《癸卯旅行记》，《癸卯旅行记·归潜记》，杨坚校点，湖南人民出版社 1981 年版，第 29 页。
④ （清）钱单士厘：《癸卯旅行记》，《癸卯旅行记·归潜记》，杨坚校点，湖南人民出版社 1981 年版，第 31 页。
⑤ 吕碧城著，文明国编：《吕碧城自述》，时代出版传媒股份有限公司、安徽文艺出版社 2014 年版，第 54 页。

方小孩的教育方面注重天性的释放与能力的培养、对于西方法治化制度化方面的重视等。吕美荪在《瀛洲访诗记》中记述她在日本所体验到的教育普及，特别是在女子教育方面，有些虽然是侍女"亦多中学卒业，且皆知识甚高而仪态尤觉雅静，"感叹"文明至此，教育之功也"①。解析日本当时强盛的原因。陆晶清的《东瀛杂碎》对日本文化抱着贬斥的态度，毫不客气地对日本久负盛名的樱花表达了对其失望，"自然没有桃花的艳丽，而素雅又及不上李花"②。从侧面表达了对日本文化的贬斥态度。

3. 现代思考

这批从闺门走向世界的女子，身处时代变革大潮中，受周围新思想新文化的影响，具有了新的知识文化结构，往往能以责任感与使命感观看域外新景观，对于时势有自己的看法，对于社会人生有自己独特的见解。她们在其域外纪游作品中品评时势，畅谈哲理，体现出现代知识者看问题的智慧与深度。

单士厘心系国事、时事、政事，她在《癸卯旅行记》中用务实的眼光，从政治视角观照社会，详细考察国外的科技、教育、医疗等实用领域，细心记录长崎税关良好的秩序，日本邮船株式会社的业务及日本德育、智育、体育兼尽的教育等，分析日本不仅能免于灭亡的命运反而跻身于列强行列的原因就是在于教育。提出"国所由立在人，人所由立在教育"，希望中国能够学习西方的优点，革新时弊。吕碧城在《欧美漫游录》题序中写到自己这篇游记的写作目的："自志鸿雪之因缘，兼为国人之向导，不仅茶余酒后消遣已也"③，明确指出她的这部作品不仅是作为异域奇观供人茶余饭后的消遣，而是要为国人提供参考与借鉴。她对社会人生诸多问题的思考进入哲理的深度。她解读"美"："美物悦我耳目，美德涵养心性。尝谓世界进化，最终之点曰美。美之广义为善，凡一切残暴欺诈，皆为丑恶，譬之盗贼其形，而锦绣其服，可为美乎？况以他

---

① 吕美荪：《瀛洲访诗记》，青岛华昌大印刷 1936 年版，第 6 页。

② 陈晶清：《东瀛杂碎》，李继凯、刘瑞春编《异国情思》，陕西人民教育出版社 1999 年版，第 210 页。

③ 吕碧城：《吕碧城诗文笺注》，李保民笺注，上海古籍出版社 2007 年版，第 355 页。

类之痛苦流血，供己口腹之快，丑恶极矣。"① 对于美物与美德提出富于哲理性的思考。她提出"革命而不革心，纵有科学，仅能助虐济恶，欲出乱入治末由也"，"惟仁民者始知爱物，而虐物者必不仁民"②。特别是她在天赋人权、众生平等的基础上呼吁和平与保护人权，对佛教文化现代化提出自己的思考。这些都让她的思想熠熠生辉，到今天仍有现实意义。

旅美作家陈衡哲的纪游文学作品"具有史家的胆识，……对于妇女问题、教育问题、社会问题，提出了自己的见解，常有峻峭凌厉的笔锋"③。她在《人家说我发了痴》通过一个学生时代成绩好，得过金钥匙的70多岁美国老太太回母校参加典礼，被视为"痴子"的经历，批判美国人的势利眼、以貌取人的弊病。《加拿大露营记》除了记述在加拿大安达丽省北部的鹿湖上的小岛如同世外桃源一般的生活以外，对于加拿大的国土面积、居民概况、气候条件、美加对比进行一番述评。不仅如此，她对于爱的思考突破了两性与家庭层面，升华到国家、民族与人类的层次。陈敬之在《现代文学早期的女作家》中评价陈衡哲："由于她是一个能够把题材范围，从家庭扩展到社会，从亲情性爱以及由此而滋生的关于个人情智上的困扰，推而至于人生和社会问题，……她却能进一步的把这一股炽热的感情，透过严肃的理智，冷静而客观的描写社会和反映人生。"④ 高度赞扬了她思考问题的高度与视野，陈受鸟也高度评价陈衡哲"能从自传材料中超脱出来，以较广阔的观点来观察中国社会"⑤，并称赞她在这方面是独一无二的。

从这些作家的域外纪游文学作品可以看出，她们走出闺门走向社会

---

① 吕碧城著，文明国编：《吕碧城自述》，时代出版传媒股份有限公司、安徽文艺出版社2014年版，第70页。

② 吕碧城著，文明国编：《吕碧城自述》，时代出版传媒股份有限公司、安徽文艺出版社2014年版，第10—11页。

③ 朱维之：《序言》，陈衡哲著，朱维之编《陈衡哲散文选集》（第2版），百花文艺出版社2004年版，第15页。

④ 朱维之：《序言》，陈衡哲著，朱维之编《陈衡哲散文选集》（第2版），百花文艺出版社2004年版，第11—12页。

⑤ 朱维之：《序言》，陈衡哲著，朱维之编《陈衡哲散文选集》（第2版），百花文艺出版社2004年版，第13页。

之后的智慧、胆识与眼光。

五　20 世纪初女性域外纪游文学的创作特征

女性域外纪游文学是女性从闺房走向世界的标志，它承载了 20 世纪初女性域外行旅者所见所闻所思所感，是女性关于自我、社会与人生的吟唱，它首先体现出女性特有的抒情特质与对女性前途命运的深切思考。

1. 女性特质

一直以来，人们对男性与女性的认知往往是男性长于理性思辨，女性长于感性抒情。正如美国学者马斯洛在评析女性的柔弱在男性社会中受到压抑从而为女性正名提出的"女子气"概念："'女子气'实际上意味着一切有创造性的活动"，它"想象、幻想、温柔、感伤、浪漫"等诸多内涵。① 十分准确地表达了女性的精神特质。20 世纪初，女性域外纪游正是以"想象、幻想"的方式，以"色彩、诗、音乐"的形式表现出女性与生俱来的"温柔、感伤、浪漫"抒情气质。

吕碧城童年父丧、家难，遭遇家族背弃，庐隐童年阴影、早年婚姻遇人不淑，因而她们的作品中带有沧桑、幽怨之感，有时甚至情绪急切直露。吕碧城的纪游散文深刻体现出身处异国的孤独彷徨之感、仁民爱物之思以及身为弱国子民之痛。她在病中感伤自己"如一粟飘在沧海，也不知道自己生存目的何在"。在梦中，她抱着一株白花盛开、极其细腻芬芳的树哭起来，随后沉痛得哭不出声，几乎"一恸而绝"②，表现出她细腻的心理与情绪变化过程。她游历伦敦堡，"吊沧桑之迹，话兴亡之梦"，叹人事之"奇哀顽艳"，铺叙出一个身处先进繁华的国家的弱国子民的伤痛、困惑和迷惘。③ 她在晚年旅居瑞士时作《无闷》一词写道："幽怨重重，难认梦痕，一霎悲欢逝矣。甚剑返延陵，恢零珠祀。道是换巢鸾凤，正阿母年时花铭瘗。便巫阳能下，伤心何必，倩魂呼起。／旧事忍重记。记密语罗窗，乍传哀史，惹梨雨千丝，玉痕凄泚。应忆宣南梦

① ［美］马斯洛：《人性能达的境界》，林方译，云南人民出版社 1987 年版，第 90 页。
② 吕碧城著，文明国编：《吕碧城自述》，时代出版传媒股份有限公司、安徽文艺出版社 2014 年版，第 28 页。
③ 吕碧城著，文明国编：《吕碧城自述》，时代出版传媒股份有限公司、安徽文艺出版社 2014 年版，第 112—113 页。

影，可月夜闯山飞瑶佩？知甚处，青冢秋阴，烟锁万椰凄翠。"① 整阕词以泪眼蒙眬的景象衬托了词人当时内心的哀怨苦楚，道出了对母亲、对亲人的牵挂，对故乡、对祖国的思念，极尽凄婉、悲苦之意。而同期还有《摸鱼儿》一词："又匆匆，轻装倦旅，湖堤蜡屐重印。软红尘外闲身在，来去烟波堪认。孤馆静，任小影、眠云梦抱梨花冷。吹阴弄暝，叹娄尾春光，赏心人事，颠倒总难准。/空惆怅，谁见蕊秾妆靓？瑶台偷坠珠粉。闲愁暗逐仙源杳，更比人间无尽。还自省，料万里乡圆一样芳菲褪。绞干冻忍。只蕙撷凄馨，芙搴晚艳，长寄楚累恨。"② 写出吕碧城孤身一人居于海外，纵有满园春色却无心去欣赏的愁苦。作为当时"四大才女之首"，她将人生体验渗透进情景中，甚至她对好莱坞明星别墅的描绘如有生命，如卓别林的别墅"气象严贵，俨然王者居也"、罗克的"雅儒不逞奇气，如静女不炫浓妆"、巴赖乃格立的"雍容华贵如富家女"、爱琳立许的"幽茜娟雅"、范鹏克的"如天使鼓翼状"，景中自带情韵，每个文字自有透骨的情思。

庐隐旅居日本时低徊于个人命运的坎坷、感伤于身处异国的飘零、悲叹于日本女性的苦痛。青春的怅惘、离乡的寂寞、女性的哀叹、赤子的歌哭尽现笔端，集中体现出五四时代的抒情气质。她的纪游名作《异国秋思》，以秋之景物唤起她寂寞怅恨血泪经历的回忆。她写九年里她的坎坷命运，道出"孕育着玫瑰色希望的少女们""可艳羡的人生"被流年毁坏的痛楚，表露出觉醒中的五四青年的时代与命运之思，而在《烈士夫人》一文开篇就写"异国生涯，使我时时感到陌生和飘泊"③，直接写出身在异国的漂泊之感。她的域外纪游文学低吟悲叹人生境遇、时代沧桑、家国之恨，显示出其特有的抒情气质与阴柔之美。而冰心在其纪游文学中也以其晶莹剔透的情感、略带飞扬而凄恻的惆怅寄托其烂漫的童贞、绵密的乡愁，用"心灵的笑语和泪珠"，表达"特殊的感情与趣味"。萧红的纪游诗《砂粒》洋溢着对爱情、生活与生命独特而醇厚的美好情

---

① 吕碧城：《晓珠词》，殷夫、邹容、吕碧城《轻阅读：孩儿塔·革命军·晓珠词》，万卷出版公司 2015 年版，第 279 页。

② 吕碧城：《晓珠词》，殷夫、邹容、吕碧城《轻阅读：孩儿塔·革命军·晓珠词》，万卷出版公司 2015 年版，第 204 页。

③ 庐隐：《庐隐文集》，任海灯选编，北京燕山出版社 2007 年版，第 295 页。

感。这些作家们以其独特的感悟与情绪表达了作者的主体欲望与个体情感，成就了女性纪游丰富而富于质感的美学，组成女性域外纪游文学情韵丰富的系列篇章。

2. 现代女性文化意识的形成

正如德国社会人类学家福雷德里克·巴思（Fredrick Barth）的观点，旅行导致了新型文化意识的产生，包括群体性的自我觉醒。① 域外女性在时代浪潮的推动之下，在域外文化的激发与影响下，对自身命运与未来进行了深入的思考，推动女性实现群体性的自我觉醒，形成现代女性文化意识。

男性域外行旅者在其纪游文学中，同样也对女性文化的现代性建构进行思考，但男性行旅者往往关注到的是女性解放的表象，如晚清斌椿在其《乘槎笔记》中表现对泰西各国女性姿容的美丽、天真烂漫的个性，能对丈夫颐指气使的社会地位等的惊异。梁启超在《新大陆游记》中表达了行旅中对美国社会女性地位的认可，他甚至把西方社会对女性的尊重及其相关礼节与风俗提升到了民权民主的高度。但是他们对女性文化现代性的建构缺乏女性个体身份与经验的体认。而 20 世纪初女性域外行旅者从女性个人体验出发，对于女性文化思考呈现出丰富多彩的现代性。

秋瑾、唐群英、向警予、燕斌、谢冰莹等给女性文化带来的是尚武的精神、横刀立马的刚劲雄风；庐隐则对旧式女性命运低吟悲叹，叹息柯太太、日本娼妓、烈士夫人等日本女人"幽囚在十八层地狱里"的命运；冰心则展示了内蕴丰厚的女性文学情感内涵。特别值得一提的是秋瑾、向警予等人以涤荡旧有一切的态度号召女性挣脱封建牢笼，将女性的解放和民族的解放、将"女权"与"人权""民权"结合起来进行思考，为女性文化的现代性建构注入了新的内涵。她们关注女性受压迫的现状，鼓励二万万女性同胞开阔眼界，实现经济独立与精神独立。秋瑾分析女子受欺凌是因为死守幽闺甘当男人的玩物，她号召女子自己学习学问、手艺，"女子必当有学问，求自立，不当事事仰给男子"②，"有了

---

① 郭少棠：《旅行：跨文化想像》，北京大学出版社 2005 年版，第 18—19 页。
② 吴芝瑛：《纪秋女士遗事》，郭延礼编著《解读秋瑾》（上册），山东教育出版社 2013 年版，第 28 页。

生业，就可以养活自己，不致再受这样的惨苦"①。向警予认识到将社会1/2的女性从黑暗旧社会中拔出来的重要性，她在《给陶毅的信》中谈道，"大家都以为非求社会的均齐发展，不能达到人生的共同幸福；所以对于全国二分之一的黑暗女子，也想把他从十八重地狱里提拔出来"②。她鼓励众姐妹赴法勤工俭学，认为可以开阔眼界，并从经费筹措、组织机构、宣传阵地等方面现实地观照女性解放。她提倡女子看报纸杂志，认为这是"改造思想、滋养思想的唯一妙法"③，对于她的家乡溆浦的女性，要设法灌输新思潮。而留日女学生林士英则指出："欲中国女界昌明，段自人人有独立性质始。其下手功夫，气节为先，教育、工艺副之。"④ 所以她们强烈批判日本当时流行的贤妻良母主义，一针见血地指出其本质是培养有知识的婢女，所以"应力辟贤母良妻之谬妄教育，否认苟简的女校教课，女子教科，与女校的陋劣教员"⑤。她们从生存层面到精神境界都对女性解放进行深入的思考。

值得关注的是，她们认为女性解放需要挣脱男女性别博弈的窠臼，要将女性的解放与国家民族的解放结合在一起，从而实现人类的大解放。这也是当时男性引路人在女性解放问题上的初衷。秋瑾留日期间在西方天赋人权的思想的影响下，认识到男女没有分别，"漫云女子不英雄，万里乘风独向东"⑥，指出女子也可以和男子一样为国效力。她把自己改名写"竞雄"，以男性装扮出入社会。她的弹词纪游小说《精卫石》试图奋力唤醒女界，号召二万万女同胞挣脱套在身上的奴隶的枷锁，成为自由舞台的女英雄和女豪杰。留日女学生燕斌在《留日见闻琐谈》中号召女性追求高尚的理想，主张新文明使女性由家庭的一员成为社会、国家的一分子。她奉告女同胞，"吾辈此后求学之方针，其物质上的学问，及日本之美俗，不妨近取诸东洋以医痼疾，而精神上的教育，则断宜以欧美

① 秋瑾：《秋瑾全集笺注》，郭长海、郭君兮辑注，吉林文史出版社2003年版，第469页。
② 向警予著，戴绪恭、姚维斗编：《向警予文集》，人民出版社2011年版，第6页。
③ 孙石月：《中国近代女子留学史》，中国和平出版社1995年版，第198页。
④ 林士英：《论女子当具独立性质》，苑书义主编《20世纪中国经世文编》（清末卷），中国和平出版社、天津教育出版社1998年版，第580页。
⑤ 向警予著，戴绪恭、姚维斗编：《向警予文集》，人民出版社2011年版，第30页。
⑥ 秋瑾：《秋瑾诗文集》，郭长海、郭君兮辑注，浙江出版联合集团、浙江古籍出版社2017年版，第43页。

为师，而锻冶以最纯洁高尚之理想，使相化合，另造出一种新文明，则吾女界，庶由家族的妇人地位，进而为国家主义的妇人，更进而为世界主义的妇人矣"①。向警予追求男女两性的共同发展，从而实现谋求全人类的共同幸福伟大目标。从这些女性纪游文学作品中体现的双性共同发展，女权与人权、民权统一的观点可以看出，女性解放问题在初始时期就体现出格局的高远、境界的宏大。

六　女性域外纪游文学与纪游作家群体的现代转型

郁达夫在《中国新文学大系：散文二集》中对现代游记曾做这样形象的解释："作者处处不忘自我，也处处不忘自然与社会……写到了风花雪月，也总要点出人与人的关系，或人与社会的关系来。"② 而当代学者朱德发也强调纪游文学进入现代时的"社会相"。从现代作家到当代学者，他们对于纪游文学现代性的理解都强调纪游文学不再局限于个人一己之悲欢，而与社会现实发生联系，从而使纪游文学体现广阔的情怀与宏大的视野。这对于创作主体为常年深处幽闺女性的纪游文学作品来说尤其如此。近现代以来，女性域外纪游文学体现出与男子共担救亡责任的意识，如唐群英、秋瑾等的域外纪游作品中所表达的"与男子奋袂争先，共担义务，以救国家之危亡"的主体意识与"救亡事业无男女，几辈英雄亦我流"的誓言。在其域外纪游作品中，女性性格气质中的敏感、脆弱、温柔、感伤、浪漫等"柔弱"因素渐渐变淡，审美内涵中的"刚强"出现在女性的认知领域中；女性解放的内涵也由男女平等的观念而引发了关注现实、改造社会的集体认知。女性在其域外纪游文学中所流露的不再是女性"闺怨"的悲吟，而陶铸出了积极向上的公共性的情绪。如高燮在《女中华歌》中所写："胭脂染为历史光，自此须眉不名誉……多少兰闺姊妹花，相将携手舞台上。"③ 她们写出了女性走出闺房走向社会、走入救国救民第一线的现代景观。其域外纪游作品把个性解放意识与忧国忧民的思想结合在一起，将自我之情与民族之情、人类之情结合

① 燕斌（炼石）：《留日见闻琐谈》，《中国新女界杂志》1907 年第 2 期。
② 郁达夫：《中国新文学大系：散文二集》，上海文艺出版社 1981 年版，第 9 页。
③ 夏晓虹：《晚清文人妇女观》，作家出版社 1995 年版，第 77 页。

起来，从而摆脱了以往女性文学"小"与"私"的命名，充分拓展了现代域外纪游文学的审美内涵，完成了女性游记的现代转型。

　　女性域外纪游文学作家群体走出闺房，放眼世界，逐步完成了从传统到现代的转变。她们以个人的旅行与观看，以性别认识系统地自我深化，表现出对女性文化现代化的思考，并呈现出清晰的思想轨迹。她们"主动建构起一种全新的文化景观，真正完成了几千年来女性精神上的奥德修斯（Odysseus）之旅"①。她们通过域外旅行不断拓展着文化视野，以积极的姿态超越女性的传统处境，改变了"两千年父与子的权力循环中，女性有生命而无历史"②的生存状态。如何香凝、宋庆龄等将其活跃在政坛，身居要职的生存景观，秋瑾、唐群英、葛健豪等将其站在时代的最前沿叱咤风云、笑傲人生的斗争场景呈现在其域外纪游文学中。虽然就某种意义而言，她们为了证明男女的平等而陷入现代"花木兰"的境遇中，但她们关心国家命运，追寻人类的未来，以自己的声音参与着民族国家话语的建构，进行人类命运的思考。可见，20世纪初女性域外纪游文学主体也实现了从传统闺秀向现代女性的转型。

第二节　冰心旅美纪游文学对女性文化的
　　　　母性充实

　　冰心是中国现代文学史上著名女作家，在读者心目中，冰心是一位"满蕴着温柔，微带着忧愁"的中国传统大家闺秀。母爱、童贞、自然美是她一生歌咏的对象，而母爱是其作品中最动人的主题。1922年冰心在《小说月报》上刊载《往事》，而在《往事·七》中，荷叶与红莲之间的关系成为母女关系的经典譬喻。据冰心自己的回忆，她后来曾数次写到母亲，在"二十年代初期，在美国写《寄小读者》时写了她；三十年代初期，她逝世后，我在《南归》中写了她；四十年代初，我以'男士'

---

　　① 朱平：《现代文学视野中的女性游记景观》，《杭州电子科技大学学报》（社会科学版）2008年第2期。

　　② 孟悦、戴锦华：《浮出历史地表：现代妇女文学研究》，中国人民大学出版社2004年版，第25页。

的笔名写的《关于女人》这本书中写了她；同时在那时候，应《大公报》之约，再写《儿童通讯》，在'通讯三'中又写了她"①。而她在旅美途中的应《晨报副刊》的邀约所写的《寄小读者》，母爱得到集束性的、淋漓尽致的表达，成为承前启后的母爱书写最极致的篇章。

一　冰心旅美纪游文学母爱集中表达的历史语境

冰心是"天之骄女"。她出生于一个优裕的家庭，母亲非常慈爱，她在一个有爱的家庭中长大，所以曾形容自己"过分的被爱的心"如同作者在美国疗养时受造物滋润过重的"小松"②。她不是五四时代弑父情结中的叛逆之女；相反，她不无骄傲地宣告她是"母亲的女儿"，将母女同体的信息写进文学作品中。冰心在五四时期，走出狭小的家庭，跨出教会学校的门槛，看到了中国社会"有血，有泪，有侮辱和呻吟，有压迫和呼喊"的社会现实，希望通过爱来消除世间阻隔。而旅美期间的生病住院及其他经历更加深了她对母爱的呼唤与讴歌。

（一）五四退潮后以母爱带来希望

冰心作为半官费留学生于1923—1926年赴美留学。而此时正处于五四退潮时期，作为从封建社会中解放出来有着资产阶级思想的青年，初期本来怀抱着救国理想与激情，但当触碰难以改变的社会现实时，她所有的努力成了空想。冰心敏感脆弱的心就感到痛苦、矛盾与悲哀，产生烦闷与感伤的情绪。所以，去美国之前她的作品整体呈现为悲观伤感的基调。正如她在《最后的使者》中表达对自己作品的观感："我细细的观察，他们从我的诗中所得去的，只是忧愁、烦闷和悲伤。于人类，于世界，只是些灰心绝望的影响。"③ 这样她对自己作品产生怀疑继而诘问："神呵！这难道是我唯一的使命么？若这是你的旨意，我又何敢妄求，只是还求你为无量数的青年人着想，为将来的世界着想。"④ 作为一个有着

---

① 冰心：《寄小读者》，山东文艺出版社2019年版，第196页。

② 冰心：《寄小读者》，山东文艺出版社2019年版，第41页。

③ 卓如编：《冰心全集》第一册《文学作品1919—1923》，海峡出版发行集团、海峡文艺出版社2012年版，第292页。

④ 卓如编：《冰心全集》第一册《文学作品1919—1923》，海峡出版发行集团、海峡文艺出版社2012年版，第292页。

社会责任感在五四浪潮中搏击风浪的知识女性，她认为她的作品不能只给世界给青年带来负面情绪，而应当带来解决问题的办法。所以，她转而执着于精神世界的追寻。而对于她来说，解决问题的最好方式就是爱，特别是母爱。她曾这样写道："不过做学生，书记，牧者等等似乎都容易，但加上一个'好'字，便不容易了！这是古今许多的人们，努力趋走的一个标门，但走到的人究竟还少。这其中需要人生观，需要爱的哲学。"① 所以，同时代的评论家阿英如此评价她："她对于社会的失望，人间的隔膜，纵使表示了极端的烦恼，可是，这一切，都被'宇宙的爱'与'母性的爱'的力量抑压了，征服了。"②

（二）旅美的距离感加深对母爱的回想

作为刚从封闭的家庭走向社会，还正值思考"娜拉走后怎样"时期的一代女性，年仅 23 岁的冰心突然远离父母兄弟，一切亲爱的人，所有熟悉的场景，跨越千山万水，从地球的一边到达地球的另一边，自太平洋西岸的上海绕到大西洋西岸的波士顿。所以当别人的女儿还承欢父母膝下时，在姊妹兄弟行间队里享受快乐甜柔的时光时，她即将奔赴万里之外，独自处于恼人凄清的天气中，面对忐忑的未知旅途。这样，曾经家庭的温馨美好与即将来临的孤独漂泊形成截然的对比。所以，她不止一次地表达离别的不舍与感伤："昨天下午离开了家，我如同入梦一般……我心沉沉如死……明月和我，一步一步地离家远了"③；"不瞒你说，妹妹，我舍不得母亲，舍不得一切亲爱的人"④；"小朋友，明天午后，真个别离了！""约克逊号邮船无数的窗眼里，飞出五色飘扬的纸带，远远地抛到岸上，任凭送别的人牵住的时候，我的心是如何地飞扬而凄恻。"⑤ 随着家乡渐行渐远，故乡、亲人、母亲的形象反倒越来越清晰。所以，她在过日本神户夜深静极时，自然而然地忆念母亲幻想"倘若此

① 卓如编：《冰心全集》第二册《文学作品 1923—1941》，海峡文艺出版社 1994 年版，第246 页。

② 黄英（阿英）：《谢冰心（节录）》，林德冠、章武、王炳根《冰心论集》（上），海峡文艺出版社 2000 年版，第 13 页。

③ 冰心：《寄小读者》，山东文艺出版社 2019 年版，第 6—7 页。

④ 冰心：《寄小读者》，山东文艺出版社 2019 年版，第 12 页。

⑤ 冰心：《寄小读者》，山东文艺出版社 2019 年版，第 13 页。

时母亲也在这里"。她在行旅时寄给母亲标题为"纸船"的诗，祈求叠成的纸船带着她的爱与悲哀归去。所以她描述行旅中对母亲浓厚的情感："因着字字真切的本地风光，在那篇中提名的人，决不能不起一番真切的回忆，而终于坠泪，第一个人就是我的母亲！"① 对于远行的冰心来说，母爱是她心灵的故乡，是她漂泊灵魂的栖息地。所以，她在行旅途中几乎所有的情境都会联想到母亲——回想旧事时会想到母亲，看到现实母女承欢时会想到母亲，吟咏一首诗歌会想起母亲，万籁俱寂时会想起母亲，看到静美的月亮会想起母亲，看到海会想起母亲，躺在慰冰湖里静养时也会想到母亲，梦中会想到母亲，特别是病中更让她怀想母亲……她向母亲倾诉自己在美国的所见所闻所感，点点滴滴，尽在笔端，一如母亲就在身边。她到康卫（Conway）买了个金冠散发的小泥人，以英雄戚叩落亚的名字命名，请他代贺母亲新春之喜。她书写自己在美国每次得到母亲的信时，所感受到深浓、诚挚的母爱，如同"开天辟地的爱情"，"愿普天下一切有知，都来颂赞！"在思绪纷飞中只有写到"母亲"两个字，"无主的心，才有了着落"②。

（三）病中凄楚更加忆念母爱

冰心到美国之后肺病发作，两次住院，一次是在圣卜生疗养院，另一次是在青山沙穰疗养院。这两次的生病使她感觉几乎是"神经错乱"，一是因病痛身体所受的折磨，二是病情完全打乱了她一年的学习计划。所以她顿时觉得"宇宙间的凄楚与孤立"，以致她"竟恨了西半球的月"。一方面所谓"人穷则返本"，当她遇到病痛困厄的时候，母爱成了她与病魔做斗争的精神支柱。正如她在《〈寄小读者〉四版自序》所写："我挚爱恩慈的母亲。她是最初也是最后我所恋慕的一个人。我提笔的时候，总有她的颦眉或笑脸涌现在我的眼前。她的爱，使我由生中求死——要担负别人的痛苦；使我由死中求生——要忘记自己的痛苦。"③ 所以她在《通讯十八》中再忆旅途颠簸头晕发烧中梦到母亲抚摸喂药，那药竟然是

① 冰心：《往事：冰心散文》，浙江出版联合集团、浙江文艺出版社2014年版，第100—101页。

② 冰心：《寄小读者》，山东文艺出版社2019年版，第45页。

③ 冰心：《往事：冰心散文》，浙江出版联合集团、浙江文艺出版社2014年版，第134页。

橘汁一样美味，第二天"热便退尽"，写出母爱神奇的力量。而病中的光阴，因着回想母家，以至寸寸都是甜蜜的。另一方面，安静的养病生活，使她远离喧嚣的外部世界，所以，她"卧在床上，用悠暇的目光，远远看着湖水，看着天空。偶然也看见草地上，图书馆，礼堂门口进出的你们"①，有时间有心情进行冥想，她幻想看护就是她的乳母，她仰望天空，发现静美的月亮就是她的母亲，吟诵路易斯·翁特迈尔（Louis Untermeyer）所写的那首《小神秘家》，那相似的细节使她忆念起与母亲坐守风雨时说过的"如痴如慧"的话。她沉浸于自己的内心，发现沉潜于心灵深处的母爱，以至于她一点也不痛恨从母亲处遗传而来的肺病，相反把它看成"与母亲不模糊的联结"，因而感谢上苍，"也并爱了我的病！"

二　母爱抒情诗

冰心在美留学三年，在《晨报副刊》开辟的"儿童世界"栏目上，以给小朋友们书信交流的方式发表《寄小读者》通讯 29 篇，写到母亲的篇目达 15 篇，占比 50% 以上，并且有的篇目在浅吟低诵中通篇都在书写母亲，歌颂伟大的母爱，形成一首首母爱抒情诗，以致有人评价"她高举母爱竟达到荒唐的地步"②。

（一）母爱是一种动人的力量

母爱是冰心生命深处最深切的体验，是冰心毕生歌咏与追求的母题。她极写母爱的动人美丽。

冰心在旅美期间与孩子们分享母亲讲述的自己十件幼年往事，包括母亲骄傲于孩子弥月之时的丰满红润、讶异于孩子的聪明早慧、满足于孩子的娇憨可爱、纵容孩子的调皮任性、守护孩子的睡眠、争夺孩子的生命于死神怀抱……因此，母亲拥有对女儿全方位的了解，以至"我所知道的自己，不过是母亲意念中的百分之一，千万分之一"③。作者将母亲对女儿的爱抚与拳拳之心诉诸笔端，诉说母亲对自己全身心付出与母

①　冰心：《寄小读者》，山东文艺出版社 2019 年版，第 45 页。

②　梁锡华：《冰心的宗教信仰》，林德冠、章武、王炳根《冰心论集》（上），海峡文艺出版社 2000 年版，第 107 页。

③　冰心：《寄小读者》，山东文艺出版社 2019 年版，第 32 页。

爱的全方位的包裹，歌咏不因万物毁灭而变更的崇高母爱。正如冰心自己所言："假使我走至幕后，将我二十年的历史和一切都变更了，再走到她面前，世界上纵没有一个人认识我，只要我仍是她的女儿，她就仍用她坚强无尽的爱来包围我，她爱我的肉体，她爱我的灵魂，她爱我前后左右，过去，将来，现在的一切。"① 不仅如此，冰心还继续书写母亲对远行的女儿魂牵梦萦的爱与牵挂，写母亲对子女的真挚而富于牺牲精神的爱。"我读你《寄母亲》的一首诗，我忍不住下泪"，"不论在做什么事情，心中总能想起你来"②；"不论你在什么地方，做什么事情，你母亲的心魂，总绕在你的身旁，保护你抚抱你，使你安安稳稳一天一天地过去"；"我每遇晚饭的时候，一出去看见你屋中电灯未熄，就仿佛你在屋里"；"你的来信和相片，我差不多一天看了好几次，读了好几回。到夜中睡觉的时候，自然是梦魂飞越在你的身旁"③。她写母亲虽不舍女儿远行，但为了女儿成为一个更好的自我，鼓励她前行，表现出母爱的体恤、坚忍与博大。作者极致书写母爱使人心心念念、神魂奔赴的动人力量：当她半夜醒来，看见高高的天上静美的月亮，就感觉是母亲"俯看着我，我就欣慰，我又安稳地在她的爱光中睡去"④。纵使在万里外，当她写到"母亲"两个字的时候，"我无主的心，已有了着落"。她书写母爱宽容的怀抱，把母亲比喻为大海，将自己比喻为浪花，浪花虽然幻为种种闪光，却在最短的时间回到母亲的怀里。所以，她羡慕在母亲的怀里撒娇撒痴的读者小朋友，告诉小朋友尽情享受母爱的美好——"你看完了这一封信，放下报纸，就快快跑去找你的母亲——若是她出去了，就去坐在门槛上，静静地等她回来——不论在屋里或者院中，把她寻见了，你便上去攀住她，左右亲她的脸，你说：'母亲！若是你有功夫，请你将我小时候的事情，说给我听！'等她坐下来，你便坐在她的膝上，倚在她的胸前。你听得见她心脉和缓的跳动。你仰着脸，会有无数关于你的，你所不知道的美妙的故事，从她的口里天乐一般唱出来。"⑤

① 冰心：《寄小读者》，山东文艺出版社 2019 年版，第 33 页。
② 冰心：《寄小读者》，山东文艺出版社 2019 年版，第 41 页。
③ 冰心：《寄小读者》，山东文艺出版社 2019 年版，第 42 页。
④ 冰心：《寄小读者》，山东文艺出版社 2019 年版，第 48 页。
⑤ 冰心：《寄小读者》，山东文艺出版社 2019 年版，第 34—35 页。

（二）母爱是一种天然的美好

在冰心的旅美书写中，母爱不是一种刻意营造的美好，而是不需雕饰的天然的圣洁存在。所以，当幼小的"我"问母亲"你为什么爱我"时，母亲回答："只因你是我的女儿。"[1] 写出母爱是建立在血缘关系上的人类的天然的感情，是不需要任何理由，也无须附带任何条件，也不因万物毁灭而变更的天性。所以，她总结母爱不是物质条件、政治地位、社会光环等一切外在因素，而是"屏除一切，拂拭一切，层层地麾开我前后左右所蒙罩的，使我成为'今我'的原素，而直接地来爱我的自身"[2]。在《疯人笔记》中，她进一步述说这种与生俱来的美好："太阳怎样的爱门外的那棵小树，母亲也是怎样的爱我——'母亲'？这两个字，好像不是这样说法，只是一团乱丝似的。这乱丝从太初就纠住了我的心；稍微一牵动的时候，我的心就痛了，我的眼睛就酸了，但我的灵魂那时候却是甜的。"[3] 正因为这样，每一个人、每一个生命都会同样沐浴着母爱。所以她发现了一个秘密——"只有普天下的母亲的爱，或隐或显，或出或没，不论你用斗量，用尺量，或是用心灵的度量衡来推测：我的母亲对于我，你的母亲对于你，她的和他的母亲对于她和他；她们的爱是一般的长阔高深，分毫都不差减。"因而母爱在世间具有广泛存在的意义，"母亲的爱，都是一般"，"人类在母亲的爱光之下，个个自由，个个平等！"[4] 正因为母爱的与生俱来、众生平等，世界才如此美丽，社会才有前进的动力，所以作者集中笔力歌颂母爱这引人奋发向上的力量。

（三）母爱是引人奋发向上的力量

冰心曾认为自私自利的制度已在人类社会中立下牢固的根基。她分析这种现象的出现均由于不爱。而当时社会"斩情绝爱，忍心害理的个人、团体和国家，正鼓励着向这毁灭世界底目的上奔走"[5]。旅美征程的

---

① 冰心：《寄小读者》，山东文艺出版社 2019 年版，第 33 页。

② 冰心：《寄小读者》，山东文艺出版社 2019 年版，第 33 页。

③ 卓如编：《冰心全集》第一册《文学作品 1919—1923》，海峡出版发行集团、海峡文艺出版社 2012 年版，第 409 页。

④ 冰心：《寄小读者》，山东文艺出版社 2019 年版，第 43 页。

⑤ 贺玉波：《歌颂母爱的冰心女士》，林德冠、章武、王炳根《冰心论集》（上），海峡文艺出版社 2000 年版，第 33 页。

病和别离，使作者刷新了母爱的神圣无边，从而获得了与虚无绝望的世界对抗的力量，作者从此打开生命神秘的宫门，开始领受人生，享乐人生。[1]

作者领悟到世界因母爱而联结，人类的爱与母爱一脉相承，生命从而有了意义与价值。所以作者感叹："'母亲的爱'打千百转身，在世上幻出人和人，人和万物种种一切的互助和同情。"她歌咏："这如火如荼的爱力，使这疲缓的人世，一步一步的移向光明！"经过了别离，她反复思寻印证，心潮几番动荡起落，认识到"自我和我的母亲，她的母亲，以及他的母亲接触之间，我深深的证实了我年来的信仰，绝不是无意识的！"母爱的美好是引领我们向上的力量，"催我自强不息的来奔赴这理想的最高的人格！"[2] 世界也因母爱的联结而呈现欣欣向荣的景观。所以，冰心在美国留学期间写的纪游小说《悟》这样写道："茫茫大地上，岂止人类有母亲？凡一切有知有情，无不有母亲。有了母亲，世上便随处种下了爱的种子。于是溪泉欣欣的流着，小鸟欣欣的唱着，杂花欣欣的开着，走兽欣欣的奔着，人类欣欣的生活着。万物的母亲彼此互爱着，万物的子女彼此互爱着，同情互助中，这载着众生的大地，便不住地纡徐前进。"[3] 她愿意成为一个带着"奥妙的爱的锁链"的使者，连接人类之爱、宇宙之爱。所以她号召小朋友"以伟大的思想养汝精神"，指出"日后帮助你们建立大事业的同情心，便是从这零碎的怜念中练达出来的"[4]。所以旅美的历程使冰心世界观发生很大的变化，因刷新了母爱，找到了爱的力量与爱的联结，从而摆脱了虚无绝望的情绪，找到了用爱的哲学医治社会改造世界的方法。日本学者获野脩二盛赞冰心爱的哲学："谢冰心经过两次住院超越狭窄的母亲和中国，扩大到'人'。"[5]

---

① 冰心：《往事：冰心散文》，浙江出版联合集团、浙江文艺出版社2014年版，第101页。
② 冰心：《寄小读者》，山东文艺出版社2019年版，第43页。
③ 王炳根选编：《冰心文选：小说卷》，福建教育出版社2007年版，第106页。
④ 冰心：《寄小读者》，山东文艺出版社2019年版，第59页。
⑤ ［日］获野脩二：《论谢婉莹在威尔斯利大学》，林德冠、章武、王炳根《冰心论集》（下），海峡文艺出版社2000年版，第207页。

三　冰心旅美纪游书写中女性文化母性充实的体现

在中国女性文化现代化建构过程中，经济独立与个性解放作为女性解放的标志被引起特别的重视，女性要获得真正的解放还需要经济基础作为支撑，也即伍尔夫所说的要有"一间自己的房间"。所以"娜拉出走"和"娜拉走后怎样"成为当时热议的话题。女性浮出历史地表，获得与男人平等的"做人"的权利成为女性解放的先行者迫切思考及解决的重要问题。与此同时，封建社会对女性"三贞九烈"的规约与女性工具理性地位，使"性"成为一种引起堕落与迷失的力量而被彻底否定，"性"反叛作为否定封建旧道德、建构女性现代文化的重要手段被丁玲等五四作家成功运用并引起社会广泛思考。而冰心旅美纪游散文对于女性的母性特质的思考独具特色与意义，在女性文化的现代化建构中起着非常重要的作用。

（一）父权制时代母性成为女性的唯一特征与价值

一个女人，她是孩子的母亲，同时也是丈夫的妻子，还是她父母的女儿。可见，母性是女性性别角色的一大构成。但在父权制社会中，生儿育女被认为女性存在的价值与意义所在，结婚的意义相当部分等同于"生育"。母性是父权制社会中女性最重要的甚至是唯一的特征与价值。"做母亲"是女性在男权社会中存在的理由，也是女性唯一能获得"家庭权利"的手段。明仁孝文皇后的《内训》强化母性的教化功能，要对子女"导之以德义，养之以廉逊，奉之以勤俭，本之以慈爱，临之以严格，以立其身，以成其德。慈爱不至于姑息，严格不至于伤恩。伤恩则离，姑息则纵，而教不行矣"①。《颜氏家训》更是通过盛赞一位母亲鞭策孩子成人的故事来引导母性承担更多的教化之责："王大司马母魏夫人，性甚严正。王在湓城时，为三千人将，年逾四十，少不如意，犹捶挞之，故能成其勋业。"② 母性角色是父权制社会吸引女性实现自我，从而把女性限于家庭范畴的有压迫含义的父权工具，并且赋予她温柔、忍耐、牺

① （明）仁孝皇后等原典，（清）纪晓岚、陆锡熊等编注：《皇后内训　东宫备览》，内蒙古人民出版社2006年版，第18页。

② 李花蕾译注：《颜氏家训译著》，岳麓书社2021年版，第6页。

性、慈爱等内涵特征，忽略了女性的性别内涵，使母性成为"圣母"虚象的牺牲者。瑞典思想家爱伦凯认为母性具有广大无边的力，它的本性是"授予"，是"牺牲"，是"抚益"，是"温柔"，具有利他主义的特征。① 法国作家莫罗阿同样解释，人类的基本关系是两性关系，而两性关系的稳定与和谐——人类的文明与进步，则依赖于母性中的利他主义，那就意味着母性无私的爱、宽容、牺牲和奉献。②

（二）五四女作家母性书写中母亲作为女儿庇护者与封建秩序的卫道者的双重身份

父权制社会以潜母的本位价值自然而然地把女性限于家庭范畴，从此巩固了父权制的男性中心体系。并且为了承担对子女的教育功能，母亲在时代新女性反叛旧礼教追求个性解放时，又往往成为帮助父亲实现封建礼教意志的同谋，成为女儿走向幸福新生活的道路的帮凶与绊脚石。因此，五四女性文化初步建构时期，母性也被视为束缚女性的最大特性，也成为现代女作家与男性一起一边攻击母性，一边同情母性的时代特色。如冯沅君的《隔绝》描写了一个在外地读书已有爱人的女学生繻华，冒着危险回家看望六七年没见面的母亲，却被无情地幽禁在一间小屋里，强迫她嫁给她不爱的刘某。并且母亲以封建道德标准认为繻华与士轸的恋爱如同姘识一样，不但丢尽她的面子，并且使祖宗在九泉下为她蒙羞。苏雪林的《棘心》则写北京女子高等学校的学生杜醒秋爱上了同学秦风，在母爱的压力下最后选择放弃了爱情。庐隐的《海滨故人》写云青于两难选择中无可奈何放弃情爱，归顺温馨而苦涩的母爱。这些作品均表现当正值青春的女儿乘着个性解放的风潮去追求爱情自由时，母亲却充当了"副父"的角色，以爱之名实际却用旧礼教约束女儿。但是母女之间天然的情感联系却使很多女儿为了母亲而未敢不顾一切冲出包办的婚姻，五四女性依然依恋母亲、讴歌母爱，最后回归母爱的怀抱，如冯沅君的《慈母》《写于母亲走后》《误点》突出描写母亲的辛苦操劳，母亲对女

① 茅盾著，钟桂松主编：《茅盾全集》（第十四卷）散文四集，黄山书社2014年版，第192页。
② 安德烈·莫罗阿：《人生五大问题》，傅雷译，生活·读书·新知三联书店1986年版，第40页。

儿的慈爱与牵挂，叛逆的五四女儿重新找回对母亲忘我的爱。石评梅的散文中写追求个性解放的女儿在受到情伤之后，"整个的跪献在父母座下了"，要向母亲讲述她那"奇异的梦"。① 这些作品写出五四女儿无法兼顾个人幸福的执着追求和母亲的强大阻碍意志的精神困境，体现出五四女性突围过程不仅要对抗传统父权制社会，同时也要避免服下慈母误下的"毒药"的艰难处境。可见，五四母亲在女性文化的现代性建构中仍具有女儿庇护者与封建秩序的卫道者的双重身份，在很大程度上体现出负面意义。

（三）冰心旅美纪游散文对女性的母性充实

而冰心顺风顺水的人生使她不同于冯沅君、苏雪林、庐隐等五四时代"弑父者"阵营中的叛逆女儿，要么反叛作为父权意志代表的母亲，要么皈依母女同盟中共同反抗父权统治的母亲。不管是反叛还是皈依，冯沅君等书写的内核还是反叛旧礼教，体现出五四个性解放的主题词。所以，她们笔下的母亲都是作为封建礼教的对应物而存在，是一种"空洞的能指"，母亲形象显得空洞模糊并且很强的负面性。而冰心她在行旅的过程中唤醒沉睡的母爱，将母爱作为对抗行旅中孤独与病痛的工具，讴歌母爱神圣。而这种母爱虽然也具有旧文化"潜母"本位价值的牺牲付出等特征，但丝毫不带父权秩序的工具理性的性质，相反，她表现出的是女性作为母亲的灵魂的高洁。她通过对母爱的书写，表达一种脱离情欲的爱，体现出女性的优美灵魂，显得美好而富于诗意。她通过点点滴滴的过往细节与现时的母女情感交流，书写母亲对女儿的全身心的付出、全方位的关爱，对母爱的表现具体而富有深度，女性的母性特征丰富而立体。她将母性的爱上升到宇宙的爱、人类的爱的高度，引导儿童积极向上、自强不息，鼓舞大家战胜现世的悲感与虚无。通过爱"调整着万象，引导了人生"②。所以在冰心的母性书写中，母性特征是女性内涵的一份圆盈丰满的存在。她虽然不具有丁玲、白薇等女性书写中像一把利剑一样直指封建旧礼教的力量，但是她所体现出来的女性内涵显得

① 山西省地方志办公室编：《石评梅全集》，山西人民出版社 2014 年版，第 55 页。

② 茅盾：《冰心论》，林德冠、章武、王炳根《冰心论集》（上），海峡文艺出版社 2000 年版，第 74 页。

更加深厚而宽广。同时她的旅美纪游文学中，母亲不是苦难深重的弱者，也不是以丰乳肥臀等母性力量延续着千古不变的生命形式的强者，也不是母性博大、无私、牺牲的光辉洞照出男人狭隘、自私、索取的功利心态和丑陋嘴脸的他者，她不涉及传统的女性学先行者力图突破的内涵，而是以一种自然平和的力量前瞻性地完成女性主义者西苏所谓的奥兰东方之行（the voyage in Oviant），追寻母性传承、回归精神家园，获得了精神追求的应有的自由和满足。女性人格意识的真正确立和健全是妇女解放的程度与标志，从这个层面来说，冰心的旅美纪游文学以温柔平和的姿态超越了五四时代女性为获取平等自由权利所进行的刚性对抗，获得了母性的精神家园，而丰富了女性文化现代性建构的精神内涵。

第三节　庐隐旅日纪游文学对女性命运的感伤批判

　　庐隐是中国现代文学史上伴随着五四而成长的著名的女作家，茅盾评价她是"被'五四'的怒潮从封建的氛围中掀起来的，觉醒了的一个女性"①，唐弢称她为"'五四'的产儿"。有当代评论家称为"中国现代文学史上第一位女权主义作家"②。作为深受五四思潮影响的女性作家，庐隐思考女性命运与女性出路，对旧的封建礼教发起了绝望的挑战。她曾两次游学日本，第一次是1922—1923年北京女子高等师范学院毕业参观，全班同学商议去日本，她写下了《华严泷下》《扶桑印影》等纪游散文并将其发表于《时事新报 文学旬刊》与《学艺杂志》中。1930年，庐隐与李唯建结婚并东渡日本。庐隐在日本东京漂泊时，共拟写20篇纪游散文，最终写下了《东京小品》11篇，在《妇女杂志》上发表。而庐隐的文学作品以苍凉的底色、战斗的姿态表现青年女性的苦闷徘徊，特别是经历了人世沧桑之后第二次旅日所写的《东京小品》，表现出对女性命

　　① 未明（茅盾）：《庐隐论》，林伟民编选《海滨故人庐隐》，人民文学出版社2001年版，第152—153页。
　　② 肖淑芬：《庐隐：中国现代文学史上第一位女权主义作家》，《扬州大学学报》（人文社会科学版）2006年第6期。

运的悲观感伤。而这看世界的"灰色眼睛"和庐隐的人生经历是密不可分的。

一 庐隐灰色的人生经历与女性命运思考的伤感底色

庐隐出生在一个充满着悲剧色彩的时代。维新变法的失败、晚清政府多次外战的失败与各种不平等条约的签署、军阀的统治剥削等使当时的人们看不到一点点光明。而庐隐生活在封建官僚的家庭，父亲是前清的举人。庐隐出生时，她的外祖母恰好去世，她的母亲认为她"是个不祥的小生物"，把她放在奶妈家喂养，她在婴儿时代感受不到母爱的甜蜜。她因从小喜欢哭，脾气拗傲，从不听大人的调度而差点被父亲扔进江里。六岁时因父亲去世，全家寄居在舅舅家，过着"没有爱，没有希望，只有怨恨"连奴才都不如的日子。母亲的漠视，亲戚的冷眼，教会学校的压抑，使她幼小的心灵受到了严重的精神创伤，形成了她后来自卑但又桀骜不驯的性格，使她的作品充满了哀婉的基调。中学毕业后，她在各地担任教员，同事之间的工于心计使她感受到社会上的种种黑暗。她的爱情之路也崎岖坎坷。第一次婚恋经历是她出于逆反与仗义与人订婚，订婚后发现三观不合而悔婚；第二次她与有妇之夫结婚，为爱做妾，并在短短两年又受丧夫之痛；第三任丈夫李唯建比她小9岁，三次婚恋都使她饱受非议，让她消沉悲哀。所以，庐隐在给李唯建的情书中这样感叹道："灰色最是美丽，一个人的生命如果不带一点灰色，他将永远被摒弃于灵的世界。你看灰色是多么温柔，它不像火把把人炙得喘不过气来，它同时也不像黑暗引人陷入迷途，——我怕太强烈的光线，我怕太热闹的生活，我愿永远沉默于灰色中。"[①] 在后来所作的《异国秋思》中，作者借一群骄傲于幸福的少女活泼积极的人生态度，感叹已逝的青春，写下生命的种种痛楚。"青春的爱娇，活泼快乐的心情，她们是多么可艳羡的人生呢！""但是流年把一切都毁坏了！谁能相信今天在这里低徊追怀往事的我，也正是当年幸福者之一呢！哦！流年，残酷的流年呵！它带走了人间的爱娇，它蹂躏英雄的壮志，使我站在这似曾相识的树下，

---

① 庐隐、李唯建：《云鸥情书选》，林伟民编选《海滨故人庐隐》，人民文学出版社2001年版，第243页。

只有咽泪，我有什么方法使年光倒流呢。""唉！这仅仅是九年后的今天。呀，这短短的九年中，我走的是崎岖的世路，我攀缘过陡峭的崖壁，我由死的绝谷里逃命，使我尝着忍受由心头淌血的痛苦，命运要我喝干自己的血汗，如同喝玫瑰酒一般……"① 可见，在庐隐的人生中，虽然有片刻的欢愉，但灰色是她生命的底色，正如她自己所总结的一样，她的人生可分为三个阶段——悲哀时期、转折时期、开拓时期。而不满意现实人间，伤感的情绪贯穿始终。第一个阶段，她只觉得伤感，而不想来解决这伤感；第二个阶段，"我还是不满意人间的一切，我还是伤感，可是同时我也想解决这个伤感"；第三个阶段，她不满意于人间和伤感也更深进一层，但却有了对付这伤感和不满意于人间的方法，"我现在不愿意多说伤感，并不是我根本不伤感，只因我的伤感，已到不可说的地步"②。作为"五四的产儿"，庐隐接受新的思想，她笔下的女主人公露莎、云青、宗莹、亚侠都承载女性解放理想，与因袭的重负进行斗争，但是最终却如同当时的鲁迅似的落得个"荷戟独彷徨"的结局。所以，庐隐在旅日时期的纪游文学作品同样深载求女性解放而不得的悲哀，并且因日本妇女比中国女性所受的桎梏更深，所以，她的旅日纪游文学对日本女性的现状与女性解放的探索更加感伤绝望，体现女性文化现代化的艰难历程。

二 庐隐旅日纪游文学对女性文化的现代性批判

庐隐在日本考察时了解到，日本女性文化有其先进之处，如日本女学生的体魄已经相对强健，她们"不但能作柔软的运动，就是剧烈的运动，她们也能作，她们也能和男子一起作百码以上的比赛，……她们体操练习跳高，她们大约都能跳过五尺的高度"，并且"日本女学生勤劳耐苦，肯作事，有精神"③，这些都是中国女学生可以借鉴的。但是日本女性精神层面的解放还远远没有进入社会视野，女性还没有自我解放意识，

---

① 庐隐：《异国秋思》，《东京小品》，河北教育出版社1994年版，第63—64页。
② 庐隐：《庐隐自传》，林伟民编选《海滨故人庐隐》，人民文学出版社2001年版，第214页。
③ 庐隐：《扶桑印影》，庐隐著，钱虹编《庐隐集外集（1920—1934）》，书目文献出版社1989年版，第381页。

甘心成为男性的附庸、奴仆。

（一）男性欲望与商品经济合谋加剧女性沦为"物"的生存境遇

在漫长的中国封建社会中，中国女性被幽闭在家庭中，女性被置于工具理性的地位，成为传宗接代与满足男性欲望的工具。而进入近现代社会以来，女性得以从家庭走入社会，但长期拘囿于家庭的生活方式使她们进入社会以后并没有什么生存能力，女性的价值仍大多体现为"潜母"的预设，女性文化仍打满了封建烙印。在都市化过程中，男性欲望与商品经济合谋，女性身体作为欲望的载体直接被物化为商品。当时日本经济发展得更为迅速，女性物化的现象更为严重。

庐隐观光于日本都市，观察到日本咖啡店把女招待作为笼络顾客的手段。各女招待"袒开前胸"，向着来往行人"巧笑倩兮，美目盼兮"，与男人调笑奏乐，竭尽所能地卖弄风情。《柳岛之一瞥》中，作者深入娼寮，写日本的娼妓生活，感慨女性把身体当作商品出卖，女性生命被吞噬，灵魂僵化的社会现实。她书写娼妓们为了招徕主顾，故意作出娇媚和淫荡的表情。当一个穿西服的男人，用手摸着那空隙处露出来的脸时，女人低声献媚地呼喊："请，哥哥……洋哥哥来玩玩吧！"随后木门开了一条缝，女人伸出一双纤细的手，把那个男人拖了进去。另一个半老的妓女，伸着头勾引男人："来呵，可爱的哥哥，让我们快乐快乐吧！"① 而在作者看来，这种妖媚的呼声似是在哭诉着她们的屈辱和悲惨的命运，女性在这里成为没有灵魂的空洞的能指。庐隐不仅写日本女性步入社会以原始的本钱——身体作为生存的手段，而且写进入近现代以后日本女性的身体与婚姻仍被男性家长看作以物易物的商品。在《樱花树头》一文里，庐隐写"日本人家里，只要有女儿，他便逢人就宣传这个女儿怎样漂亮，怎样贤惠，好像买卖人宣传他的货品一样，惟恐销不出去"②。深入剖析日本女人在恋爱和婚姻中仅仅作为"被挑选的货品"而存在的生存现状。日本女孩自身也主动迎合男性社会的需求，勾引挑逗男人希望能换取的最大价值。《樱花树头》中的日本女孩 14 岁就会打扮漂亮讨好男性，十八九岁的女性会搔首弄姿，诱惑男人。于是女性沦为作为商

---

① 庐隐：《东京小品》，河北教育出版社 1994 年版，第 46—47 页。
② 庐隐：《东京小品》，河北教育出版社 1994 年版，第 26 页。

品"物"而存在，赤裸裸地进行钱色交易。日本女性并不认为出卖肉体的行为很耻辱，反而主动把自己包装成符合男性要求的高档商品，甘心把自己退化为可以交易的"物"，甚至作为走在时代前列的女学生"多与男子发生关系，借着这个弄点报酬补助她们的费用"①。可见，虽然日本在当时经济发展上超过中国，但就女性文化现代性建构方面，不论是社会对女性的认知还是她们的自我认知都远远落后于同时代的中国。中国女性在文化现代性建构中，一方面，追求精神的解放，力图摆脱肉欲的控制，常处于"灵肉冲突"的状态中，如冯沅君所言："在恋爱的过程中，确是灵肉交战，人终是人，故一方企图着天般高远的理想——灵，一方又摆脱不了现实——肉，眼望天国，身羁地狱，这种挣扎，便是人的一生。"② 另一方面，因为中国女性的"性"在封建社会中被遮蔽，所以蒋光慈、茅盾、白薇等作家作品中的女性以"性"解放作为突破口对抗旧有制度与环境，如茅盾《动摇》中的孙舞阳、《追求》中的章秋柳、白薇《炸弹与征鸟》中的彬等混迹于交际场中，要求强烈的肉的刺激来达到对社会的反叛。而这些女性的性反叛是建立在自己主观意愿的基础上，所以身体解放成为20世纪初中国革命文本中女性对抗社会、自我实现的标志。中国女性解放走在性压抑与性解放的两端，但无论哪一端，都有自己的精神独立、自主追求。而日本女性主动依附男性，自觉地把"性"作为商品，如果把这种现象也视为性解放的话，那么这种性解放则完全建立在灵魂麻木，自我歧视的基础上，心甘情愿地把自己沦为"物"，而不是人。

（二）服从的传统与贤妻良母的高等教育使驯服成为日本女性最大"美德"

女子对男子绝对服从是日本传统。庐隐在《扶桑印影》中写道，"日本男女关系极不平等"，女子对男子正如男子对国君一样，"便是作了母亲，也要听儿子的话……和中国所谓三从——从父、从夫、从子的旧道

---

① 庐隐著，钱虹编：《庐隐集外集（1920—1934）》，书目文献出版社1989年版，第383页。

② 冯沅君译著：《冯沅君创作译文集》，袁世硕、张可礼主编《陆侃如冯沅君合集》（第十五卷），时代出版传媒股份有限公司、安徽教育出版社2011年版，第133页。

德一样。所以日本的女子今日所处的地位，实在可怜，没有人格，没有自由，简直是个奴隶！"① 在旅日游记中，作者写到日本的女子高等学校，就是培养女性操持家务，以便更好地服务于男性，学校的授课知识"除家事科外，差不多没有更注重的学科了"②。她到京都市立高等女学校参观，看到女学生们上课，"有的作刺绣，有的作裁缝，有的做算学……"③ 没有看到能够放飞心灵的内容，这使她感到异常的沉闷。所以她猛烈抨击日本女子教育现状，并上升到人类幸福的高度。她这样写道："现在日本女子教育，最大的缺点，就是专让她做贤妻良母，而不叫她作人，在日本今日国家无事高唱升平的时候，女子的责任固然没有中国今日女子所负的责任大，然而间接于人类的幸福，多少也有些阻碍，因为人类的幸福，是根据大家平等大家自由，而日本女子贤妻良母的教育的结果，使女子退居于被动服从的地位，抹煞她们自由天赋的人格，在同一世界里同一人类中而分出高低不平的界限，人类还有幸福吗？我所以到京都市立高等女学校参观，看见她们'贞淑'两字的校训，不禁喟然长叹了。"④ 庐隐指出，日本女子的教育就是让女性没有人格可言，造成男女两性的不平等，女性灵魂僵化，没有思想，缺乏创造力，这是不符合社会进步的基本规律的。

《樱花树头》的行旅者解说女性的生存境遇："日本的女儿，生来就是替男人开……心的呀！在她们的德川时代，哪一个将军不是把酒和女人看成两件消遣品？"可以看出，在日本社会，女性和酒一样，只是男性的消遣品，是服从或服务于男性的。正如《樱花树下》的行旅者一再表达的观点："日本女人是特别驯良，是特别没有身份的"，"日本女人是太没个性，没身份的"⑤。而在现代女性文化观里，性应当与爱相伴而生，

① 庐隐：《扶桑印影》，庐隐著，钱虹编《庐隐集外集（1920—1934）》，书目文献出版社1989年版，第382—383页。

② 庐隐：《扶桑印影》，庐隐著，钱虹编《庐隐集外集（1920—1934）》，书目文献出版社1989年版，第380—381页。

③ 庐隐：《扶桑印影》，庐隐著，钱虹编《庐隐集外集（1920—1934）》，书目文献出版社1989年版，第354页。

④ 庐隐：《扶桑印影》，庐隐著，钱虹编《庐隐集外集（1920—1934）》，书目文献出版社1989年版，第381页。

⑤ 庐隐：《东京小品》，河北教育出版社1994年版，第24—25页。

是男女双方在建立感情基础之后自然发生的一种爱的表达，性爱应该具有纯粹性，性行为不应以任何目的而发生。而日本女性迎合男性、对男性盲从屈服，丢弃自我甚至作践自我，她们认为是女性天然属于第二性，驯服成为日本女性最大"美德"。而这种"美德"换来的却是男性从骨子里对于女性的轻视。女性没有与男性比肩而立的自觉性，没有独立人格，更谈不上与男性在事业与精神上的对话。

所以，当中国五四叛逆女儿初步觉醒，大胆走出家庭，对着封建家庭大声说"不"、庄严宣告"我是我自己的，你们谁也没有干涉我的权力"时，庐隐关注到日本女性仍然受着奴性教育，屈从于男权统治，根本没有精神独立的主观意愿与主体意识，这是与社会发展方向背道而驰的。

（三）追求个性解放但屈服于环境的女性悲剧命运

庐隐在她的旅日纪游文学中，书写日本女性或生活于日本的华人女子也曾追求自己的个性解放与婚姻的幸福，但由于日本封建传统文化固若金汤，最后被迫屈从于环境的悲惨命运。如《那个怯弱的女人》中的柯太太，在国内受教育的程度很高，毅然抛弃包办婚姻到日本留学，受到同是留学生的柯泰南的诱骗与之同居，被他玩弄，常年遭受着家庭暴力。但是长期与社会的脱节与日本女性奴化环境的影响使她失去了独立生活的能力与勇气，她最终还是如同一只被剪掉翅膀的鸟，被豢养的家畜一样仍然屈服于丈夫的淫威之下。由此可以联想到丁玲《我在霞村的时候》的贞贞，在日军占领霞村的时候，被掳去做慰安妇，但是她却利用这个特殊的身份为抗日战争提供情报。与柯太太因被诱奸而沉沦、堕落、绝望相比，贞贞由"失贞妇女"变为"抗日英雄"，在村民强大的语言与道德暴力的情况下，能勇敢地跳出传统束缚，到一个新的地方，开启了人生的另一个方向。而柯太太的起点比贞贞要高，她曾是一个在国内乘着时代浪潮前进、具有新思想的知识女性，在日本文化的熏染下变成了一个没有行动能力、没有独立人格的怯弱女人。贞贞只是一个普通农村妇女，特殊的环境使贞贞成长为一个对人生有着深刻理解，有着理想追求的现代女性，体现当时中国女性觉醒的程度。可见，中日不同的环境造就的女性千差万别。而庐隐的《烈士夫人》则表现了日本传统封建文化对青年女子幸福的戕害。主人公斋藤半子，结识了中国留学生并因互相吸引而恋爱结婚，享受着自由恋爱、自主婚姻的甜蜜。当这位青年为祖国而战，牺牲了自己的生命成为黄花岗七十二烈士之一时，他们的儿子降生。可是斋藤半子的家族不承认这段婚姻，烈士的遗孤成为私生子，斋藤半子被迫断绝了与儿子的关系，把他送给自己的妹妹和妹夫抚养，改姓她妹夫的姓。迂腐的封建环境造成了斋藤半子母子不能相认的悲剧。而守了20多年寡的烈士夫人最终没有完成自己对爱情的坚守，为"找死而结婚"，最后因为孤单无靠而选择了一个日本老商人嫁了。作者写道："据说她本月就要结婚，但她脸上依然憔悴颓败，再也看不出将要结婚的喜悦来。"① 环境的压力使斋藤半子不能听从自己内心的呼唤，将自己嫁给了"生活"，留下了一个苍凉的背影。同样，作者在《离开东京的前一天》中写演员松井须磨子与作家岛村抱月在这"干枯虚伪"的世界所不容的灿烂又纯洁的爱情之花；在《醉鬼》中写醉鬼轻薄的狂笑、粗鄙的曲子、兽性的举动，而受猥亵的女孩"含着不可告人的泪"，在神前忏悔，表现出邪恶得不到惩罚、受侮辱者反认为自己有罪的女性生存的畸形环境。

20世纪二三十年代，庐隐旅居日本，深入日本底层，对形形色色的女性进行描写，对日本女性文化进行探索比较。在《扶桑印影》《咖啡店》《樱花树头》《那个怯弱的女人》《柳岛之一瞥》《烈士夫人》等纪游文学中，她通过柳岛的妓女、"肤如凝脂"的咖啡店拉客小姐、中国黄花岗烈士的遗孀、怯懦的中国女留学生等展现日本女性的生存状态，以苍凉的笔触悲叹日本女性非人生存境遇，向读者展示日本女性文化前现代时期男权统治对女性的残酷迫害，对女性文化现代化建构作出了一系列的思考。

三 庐隐旅日纪游文学对女性文化的现代化思考

（一）20世纪初日本女性文化现代化建构的迟滞

从庐隐的旅日纪游文学可以看出，日本女性文化还处于前现代时期，日本女性还处于灾难深重的男权文化统治之下。确实，日本虽然从19世纪60年代末明治维新开始就实现了和西方现代文明的接轨，在思想意识

---

① 庐隐：《东京小品》，河北教育出版社1994年版，第60页。

的很多方面也与欧美国家进行了沟通和交流，日本民众的思想也开始逐渐转变，越来越多的日本女性接触男女平等的现代意识，并争取在教育、就业、家庭中的平等地位，日本男子的统治地位开始受到挑战；但是由于日本封建传统积习深重，很多日本民众对于男女平等的思想并不真正认同，日本封建男性对于女性的压迫仍然很重，日本女性的社会地位在一定的时期内仍很卑微。妇女被压抑、被奴役、被虐杀成为当时日本残酷的社会现实。很多中国男性到日本留学以后，也深受日本劣习影响享受女性的温柔驯服，玩弄践踏女性，如庐隐《那个怯弱的女人》中的柯先生。而女性对自我解放的自觉性存在不足，缺乏对传统反叛意识，甘心成为男性的附属物。所以日本女性文化现代化过程还很艰难。而在中国的女性文化现代化中，中国男性先行者引领女性走出封建文化重围，共同建构双性和谐的性别文化。女性突出重围，浮出历史地表，投入自己解放的斗争。特别是经过五四新文化运动的洗礼，女性不仅为了自身解放与封建传统搏斗，还投入解放社会、解放人类运动中去。

本书从平江不肖生的《留东外史》与崔万秋的《新路》中的中日女性形象的变化分析中日女性文化的变迁。平江不肖生的《留东外史》写清末时期女孩蕙儿跟随父兄到日本留学。她因缠足在澡堂滑倒，日本女性自然的天足和中国女性畸形小脚形成截然对比，蕙儿的小脚立刻引来日本女性好奇和轻蔑的嘲笑。中国女性的小脚被认为是野蛮落后的象征，表明中国女性文化还处于封建传统的深渊中。而在崔万秋的《新路》里，写20世纪二三十年代，自信大方的中国女性在日本挺胸阔步，林婉华还特意穿旗袍去学校显示中国女性的美，日本舞女都称赞她"真漂亮，真高贵"；金秀兰不穿袜子，大大方方地裸露脚踝，并且嘲笑日本摩登女郎不懂时尚。20世纪二三十年代的中国女性在外在形象及内在心理优势方面与晚清因小脚而羞愧的中国女性形成了鲜明的对比，反映出中国女性文化现代化程度发展之快。

直到20世纪60年代以后，男女平等思想才开始真正渗透进日本社会，女性的独立意识和人权思想才逐渐萌芽和发展。第二次世界大战前，"男主外、女主内"是日本社会的基本家庭模式。在受教育权方面，女性接受的大多是女性家庭工作内容的教育。女性基本上忙于做家务与抚育幼儿，外出工作的女性占少数。第二次世界大战后，日本制定了教育基本法，规定男女可以共学。直到 20 世纪 80 年代以后，随着《男女雇佣机会均等法》的颁布，女性与男性同酬工作才受到法律保护，女性才能实现经济的独立。而在婚姻方面，第二次世界大战后女性的婚姻受到法律保护得以自主地选择结婚对象。日本颁布了《教育基本法》《男女就业机会均等法》保护女性权利之后，男性绝对领导的地位发生变化，日本女性文化才逐步走向现代化。

日本较早接受西方文化的影响，经济上很快步入先进国家行列，但是女性的精神独立与社会地位的提高却远远没有跟上经济发展的步伐。法国空想社会主义者傅立叶说过，妇女解放程度是衡量社会发展的一个尺度，在此意义上，日本社会的现代化程度在 20 世纪初远远没有达到现代国家的要求。而女性文化的落后、女性力量的未被挖掘也成为了制约日本社会发展的一个重要因素。

（二）庐隐对中国女性文化现代化的忧思

庐隐游览于日本，深入日本普通民众中，深深感受到日本女性深重的苦难，对其寄予深切的同情，并鼓舞她们奋起反抗。而她在游历的过程中，从日本女性的遭遇随时想到中国女性的生存境遇，同时也表达了她对女性的同情与思考、对男权中心文化的反叛及对女性现代文化建构的思考。

庐隐在行旅的过程中，一方面触景生情，深深感叹中国女性现代化道路探索的艰难。庐隐在《井之头公园》《异国秋思》睹物思情，回想女师大毕业旅行时憧憬于未来的希望、享乐于眼前的风光、骄傲于幸福的少女，而感叹现在残刻的流年带走了人间的爱娇，蹂躏了英雄的壮志。这既是对自己命运的感慨，同时也是对女性争取独立解放道路过程的追怀与叹惋。作者如同其作品中的主人公亚侠、露莎、沁珠一样，是五四时代新女性，对封建礼教传统进行狂傲不驯的反抗，最终迎来的却是失败与痛苦。她勇敢地反叛母亲与哥哥，凭着对一个男性的同情与其订立婚约，又因理想追求的不同而解除婚约。她不顾礼俗与有妇之夫郭梦良结合，但是最终发现实际的婚姻生活与理想的婚姻生活相距甚远。她和其他五四新女性一样对女性解放之途充满迷惘。"新女性的瞬间将消失，留下一段美丽的'五四遗事'，一段美丽的'前尘'。"五四运动为女性个性解放拉开了序幕，但"序幕之后，不是正剧，而是尾声"①。所以，庐隐在人生的歧路上徘徊，对女性文化的现代性建构之途感伤迷茫。

另一方面，由日本女性现状庐隐联想到中国封建文化的顽固驻守。中国虽然有着一批走在时代前沿的新女性，以破旧立新之势对女性文化现代化道路进行探索，但与此同时，社会整体男性中心色彩依然浓厚，封建礼教依然吃人。对此，旅居东京的庐隐在日本风景与日本女性命运的触动下感触更加深刻。如在《沐浴》中，作者从日本女人同池共浴、日本社会对于女体的祛魅、对于天性的肯定联想到礼教森严的中国，"明明是曲线丰富的女人身体，而束腰扎胸，把个人弄成了泥塑木雕的偶像"②，再联想到人间的种种束缚，种种的虚伪，作者继而反讽封建文化，"据说这些是历来的圣人给我们的礼赐——尤其严重的是男女之大防"③。从《咖啡店》中吸引顾客的咖啡店女侍联想到北京西长安饭馆门口的女招待，感叹中日相通地把女孩的色相当作商品的丑恶现实。而在《离开东京的前一天》中，作者从日本作家秋田先生的中国想象中认为彼时中国女性仍然缠足，并且中国的实际情况只是有知识的人不受"这不自然人道刑罚"，而那些没有知识的乡下人，仍然还在那里缠足，让她为当时中国社会愚昧落后感到难受、羞耻与惭愧。而在《海边上的谈话》中，作者从看到青年人的青春活泼，回忆起荒谬的礼教致使青年人婚姻一再受阻的故事：一对青年男女因了解而相爱，想要结婚了，但是腐朽的封建礼教却让他们为祖母守孝三年，而在这期间女孩的祖母、男孩年迈的父母都有可能出现变故。等到他们守完孝，他们的青春就将一去不复返了。而在《庙会》中作者感怀于受封建迷信与外国宗教蛊惑将自己命运交给神佛与上帝的怯弱可怜的女性。在《扶桑印影》中，作者写在回国途中，途经奉天时发现奉天女子教育的腐朽黑暗。奉天被日本帝国主义占领，女校教育的内容"除了讲三从四德外没有别的东西了"，女学生的

① 孟悦、戴锦华：《浮出历史地表：现代妇女文学研究》，中国人民大学出版社2004年版，第37页。
② 庐隐：《东京小品》，河北教育出版社1994年版，第16页。
③ 庐隐：《东京小品》，河北教育出版社1994年版，第19页。

婚姻追求就是"作军官队长的如夫人"①。学校严守男女之大防，压制学生的改良要求。这些现象使作者深深感受女性解放的前景堪忧。

（三）庐隐的旅日纪游文学对于中日女性觉醒的呼吁与对人类命运的思考

在庐隐的旅日纪游文学中，她虽然感慨于日本女性更为深重的生存境遇，对于中国新女性的前途与命运充满彷徨与怀疑，并且发现中国社会封建礼教的桎梏在很大范围内仍然存在；但是作为女性解放的先行者，她感伤但她并不绝望。庐隐对女性命运进行重新思考与认识，鼓励女性为争取自己的独立与幸福而努力而战斗。当看到日本女孩从小就学会讨好男人，表现驯良的品格时，她深深叹惋日本社会"永远呈露着畸形的病态"，"日本女人，到如今还只幽囚在十八层的地狱里呵！"② 在《邻居》中，她看到对男人低首下心的日本女人，大声责问："世界上最没有个性的女性呵，你们为什么情愿做男子的奴隶与傀儡呢！"③ 而当柯太太受到丈夫的家暴，又缺乏独立生活的勇气时，庐隐鼓励她说"你既是在国内受过相当的教育，自谋生计当然也不是绝对不可能，你就应当为了你自身的幸福，和中国女权的前途，具绝大的勇气，和这恶魔的环境奋斗"④，让她振作，为自己找个出路，不再去忍受"从前那种无可奈何的侮辱"⑤。而当庐隐在《海边上的谈话》中讲述被封建礼教所吞噬的婚姻的故事时，号召同处于封建礼教困境中的海边上的小伙伴们打破束缚，另辟一个境界。"礼教的家庭，本没有什么可尊敬的，这只是看你们自己的决心了。"⑥ 所以，作为"五四产儿"，庐隐虽然最后没有解决女性的出路真正在哪，女性文化现代性建构的路径该如何建构，但是她却始终执着于五四给她的精神信念，坚守五四之女的精神气质，自始至终表现出了与男权中心文化斗争的姿态。正如她在后来的杂文《今后妇女的出

---

① 庐隐：《扶桑印影》，庐隐著，钱虹编《庐隐集外集（1920—1934）》，书目文献出版社1989年版，第387页。

② 庐隐：《东京小品》，河北教育出版社1994年版，第27页。

③ 庐隐：《东京小品》，河北教育出版社1994年版，第14页。

④ 庐隐：《那个怯弱的女人》，《东京小品》，河北教育出版社1994年版，第37页。

⑤ 庐隐：《那个怯弱的女人》，《东京小品》，河北教育出版社1994年版，第38页。

⑥ 庐隐：《海边上的谈话》，庐隐著，钱虹编《庐隐集外集（1920—1934）》，书目文献出版社1989年版，第367页。

路》一文中所写的："今后妇女的出路，就是打破藩篱到社会上去，逃出傀儡家庭，去过人类应过的生活，不仅仅作个女人，还要作人。"① 并且她能将女性的解放与人类的前途与命运结合起来思考，体现庐隐前瞻性与思想的深度。

第四节 谢冰莹旅日纪游文学的女性文化崇高美学的建构

谢冰莹是中国近代第一个女兵，也是中国现代文学史上第一位女兵作家。她于 1906 年出生在湖南新化，2000 年卒于美国旧金山。她曾四次逃婚，两次入伍，三次入狱，两次东渡日本，有过四次婚姻（分别与符号、顾凤城、黄震、贾伊箴结婚），演绎了自己传奇的一生。她在五四浪潮的影响下，探索着女性解放的道路，她的名字"联系着国民革命和中国女性伟大抗争的重大命题"②。"别的女作家写爱情、写闺秀，而谢冰莹却将刀光剑影，金戈铁马，隆隆炮声，浓烈硝烟搬进自己的作品。"③ 她将女性的解放汇入了民族和社会解放的洪流中，特别是她两次赴日求学，根据自己被驱逐、进监狱经历所写的《我在日本》《在日本狱中》等旅日纪游作品，虽然不是传统的游山玩水和欣赏大自然主题，但她"旅行"于时代风云与抗日救亡前线，"旅行"于日本监狱，深度体验日本监狱的"脑刑""指刑"等残酷刑法，并"九死而犹未悔"的抗日救国爱国情怀的"行旅感兴"，展现了别具一格新女性的风姿，建构了女性文化崇高美学。

一 谢冰莹刚性人生与现代女性文化的雄性构建

谢冰莹出生与成长的时期正值中国社会发生巨变的 20 世纪初期。在中国妇女的非人生活已经到了无以复加地步的时期，在西方文化的传入

---

① 庐隐：《今后妇女的出路》，《东京小品》，河北教育出版社 1994 年版，第 161 页。
② 阎纯德：《序》，石楠《中国第一女兵：谢冰莹全传》，凤凰出版传媒集团、江苏文艺出版社 2008 年版，第 1 页。
③ 古继堂：《中国第一位女兵作家——谢冰莹》，《新文学史料》2000 年第 4 期。

与激发下，以及出于男性先行者对于女性作为中国社会发展潜在力量的挖掘的现实考量，女性文化在现代性建构过程中与中国数千年的旧观念、旧势力的抗争中，出现了许多新思想、新事物，发展到五四时期呈现蔚为大观的个性解放的时代大潮。谢冰莹受益于时代女性文化的对传统文化的启发，从小就开始决绝的抗争。她幼年时期就反对裹脚，不喜欢背《女儿经》，不喜欢听《列女传》的故事。在女子无才便是德的时代，谢冰莹8岁开始就提出上学的要求，10岁进本村私塾，12岁经过两天的绝食斗争得以入大同女校，1919年转入县立高等女子小学校，1920年进入益阳信义女校，因组织并参加"五七"国耻日的纪念活动而被学校开除。1921年秋季，谢冰莹考入长沙省立第一女子师范学校。1926年因个性解放的初衷谢冰莹将自己投入社会解放的洪流中，为了摆脱封建包办婚姻，她在二哥的帮助下考入武汉中央军事政治学校第六期女生部，成为中国近代史上第一名女兵，并参加北伐。因1927年蒋介石发动的"四一二"反革命政变，革命与反革命展开殊死搏斗，武汉中央军事政治学校宣布解散。谢冰莹回到湖南老家。1928年，考入上海艺术大学，后因艺大解散北上北平，1929年与符号结婚，并考入北平女师大。1931年决定东渡日本留学，但因"九一八"事变爆发，出于抗日爱国情绪，她参加追悼东北死难烈士大会，于1932年年初被遣送回国。1935年再渡日本，入早稻田大学攻读西洋文学，师从本间久雄教授，因拒绝参加日本朝拜的伪皇帝溥仪的欢迎仪式而被捕，后在柳亚子等国内朋友及竹中繁子等日本友人的帮助下，1936年出狱逃回上海。1937年组织了"湖南妇女战地服务团"，重上前线，第二次当了女兵，后辗转重庆、徐州、宜昌等地投入民族血与火的斗争中。此后与丈夫贾伊箴赴台湾任教，1973年退休后一直定居美国旧金山。

综观谢冰莹的一生，是战斗的一生。她从小就反叛封建传统文化，反叛戕害她身体的封建劣俗，反叛"三从四德"的女性封建养成教育，她的学习的机会是通过与封建秩序的维护者——母亲以命相搏的斗争得来的。她对于个人婚姻爱情幸福的追寻都是基于对传统封建文化的反叛的基础上获得：三次逃婚，三次被抓回，经过与包办婚姻对象晓之以理、动之以情的斗争，以及与婆家长辈虚与委蛇、斗智斗勇，最后终于得以登报解除婚约，逃出樊篱；她与符号、顾凤城、黄震都是出于心的吸引而结合，后因为思想观念的不合主动选择分开；从而真正地实现了鲁迅《伤逝》中子君的誓词"我是我自己的，你们谁也没有干涉我的权力"，用行动向"父母之命、媒妁之言"的封建传统进行斗争。谢冰莹因为与多个男性的先后恋爱受到当时社会的诟病，甚至关心她成长的柳亚子夫妇还提醒她注意影响，但她只是要遵从自己的内心，以自己的婚姻诠释个性解放的核心内涵。在实现个性解放的过程中，她将自己投入社会解放、民族解放的洪流中，将女性命运与时代主题、民族国家的命运联系在一起。正如她在《女兵自传》所说的，她当兵的初衷是逃避封建家庭的压迫寻找出路，但是在成为女兵之后，思想境界发生了巨大变化，把完成国民革命、建立富强的中国放在自己的肩上，将女人变成了与男人比肩而立的人。所以当人们都在探讨"娜拉走后怎样？是堕落还是回来？"有人在感伤悲叹女性的命运，还有人乘着时代风潮走上交际花、明星之路，过着灯红酒绿纸醉金迷的生活时，谢冰莹以自己的人生坚定地回答——让女人成为女国民，以主人翁的使命感承担现代国民的保家卫国责任感。所以有人如此评价谢冰莹："谢冰莹在封建社会是个奇女子，在新社会是时代的闯将，她所选择的道路不仅异于封建女子，而且有别于一般的新女性。当一批觉醒了的新女性跳出封建樊篱，醉心于讴歌幸福爱情、自由婚姻的时候，她已经摆脱掉个人狭隘的圈子，以改造社会为使命。"[①] 谢冰莹的人生是斗争的刚性人生，她不仅向着封建传统积习宣战，向着父权制社会宣战，而且向着日本帝国主义宣战。她从不向现实低头，从不向敌人屈服，跌倒了，爬起来，失败了，鼓起了勇气再干，体现出女性主体精神高扬的现代性。尽管有人认为她所展示的女性解放更多了一些社会性因素，突出女性生存的"花木兰式"的境遇，以女性解放雄性特征的张扬忽视了女性的性别内涵；但是在民族的自由独立占据压倒一切的位置时，她所展现的女性文化的雄性建构却弹奏出时代的最强音。

二　谢冰莹旅日纪游文学对女性文化崇高美学建构的体现

如果说庐隐的旅日纪游文学偏于女性温柔的感伤，那么谢冰莹旅日

---

① 孙晓娅：《谢冰莹与〈黄河〉月刊》，《中国现代文学研究丛刊》2001 年第 3 期。

的纪游文学就是因个性特色与旅日时期独特的时代特色体现出的女性刚劲的崇高美。谢冰莹第一次旅日正值"九一八"事变时期，日本表现出侵吞中华的野心，第二次旅日时日本扶持傀儡皇帝溥仪妄图把中国变成日本的殖民地。国难当头，谢冰莹出于爱国热情投身于"抗日反满"的斗争中，她书写自己在日本的特殊斗争经历及感受，张扬女性文化现代性建构中别具一格的崇高美。

根据康德与马克思的崇高理论，崇高主要有三层意思：第一层，崇高就是在主体与各种敌对力量的抗争中体现出来的。这些敌对力量既包括来自自然的敌对力量，也包括来自社会的敌对力量，特别是社会中的各种黑暗落后的敌对力量；第二层，崇高感来自主体的理念并依赖于主体，包括主体为和平和神圣不可侵犯的权利而进行的社会斗争。通过与黑暗落后势力的斗争，主体获得并提升了自己的本质力量，不断推动着历史的进步，在这个过程中，主体会体验到同样的甚至是更强烈地对自身力量的崇敬和确信，会获得更强烈的崇高情感；第三层，它是一种更强烈的由痛感转化而来的愉快感，而这种愉快感是"通过对生命力的瞬间阻碍、及紧跟而来的生命力的更为强烈的涌流之感而产生的"①。

（一）女性主体面对阻碍民族独立自由的黑暗力量的强大而增添革命现实主义的崇高底色

谢冰莹两次赴日的初衷均是求学，但因特殊的时代形势的发展，她两次都把自己投入滚滚的抗日洪流中。她书写女性主体特殊的行旅过程中所面对的敌对力量的黑暗。在第一次赴日留学，她写"九一八"事变以后在学校所接受的殖民主义教育的令人发指：一个可恶的教授在课堂上极度渲染中国政府自私无能，夸大所谓的"大日本皇军"势如破竹占领东北四省的事实，公然做着不久后的将来占领中国的美梦。旅日中国人的抗日纪念活动被日本帝国主义者破坏，革命的领导者被抓捕，很多人被驱逐回国。第二次赴日留学，日本帝国主义者的殖民手段更加疯狂，镇压中国爱国人士的反抗更加残酷。它把清朝废帝溥仪作为傀儡，妄图统治中国。在日本报纸《读卖新闻》上，"明治神宫的门口，扎着富丽堂皇的纸牌。为了清算抗日势力，特务侦探无所不在地秘密跟随，并阴险

① ［德］康德：《判断力批判》，邓晓芝译，人民出版社2002年版，第83页。

地搜查了她的信件、日记等一切私人物品。谢冰莹在当天下午，上学路上就遇到两个侦探造访，黄昏又有两个侦探造访，询问她对于溥仪朝日的态度。两天后又是一群侦探潜伏在她家附近，接着是一群凶神恶煞的"警犬"全副武装入室搜查，随之更多"警犬"用手枪对准她，将她押上汽车驶入警察署。入狱前后对她采用无所不用其极的手段逼她交出所谓的同伙，如入狱时狱警对谢冰莹进行侮辱性的搜查，看守随口即骂她为"马鹿"（日语"笨蛋"），并不时地用皮鞭在铁栏杆上乱抽。监狱条件恶劣，只有二铺席的囚室关押四五个人。室内寒冷，虱子肆虐。早上起来穿衣、扫地、洗脸、上厕所的全部时间只有五分钟。饭是发了霉的米煮出来的，谢冰莹在监狱中前十多天就靠几块黄萝卜维持生命，每天只有一小碗开水。更重要的是日本监狱为撬开正义民主人士的嘴使用了电椅、皮鞭、大柱子、压棍、水龙头等诸多刑具，谢冰莹在狱中经受了掌掴、脑刑、指刑等各种严酷的刑罚。他们用圆棍猛烈地敲击谢冰莹的脑袋，把她打倒在地，又把她扶起来，继续猛打。打得她脑袋好像裂开，脑浆流出来了一般，直到晕倒过去；然后继续用指刑，让她的手指像断了似的，痛得再也举不起来；然后继续脑刑，直至完全昏迷。而谢冰莹前后两次特殊的旅日行旅均受到这样极端的对待，显示出黑暗落后的敌对力量的强大。黑暗落后敌对力量的强大与难以战胜，不仅给女性主体的主观行为增添了崇高的底色，也成为女性主体提升本质力量的动力。

（二）女性主体通过与黑暗落后势力的斗争，提升了自己的本质力量而获得强烈的革命浪漫主义的崇高情感

谢冰莹书写的旅日经历，是在与强大的敌对力量对抗的过程中，女性主体逐步成长成熟，而不断提升自己的本质力量的过程及由此而获得的强烈的崇高情感。

谢冰莹第一次旅日时书写在留日学生组织的追悼东北死难烈士大会活动中，她和剑儿、文竹、文田等女同学在日本军警的包围、殴打、抓捕之下，和其他同学高呼"打倒日本帝国主义""打倒日本军阀""打倒日本警犬"等口号，她们的血液沸腾，伤心、愤怒达到了极点，在收到日警的驱逐令之后，女留学生不但不认为没面子，反而认为"有资格被

他们驱逐，这是很光荣的"①。谢冰莹记录了第一次日本之旅的爱国主义精神，几个女生出于对日本占领我国大好河山的义愤，先后回国。谢冰莹虽然没有完成她的学业，但是她将个人的发展汇入时代的洪流，将自我的发展与国家民族的发展结合起来，从而使女性精神获得质的提升。这和封建社会大门不出二门不迈的女性相比是天翻地覆的质的飞跃。她将传统养在深闺的女性的闺怨吟哦、征人思妇的离愁别绪、同期现代女性的个性解放层面觉醒后无路可走的郁闷苦恼、徘徊犹疑化为爱国的悲吟！

1935 年谢冰莹抱定"多求学问与技能，希望将来对国家社会，有一点什么贡献"② 的目的第二次赴日本留学。而这次作者书写敌对力量更加强大，面对日本帝国主义特务侦探、监狱酷刑的考验时女性主体的精神也有更为宽阔宏大的提升。作者书写面对日本帝国主义的魔掌与溥仪的卖国行径时的感受是切齿痛恨，心好像要爆炸。在侦探的质问面前，作者倔强地回答："我根本不承认有什么'满洲国'，更不承认有什么'满洲国皇帝'。"③ 昂扬的主体意识与从军、与在第一次旅日爱国行动相比显得更加强烈。

谢冰莹抱着视死如归的心情走入监狱，豪气干云地表达"反正最大的牺牲不过是死而已，其实死又有什么可怕呢？"④ 而在入狱几天之后，作者"行旅"于囚室，发现板壁上前面囚禁的女犯人所写的标语"消灭一切帝国主义！"她的感觉是："真比哥伦布发现美洲时，还要惊异，还要高兴！"接着又在西北壁角上发现了这么一行："友哟！我是完了，什么希望都没有了，你继续我的工作吧！"⑤ 作者接着写她看到这些标语的观感："她当然是一个革命的女性（这房子是专囚禁女性的），而且是一个忠实于工作的勇敢者。在她的呼吸没有停止以前，她始终不忘记工作，

① 谢冰莹：《我在日本》，台湾：东大图书公司 1984 年版，第 15 页。

② 谢冰莹：《我在日本》，台湾：东大图书公司 1984 年版，第 60 页。

③ 谢冰莹：《前奏曲》，艾以、曹度主编《谢冰莹文集》（上册），安徽文艺出版社 1999 年版，第 319 页。

④ 谢冰莹著，艾以、曹度主编：《谢冰莹文集》（上册），安徽文艺出版社 1999 年版，第 334 页。

⑤ 谢冰莹：《板壁上的标语》，《谢冰莹作品选》，湖南人民出版社 1985 年版，第 130 页。

不卸下她的责任。"① 可以见出中日革命女性前赴后继地反对日本法西斯、维护正义与和平的革命精神。由此作者想起中日乃至世界的革命女性和万恶的环境斗争的精神。接着她又看到了"劳农解放万岁！打倒帝国——"②（主义两字因故停止）。在欣赏这牢房特殊的"风景"中，作者的情绪受到感染，主体情绪更加昂扬。她在板壁上用指甲冲破阻碍悄悄刻上"打倒日本帝国主义""中华民族万岁""被侵略民族联合起来"三条标语，她发表着自己"旅游感兴"，主观情感更加豪迈激昂："日本帝国主义者只能囚禁我的身体，不能囚禁我的思想和精神！看吧，这些刻在板壁上的字迹，正代表着一切革命囚犯的精神，一切革命囚犯的思想；总有一天，这些字迹都会兑现，都会变成一颗颗炸毁日本帝国主义者炸弹，而他们这些囚禁我们的刽子手，却都死在我们的刀枪之下。"③而当她牢房里看到"铁窗外射进来一缕鲜红的阳光"时，"一颗冰冷的心，一见阳光，便立刻热了，对于前途也充满了光明灿烂的希望"④。

在监狱整整一个星期没有吃饭的情况下，"我想到自杀了，明知道这是弱者的行为，而且连子弹都不需要他们消耗一颗，我就了结自己的生命，未免太便宜了他们，同时也太贱视自己了，……坐监的生活是人间最残酷最痛苦的生活，何况又是在病中"⑤。但是，转念一想，她马上克服了自己的脆弱，用一个中国国民、一个反帝战士要求进行自我反省："用自己的手来杀死自己，究竟为的什么呢？替敌人省下一颗子弹是小事，杀死中华民国一个堂堂皇皇的国民，而且是日本军阀的仇敌，一个反帝的战士，我对得起国家吗？对得起生我育我的父母吗？"⑥ 从而唤醒自己战斗到底的信心与决心。她怒斥敌人审问时对她的侮辱，当敌人斥责她不做贤妻良母，跑到国外去胡闹，是中国的羞耻，她反驳道："这是中国的光荣，他有四万万七千五百万热爱着她的儿女，他们不愿意做亡

---

① 谢冰莹：《板壁上的标语》，《谢冰莹作品选》，湖南人民出版社1985年版，第131页。
② 谢冰莹：《板壁上的标语》，《谢冰莹作品选》，湖南人民出版社1985年版，第132页。
③ 谢冰莹：《板壁上的标语》，《谢冰莹作品选》，湖南人民出版社1985年版，第132页。
④ 谢冰莹：《铁窗外的阳光》，《谢冰莹作品选》，湖南人民出版社1985年版，第135页。
⑤ 谢冰莹：《生与死的挣扎》，艾以、曹度主编《谢冰莹文集》（上册），安徽文艺出版社1999年版，第367页。
⑥ 谢冰莹：《生与死的挣扎》，艾以、曹度主编《谢冰莹文集》（上册），安徽文艺出版社1999年版，第367页。

国奴,愿意反对日本帝国主义到底!"① 并且她接着表达:"更大的侮辱从今天开始了,我不伤心,也不流泪,我要更勇敢,更坚决,宁愿死,绝不能屈服。我咬紧着牙根度过了最悲愤的一夜,我冷静地期待着第四次也许是末一次的审判来临。"② 谢冰莹以坚定的意志更强的内心迎接充满艰险的未来,即使今天就是她生命结束的日子,她也可以为了自己是个中国的勇敢的女性而慷慨就义。在领受惨无人道的"脑刑""指刑"时,虽然被折磨致晕死,但作者始终保持冷静理智的态度,不退缩,不害怕,甚至"为了要尝一尝各种刑法的滋味,我倒希望他们把所有的花样都在我的身上试验一下",而且坚信,"只要我不死,我总有机会把所谓大日本帝国主义的文明与恩惠介绍给世人"③,"如果按照死的意义来说,我这回的牺牲是有价值的,因为犯的罪是'抗日反满',这正是爱国罪,我虽死了,也能含笑于九泉"④,"真理总有一天会战胜强权,只要我不病死在狱中,我总有一天会得到自由,予打击我者以打击"⑤。正如她在《我在日本后记》所写:"我没有一天忘记那一段我在日本狱中的生活;老实说,抗战以来,我其所以在六年中,拖着一条有病的身子,在各战场奔波的原因,完全是为了我要为自己复仇,为国家雪耻。我每逢脑袋胀痛,或者有时晕倒,失掉知觉又醒转来的当儿,我立刻想到第一个摧残我健康,殴打我脑袋的敌人,还有几副比豺狼还毒的狰狞面孔,是那么常常地印在我的脑中,我永远忘不了他们,也永远忘不了他们施在我身上,我们每个中国同胞身上的仇恨。"⑥ 所以,敌人的残酷激起她斗争的勇气,她能以昂扬的主体情绪、与敌人奋战到底的决心投入狱中斗争,粉碎敌

---

① 谢冰莹:《第二次审问》,艾以、曹度主编《谢冰莹文集》(上册),安徽文艺出版社1999年版,第373页。

② 谢冰莹:《第二次审问》,艾以、曹度主编《谢冰莹文集》(上册),安徽文艺出版社1999年版,第374页。

③ 谢冰莹:《受刑》,艾以、曹度主编《谢冰莹文集》(上册),安徽文艺出版社1999年版,第379页。

④ 谢冰莹:《死的威吓》,艾以、曹度主编《谢冰莹文集》(上册),安徽文艺出版社1999年版,第383—384页。

⑤ 谢冰莹:《审判书》,艾以、曹度主编《谢冰莹文集》(上册),安徽文艺出版社1999年版,第390页。

⑥ 谢冰莹:《我在日本》,台湾:东大图书公司1984年版,第216页。

人妄图揪出正义爱国人士的阴谋。甚至激励她出狱回国后再一次成为女兵为国家的独立与自由浴血奋战，坚定了杀尽这批失掉人性的野兽，使中华民族得到完全的胜利，真正实现人类的自由平等的信念。谢冰莹以理想主义的激情来藐视敌人，以革命的信仰战胜敌人，体现勇于斗争的英雄气概，甘愿牺牲的献身情怀，斗争必然胜利的坚定信念。女性主体的精神境界得到极大的提升，形成强烈崇高情感的震撼。

（三）女性主体产生因痛感产生的愉悦，形成一种革命乐观主义的崇高感

谢冰莹书写两次特殊的旅日经历，写她在风雨如磐的日寇横行之下、黑暗阴冷的监狱之中遭受磨难，产生痛感，但在昂扬的主体情绪的主宰下，她逐步克服痛感，将痛感转化为愉悦感，形成革命乐观主义的崇高感。

第二次旅日被捕入狱的第一天，在恶劣的生存环境下，在犯人受刑的哭号声中，谢冰莹反而平静地分析形势，确信自己的新生："这里只有两条路摆在面前，一条是死路，或者有那么一天我为着争取祖国的生存而被恶狗咬死，那时候，我将含着微笑，悄悄地离开人间，去度那永久的安息生活。另一条是生路，不久我从囚笼中放出来了，那时候，我好比一只海燕那么自由自在地翱翔在海空，我要像一阵风似的迅速地飞到祖国的怀抱，做着比过去更努力更紧张的反日工作。想到这个，我微笑了，我相信后面那条路一定在等着我去走的。"① 从这句话可以看出，面对生死，作者都能冲破生命中的阻碍，愉快积极地面对——面对可能到来的死亡，作者的态度是"含着微笑"，如果是条活路，她同样"微笑"，乐观快乐地投入反日工作。而当狱中看守把朝鲜革命者的头踢在墙壁上嘭嘭作响时，血流汹涌时，她并没有因此而惊慌害怕，反而激起她斗争的豪情继而微笑。她这样写道："他走了之后，地上留下了一摊斑斓的血迹，这些血迹在太阳的光线下，似乎变成了一座血的火山，一条血的河流，他们在燃烧，在爆烈，在汹涌，在奔流，火山会埋葬日本帝国主义者的尸身，河流会淹没日本帝国主义者的巢穴，于是我对着这些宝贵的

① 谢冰莹著，艾以、曹度主编：《谢冰莹文集》（上册），安徽文艺出版社1999年版，第332页。

血迹微笑了。"① 小小的囚室的拥挤，让她想到的是与友乐促膝谈心观快乐的场景："小小的囚室里，挤得更不能伸足了，可惜这里面没有一个是我的朋友，否则，偷偷地促膝谈心，想来另有一番滋味。"② 而她在监狱里饱受煎熬，一个星期粒米未进，游离在生与死之间时，她一度想到自杀，但她马上克制了这种低迷的情绪，转而化为抗日斗争的豪情、确信正义战争的胜利与国家的新生的欢乐，于是将痛苦转化为快乐和骄傲。她这样写道："生为中国人，死为中国鬼，为什么要死在日本这个充满了罪恶，充满了火药味和血腥味的肮脏国土呢？他如果真的要杀掉我，那我只好让我的灵魂飞回可爱的祖国，而几根枯骨就任他们抛弃了。但如果事情不至于这么严重，不久我能够恢复自由，我仍然是一位反日的战士，而且比过去要更英勇，当我回到祖国的怀抱的时候，我要更大声疾呼地唤醒那些麻木的同胞，使他们知道日本帝国主义者的真面目，被压迫的弱小民族是如何可怜，有那么一天我站在东北的松花江上，对着飘荡在晴空里的青天白日满地红的旗帜，高歌着胜利的曲子，那时我是多么快乐而骄傲啊！想到这里，我又充满了生的希望，我觉得生命是无价之宝。"③ 当她受刑痛苦达到极致时，她还能把自己比作小说或戏剧中的主人公，苦中作乐，以减轻自己的痛苦：我"把它当作一部小说在读它，或者把自己当做悲剧中的主角，现在就是舞台……"④

可见，因受革命理想、信念的鼓舞，谢冰莹在痛苦的充分认知的基础上，将痛苦转化为坚定的革命意志和朝气蓬勃的精神状态，从而超越痛苦，孕育歌声。所以她能视生死如度外，一切艰难险阻，她都微笑对待，体现革命乐观主义精神。在这里，痛感与愉悦形成强烈的反差，而在越痛苦的环境下所形成的超越痛苦的举重若轻的愉悦感即构成了宏阔的境界与磅礴大气的崇高感。

---

① 谢冰莹：《铁窗外的阳光》，艾以、曹度主编《谢冰莹文集》（上册），安徽文艺出版社1999年版，第365页。

② 谢冰莹：《你是女兵吗？》，艾以、曹度主编《谢冰莹文集》（上册），安徽文艺出版社1999年版，第341页。

③ 谢冰莹：《生与死的挣扎》，艾以、曹度主编《谢冰莹文集》（上册），安徽文艺出版社1999年版，第368页。

④ 谢冰莹：《受刑》，艾以、曹度主编《谢冰莹文集》（上册），安徽文艺出版社1999年版，第379页。

三 谢冰莹旅日纪游文学对女性文化现代性建构的意义

不同于庐隐对女性命运深沉的感伤，也不同于丁玲笔下女性觉醒后无路可走的徘徊与彷徨，更不同于白薇对父权社会毁灭式的报复，谢冰莹的旅日纪游文学中的女性主人公，出于时代与社会的召唤，突破传统性别界限，超越并反抗社会对女性性别角色的强制性规定，从家庭走入社会，投身于反抗侵略的斗争之中，从而将女性文化建构的主题从个性解放转入民族抗争，体现出浮出历史地表的女性力量。

（一）浮出历史地表的女性力量

在突破封建束缚实现女性解放的过程中，争取婚姻自主，恋爱自由的个性解放一度成为许多女性争相奔赴的时代命题。而女性在摆脱"父母之命，媒妁之言"实现个性解放时，一方面因没有经济独立的能力面临"娜拉走后"的窘境，另一方面因缺乏走进社会的历练而失却与男性对话的基础。正因为如此，五四女性虽然冲破了封建家庭，但是女性文化的建构却是空泛而迷惘的，如鲁迅《伤逝》中的子君一样，冲破重重阻碍，求得婚姻自主，但爱情未能实时更新，而最终归于"伤逝"的结局。丁玲《莎菲女士日记》中的莎菲追求灵肉统一的爱情时的迷惘，庐隐《海滨故人》中的露沙、玲玉、莲裳、云青、宗莹在"生的苦闷""爱的苦闷"中的挣扎同样也是如此。感伤、迷惘、苦闷、挣扎是当时女性生存的困境，如何真正实现女性的解放，让女性真正能够与男性并肩而立，这就是女性解放的另一翼——社会层面的解放的话题。恩格斯曾说过："妇女解放的第一个先决条件就是一切女性重新回到公共的事业中去。"① 自晚清以来，不少有识之士出于国家民族现代化需要即有过这方面的思考，这也成为当时女性解放的出发点。如康有为所说的："人之国，男女并得其用，己国多人，仅得半数，有女子数万万而必弃之，以此而求富强，却犹行而求及前也。"② 也即希望挖掘社会另一半——女性的力量投入国家的建设中。梁启超在《人权与女权》中认为男女智力不

---

① ［德］恩格斯：《家庭、私有制和国家的起源》，中共中央马克思恩格斯列宁斯大林著作编译局编译《马克思恩格斯选集》（第四卷）（上册），人民出版社1995年版，第72页。

② 康有为：《大同书》，陈得媛、李传印评注，华夏出版社2002年版，第196页。

相上下，女子同样能报效国家，所以提倡"人权运动"和"女权运动"同时进行。这样女性解放问题与民族国家现代化建构问题同构成当时女性文化现代化、国家民族现代化建构的整体思路。谢冰莹当时就有这样的理解："我以为恋爱、结婚，只是人生的一部分，而不是人生的全部。人，活在世界上，并不是只为了爱；还有比爱更重要的事业，要为社会、为人类谋求幸福。"① 丁玲更表示要"沉到人民中去，和人民共忧患、同命运、共沉浮、同存亡"②。所以，丁玲在写了《莎菲女士日记》之后，1930 年发表了《韦护》《一九三〇年春在上海》（之一），主人公丽嘉和美琳主动走出个人生活的小圈子，投身于火热的革命斗争之中。她们打破了传统女性"主内不主外"的角色定位，积极投身社会革命事业，以强烈的政治参与意识将女性命运与时代要求、民族国家的命运连接在一起，在为民族国家的解放斗争而奋斗的同时寻求女性自身解放的途径，实现个体价值与民族国家的命运的有机统一，女性的地位终于从边缘走向了中心。特别是谢冰莹从军时把完成国民革命、建立富强中国的担子放在自己的肩上，在旅日时热血沸腾地组织参加"追悼东北死难烈士大会"以宣扬抗日爱国思想，在日本监狱遭受酷刑时以革命英雄主义气概来粉碎日本帝国主义者的阴谋。而此时女性的精神气质不仅大异于宗法人伦文化中的传统女性，更弘扬了"五四"女性反叛传统的决绝态度，从而更逼近五四个性解放的核心，真正呈现女性浮出地表的力量。

（二）女性文化建构的崇高传统

因民族革命运动的需要，女性彻底摆脱对男性的依附，呈现雄强、阳化的崇高趋势。中国的女性文化建构是在民族革命运动的波澜中逐步推进的。随着民族危亡的加深，女性也加深了献身国家民族的豪情，如老舍《八方风雨》所言："男儿是兵，女子也是兵，都须把崇高的情绪生活献给这血雨刀山的大时代，夫不属于妻，妻不属于夫，他和她都属于祖国。"③ 崇高成为晚清以来女性文化一大特征，并在女作家作品中得到

---

① 谢冰莹：《解除烦闷的方法》，《绿窗寄语》，三民书局印行 1975 年版，第 145—146 页。

② 丁玲：《我的生平与创作》，张炯主编《丁玲文集》（第八卷），河北人民出版社 2001 年版，第 230 页。

③ 老舍：《老舍全集》（14 卷），文汇出版社 2008 年版，第 375 页。

充分体现。如白薇《炸弹和征鸟》中的余彬、余玥两姐妹的人生追求，就是希望自己像炸弹一样炸开社会罪恶的堡垒，象征鸟一样冲出社会黑暗的牢笼。她俩的人生目标就是"做一个与男子并驾齐驱的女子汉"。最后余彬女扮男装随北伐军出征，余玥参加暗杀活动被捕入狱。左联五烈士之一的冯铿在她的小说《红的日记中》书写主人公马英去除女性性别的特征，以高涨的革命热情投入时代浪潮，认为"真正的新妇女是洗掉她们唇上的胭脂，握起利刃来参进伟大革命高潮，作为一个铮铮锵锵，推进时代进展的整个集团里的一分子"①。丁玲的《我在霞村的时候》的贞贞在忍辱负重中仍充满使命感，离开家乡加入了革命队伍；《田家冲》中的三小姐以自己的生命换来国民的觉醒。特别是谢冰莹作为一名女兵，和男子站在一条战线上，共同献身革命，把"改造宇宙""全世界的十二万万五平方的被压迫民族解放的担子放在自己肩上"②，以及她在日本期间面对残酷的日本敌特的气概豪情，都奏响抗战救亡时代的最强音。这样，女性由被启蒙者变成启蒙者，由五四时期身体的发现变为精神的自由独立，女性的思维也由原来对命运感性的感伤到后来因责任使命的驱使变为理性的选择，女性审美也由传统的阴柔变成现代的崇高。女性文化以超越性别意义的崇高成为我国女性文化建构的一大传统。站在人的发现、人的觉醒、人性的完善以及民主、自由、平等、进步、和平、发展等现代性核心词汇的角度，女性文化的崇高建构现代性意义非常明显，虽然很多人都认为女性文化崇高化的表现导致女性性别意义的消解，但是这种文化传统在延安时期与中华人民共和国成立以后很长时间得到延续与强化。延安时期在强调男女平等的基础上，文艺为工农兵服务思想的指引下，不少女性文学作品中的主人公都是党和国家的女战士、女英雄。如莫耶的《敌人悬赏一千元——记晋西北女参议院刘芬兰》中的刘芬兰，白朗（刘东兰）的《抗日联军的母亲》中的梁树林、《八女投江》中的东北抗日民主联军的8位女战士。中华人民共和国成立以后，女性文化的建构仍然朝着平民英雄的方向发展，如崔德志的《刘莲英》写纱厂女工、党小组长刘莲英在社会主义劳动竞赛中，在搞好自己班组的竞

① 冯铿、罗淑：《红的日记》，中国社会出版社1998年版，第55页。
② 谢冰莹：《从军时代》，《谢冰莹作品选》，湖南人民出版社1985年版，第165页。

赛时，发扬集体主义精神，抽出技术骨干支援有困难的兄弟班组。李准的《李双双小传》中主人公农村妇女李双双在人民公社运动中，为集体办食堂，提高劳动效率。这些社会主义新时代新工人农民以强己意识、主人翁精神表现出女性克服困难走向胜利的崇高精神。这种女性文化的崇高建构直到20世纪80年代在西方女权文化的催生下，女性文学与女性文化才重视女性与男性的差异性，从性别的视角关注女性的立场、女性的欲求、女性的审美，出现卫慧、棉棉、陈染、林白等脱离社会立场，单纯表现女性精神性别的作品，女性文化的崇高建构的追求呈现弱化的趋势，但是始终不能否认以谢冰莹为代表的女性文化崇高建构传统的现代性意义。

第 五 章

欧美游学与人文精神

鉴于欧美文化具有特定的平等理念、自由精神、人本思想，中国精英知识分子游学欧美，感受并在纪游文学中表达对人生价值和意义进行观照的现代人文精神。

第一节　欧美人文精神发展与中国现代欧美行旅者人文精神借鉴概述

一　欧美人文精神的起源发展与中国现代欧美行旅者的纪游文学创作

（一）欧美人文精神的起源发展

19 世纪末到 20 世纪上半叶，英、法、德、日、比等许多老牌欧洲国家通过资本的原始积累进入帝国主义阶段并处于世界殖民体系中心，美国是世界后发现代主义国家，是 20 世纪世界强国。欧美国家不仅是当时的世界经济中心，而且是世界文化中心。晚清时期，中国有志知识分子出于"师夷长技以制夷"的目的开始向西方进行政治借鉴、制度借鉴和浅表层次的技术借鉴、文化借鉴，这些已经在前面章节论述。西方人文精神源远流长。古希腊的智者学派就提出了"人是万物的尺度"的观点，形成关心人的精神生活、尊重人的价值尤其是尊重人作为精神存在的价值的文化传统。14—16 世纪以意大利为中心，欧洲形成反对神学对人性的压抑、重视人的价值、张扬人的理性、主张灵肉和谐的以人为本的文艺复兴思潮，人文精神得到复兴与发展。17—18 世纪欧洲资产阶级开展反对封建传统思想和宗教的束缚，提倡思想自由和个性发展的思想启蒙运动，人文主义精神逐步走向成熟。综观欧美各个历史时期的人文精神，主要包括如下四个方面的基本内容：一是对人性的探讨，对人的本质属性的认识；二是对人的价值和作用的肯定；三是对人权的追求；四是对宗教束缚的反对态度。西方人文精神成为资产阶级反对封建神学、建构现代文化的基础。处于现代文化建构中的中国精英知识分子行旅欧美，受到西方人文精神的影响，反思整合中国传统人文精神，开始建构崭新的中国现代性人文精神。

（二）中国现代精英知识分子的欧美行旅与纪游文学创作

20 世纪初精英知识分子行旅欧美时间长，很多行旅者都能沉入生活深层，对欧美旅居地的历史和文化有较深的理解；留学欧美的知识分子大多所学学科混杂，能从各方面拓宽对欧美文化的理解；很多留学生有在欧美多个地方留学的经历，这些都使他们能对欧美国家的人文主义精神进行横向的比较，能对欧美人文精神有着比较视野与整体观照。

在欧美行旅者中，比较有代表性的有胡适、胡先骕、梅光迪、吴宓、巴金、许地山、郑振铎、王统照、徐志摩等。他们分别体现不同类型的人文精神。胡适、徐志摩、巴金等几位作家在不同时期游历欧美，他们从人性的自由角度来接受人本主义精神，在其纪游文学中体现不同层面自由主义思想。胡适是 1910 年"庚子赔款"留学生，于 1910—1917 年在美国留学七年。赴美后先入康奈尔大学农学院，后转文学院学哲学。1915 年入哥伦比亚大学研究院，师从唯心主义哲学家杜威，接受了杜威的实用主义哲学，并一生服膺。1917 年毕业并获得哲学博士学位。1938 年 7 月至 1942 年 9 月，担任驻美大使。胡适毕生都在批判中国三纲五常，宣扬自由主义，宣称思想与言论的自由，是中国自由主义的先驱。他将留美期间的生活、交游及思想、情感结集为《藏晖室札记》，于 1939 年由上海亚东图书馆出版，1947 年再版时改名为《胡适留学日记》。徐志摩 1918 年赴美国克拉克大学学习银行学。10 个月即告毕业，获学士学位，得一等荣誉奖。同年，转入纽约哥伦比亚大学研究院，进经济系。1921 年赴英国留学，入剑桥大学当特别生，研究政治经济学，1922 年回国。在剑桥两年深受西方教育的熏陶及欧美浪漫主义和唯美派诗人的影响。后又于 1925 年游历苏、德、意、法等国。其纪游文学作品有《巴黎的鳞爪》《欧洲漫录》，记载下他意大利的情思，巴黎、伦敦的感怀。因在康桥接受资产阶级的贵族教育，其纪游文学表现出基于理想主义的"自我意识"的自由主义倾向。巴金于 1927 年 1 月赴法国巴黎留学，1928 年 12 月回国，有旅法的纪游散文、小说《海行杂记》《神·鬼·人》等。他的纪游作品，体现出建立在"平等""自由""了解""同情"基础上的自由主义倾向。

　　学衡作家梅光迪、胡先骕、吴宓曾先后游学欧美。受白璧德新人文主义的影响，在纪游文学表达了平民主义精神、中和态度，在五四新文化运动冲破传统的思想文化与价值体系时，他们以中西文化比较的视野，更深刻地理解中国传统文化中的人文精神，强调孔学与东方学说。他们认为中国传统文化中的人文精神与古希腊、古罗马以来的西方人文主义精神是一致的，同是站在人本关怀的角度提出将人从物的束缚下解放出来的新人文主义观点。梅光迪是学衡派创始人，中国首位留美文学博士。1911 年赴美留学，先后在威斯康辛大学、西北大学、哈佛大学专攻文学，并在美国哈佛大学执教十年，1927 年回国。梅光迪的纪游作品散见于各报章杂志，后收录于《梅光迪文录》《梅光迪文存》中。他主要从人文修养的角度关注人文精神。胡先骕 1912 年参加江西省留学考试，以第一名的成绩录取为第三届美国庚款留学生，进入美国加利福尼亚大学和哈佛大学，学习农业和植物学。1916 年获农学学士学位。不仅如此，胡先骕爱好文学，思想深邃，集科学、精神与人文主义于一身。在其纪游文学中，他强调注重人的个性、提倡高尚人格、促进人的全面发展的人本主义精神。他的纪游文学作品散见于《学衡》杂志与《胡先骕文存》中。吴宓于 1917 年赴美留学，留美十年。先攻读新闻学，1918 年改读西洋文学。先在弗吉尼亚大学英国文学系学习，1920 年获文学学士学位。1921 年转入哈佛大学研究生院，获硕士学位，与陈寅恪、汤用彤并称为"哈佛三杰"。1930 年 9 月至 1931 年 8 月，吴宓游学西欧进行为期一年的学术休假，先后游历了英国、法国、意大利、瑞士、德国等地，在牛津大学、巴黎大学从事研究。他的纪游诗文见于《欧游杂诗》《吴宓诗集》《吴宓日记》中。吴宓的纪游诗文重视道德的力量，体现用中华优秀传统文化涵养人的人文主义精神。

　　郑振铎、王统照、朱自清是早期文学研究会的作家。郑振铎 1927 年 5 月乘船到英、法避难和游学，1928 年 10 月回国，著有《欧行日记》

《西行书简》等纪游作品。王统照 1934 年年初自费旅欧，游历了埃及、意大利、法国、德国、荷兰、波兰等九国，曾到英国剑桥大学研究文学，1935 年回国，写有纪游文学作品《欧游散记》《欧游诗》等。朱自清于 1931 年 8 月至 1932 年 7 月到英国去留学并漫游了法国、德国、荷兰、瑞士、意大利 5 国，写成《欧游杂记》和《伦敦杂记》两部纪游作品。他们出于对国内政治形势的感悟、对欧洲文化的对比，从保证人的工作权利，关注人的生存状态等方面表现"为人生"的理想信念。

许地山和吕碧城是属于对宗教有深度理解的欧美行旅者。许地山曾于 1922 年 8 月到美国纽约的哥伦比亚大学研究院哲学系学习，1924 年获文学硕士学位，并以"研究生"资格进入英国牛津大学曼斯菲尔学院研究宗教史、印度哲学、梵文、人类学及民俗学，1927 年回国。吕碧城的行旅经历前文有述。他们有感于人类的不平和人生的黑暗，人世的孤独与寂寞，以出世的态度表达对人类入世的关怀，以宗教情结表达人文主义精神。

二　中国现代欧美行旅者纪游文学中的人文精神借鉴

（一）人本精神与人文关怀

1. 健康活泼的生活状态

中国传统礼教束缚、压抑人的天性，身体成为人的禁忌。并且由于"劳心者治人劳力者治于人"的中国封建政治的理想范式，衍生出中国古代崇尚脑力劳动、轻视体力劳动的伦理传统，由此也形成知识分子"手无缚鸡之力"的弱态审美。而西方人精神的中心就是生命意识，西方推崇自然健美、运动健康的生活理念，西方人的身体是自由的符码，人体美是一切美的典范。即使是古希腊神话里的神，也都是按照人的样子塑造。且由于西方文化的源头是古希腊文化和希伯来文化，强调的并不是人如何遵循自然规律从而"道法自然"，而是表现人跟自然的冲突和斗争。健康活泼、勇猛力量是西方的文化传统。中国传统推崇的女性美往往娇花袭水、弱柳扶风的病态美，而西方所推崇的女性美则为自然美与健康美。

正因为东西方不同的文化背景，所以中国早期旅欧美行旅者在文化相遇中惊诧于西方健康活泼的生活状态，在其纪游文学作品表达了对西方文化与生活状态的艳羡与接受。在旅欧美知识分子的纪游文学中，展现了西方人对体育运动等健康的生活方式的重视。大家闺秀应懿凝随丈夫出游便感叹西人健硕的身躯。朱自清在《欧洲杂记》中写柏林市外运动景观："常看见动员风的男人女人""司勃来河横贯柏林市，河上有不少划船的人。往往一男一女对坐着，男的只穿着游泳衣，也许赤着膊只穿短裤子。看的人绝不奇怪而且有喝彩的。"① 朱自清自述曾亲见一个女大学生指着这样划着船的人说："美啊！"由此感叹德国人对以健康运动为美的生活观，甚至上升到道德观的层面："赞美身体，赞美运动，已成了他们的道德。"②

他们感受到处于上升期的西方人的朝气与活力，如王统照游览荷兰名城阿姆斯特丹时深深感受到荷兰"活泼健康的青年男女，为生活忙，为事业记忙"。而骑自行车的群体，包括官吏、学生、商店伙计、工人、家庭妇女等，"并排的，前后追逐的，转弯抹角的……不过度疾驰，也看不见他们周章躲闪"③，可见他们的运动能力及由此而来的协调能力已成为一种传统和习惯。在女性生活景观与女性文化方面，西方女子自然、健康、活泼的生活状态尤其吸引东方行旅者，如储安平旅欧途中看到女性在甲板上做早操的场景觉得很惊异："她们都只穿一件游泳衣光着身子上来早操，打秋千，玩杠子，嘻嘻哈哈，跳跳跑跑，真实活泼，令我羡慕。"并且立刻与中国女性进行对比："中国女孩儿大了一见人就害羞，哪儿做得到只穿一件游泳衣在众人面前谈笑自如？"④ 而朱自清也描写"女人大概都光着脚亮着胳膊，雄赳赳地走着"⑤，透着一股健美的劲儿。尽管中国女孩在西学东渐过程中服饰装扮、交流交际等表面形式方面逐渐西化，但作者总觉得"中国女子的体格远不及欧美女子的体格来得健美"⑥。邓以蜇描写巴黎女子、西班牙女子活泼健康的生活状态：巴黎女

---

① 朱自清：《学生万有文库：欧游杂记》，天地出版社 2013 年版，第 43 页。

② 朱自清：《学生万有文库：欧游杂记》，天地出版社 2013 年版，第 43 页。

③ 王统照：《欧游散记》，北京师范大学出版集团、北京师范大学出版社 2012 年版，第 80 页。

④ 储安平著，韩戍编：《欧行杂记》，海豚出版社、中国国际出版集团 2013 年版，第 51 页。

⑤ 朱自清：《学生万有文库：欧游杂记》，天地出版社 2013 年版，第 43 页。

⑥ 储安平著，韩戍编：《欧行杂记》，海豚出版社、中国国际出版集团 2013 年版，第 78 页。

子"窈窕的身子，若穿着一件闪光的薄薄雨衣，足登橡皮小靴，头上挂着遮住半边鬓角的小帽勒，走起路来，胸部钻溜的，后部饱园的，脚步开得小而快的，腰痕一抹，有泥鳅儿刷尾的劲头，快哉！快哉！"①西班牙女子"胸膛脊背轻套着薄薄短衣，篷起的袖口只束到两臂，两肘则全露，腰围着轻松起绉的红红绿绿的宽裙，足踏笨重的尖头木屐，从井边来，手提水樽，或顶在头上，何曾有些儿纤弱的气象"②。王统照的《欧游散记》写瓦林丹渔村模范美女的标准也是"美丽的面容与健康的体段"③，荷兰乡村"爱丹"的人们的面色"丰满，红润"。在行旅过程中的文化相遇改变了行旅者的传统观念，进而改变国内读者的审美，促进文化的变迁。中国传统女性的阴柔美逐渐转变成现代女性的自然美与健康美，如近代通俗小说对女体神秘性的"祛魅"与女性对黝黑的皮肤等健美做派的书写；而20世纪三四十年代新感觉派作家刘呐鸥小说《流》中女主人公晓瑛"发育了的四肢像是母兽一样地粗大而有弹力"④，通俗作家无名氏《金色的蛇夜》中的女主人公莎卡罗饱满丰腴的肉体给人带来破衣而出的动感与力量。从这些小说的描写内容可以见出女性审美与女性文化受欧美女性文化的影响而呈现现代转型的某些特征。

2. 享乐意识与人本精神

西方享乐文化源远流长。11世纪后，随着经济的发展、城市的兴起与生活水平的提高，人们开始追求世俗人生的乐趣。并且在西方文化理念中，人们站在劳逸结合的角度认为适度的享乐对人的发展起着非常重要的作用，所以西方具有享乐传统。欧美国家遍布咖啡厅、电影院、跳舞场等休闲娱乐场所，这些在旅欧美纪游文学作品中多有涉及。行旅者一到欧美异域，就感叹于其享乐文化。朱自清到柏林时就关注到柏林的享乐文化，感叹"电影院跳舞场往往得风气之先"，对设计新颖的铁他尼亚宫电影院，祖国舞场，按照日本式、土耳其式等各国风格装修而成的

---

① 邓以蛰：《行前之巴黎》，《邓以蛰全集》，安徽教育出版社1998年版，第128页。

② 邓以蛰：《深入西班牙——布尔哥斯》，《邓以蛰全集》，安徽教育出版社1998年版，第136—137页。

③ 王统照：《欧游散记》，北京师范大学出版集团、北京师范大学出版社2012年版，第110页。

④ 刘呐鸥著，陈子善选编：《都市风景线》，浙江文艺出版社2004年版，第27页。

咖啡室等印象深刻。李健吾在《意大利游简》中写圣马可教堂的空场日常游戏娱乐的场景："有些女子穿好了衣服预备跳舞；有些男子排成队，扮成西班牙人的装束，吹吹打打，唱唱闹闹……十点刚过，正见人山人海，奔向空场和海滨。这些人无忧无虑，我想不到人间同时竟有许多享乐者。"① 而在节日前夜，"圣马可教堂的空场，搭起台子，请出市府乐队献技"。"我预备起身，忽而听见军乐大奏"②，点燃了空场的整体气氛，并且达到通宵作乐的地步。邓以蛰写到光辉满室的大咖啡馆——Cafe Bordeaux（波尔多咖啡馆），"座上有男女八人成班的音乐"，其中的女乐师，舍钢琴奏提琴，"臂力的伸缩复与面部的表情如合符节，笑波频送，朱口微开，真叫你赏音之外又觉到'娇喘微有声'，'轻汗染双题'之妙"③，给人带来美好的享受。刘海粟在《欧游随笔》中他谈到他到巴黎之后逐渐喜欢上看电影，"我同几个朋友于每一星期之中至少要去看一次，玩味那银幕的转变，听那音乐特异的节奏和可惊的和声。尤其在休息的时候喝杯咖啡，看艳鬼们的轻盈的动作，极妖媚之致。得二小时之闲，可以安慰六日的劳作"，认为在读书之外，还要有一些"优游与娱乐，生活才觉得有意思"，从而肯定娱乐的慰藉作用。"一般人每每以娱乐为不正经，真是奇怪极了。中国社会生活的极端地干燥粗鄙，实在由于一般人不能彻底用功，同时也不能彻底娱乐之故。"④ 程砚秋也有关于柏林跳舞场的叙述，同样宣扬了建立在人本精神基础上的娱乐文化。

　　享乐生活是站在"以人为本"基础上的一种人文关怀。不仅如此，旅欧美纪游作家还表达了对人们工作权利、物质生活条件等各方面的人文关怀，体现关注民生、关怀底层百姓生活的"人本精神"。王统照旅行于伦敦，感叹于欧战中捍卫国家的壮士沦为失业者，高歌一曲"失业者之歌"："二十年前说是为爱你们的祖国在战场上作血腥的沐浴，活该！是国民的义务！但二十年后的今日，城市的奢华，绿酒，红灯，管弦，酒肉，以及什么制度，法律，种种的束缚，经济，政治，种种的窘迫与

---

　　① 李健吾：《威尼市》，《意大利游简》，河北教育出版社 1994 年版，第 6 页。
　　② 李健吾：《威尼市》，《意大利游简》，河北教育出版社 1994 年版，第 15—16 页。
　　③ 邓以蛰：《法西道上》，《邓以蛰全集》，安徽教育出版社 1998 年版，第 131 页。
　　④ 刘海粟：《巴黎电影院》，《欧游随笔》，东方出版社 2006 年版，第 135 页。

谲诈，有什么呢？残废受伤的老人脱帽乞食；流离失所的壮士，连找事情吃饭也不易办到。"① 作者将这批壮士20年前为"大英帝国"的浴血奋战与20年后的今天沦落到"脱帽乞食"的境遇进行对比，痛斥国家不给他们工作的权利，同情他们流离失所的境遇。王统照不仅对剥夺人的生存权利的社会现象进行批判，同时也传达了欧洲国家的人本精神与人文关怀，从而从正反两面对人本精神进行阐释。他行旅荷兰，对"荷兰人能以利用，自厚其生"的生活态度赞赏有加，继而批判"那些野心勃勃的帝国主义的国家把国内的财富全用在军费上面，预备未来的厮杀，同时国内阶层的冲突日甚，贫富悬绝，经济分配的问题无从解决，遂至都会，乡村，一例是在竭力强撑之下，没有更好的方法。类如瑞士、荷兰，丹麦这些小国家能以全力发展工商业，改良农产品；……人民也可以享点自由的幸福"②。王统照通过帝国主义国家与一般小国的对比，从人们生活的幸福感的角度表达人文关怀。邹韬奋更表达了对处于弱势地位的女性建立在人本基础上的人文关怀。在《威尼斯》中，邹韬奋描绘"半裸着上身，探首帘外向客微笑"③ 的少妇，写出她们为了生存，刻意扭曲自己，曼声高唱，曲意逢迎；在《巴黎的特征》里，邹韬奋写那些沦为公娼的女工，她们在生存绝望下了做出的无奈选择，出卖肉体换取金钱，通过沦为"野鸡"的女子那"嫣然一笑"的细节表现其中所蕴含的凄楚苦泪，对她们寄予无尽同情。巴金同情受压迫的民族与人民的生存境遇，表现出深切的人文关怀。在《海行杂记》中他写到达锡兰的哥伦波时，看到港口的黑人用黑手抓饭吃时受到法国兵凌辱的场景，"有一个正吃得起劲，不提防背后一个法国兵拿了一块布抛在他的身上，他惊得跳起来，却把饭倒在甲板上了。他一点也不生气，默默地把饭抓起来就往口里塞"④。从这段描述可以看出他对种族压迫的义愤，对弱小民族的人文关

---

① 王统照：《失业者之歌》，《欧游散记》，北京师范大学出版集团、北京师范大学出版社2012年版，第54页。

② 王统照：《荷兰鸿爪》，《欧游散记》，北京师范大学出版集团、北京师范大学出版社2012年版，第106页。

③ 邹韬奋：《威尼斯》，《萍踪寄语》，北京师范大学出版集团、北京师范大学出版社2014年版，第22页。

④ 巴金：《海行杂记》，东方出版中心2017年版，第56页。

怀。而他从"强为欢笑""笑只是为了止住哭"的穿着破衣服的工人和穷学生身上，揭示出"巴黎的秘密"，展现巴金对底层人民的人本主义的同情。

3. 宗教情怀与现实关怀

许地山、吕碧城等则以宗教情怀对人生的困苦进行现实关怀。许地山的域外纪游小说中体现以佛教、道教、基督教三者融合的态度表达对现实的关怀。他笔下的主人公往往经历各种意外打击，历经艰难险阻，但因宗教情怀而不问结果、不计成败地走下去，以宗教的隐忍抚慰、以彼岸幸福慰藉现实痛苦，表达对现世苦难的人文关怀。在许地山的纪游小说《缀网劳蛛》中，女主人公尚洁是个童养媳，在长孙可望的帮助之下逃出了残暴的婆家，出于报恩与长孙可望结为夫妻。后因搭救了受伤的盗贼而陷入流言蜚语的旋涡中。长孙可望轻信谣言，认为她行为不轨，于是怒火中烧刺伤了她的胳膊，并向她提出了离婚。她对一切泰然处之，镇定地接受了离婚的要求，并视财产为"赘瘤"，将唯一的女儿佩荷留给丈夫，只身蛰居马来半岛三年。她以豁达的态度对待现实生活的痛苦与无奈，用乐天知命的精神来对待前途、命运和爱情。她以被虫蛀伤的花朵喻指命运，因为这朵花剩余好的部分，仍会开得很好看。因为宗教的慰藉，许地山笔下的主人公虽苦尤乐。而他的《商人妇》同样如此。作品写印度妇人惜官和林荫乔结婚，但因丈夫赌钱败了家产，去新加坡做生意了。惜官苦等十年，丈夫只薄情地给她回了一封信，她很担心，于是去寻找丈夫。但丈夫新娶了一个老婆，在惜官和丈夫还有他新娶的老婆去赴宴席的时候，丈夫把她卖给了阿户耶。惜官在阿户耶死的时候逃了出去，积极乐观地坚强生活，面对困难决不退缩放弃。这一段惜官的自述集中体现宗教情怀对现世苦难的慰藉："先生啊；人间一切的事情本来没有什么苦乐底分别：你造作时是苦，希望时是乐；临事时是苦，回想时是乐。我换一句话说：眼前所遇底都是困苦；过去、未来的回想和希望都是快乐。昨天我对你诉说自己境遇底时候，你听了觉得很苦，因为我把从前的情形陈说出来，罗列在你眼前，教你感得那是现在的事；若是我自己想起来，久别，被卖，逃亡等等事情都有快乐在内。所以你不必为我叹息，要把眼前的事看开才好。"① 惜官看透苦乐，所以苦中作乐，以苦为乐。人生因宗教的抚慰而显得恬然自适，体现以宗教关怀为核心的人本精神。

吕碧城则将佛教慈悲仁爱的情怀，自度度人、自觉觉他的善心，以及"劫难""幻空"观念融入其域外纪游作品中。佛教认为众生皆有佛性，只要人心向善，慈悲为怀，皆可成佛。人应时刻怀有善心，清心寡欲，不要被坚固的"我执"所捆绑，被"贪""嗔""痴"所迷惑，被狭隘的"我见"所障碍，因而迷失本性。吕碧城说："故邦杌陧，非关民智之不开，实繇民德沦丧"，而民德沦丧的原因是"相习残忍，肆行狝薙，其危险程度，为有史以来所仅见"②。她主张心怀慈悲，人心向善，由此改变国家现状，才能真正实现"文明之极诣，大同之归宿"③。从而描画一幅由慈悲向善所带来的幸福生活远景，体现人本精神。甚至她在《第三次到罗马》一文中写道："予自旅行以来时遇日人，皆善处之，不存芥蒂，曩曾以国仇视之，今悟其谬。以吾国土地人众论，在在有自强之本能，苟非自弃，他人何能辱我？且怨天不详，尤人者无志，认为命运或归咎他人，皆自窒其进展之机耳。"④ 她主张以佛教慈悲仁爱之心淡化仇恨敌意，减轻因仇恨带来的痛苦，从而带来人文关怀。然而，在面对与日本帝国主义国恨家仇的大是大非问题上，她仍主张慈悲向善，体现由宗教思想所带来的局限性。对人生之苦，她以"劫难""幻空"的佛教观念加以慰藉。所以她在晚年旅居瑞士孤单凄楚之时，尽管"金轮转劫知难尽，碧海量愁未觉宽"（《琼楼》），"尘劫未消惭后死，俊游愁过墓山前"（《西泠过秋女侠祠次寒云韵》），但是她还是能豁达处之，"浮生同此转飙轮，是微尘，恋红尘，如梦莺花，添个梦中人"（《江神子·催花风雨弄阴晴》），"依约曼天何许，弹指无端，幻空成色"（《丹凤吟·依

① 许地山：《商人妇》，《春桃》，新华出版社2014年版，第105页。
② 吕碧城：《〈欧美之光〉自序》，文明国编《吕碧城自述》，时代出版传媒股份有限公司、安徽文艺出版社2014年版，第10页。
③ 吕碧城：《〈欧美之光〉自序》，文明国编《吕碧城自述》，时代出版传媒股份有限公司、安徽文艺出版社2014年版，第10页。
④ 吕碧城：《第三次到罗马》，文明国编《吕碧城自述》，时代出版传媒股份有限公司、安徽文艺出版社2014年版，第92页。

约鬟天何许》)。人生之苦呈现出坚忍的底色，使人能笑对人生悲苦，体现出以人本精神为核心的人文关怀。

（二）民主权利与平等观念

西方民主意识、平等观念意识由来已久，并且深入人心。从古希腊开始就推行所谓的"民主政治"，经过漫长的中世纪以后，西方政治体制基本变为民主政体。而中国有着长时间的专制政体，直到辛亥革命推翻帝制，建立民主共和政体，所以中国近代以前民主意识与平等观念均体现得比较薄弱。一方面，尽管西方的民主权利、平等观念的假面下有着深层次的不平等，但是他们的民主意识、平等观念还是中国文化现代性建构中有力的影响源。另一方面，随着马克思主义阶级理论的传入，对于资本主义社会中的伪民主，假平等现象也有不同程度的揭示。

1. 西方民主意识、平等观念的发掘与借鉴

近现代知识分子漂洋过海，不仅借鉴西方的民主政治体制，而且对生活中的民主、平等感受很深，深受启发和影响。旅美学者陈翰笙曾自述其刚接触美国民主、平等等方面的惊喜的文化体验："船终于在美国旧金山靠岸了，不到一个月的时间，我觉得我不仅跨过了一个太平洋，而且跨越了整整一个历史时代——从一个等级森严、思想禁锢、毫无民主自由可言的半封建半殖民地社会，进入了一个注重科学、讲究自由民主、平等博爱的资本主义国家。历史，在我的面前揭开了崭新的一页。"[1]王礼锡的英国考察则关注到英国的民主形式，"至少也真容许人民投票，人民对政治好像也多少有点关系，所以对于政治等等问题，也真像匹夫有责似的"[2]。朱自清对英国海德公园的演讲印象深刻，认为其体现出民主自由的氛围。胡适到美国后，1911 年美国总统的选举带给他关于民主的全新的印象。他观察到他参加的政治集会可以由工友主持，教授们直接参与讨论国家大事，一般选民对选举非常关心，对选举程序非常熟悉。他感受到美国人参与国家决策、热心民族发展的民主意识已经深入人心。胡适在美国的民主体验虽然不像康、梁等早期行旅者以专门学习政体制度的方式对美国政体进行解读和有意识地借鉴，但他从文化、生活的角

---

① 陈翰笙：《四个时代的我》，中国文史出版社 1988 年版，第 17 页。
② 王礼锡：《王礼锡诗文集》，上海文艺出版社 1993 年版，第 155 页。

度理解、体会深藏在国民心中的民主观念、民主意识。

而对于平等意识，行旅者也各有感悟体会。由云龙出游美国感叹："美国社会文明程度之高，真足令人羡慕。"① 并且对"火车不分等级，贫富贵贱，都坐在一处"② 所体现的"平等"印象深刻。王统照的《厨子的学校》中看到伦敦竟然开设厨子的学校，从而感受中西文化的差异，感悟西方的平等思想。在他既有观念中，他认为厨子的学校开设的"贤妻良母"的课程多无聊，做饭、洗衣、下厨房是"人生最没出息的事"③，甚至认为这种学校是"奴隶养成所"。但站在不分种族、不分职业、众生平等的西方文化传统的基础上，"西洋对于这类职业并不认为都是贱役"，"认为出劳力与手艺谋生，是凭自己的天赋力量与技能找职业，并非是专门给阔人们寻开心，当奴隶"④。这种职业也是"工作"，没有贵贱之分，能给人带来经济来源从而提供了社会立足的基础。王统照感触于"厨子的学校"，对于中国传统观念中有"役人"与"役于人"的阶级意识产生触动，引起反思，深刻感悟人类平等的观念。西方的民主意识、平等观念在塑造人格、追求未来社会的发展方向上富于启示作用，所以民主与科学成为久处封建压抑束缚下的中国人民借鉴外来文化实现自身解放、进行思想文化现代化建构的两面大旗。而西方的平等是建立在资本与金钱上的平等，所谓的自由是为了实现自己天性上的自由而妨碍他人自由，这些问题在很多欧美行旅者行旅过程中都有发现与揭示。

2. 西方社会民主、平等假象的揭示

由于生产资料的分配不均，在资本主义社会表面的平等下形成少数人穷奢极欲多数人日趋贫困的社会真相。行旅欧美者对这类现象进行深入揭示与猛烈的抨击。巴黎是有名的供人娱乐的地方，贵族在如天堂的

① 陈晓兰编校：《美国印象——中国旅美游记选编（1912—1949）》，复旦大学出版社2018年版，第226页。

② 陈晓兰编校：《美国印象——中国旅美游记选编（1912—1949）》，复旦大学出版社2018年版，第227页。

③ 王统照：《欧游散记》，北京师范大学出版集团、北京师范大学出版社2012年版，第59页。

④ 王统照：《厨子的学校》，《欧游散记》，北京师范大学出版集团、北京师范大学出版社2012年版，第63页。

巴黎纸醉金迷，挥金如土。但邹韬奋纪游文学却关注"华美窗帷后面"的诸多非民主、不平等的社会现象。在《巴黎的特征》描绘"熙来熙往"繁华作乐的世界中，有着"衣衫褴褛，蓬头垢面的老年瞎子"；玻璃房子里面的公娼虽然有着所谓自由的身体，似乎并没有人强迫她们卖淫，但"实际还不是受着压迫——经济压迫——才干的？这也便是伪民主政治下的借来做欺骗幌子的一种实例！"① 在《大规模的贫民窟》中一边是"最奢华的店铺，皇族贵人的官邸，布尔乔亚享乐的俱乐部，……最豪华的住宅"，另一边却是建筑老化、阴暗潮湿、疾病、乱性、超高的死亡率②；一边是不忍直视的贫民窟，另一边却是疯狂的地产交易；在《在法的青田人》中，有钱人醉生梦死，在巴黎的青田人"干着牛马的工作，过着犬马不如的非人的生活"③，动辄被外国警察驱赶暴打。在《世界上最富城市的剖析》中，作者愤怒地抨击世界上最富城市纽约白人与黑人的生活天差地别，富人居住的玲珑精美、鸟语花香幽静阁楼的反面，掩蔽着无数黑人的骨骸，"抑制着无数的哀号！"邹韬奋和王统照还集中谈到资本主义国家的教育平等的问题，指出无产者与有产者在教育资源的分配上不平等。邹韬奋叙述法国的两种小学教育：一种是为一般公民和贫民提供免费教育的国民学校，另一种是被称为"利赛"（Lycéo，即中学）的私立教育，在教学资源上更加完善优越，但必须要有钱子弟的人才能进去。有产者还振振有词："使'上等人'的子弟和'下流'的子弟混在一起，将贻害无穷！"④ 王统照则揭秘香港私立学校与英政府补助的官费学校的不同。私立学校"多半在二、三层楼之上，租屋数间，在空中挂一商店式之招牌，便称得起是一个小学"⑤。中国香港地区与新加坡很

① 邹韬奋：《巴黎的特征》，《萍踪寄语》，北京师范大学出版集团、北京师范大学出版社2014年版，第42页。

② 邹韬奋：《大规模的贫民窟》，《萍踪寄语》，北京师范大学出版集团、北京师范大学出版社2014年版，第87页。

③ 邹韬奋：《在清的青田人》，《萍踪寄语》，北京师范大学出版集团、北京师范大学出版社2014年版，第59页。

④ 邹韬奋：《法国教育与中国留学生》，《萍踪寄语》，生活·读书·新知三联书店1987年版，第72页。

⑤ 王统照：《华侨教育之一斑》，《欧游散记》，北京师范大学出版集团、北京师范大学出版社2012年版，第13页。

多适龄儿童根本没有受教育的权利，感叹"'教育平等'这句话，说来究竟有些勉强"①。从这些现象对比中，欧美行旅者揭示出资本主义社会建立在商品等价交换上钱钱交易的平等的本质是保障剥削阶级利益的平等自由。邹韬奋还解析英国议会制度表面上议员与首相或阁员就某个问题进行激烈的讨论与协商，实际是流于形式的民主的现实。英国的保守党与自由党看似彼此敌对互相制约实际是掩人耳目，共同实现资产阶级利益，底层人民并没有任何民主可言。王礼锡则看到英国"有人说就有人听"的民主的表象背后，体现"闹着玩"的政治参与的本质。现代欧美行旅者在域外纪游作品中书写行旅体验与观感体现出，知识分子的敏锐思考与具有初步阶级意识的知识者不为资本主义平等假象蒙蔽的正义的眼光。

（三）个性意识

古希腊的伟大思想家普罗泰戈拉认为"人是万物的尺度"，主张把人自我的感觉作为衡量世界万事万物的标杆，高扬人的一切。古希腊文明是西方文明的故乡。西方文明彰显出与克己复礼、存理灭欲的东方文明截然相对的个性张扬特质。所以，旅欧美域外纪游文学体现出对西方文化强烈的个性意识的观感，从对人的个性的尊重方面表达对人的关怀。

1. 个体的独立精神

中国人是有家族观念的，每一个家庭成员都承担着各自的责任与义务，家族成员之间互相依靠互相帮衬。而在西方文化观念中，每一个人都是独立的个体，不依赖不依附家庭成员，每个个体都具有独立的精神。所以在旅英美作家的笔下，个体的独立精神也时常体现。如老舍在英国伦敦教书时写到生活清苦的房东两姐妹。妹妹"得给大家做早餐晚饭，得上街买东西，得收拾房间，得给大家洗小衣裳，得记账。这些，已足使任何一个女子累得喘不过气来。可是她于这些工作外，还得答复朋友的信，读一两段圣经，和作些针线"②。她靠这样的方式保持着自己的经

---

① 王统照：《华侨教育之一斑》，《欧游散记》，北京师范大学出版社集团、北京师范大学出版社2012年版，第16页。

② 老舍：《我的几个房东》，傅光明编注《老舍集》，花城出版社2006年版，第153页。

济独立与精神独立。她的哥哥开着面包房，她绝不去求他的帮助。哥哥到圣诞节才送给妹妹一块大鸡蛋糕，"就是对那一块大鸡蛋糕，她也马上还礼，送给她哥一点有用的小物件"[①]。邹韬奋则叙述"在伦敦所住的屋子的房东太太，那样老，那样辛苦，那样孤寂，但是她仍不愿去依靠她的已出嫁的女儿"[②]。邹韬奋还写了两个月前死了丈夫的太太，"把她的住宅卖了，来和她的已嫁的女儿同住，但她却一定要照付房租"。因她的积余还不够支出，所以他仍然每天出去做事，她的女儿劝她把事情辞掉，在家里帮帮她（女儿）的忙，"母亲不肯，觉得她那样自由些"[③]。而另一个鳏夫老头儿，女儿女婿生活富足，但老头不愿白吃白喝女儿的，"自愿每星期替他们这个的'flat'大扫除一次，揩玻璃窗，刷地板等"[④]。储安平也发现房东与子女是分开居住的，子女有空看一看父母，房东太太就她很高兴，好像很安慰似的。因在旅居地打交道最多的就是房东，所以不少行旅者都从房东的日常生活中反映西方人的生活，感悟其个体的独立精神。

2. 放纵不羁的浪漫气质

巴黎、伦敦、翡冷翠（佛罗伦萨）、威尼斯等都是欧美极具浪漫感的城市，中国现代作家行旅其中，感受并书写其具有放纵不羁的个体生命。徐志摩的《巴黎的鳞爪》写一个在"情网里颠连，在经验的苦海里沉沦"[⑤]的女子，她年轻时流连于巴黎的舞厅，纵情堕落于"迷醉轻易的时光"。后与一见钟情的东方恋人密谈欢舞，赤心爱恋，不惜与生身父母决绝。在饱受情伤之后，她"穿一身淡素的衣裳，戴一顶宽边的黑帽，在鬈密的睫毛上隐隐闪亮着深思的目光，……她的别样的支颐的倦态，她的曼长的手指，她的落漠的神情，有意无意间的叹息……"[⑥] 显示出别具

---

① 老舍：《我的几个房东》，傅光明编注《老舍集》，花城出版社 2006 年版，第 153 页。

② 邹韬奋：《家属关系和妇女地位》，《萍踪寄语》，生活·读书·新知三联书店 1987 年版，第 135 页。

③ 邹韬奋：《家属关系和妇女地位》，《萍踪寄语》，生活·读书·新知三联书店 1987 年版，第 136 页。

④ 邹韬奋：《家属关系和妇女地位》，《萍踪寄语》，生活·读书·新知三联书店 1987 年版，第 136 页。

⑤ 徐志摩：《巴黎的鳞爪》，江苏文艺出版社 2009 年版，第 10 页。

⑥ 徐志摩：《巴黎的鳞爪》，江苏文艺出版社 2009 年版，第 6 页。

一格的感伤、落寞与孤寂。不管是她年少时的纵情声色，还是年长时的落寞孤寂，都体现出服从她自己内心的放荡不羁的浪漫气质。而徐志摩写巴黎的另一篇《先生，你见过艳丽的肉没有?》，更让人见识巴黎人的生活的纵情任性，让人感觉做了一个"最荒唐、最艳丽、最秘密的梦"。他写一位住在一条老闻着鱼腥的小街底头的一所老屋子顶上 A 字式的尖阁的一名画家，在"他那艳丽的垃圾窝里开始他的工作"①，进行艺术的畅想，具有化腐朽为神奇的魅力。他的言谈让人觉得那六尺阔的一间阁楼"倒像跨在你头顶那两片斜着下来的屋顶也顺着他那艺术谈法术似的隐了去，露出一个爽恺的高天，壁上的疙瘩，壁蟢窠，霉块，钉疤，全化成了哥罗画帧中'飘飘欲化烟'的最美丽林树与轻快的流涧；桌上的破领带及手绢烂香蕉臭袜子等等也全变形成戴大阔边稻草帽的牧童们，偎着树打盹的，牵着牛在涧里喝水的，手反衬着脑袋放平在青草地上瞪眼看天的，斜眼溜着那边走进来的娘们手按着音腔吹横笛的——可不是那边来了一群娘们，全是年岁青青的，露着胸膛，散着头发，还有光着白腿的在青草地上跳着来了?"② 他不仅以自己的方式在简陋的环境中展现艺术的光华，还醉心于艺术的裸体、艳丽的肉，体现充满玫瑰色想象的别具一格的个体生命。朱自清笔下的威尼斯人，坐着"刚朵拉"在微波里荡着，"在微微摇摆地红绿灯球底下，颤着酽酽的歌喉"③，唱着抒情的夜曲，过着满足随心随性的惬意生活。而罗马将领率性地发展自己的爱好，"搜罗希腊的美术品，装饰自己的屋子"④，滂卑"大户人家陈设的美术品已经像一所不寒碜的博物院"⑤。荷兰的画家则随性地表达"亲切有味或滑稽可喜"的极平凡的日常生活。"譬如海牙毛利丘司（Maurit-shuis）画院所藏的莫兰那（Molenaer）画的《五觉图》。《嗅觉》一幅，画一妇人捧着小孩，他正在'拉矢'。《触觉》一幅更奇，画一妇人坐着，一男人探手入她的衣底；妇人便举起一只鞋，要向他的头上打下去。……鲍特（Potter）的《牛》工极了，身上一个蝇子都没有放过，但

① 徐志摩：《巴黎的鳞爪》，江苏文艺出版社 2009 年版，第 12 页。
② 徐志摩：《巴黎的鳞爪》，江苏文艺出版社 2009 年版，第 13—14 页。
③ 朱自清：《威尼斯》，《学生万有文库：欧游杂记》，天地出版社 2013 年版，第 8 页。
④ 朱自清：《滂卑故城》，《学生万有文库：欧游杂记》，天地出版社 2013 年版，第 24 页。
⑤ 朱自清：《滂卑故城》，《学生万有文库：欧游杂记》，天地出版社 2013 年版，第 25 页。

是活极了，那牛简直要从墙上缓缓地走下来。"① 可以看出他们服从内心需要，带有浪漫气质的自由自在的生命状态。而老舍在伦敦时的第二个房东艾支顿"有许多地方，他都带出点浪漫劲儿"②。艾支顿很年轻就与一女子私奔出逃，后进入军队，战后在补习学校教书，可是因为婚内出轨而被学校辞退。不仅生活无着落，还需支付前妻补偿费。但是他即便穷困狼狈，也还是爱买书，爱吸烟，有时候还爱喝两盅儿。靠着变卖旧书也会请老舍等朋友一起出去吃饭、看电影，谈政治、聊哲学。他们的人生并不因为责任、义务而被拘束，而是按照自己所需所想的方式过得自由自在，并且体现出各自生命的个性与特色。这也是欧美文化不同于中国传统文化的一个重要方面。

中国现代欧美行旅者体现出与晚清时期康有为、梁启超等进行现代化的借鉴的行旅者不一样人文精神的特质。他们没有早期行旅者的"师夷长技以制夷"的迫切与现代化焦虑，行旅的目的很多都不是政治性的考察，并且因为有早期行旅者考察的经验与考察结果的借鉴，他们思考问题可以更加深入，视野也更加宽广。况且中国现代欧美行旅者大多家庭条件优渥，旅行时间很长，很多人都是深度旅游，所以他们更能了解欧美文化的深层，他们在早期科技制度借鉴的基础上体验感悟西方文化，在与西方文化的比照中进行现代化借鉴，特别对人文精神有着深度的感悟与理解，从而对中国思想文化的现代化起着重要的启示与影响。

第二节　吴宓旅欧美纪游文学与新人文精神

吴宓是"学衡派"主要成员，"哈佛三杰"之一。吴宓两度游学欧美，融合中国传统文化的人文主义内涵和西方新人文主义之精髓，形成自己的人文主义思想。他的纪游作品《吴宓日记》《欧游杂诗》等都包含了他对人文精神的思考。

---

① 朱自清：《荷兰》，《学生万有文库：欧游杂记》，天地出版社 2013 年版，第 37 页。
② 老舍：《我的几个房东》，傅光明编注《老舍集》，花城出版社 2006 年版，第 156 页。

一　白璧德新人文主义对吴宓思想的影响

吴宓出生于陕西泾阳县的一个书香世家，从小受到传统的儒家文化的影响，学识渊博，是一名道德理想主义者。当青年时代的他即将踏上美国这个梦想的国度求学之时，中国国内改变国家现状实现救亡图存的呼声日隆，甚至向西方学习借鉴发展为全盘西化，这使深受传统文化影响，具有保守主义倾向的吴宓深为不满。因此，他对新文化运动持反对的态度，甚至认为"国家动荡，频遭蹂躏，中国文化在经历一场浩劫"[1]。所以在《吴宓日记》中他写道："今世之大患，莫如过激派 Bolshevism，……。凡古今叛乱，虽其假借之名义各不同，而实则皆由生人好乱之天性，……古今东西，实无微异。"[2] 而当时美国社会物欲横流、风俗败坏，功利主义、享乐主义、物质主义观念盛行。并且就当时国际环境而言，资本主义社会已经逐步迈入了帝国主义的扩张时代，殖民掠夺严重，帝国主义残酷横暴。欧战就像人长毒疮一样，给欧洲各国的人民带来深重的灾难。作为新人文主义代表的白璧德认识到工业革命使得科学技术得到迅猛的发展，给人类带来科技现代性的同时，使人们对物质功利开始疯狂追求，导致道德沦丧，人性缺失。"白璧德之所攻辟者，即此种毫无管束，专务物质及感情之扩张之趋势也。本其所为，足促美国思想界之自觉。即恍然于夙所取之欧洲而变本加厉者，究为何种思想是也。今征实言之，白璧德以为近世此种思想，实以英人培根及瑞士人卢梭分别代表之。故于二人着重研究。"[3] 为了与物欲横流、非理性主义泛滥的现状相对抗，白璧德找到了中国传统文化的主体——孔子学说与中国儒家文化，力争用东方文明改造西方浮躁的现代文化，他将古代佛学、中华儒学思想与西方文明融进自己的话语体系中。他强调人性、理性与道德，反对"物的原则"，提倡人事之律，反对以培根与卢梭为代表的物质之律，主张以人为本，反对物性对人的奴役，呼吁拯救人性的缺失。白璧德认为："人文

---

① 荆竹：《荆竹文艺论评选》，黄河出版传媒集团、宁夏人民出版社2017年版，第306页。

② 吴宓著，吴学昭整理：《吴宓日记》（1917—1924）第二册，生活·读书·新知三联书店1998年版，第23—24页。

③ 吴宓著，徐葆耕选编：《会通派如是说——吴宓集》，上海文艺出版社1998年版，第60页。

主义与各种人道主义之分别。盖人道主义重博爱，人文主义则重选择。……但有博爱，（通译为同情）不足也；但有选择或规矩亦不足也。必须二者兼之，具博爱之心而能选择并循规矩，斯可矣。"① 这种人文主义，古代的圣贤都已经阐述过，如佛教重偏失得当，柏拉图主张兼备"一多"，亚里士多德以中庸为道德。而巴斯喀尔（Blaise Pascal）之论最为完备。其言曰："人之所可贵而难能者，非在趋一极端，而在能同时兼具两极端、且全备其间各等级也。"② 他大力倡导的新人文主义，希望重建传统古典的人文精神，以理性克制人性无休止的欲望，通过道德的约束完善人性，以对抗现代性扩张与道德沦丧。他将人的生活经验分成自然主义、人道主义、宗教三个层面。他发现如果用同样的标准来验儒教，中国的儒教与西方亚里士多德思想具有一致性，"而且与希腊宣布的礼仪和标准法则的人是一致的"。他认为"称孔子为西方的亚里士多德是对的"，因为"远东不仅在佛教中包含着一种伟大的宗教运动，在儒教中包含一种伟大的人道主义，而且在早期的道教中也包含着一种致力于找到与人道主义和宗教认识相等的自然主义对应物的运动，而且提供了与我现在正在研究的运动惊人相似的东西"。③ 儒家学说提倡的中庸、过犹不及的思想与白璧德提倡的制约与平衡在本质上是相同的。

吴宓被白璧德的思想所吸引。在《吴宓日记》中，吴宓曾谈到拜见导师白璧德的场景，"谈时许……巴师谓中国圣贤之哲理，以及文艺美术等，西人尚未得知涯略；……是非乘时发大愿力，专研究中国之学，俾译述以行远传后，无他道。此其功，实较之精通西学为尤巨。巴师甚以此望之宓等焉"④。所以，吴宓进入哈佛选择白璧德为导师，与其说是梅光迪的大力推荐，毋宁说是他们观点的相互吸引。吴宓高度赞扬白璧德

① 吴宓著，徐葆耕选编：《会通派如是说——吴宓集》，上海文艺出版社 1998 年版，第 64—65 页。

② 吴宓著，徐葆耕选编：《会通派如是说——吴宓集》，上海文艺出版社 1998 年版，第 65 页。

③ ［美］欧文·白璧德：《卢梭与浪漫主义》，原序，孙宜学译，河北教育出版社 2003 年版，第 8 页。

④ 吴宓著，吴学昭整理：《吴宓日记》（1917—1924）第二册，生活·读书·新知三联书店 1998 年版，第 196 页。

所主张的新人文主义，认为"在今世为最精上而裨益吾国尤大"①，又说凡欲了解今日西方之最高理性者，不可不了解新人文主义。他在哈佛两年期间，在白璧德的指导下选修了各门选修课程。白璧德与吴宓交谈，希望东西各国的人文主义者"应联为一气，协力行事"，这样"淑世易俗之功，或可冀成"。他特别对张鑫海、汤用彤、楼光来、吴宓以及陈寅恪几位中国弟子，"期望至殷"②。吴宓在《学衡》上翻译了《白璧德之人文主义》《白璧德论民治与领袖》《白璧德论欧亚两洲文化》《白璧德论今后诗之趋势》等文章，大力介绍白璧德观点，在中国宣扬白璧德的新人文主义思想。在白璧德的影响下，吴宓对中国文化的现代化进行逆时代潮流思考，"主张昌明国粹，融化新知，重视传统与现代之间的继承性，在现有的基础上完善改进"③。

二　吴宓域外纪游作品人文精神的主要内涵

人文精神的内涵是丰富的，并不单指西方社会认为的个人主义或人本主义。中国人文传统深厚，《周易》有言，"观乎人文，以化成天下"，认为人文精神具有教化作用。广义的人文主义是指一种"精力浑健的生命，探索和创造的激情，发现世界与自我，追求意义与价值"④。"人文关怀是一种崇尚和尊重人的生命、价值、情感、自由的精神与关注人的全面发展、生存状态及其命运、幸福相联系。"⑤吴宓不赞成新文化运动对传统的轻言否定，认为凡中西古今之学术德教、文艺典章都应当研究、保存、译述和深入了解，尤应对儒、佛诸说和希腊罗马的文章哲学及耶教之真义作洞源索流的比较讨论，并加以融贯发扬，把它作为国家新社会群治的基础。"如是则国粹不失，欧化亦成。所谓造成新文化、融合东西两大文明之奇功，或可企致。"⑥他在《吴宓日记》《文学与人生》等

---

① 白璧德：《白璧德论民治与领袖》，吴宓译，《学衡》1924年第32期。

② 吴宓著，吴学昭整理：《吴宓日记》（1917—1924）第二册，生活·读书·新知三联书店1998年版，第212—213页。

③ 吴学昭著：《吴宓与陈寅恪》，生活·读书·新知三联书店2014年版，第23页。

④ 祝华新：《人文精神》，暨南大学出版社1998年版，第5页。

⑤ 童庆炳：《文学理论教程》（修订二版），高等教育出版社2004年版，第170页。

⑥ 吴宓：《论新文化运动》，《学衡》1922年第4期。

域外纪游作品中表现自己对人生的命运、价值的思考，对道德、宗教、教育等重要问题的探讨。

（一）人文主义的道德观

道德观也是人文精神的核心部分。吴宓认为"一个道德上理想的上等人比一个社会上理想的上等人实为重要"①，所以，吴宓重视道德高尚，精神高尚。作为一个道德救国论者和道德理想主义者，吴宓不断地呼唤传统和道德，他认为传统的儒家和佛家的义理可以解救中国的缺失。吴宓重视个人品德的修养，强调为人处世、人际交往都要符合礼仪规范。在《我之人生观》中吴宓将人生观分为天人物三界："有在理智之上，而为人之所不能知者，是曰天；有适合于人之理智，而为人所能尽知者，是曰人；有在理智之下，而为人所不能尽知者，是曰物。""人生观（即立身行事之原则）约可别为三种。一者以天为本，宗教是也；二者以人为本，道德是也；三者以物为本，所谓'物本主义'（Naturalism）是也。"② 而他最信奉的是第二种——人本主义。在美国期间，他看到美国诸多欲望主宰、道德堕落的现象，主张以道德为本，反对物本主义对人性的压抑扭曲，于是强调克己复礼、忠恕中庸的人本主义道德观。

1. 克己复礼

吴宓认为，美国的物质繁荣是道德堕落的催化剂。他在日记中描画了一个人欲横流、道德堕落的美国社会。"众惟求当前之快乐，纵欲而不计道理。故如今日之美国，虽多不婚与迟婚者，然其人十之八九，大率皆有淫乱之事，视为固然。彼惟功利货财是图，无暇问及是非。"③ 报章影戏多猥亵艳情，"其文章美术，日益堕落，遑言风俗道德"④。吴宓还注意到"美国流寓之外人，以及失业之工人、市侩政客 Demagogue；Boss 到处煽乱，agitation；'Propagande'；'movement'；'uplift'；etc。于是事变

---

① 刘梦溪主编，鲁迅等著，陈平原等编校：《中国现代学术经典》，鲁迅、吴宓、吴梅、陈师曾卷，河北教育出版社 1996 年版，第 293 页。

② 吴宓著，徐葆耕选编：《会通派如是说——吴宓集》，上海文艺出版社 1998 年版，第 88 页。

③ 吴宓著，吴学昭整理：《吴宓日记》（1917—1924）第二册，生活·读书·新知三联书店 1998 年版，第 25 页。

④ 吴宓著，吴学昭整理：《吴宓日记》（1917—1924）第二册，生活·读书·新知三联书店 1998 年版，第 163 页。

纷挐，人心浮动，虽物质文明甚盛，而凡百实乱世之像也。"① 作为文化保守主义的代表人物，他认为美国的工人运动、女权运动、男女同校等都是美国社会堕落的表征。吴宓并且汲取了白璧德"人性二元之说"，认为人性善恶并存，理欲并具。一旦"理性"战胜了"欲望"，长此以往，人就会养成向善的习惯；反之，如果"欲望"战胜了"理性"，不断地放纵自己，人就会养成恶的习惯。所以他主张用孔子的学说中"克己复礼"的思想来战胜因物质繁荣所带来的文化堕落。"克己者，……以礼制欲之工夫也。能以礼制理制欲者即为能克己。……故克己又为实践凡百道德之第一步矣。"② "复礼者，就一己此时之身份地位而为其所当为者是也。易言之则随时随地皆能尽吾之义务而丝毫无缺憾者也。"③ 克己复礼并非指全禁欲，而是要做到情理兼得，仁智合一。克己不仅是对自己的一种恩德，更是对天下的一种公德。复礼，即遵守社会道德规范，使人的行为合乎礼仪，对父母孝敬，对兄弟姐妹友爱，对邻里和睦，对弱势群体同情怜悯；遇到自己力所能及的事情，则当仁不让，勇敢地承担责任；做事情必须按照礼节之标准，不可流于形式，还要学会通达变通。

2. 行忠恕

吴宓在行旅欧美的过程中，根据自己的旅游感兴，主张"行忠恕"。他对忠恕做如此解释："尽心之谓忠，有容之谓恕；忠以律己，恕以待人。"④ "忠恕者，视我之义务甚重，视我之权利甚轻。而视人之义务甚轻，视人之权利甚重之谓也。"⑤ 吴宓认为忠恕是中国儒家伦理范畴，是处理人与人之间关系的基本道德准则。忠者，尽心尽力，为人出谋划策。他在第一次世界大战停战纪念日，出访牛津大学，写下《牛津欧战纪念三首》，其中有诗句"执戈卫社稷，死生同荣宠"，"君民同降福，世平国祚永"，表达对守卫国家社稷、捍卫君王的忠心的赞美。在诗后附注解释牛津大学守护真理、保卫国家的历史文化精神："牛津以守旧闻于世，盖

---

① 吴宓著，吴学昭整理：《吴宓日记》（1917—1924）第二册，生活·读书·新知三联书店1998年版，第67—68页。

② 吴宓：《我之人生观》，《学衡》1923年第16期。

③ 吴宓：《我之人生观》，《学衡》1923年第16期。

④ 吴宓：《我之人生观》，《学衡》1923年第16期。

⑤ 吴宓：《我之人生观》，《学衡》1923年第16期。

其精神惟重是非，不计利害。宁为义死，不屑苟全。行其心之所安，坚贞不渝。绝异于顺应潮流，揣摩风气者。……昔当一六四二年，英国清教徒革命大战。英王查理斯第一退驻牛津，以大学为行宫。王居圣体学院，后及大臣分居他所。于是牛津大学师生，激于忠义，奋起勤王，据城坚守。"[①] 在《伦敦讷耳逊纪念碑》中，吴宓写道，"临战写情书，龙蛇飞夭矫"，"身死大敌摧，讴歌闻亿兆"[②]。他写讷耳逊为击溃拿破仑军队的入侵，告别情人哈米顿，献出了自己的生命，使英国转危为安，歌颂英雄讷耳逊为国献身的忠心。恕者，能够推己及人，站在别人的角度上看问题，不强加自己的思想给别人，做到对别人包容及自己内心的坦荡与豁达。同时，还要有正确的义利观，在享受自己权利的同时更应该要尊重他人的权利，重视自己的义务，这样国家才能富强，天下才会太平。吴宓在美国留学时期，得知留学生能做到"入污泥而不染，白璧自保，砥柱横流"的非常之少，所以对于现实中的诸多不完美，主张以"恕"的宽容之心对待。

3. 中庸之道

"中庸"作为儒家的重要思想，他强调一个人的处世态度和行为准则。孔子谈中庸之道，"天命之谓性，率性之谓道，修道谓之教"，中庸就是人性善良的表现，实现天人合一，培养自己善良的品性。"中庸者，中道也，常道也，有节制之谓也，求适当之谓也，不趋极，不务奇诡之谓也。"[③] 吴宓在日记中非常赞同孔子及希腊三哲的"中和"之道，表明自己中和的立场。他认为人性有善、恶两端，不应失和，否则对自己是一种损害。希腊三哲，"以中、和为教"，"在两极端之中点，即为善，而在其极端，则为恶"；"以乘马为喻，谓不居正中，则堕鞍下；惟居正中，乃能用衔勒，指挥飞驰"[④]。吴宓指出信奉宗教主义者、浪漫自然主义者以及过激派各处一极端，宗教家敬重神灵以求消除罪孽，浪漫自然主义者一重情感泛滥一重物质，过激派实为社会之流毒，生性

---

① 吴宓：《吴宓诗集》，商务印书馆2004年版，第231页。
② 吴宓：《吴宓诗集》，商务印书馆2004年版，第220页。
③ 吴宓：《我之人生观》，《学衡》1923年第16期。
④ 吴宓著，吴学昭整理：《吴宓日记》（1917—1924）第二册，生活·读书·新知三联书店1998年版，第69页。

好乱，其结果都是不好的，给社会带来严重的弊端。同时他也强调中庸是一种执中，是一种生活实际原则，也是一种道德原则，它是以实现善为最终标准的。

（二）人文主义的宗教观

从词源学的角度，西方语言一般皆把"宗教"一词作为 religion 之译语，或认为由 ligio（拉丁语）而来，含有神与人结合之意。吴宓认为宗教对人生观的建构具有重要作用，他在"天人物"三界的区分中将最高境界——天界定义为"以宗教为本，笃信天命，甘守无违，中怀和乐"[1]，他也曾坦言："世之誉宓毁宓者，恒指宓为儒教孔子之徒，以维持中国旧礼为职志；不知宓所资感发及奋斗之力量，实来自西方。"[2] 而吴宓对宗教的态度离不开导师白璧德的影响。白璧德认为，若欲明生活之真理，或赖宗教，或借新人文主义示。吴宓给宗教下的定义是"一种尊敬虔诚的心情＝诚＋敬，推之一切人，一切事皆可云具有宗教性"[3]，这种"诚敬"的宗教性表现为严肃、认真、诚恳、热忱、崇高、高尚理想。宗教在吴宓的解读中是一种神圣的事物，他认为宗教使人的灵魂得到拯救。对宗教的信仰体现了对上天神灵的一种虔敬，对一切存在的事物的解释，它是具有崇高性的，以实现最终的善为目的的。"'宗教'者，信奉此神，而能感化人，使之实行为善者是也。如此之神，吾信其有而崇奉之；如此之宗教，吾皈依而隶属之。"[4] 吴宓从宗教可以救世救人、教化人们来阐述自己人文主义的道德观念。他非常喜欢读《神曲》等西方的宗教经典，并从中获得真理，认识到道德的重要性。作为一名"道德主义中心者"，吴宓重视以人为本的道德理想，而且还将这种道德理想四处传播出去。吴宓认为宗教实为道德的基础，是人们生存价值的最后的归宿，一个人遭遇了不幸，各种希望破灭，宗教可以帮助人看破红尘，超脱世俗，最终皈依佛教。所以，当他参观慕尼黑圣母教堂时，感动于教堂环境的

---

① 吴宓著，徐葆耕编选：《会通派如是说——吴宓集》，上海文艺出版社 1998 年版，第 20 页。

② 吴宓：《吴宓诗话》，吴学昭整理，商务印书馆 2005 年版，第 214 页。

③ 吴宓：《论宗教》，刘梦溪主编，鲁迅等著，陈平原等编校《中国现代学术经典》，鲁迅、吴宓、吴梅、陈师曾卷，河北教育出版社 1996 年版，第 375 页。

④ 吴宓：《我之人生观》，《学衡》1923 年第 16 期。

幽静与教堂内的女声合唱，同时感叹中国人宗教观的缺失，甚至到留恋国外的宗教氛围而不忍离去的地步。他在日记中写道："念中国人之缺乏高尚宗教情感，证以贺麟君之言，益觉欧洲之精神文明之高，使宓留恋不忍去，而归后必更嫌中国之不可居也。"① "宗教之主旨在于谦卑自牧"②，只要内心谦卑就能算得上是信教，宗教救世是建立在自救的基础上的，在他看来人文主义需要宗教，要改善人性、培养道德，就应当发挥宗教的教化的功能。综上所述，吴宓从"对人的生存的价值与意义，人在这个社会上如何才能得到拯救"等人生问题来阐述自己的人文主义宗教观，体现了对人生存的关怀。

吴宓认为，人在社会中常常处于矛盾的困境之中，是由于三种罪孽。在中世纪，基督教强调人有三欲，即感官欲（肉）、知识欲（智力）、权力欲（意志），这三种欲望是人的本能的滥用，相当于孟子所论的三戒（色、斗、得），是浪漫主义所呈现的三种类型：思想或理性浪漫主义、行动或英雄冒险主义、情感浪漫主义。宗教之三德（信、望、爱）分别救治这三种罪孽。吴宓自身认为所谓罪孽，人生来就有的，好放纵人性，需要培养人的高尚的道德品质来克制自己的狂妄纵欲，以求身心达到平衡与和谐。当遇到顽固不化，坚持作恶不肯回头的个人时，如果道德对人的节制作用有限，就必须通过宗教去感化他，打破其原来所有的精神状态去改造个人，使之皈依。吴宓从人的本性出发探讨如何救赎世人，净化心灵，以求得一切事达到至善至美。吴宓的宗教观就体现了对人的道德与精神品质的终极关怀，这种关怀给人指出了生活的目标，是神圣的，也让人难以揣测，使人减少物欲，增加道德性。

（三）人文主义的女性观

吴宓深受了中国传统的人文主义和西方新人文主义的影响，形成了自己的人文主义女性观。吴宓在《伦敦丐诗》中的诗句"上言爱是空，下言德胜利，"③ 表达了他在女性观方面对"爱"与"德"的重视。

① 吴宓著，吴学昭整理：《吴宓日记》（1930—1933）第五册，生活·读书·新知三联书店 1998 年版，第 395—396 页。
② 吴宓：《我之人生观》，《学衡》1923 年第 16 期。
③ 吴宓：《吴宓诗集》，商务印书馆 2004 年版，第 223 页。

1. 对于"爱"的概念的延伸：对女性的人文关爱

中国传统女性的道德观念限制了女性的发展，吴宓主张把女性从传统道德的束缚中解放出来，给予她们更多的人文关怀。吴宓超越了狭隘的道德主义，打破了传统道德对女性的绑架，主张给予女性更多的生存与发展的空间。吴宓十分赞赏曹雪芹的《石头记》，他认为曹雪芹本人的人生观不仅是严肃的，也是高尚的、理想主义的。曹雪芹的巨大成就不仅是因为他具有完美的艺术技巧，而且他把一种新人、较高级的、对人生和爱情的概念引入中国文学与社会。在《文学与人生》中，吴宓认为"在其经历方面，及其对于贤而美的女性以及所有值得尊敬的女性的概念方面"①，曹雪芹等同于萨克雷，认为曹雪芹把各种程度的价值观倾注到"爱"里，"从而描写了、创造了高级的高贵的各型女性，她们在道德和社会方面都引人注目"②。他认为曹雪芹描写的意淫是想象的爱，审美的或艺术的爱；体淫是肉体的爱，感官的满足。但"曹雪芹书中人物贾宝玉对女性的态度又不等同于卢梭"③。吴宓认为《石头记》中的意淫并非现今人们想象的那样具有贬义色彩，而是体现了作者对女性的体贴与审美的关照，对女性的呵护。他反对传统社会忠臣不事二君、烈女不嫁二夫的错误观念，在恋爱的问题上他还注重情兼理到，做到真性情。

2. 对于女子"德"的概念的拓展：才貌兼具的完美女性

吴宓指出女性不仅要强调婚姻的自由，而且还要培养自己的才智，把自己的才华展现出来。他的女性观也兼具中国传统美德与西方人文精神。吴宓关注女性的生存与发展，对女性关爱与尊重，认为男女是平等的，对于男性适用的道德，女性同样也适用。他在《文学与人生》表达这样的观点，一个有道德理想的女性应该是才女、智媛、美人、巧匠、交际家。吴宓打破了传统"女子无才便是德"的错误观念，人应该是全面发展的人，女性同样如此，强调女性不仅在才貌方面出众，要在道德和才智方面更胜一筹。吴宓把女性的角色、气质、才能等方面作为评判女性道德的标准，具有超时代性，在一定程度上打破了传统对女性角色

---

① 杨义、陈圣生：《中国比较文学批评史纲》，福建教育出版社 2002 年版，第 273 页。

② 杨义、陈圣生：《中国比较文学批评史纲》，福建教育出版社 2002 年版，第 273 页。

③ 杨义、陈圣生：《中国比较文学批评史纲》，福建教育出版社 2002 年版，第 273 页。

地位的束缚。他为了追求理想的爱情生活，与结发妻子陈心一女士离婚，追求毛彦文，他认为毛女士具有时代新女性的特质，追求自由、有个性，符合自己的理想追求。他也曾表达对中国现代奇女子吕碧城的仰慕。毛彦文在《往事》中记载，吴宓头脑中幻想一位女子，这个女子要像他一样擅长中英文，又要有很深的文学造诣，能与他诗词唱和；还要善于外交，能与其朋友打交道，能在他们当中谈古论今。他为纪念罗色蒂女士百年诞辰写诗，赞扬罗色蒂女士的完美："一门多才艺，私乐贫难撄。灵慧秉自天，早岁擅文名。"[1] 他描写日内瓦湖畔的斯达尔夫人："夫人生名门，英气吐光芒。寰中驰藻誉，后世诵瑶章。"[2] 在游巴黎卢森堡公园时描写林中情侣："顾盼多英强，丰盈兼窈窕。容华艳桃李，雾縠轻衫袅。"[3] 在《吴宓日记》中写法国女士："士女艳装丽容……容色姿态服饰之美，尤令人心醉神怡。"[4] 过波兰，吴宓关注的是"此邦擅方言，生女尤美慧"[5]，这次行旅过程中的见闻和感受都表达了他的完美女性的理想。

3. 对于女性爱的深化：以宗教般的爱情表达对女性的尊重

对于与女性的爱情，吴宓向往的是海伦式的爱情，纯粹的柏拉图式的精神恋爱。他对待爱情的观念是平等、自由、理性、道德、高尚的，并将爱情上升到宗教的层面，从而表达了对女性的充分的尊重。所以，他在游览日内瓦湖上美丽的爱情胜地克拉朗时写道："美极克拉朗，爱情钟此地。有爱欣成功，无爱新生意。……艳侣得同心，神仙居何异。"[6] 他游览伦敦肯辛顿公园，看到公园南端有维多利亚女王为亡夫阿尔伯特建造的纪念亭，吴宓感慨："君后爱何虔，方亭镇灵圄。"[7] 他在参观牛津雪莱像与雪莱遗物时作诗三首，赞美雪莱与他的妻子玛丽之间的爱情："玛丽结同心，绣盒藏发丝。一见成知己，弃家径追随。噢咻慰痴魂，铅

① 吴宓：《吴宓诗集》，商务印书馆 2004 年版，第 226 页。
② 吴宓：《吴宓诗集》，商务印书馆 2004 年版，第 250 页。
③ 吴宓：《吴宓诗集》，商务印书馆 2004 年版，第 242 页。
④ 吴宓著，吴学昭整理：《吴宓日记》（1930—1933）第五册，生活·读书·新知三联书店 1998 年版，第 211 页。
⑤ 吴宓：《吴宓诗集》，商务印书馆 2004 年版，第 218 页。
⑥ 吴宓：《吴宓诗集》，商务印书馆 2004 年版，第 249 页。
⑦ 吴宓：《吴宓诗集》，商务印书馆 2004 年版，第 225 页。

椠序遗诗。"① 同时也表达自己对美好的爱情的向往。吴宓在自己的日记中参照自己在欧洲的经历,并引用陈寅恪的理论来论述爱情,将情分为五个层次:"(一)情之最上者,世无其人,悬空设想,而甘为之死,如《牡丹亭》之杜丽娘是也。(二)与其人交识有素,而未尝共衾枕者次之,如宝、黛等,及中国未嫁之贞女是也。(三)又次之,曾一度枕席永久纪念不忘,如司棋与潘又安……(四)又次之,则为夫妇终身而无外遇者。(五)最下者,随处接合,惟欲是图,而无所谓情矣。"② 在吴宓看来,人和动物是有区别的,道德有高低卑劣之分,爱情同样也是具有等级的。吴宓反对自由婚姻,认为这是一种社会流弊,婚姻爱情也需要宗教、需要道德来维护。可见,吴宓把爱情当作自己的理想事业,重视真性情,反对虚伪的爱情。

三 吴宓域外纪游文学的新人文主义精神与中国现代思想现代化

吴宓行旅欧美,兼及东西方文化之长,提出自己的新人文主义思想。他与胡先骕、梅光迪等其同人创办《学衡》79 期,通过译作、理论文章等宣扬新人文主义思想。其办刊宗旨是:"论究学术,阐求真理,昌明国粹,融化新知。以中正之眼光,行批评之职事。不偏不党,不激不随。"③ 可以见出,吴宓新人文主义精神的核心是"昌明国粹,融化新知",即他在破旧立新的众声喧哗中宣扬中国传统文化,他在坚持传统道德的同时能够具有博采众长的开放态度。

(一)众声喧哗中的道德坚持

在轰轰烈烈的新文化运动提出"打倒孔家店",彻底反叛传统,摆出全盘西化的姿态之时,具有保守主义倾向的吴宓在行旅欧美之后,受白璧德新人文主义的影响,认为东方的儒家精神才是医治西方物质充裕所带来的风俗败坏、道德堕落,功利主义、享乐主义盛行的良药。他甚至提出"吾国文化有可与日月争光之价值"。由于他们所宣扬的新人文主义

---

① 吴宓:《吴宓诗集》,商务印书馆 2004 年版,第 232 页。

② 吴宓著,吴学昭整理:《吴宓日记》(1917—1924)第二册,生活·读书·新知三联书店 1998 年版,第 21—22 页。

③ 柴文华、康宇、王春辉著:《中华传统文化的两创历程》,光明日报出版社 2023 年版,第 110 页。

思想与新文化运动逆向而行，所以在当时就受到文学研究会、《学灯》杂志社成员的攻击。鲁迅就曾发表文章讥讽吴宓及"学衡派"成员不过是"聚在'聚宝之门'左近的几个假古董所放的假毫光"①。郑振铎如此评价学衡派的影响：学衡派"终于'时势已非'，他们是来得太晚了一些。新文学运动已成了燎原之势，决非他们的书生的微力所能撼动其万一的了"②。1982年王瑶的《中国新文学史稿》尖锐地评价吴宓及学衡派："以胡先骕、梅光迪、吴宓等为主认为学衡派写了很多攻击新文化与文学革命的文章。……打着复古主义和折中主义的旗号，向新文化运动进攻。"③ 而马良纯、张大明主编的《中国现代文学思潮史》则讥讽学衡派是"穿着西装的复古派，用外国学的本领为中国旧文化保镖"。④ 不管当时的论战如何激烈，也不顾忌后来对吴宓及学衡派评价的偏激程度，吴宓始终坚持中国传统文化精神，对当时主张全盘否定中国传统文化的思想进行激烈反对，守住中国传统文化中的人文精神。吴宓就像是人文主义的化身，道德一直贯穿吴宓的一生。他终其一生倡导儒家传统文化，宣扬中国传统的人文精神，矢志不渝，坚韧顽强，就算是身处逆境之中，也要坚持实践自己主张的人文主义。20世纪是一个不断发展变化的时代，也是中国新旧文化的交替时期，在这样一个新旧交替的时代必然会产生新旧文化上的冲突。吴宓始终坚守人文主义的立场和道德的眼光，逆时代的潮流，被认为是一个不合时宜的人物，在当时的社会不被人们所重视。但随着时代的发展与进步，学界对吴宓看法也发生了很大的改变，他不再被人认为是"文化保守主义"，改其称"文化守成主义"，甚至是"文化理性主义"。

（二）现代性建构中的开放态度

尽管吴宓主张用传统文化的"礼""仁""忠恕""中庸"等观念来改造日渐浮躁的社会，但是他仍处于现代化借鉴开放、包容的语境中，

---

① 鲁迅：《估学衡》，《鲁迅全集》（第一卷），人民文学出版社2005年版，第397页。

② 郑振铎：《〈中国新文学大系·文学争论集〉导言》，蔡元培等《〈中国新文学大系〉导言集》，陈平原导读，贵州出版集团、贵州教育出版社2014年版，第83页。

③ 王瑶：《中国新文学史稿》（上册），上海文艺出版社1982年版，第39页。

④ 马良纯、张大明主编：《中国现代文学思潮史》，北京十月文艺出版社1995年版，第115页。

所以他能以西方观念来改造中国传统文化，从而进行现代化的建构。他将欧美之行与西方文化验证，加深他对西方文化的认知和感悟，在深厚的国学底蕴的支撑下，实现了中西方文化交流、碰撞、冲突、融合，在批判西方的前提上学习西方，形成新的人文主义精神。吴宓曾指出："欲造成中国之新文化，自当兼取中西文明之精华，而熔铸之，贯通之。吾国古今之学术、德教、文艺、典章，皆当研究之，保存之，昌明之，发挥而光大之。而西洋古今之学术、德教、文艺典章，亦当研究之，吸取之，译述之，了解而受用之。"① 他将文化借鉴放在西方文化的源头，如西方宗教中的"极美极善"的内部规律，而与中国传统文化进行融会贯通。与当时的新文化运动的科学、民主思想相比，他只是站在文化的源头对于文化建构进行重新思考，去除了当时许多文化借鉴者急功近利的色彩，将过激的新文化运动予以回正。所以在有些评论家对吴宓激烈批判的同时，也有许多评论家对其进行高度的褒扬，如乐黛云评价吴宓是"代表五四新文化运动另一潮流"②。王泉根则客观评价吴宓与学衡派人物"并不排拒西方文化，也不反对中国文化需要变革"，只是他们"对西方文化的理解及对中国文化变革的思路与五四新文化派的思路不同而已"③。

站在今天的时代背景中，吴宓对生命与道德、个体与他人、传统与现代的思考仍然具有现代性的意义。

第三节　王统照旅欧纪游文学与"为人生" 理想

王统照是中国新文学第一个纯文学团体——文学研究会的 12 个发起人之一，他的创作弘扬了文学研究会"文学为人生的精神"，体现出他"为人生而艺术"的创作观念，有着"对一切有情物和无情物"的深厚同情。特别是他在 1934 年因作品暴露社会黑暗被查禁，被迫离开祖国去欧

---

① 吴宓著，徐葆耕编选：《会通派如是说——吴宓集》，上海文艺出版社 1998 年版，第15 页。

② 汤一介编：《国故新知：中国传统文化的再诠释》，北京大学出版社 1993 年版，第30 页。

③ 王泉根主编：《多维视野中的吴宓》，重庆出版社 2001 年版，第 184 页。

洲各地游学，直到 1935 年回国这一历史阶段的作品，面对中国当时黑暗现状及世界各地的种种黑暗，他对人生的感悟更加深刻。正如王统照所言，文学是时代的反映，"非伊里沙白时代，不能出莎士比亚；非在以前俄国的压制时代之下，不能有陀以陀夫司基"。王统照旅欧时期正处于国家以及世界许多地方危难深重的时刻，所以写出了有影响力的"为人生"的优秀作品。

一　捕捉诗意生活的美好

瞿世英曾在《春雨之夜·序》中对王统照如何表现人生作过如此经典评价："剑三是对于人生问题下功夫的。他以为人生应该美化，美为人生的必要，是人类生活的第二生命。""剑三的理想，是爱与美的实现，爱即是美，美即是爱"[1]，认为他的作品表达了人生的"爱与美"。朱德发则评价他作为一个"介乎写实派和浪漫派之间，呈现着现实主义和浪漫主义相融合的趋向"[2] 的作家，王统照的《欧游散记》《欧游诗》等域外纪游作品，不忘发现并用抒情浪漫的笔调书写旅途中人性之"美"，尽管由于行旅的特殊性与文体的限制，其中没有对两性之爱的集中表现。

王统照善于发现生活中人性的优美与丰富，发觉诗意生活的美好。他欣赏阿姆斯特丹人们骑自行车或追逐或疾驰，自由自在穿行于街市之中的生活景观，认为"这是荷兰最普遍而最有趣的自由运动"。当他来到水城威尼斯，与资本主义社会烟囱林立，车马喧嚣相对应，他捕捉到水城人们生活的诗意："那里来都市的嘈音，或是他们不惯起早？／那里有汽油的焦味与纷纷的车马奔跃？／那里是高囱口喷发出烧化的浓露？／只有临水窗上的晨歌，只有桥头的人影俯照。"[3] 在这里，他进一步观察到"太阳不会变了面目，这金光在水底分外明耀"，于是感叹"人间不曾把现代倒转，是真的还有这古老情调？"[4] 他感觉自己喝了一杯陈酒，投入

---

① 瞿世英：《〈春雨之夜〉序》，冯光廉、刘增人编《王统照研究资料》，宁夏人民出版社1983 年版，第 173 页。

② 朱德发：《文学研究会"为人生"文学观的基本特征》，《文学评论》1984 年第 6 期。

③ 王统照：《水城》，《王统照诗选》，人民文学出版社 1958 年版，第 76 页。

④ 王统照：《水城》，《王统照诗选》，人民文学出版社 1958 年版，第 76 页。

古老诗意的怀抱。与资本主义社会为盲目追求经济效益而实行的流水生产线的快节奏相对应，他发现荷兰渔村人民安逸美好的慢生活。"这样清、这样柔，这样安静的河面上，风轻轻地吹，阳光懒懒地挪动，岸上行人与牧场中的女孩子也一例是缓缓地走，缓缓地抚摸着牛羊。"① 他写荷兰马尔孔、瓦林丹"孤悬海中四无依傍"两个异样的渔村，赞美渔民们"网鱼、制陶器"，妇女们"打花边，做手工活"，"依然故我"地如"海中桃源"般安闲从容。② 还赋诗一首，表达他对这两个渔村异样的生活的感喟与欣赏："夕阳幻彩下苍茫，画壁渔家晚饭香。补网织麻生计苦，灯前谁得话沧桑。"③ 他欣赏荷兰名画"牛乳女郎"，赞美画中女郎清静安恬的生活境界，"她的健康，她的面色，她的安然的态度，宽广而丰满的胸部，全体无处不令人感到她给世间人传达和平的福音"④。让人感到"牛乳女郎"的神情体态能达到给世间人传达和平福音的程度。他在《荷兰鸿爪》之五《乡人一夕话》中写远在异国的同乡商人仍然保留着家乡的生活情致：他们自己"蒸馒头、包饺子、炒青菜"，书记兼会计的"八成老式的账桌"上放着毛笔、铜墨盒、红木珠算盘、木戳记，银朱印泥等中国物件。让作者感觉这是他在近一年中未有的快乐。⑤

正如周作人在《人的文学》中对人性的解读，他提出人比动物复杂高深，并且具有"逐渐向上，有能改造生活的力量"⑥。在旅欧过程中，他发现并赞美这种逐渐向上的改造生活的力量，赞美在艰难条件之下人们生存的智慧和勇气。他赞美几位"山东大汉"本来可以在老家村里过

---

① 王统照：《荷兰鸿爪》，《欧游散记》，北京师范大学出版集团、北京师范大学出版社2012年版，第104页。

② 王统照：《荷兰鸿爪》。《欧游散记》，北京师范大学出版集团、北京师范大学出版社2012年版，第108页。

③ 王统照：《荷兰鸿爪》，《欧游散记》，北京师范大学出版集团、北京师范大学出版社2012年版，第113页。

④ 王统照：《荷兰鸿爪》，《欧游散记》，北京师范大学出版集团、北京师范大学出版社2012年版，第86页。

⑤ 王统照：《荷兰鸿爪》，《欧游散记》，北京师范大学出版集团、北京师范大学出版社2012年版，第91—92页。

⑥ 周作人：《人的文学》，胡适编选《中国新文学大系·建设理论集》，上海文艺出版社1981年版，第194页。

得安安稳稳，但他们却愿意远赴日本、新加坡、荷属印度群岛、南美洲、俄罗斯等世界各地谋生，他们手提、肩负，"在那些关税高重情形陌生的帝国主义者的领土中挣回一份血汗钱来"①，甚至拼着性命去"拉荒"（偷渡）。即使不懂目的国语言，也不知如何坐车换车及行李运输，他们却有奔赴海外的勇气和冒险精神。他们在行旅过程中"没有人招呼，没有人引导，更没有西洋商人的知识"，但是他们却具有坚定地闯下去的豪情与勇气："闯去，怕什么！咱们哪个没走路碰回钉子，没吃过苦头？有的还是从死里逃生。无非是不会说那英国话罢了，谁管这一回事！""只要组织起来东伙来，哪怕走到天边，不缩头，不管远不远，更想不到那些困难！"②他由衷地佩服犹太人生存的智慧和韧性："在欧洲，凡是他们的民族居留处都有强密的组织力量。做各种买卖，作各种活动，利用他们的才能，凡是他们的脚踏到的地方不但能站得住，而且站得稳。"③王统照在旅欧纪游文学中，表现了与喧嚣的资本主义社会物质利益追求形成鲜明对比的恬淡雅静的生活美好，也表现了遇到困难不顾千难万险勇毅向前的斗争精神，从不同层面表达了人性的丰富与美好。

二　真切关怀普通人的生存境况

把人放在中心的地位、根本的地位是西方人文精神的核心内涵。以费尔巴哈为代表的西方人本主义者从生物学的角度看待人，肯定人的种种欲望，认为人的本性在于追求快乐和幸福的生理要求。费尔巴哈认为人们的幸福就在现实社会中，追求幸福是人们生来就有的本性，是道德的基础。王统照作为一名"为人生"的作家，行旅欧洲时，受西方人本主义精神的影响，其旅欧纪游文学肯定了对个人幸福的物质关怀与精神追求，他记录了欧洲很多国家对普通人切身生存条件的关注，对身心诉求的关心，并表达了对这种理念接受、惊叹、赞美的观感，体现以人本

---

① 王统照：《"粒荒"》，《欧游散记》，北京师范大学出版集团、北京师范大学出版社2012年版，第25页。

② 王统照：《"粒荒"》，《欧游散记》，北京师范大学出版集团、北京师范大学出版社2012年版，第24页。

③ 王统照：《荷兰鸿爪》，《欧游散记》，北京师范大学出版集团、北京师范大学出版社2012年版，第93页。

主义为核心的创作主张。

而对人的生存境况的关心首先体现为物质的、器物层面的关怀，也关心人们的衣食住行等基本的生活条件，表现对人的现实关怀。他在《厨子的学校》中描写培养厨子的学校的许多人性化的学习内容"鲜嫩的番茄，豆荚，黄瓜，与诸种菜蔬如何切，如何叠，如何调味；生鱼一条条地在木板上，挑刺，去鳞；怎样做成种种吃法的小点心，卷皮，加油，包馅；甜食的花样更多；各种水果变成清汁；牛乳，糖，香料如何调制"① 等。同样，在《工人与建筑师》中，他写了一个建筑学校，"无论是教师与学生，都穿工人的衣服，手指上沾有各样的色彩，脸上的汗时时下滴，而他们却兴高采烈地去做各人应做的工作"②。他们通过数理的练习与理化的实验，"了解物质与人生的重要关系，他们的脑与手能为人类造出安适的居室，而合乎科学的精神与卫生的方法"③。王统照对这种学校开办的意义从质疑到感兴趣到赞赏的态度转变，表达他对英国人这种关注、关心普通人切身生活，并愿意为人们提供高质量生活服务，甚至将其作为一种职业的态度的认可。他因此改变了自己既有的理念，接受了在众生平等基础上的人本精神。他欣赏欧洲瑞士、荷兰国家不是片面地求物质条件的现代化，而是站在人本要求的前提下改造环境，自厚其生。他指出："在欧洲，不缺乏古代的雄伟建筑，不缺乏规模浩大的城市设计，更不缺乏匆忙争斗而遗忘了自然美的现代的人生。但能调剂于两者中间，以物质建设的努力加以人工的艺术的布置，利用自然的现成东西去慰乐人生，据我所知，瑞士与荷兰都能够格。他们不放弃了生活的竞争，却使一般人民真懂得如何利用，如何厚生，把自然美与物质建设调和在一起，瞧不出有何显然的裂痕，这便是他们的聪明。"④ 他以荷兰的爱丹为例，表达他对自在自为的生活状态的欣赏，赞美爱丹人在同

---

① 王统照：《厨子的学校》，《欧游散记》，北京师范大学出版集团、北京师范大学出版社2012年版，第61页。

② 王统照：《工人与建筑师》，《欧游散记》，北京师范大学出版集团、北京师范大学出版社2012年版，第67页。

③ 王统照：《工人与建筑师》，《欧游散记》，北京师范大学出版集团、北京师范大学出版社2012年版，第73页。

④ 王统照：《荷兰鸿爪》，《欧游散记》，北京师范大学出版集团、北京师范大学出版社2012年版，第79页。

样的资源条件下"能以利用，自厚其生"。"人民的穿着，朴素，洁净，他们的面色，丰满，红润，大野中的空气与精神上的舒适调和起来，便将工作，快乐，造成了这个乡村。"①

其次，对人的生存境况的关怀还体现在心理、精神、价值方面的关怀。他有感于德国黑衣僧的在清苦的生活条件下却能保持精神的富足与沉静，用浪漫主义笔调书写这位德国黑衣僧与青灯为伴，坚守宗教情怀，以苦为乐的心态带给他心灵的悸动："我每每见到这位德国的小老头，无论是在餐厅或吸烟室中与甲板上面，便想到他在数十年中把他的精神耗费于拉丁文的修习，《圣经》的记读，解释与讲说上，而与他常常为伴的却只是几枝白烛的明光！人生，自然因为各人的环境与命运——就说是命运吧——的造就，逼迫，走到各自认为没法逃避的某种生活的方式之中，一天一天地打熬着，便由习惯而成自然，由服从而认为是必要的规律。拘束于自己的狭小的笼中，自找慰安，自说真理，这正是人类的苦痛吧？然而这种种不同的苦痛的束缚有多少人能很容易解脱开？"②

三　为水深火热的底层人民呐喊呼号

作为文学研究会代表作家，王统照用人性的眼光发现现实生活中的美的同时，"冲出'表现自己'的个人感受和情思的狭窄的小圈子，把个人的视野和艺术触角转向广阔的现实人生，真正走为广大民众的人生而艺术的现实主义大道"③。所以，王统照文学创作"为人生"的追求，并不是为特殊阶级服务的"人生"，而是普通老百姓特别是底层人民的"人生"。1934年王统照到欧洲游历，面对美丽的水城威尼斯，花都佛罗伦萨，却能发现底层人民困窘的生活状态，并力透纸背地表现底层人民残酷的生存境遇，深刻揭示制度的黑暗、战争的罪恶。正如臧克家为他的诗作序时所言："我们的诗人在体味痛苦的人生，不满当前的现实，为水

---

① 王统照：《荷兰鸿爪》，《欧游散记》，北京师范大学出版集团、北京师范大学出版社2012年版，第106—107页。

② 王统照：《三位黑衣僧》，《欧游散记》，北京师范大学出版集团、北京师范大学出版社2012年版，第47页。

③ 朱德发：《文学研究会"为人生"文学观的基本特征》，《文学评论》1984年第6期。

深火热中的人民叫苦、呐喊，为灾难重重的祖国焦心。"① 王统照在他的域外纪游作品中，深情地写"人间的苦味"，表现出对被压迫的民族和人民深厚的同情。

他关注到伦敦、巴黎、罗马、柏林等如天堂的大都市中的"流浪的无食者，乞人，残废无依者"，这些人中有伦敦街上那些"面容憔悴，蓬发粗手"的工人，他们有很好的体力，也有工作的经验和技能，却没有工作的机会；"站在小饭馆门外手托火柴等着施舍的乞人"②；瘪着肚皮受苦的小孩；可怜的老母、姊妹和妻等一切痛苦的人们。他对造成这批失业者衣食无着的原因进行现实的暴露：当老英国与日耳曼进行战争时，每个英格兰忠实的男子为了正义、自由、公理抱着战胜或战死的决心去反抗日耳曼的暴力；当上层统治者们"安卧于羽毛床中"，勇敢的战士"却躺在土地，沿血染的前线枪子与炸弹把我们包围"；而当战争胜利，这批为国尽忠的人们却成为失业者，"从同情的善心中去求一个尊敬的便士"③。他从这些衣食无着的人群中，找到"这些虚张声势，'血脉偾兴'的所谓'列强'的病原"④，对贫富不均的社会进行猛烈抨击。在《经锡兰岛航行三日至孟买城》中他写旅途中的当权者"颐指千万夫，权威炙手热"，而底层人民生活艰难，"到处可怜虫，面黧复体裸"⑤。而在《舟行红海中纪感》中也写有钱人家过着歌舞升平、纸醉金迷的生活，他们举办化装舞会，直到夜深才散。作者用这样的诗句表达："舟中男妇姿欢荡，花冠绮裙纷飘扬，/抱躯环走效狐步，美酒狂歌夜未央。/水程尚复求致乐，盘嬉已忘风霆撞。"⑥ 穷人和富人并没有天生的高低贵贱之分，

① 臧克家：《王统照先生的诗（代序）》，《王统照诗选》，人民文学出版社1958年版，第2页。

② 王统照：《失业者之歌》，《欧游散记》，北京师范大学出版集团、北京师范大学出版社2012年版，第52页。

③ 王统照：《失业者之歌》，《欧游散记》，北京师范大学出版集团、北京师范大学出版社2012年版，第56页。

④ 王统照：《失业者之歌》，《欧游散记》，北京师范大学出版集团、北京师范大学出版社2012年版，第52页。

⑤ 王统照：《经锡兰岛航行泪至孟买城》，《王统照文集》（第四卷），山东人民出版社1982年版，第510页。

⑥ 王统照：《舟行红海中纪感》，《王统照文集》（第四卷），山东人民出版社1982年版，第513页。

但是强者为王的社会却"以强凌弱励侮亡",所以作者用"蚩蚩贱氓谁怜汝,屠刲絷辱等犬羊"①来慨叹普通老百姓如犬羊一般的生活。

王统照还特别关注资本主义弱肉强食的社会里种族、民族的压迫。在纪游诗《独木舟》强烈控诉"做一个码头上的自由奴——还算过分?／谁教是有色的皮肤,种族的愚蠢!"②在纪游诗《街心的舞蹈》中,王统照有感于吉卜赛人在中世纪曾经叱咤风云,现在却沦落成了一个便士的打赏便"学步在昏黄的十字街头",他对卖艺为生的流浪的吉卜赛人表示了深切的叹惋与人道主义的同情:"吉卜西,流浪群,旋风似的身姿,／一根花羽,一把短剑,挥摇着过去的诗意。／来,再加一套泼刺有力的转舞。你想:(抖一身艺人的骄傲,会看轻冷眼下的颤栗?)"③作为中国人,他更同情华侨华人生存的艰难。因为国内政治的黑暗,国弱民贫,虽然南洋是炎热之地,还深受殖民地主人的榨取,"中国的谋生者还是一批一批地向那些炎热的地方走"④。他还写在荷华商生活的窘迫状态,因荷兰人购买力越来越小,他们只有做小贩,走街串巷贩卖,加上中国外交软弱,出口物品关税很重,华商生活艰难。在国外谋生的华人,因为中国国际地位很低,虽然为别国的发展做出了很大的贡献,但仍然处于不被认可并受到欺凌的境地,如他写新加坡从过去的不毛之地变得繁荣发达,华人可谓功不可没。同时世界各地的华人同样为世界经济社会的发展作出贡献。但他们的生活处于社会最底层,劳动成果却没有权利享受。他在《华侨教育之一斑》中就表现了在当时英属殖民地华侨所受的教育的不平等。写英人对华人实行殖民教育,华侨的受教育条件差,很多学校就暂且租几间屋,挂一块商店式的招牌。普通华人只能接受低等的教育,有名的香港大学每年仅培养百数名左右的学生。所以作者感叹:"华人足迹遍地球各处,不顾艰危,辛苦跋涉蛮荒酷寒之地。"但因"国

---

① 王统照:《舟行红海中纪感》,《王统照文集》(第四卷),山东人民出版社1982年版,第513页。

② 王统照:《独木舟》,《王统照诗选》,人民文学出版社1958年版,第69页。

③ 王统照:《街心的舞蹈》,《王统照诗选》,人民文学出版社1958年版,第83页。

④ 王统照:《华侨教育之一斑》,《欧游散记》,北京师范大学出版集团、北京师范大学出版社2012年版,第16页。

势衰弱无有保护之者，为可悯耳"①。王统照深入揭示华人华侨因国势衰弱而处处不受保护的社会现实，同情华侨艰难的生存处境。

同样，王统照在其旅欧纪游文学中，也披露世界其他有着辉煌的古代文明的国家，用劳动和智慧在人类的发展史中作出了杰出贡献，但却被帝国主义国家所控制与欺凌。在纪游诗《开罗纪游》中，他惊叹埃及人民用血汗筑成的号称世界"七奇"的幽宫，并修筑了苏伊士运河，从而大大便利了世界人民的交流与沟通："从古远看到现代，——新开的运河缩短海程；/从红海到地中海凿开了这一条水上走廊"，为此，"在重压下的埃及人为运河拼上了/多少牺牲！时间、血、汗、饥饿和劳动，/还有难计数的生命，……才能够眼睁睁/把这条走廊的便道打通！"② 但是现在为世界文明作出了重大贡献的埃及人民及其所修建的通道却为帝国主义霸权所控制，埃及人民被迫在霸权主义的欺压下生存。所以他质问、控诉"那里的穷苦埃及人的生活种种？/为甚么埃及人依旧贫困，空空地把/运河凿通？为甚么'帝国'的军旗飘扬在埃及天空？"③ 他还描写威尼斯水城古老诗意的面孔下的残酷本质，在"水一样的平，古物似的斑驳"④ 的风景背后，同样有哭、有呻吟、有恚怒。所以他在诗歌中对其进行血泪控诉："雕镂的耗费，色彩的醉，线与形的交挥，/揭露出沉迷的秘密，洒多少敬爱血泪。"⑤ "艺术——是艺术雄伟，血痕涂上美的颜色。/……画廊底埋藏着当年不幸的冤鬼。/圣马克独立天堂可允许他们忏悔？/红法衣，白烛光，僧侣的朝夕诵美，/地下血狱，圣徒的居邻！可容易导进天国？/古老，奢靡，残暴，雄奇，是名迹的一串浮标，/诡怪的偶像永远被暴君涂上彩绘。"⑥ 王统照在创办《曙光》杂志时，曾表达用文学"提撕这个沉沦的社会"观点，他的旅欧纪游文学就是这样，希望能够通过揭露社会的黑暗使处于麻木状态的人警醒起来，从而达到救赎社会、关怀人生的目的。他的创作理想发生了从"只是从理想中祈

① 刘增人：《王统照传》，北京十月文艺出版社 2000 年版，第 282 页。
② 王统照：《开罗纪游》，《王统照诗选》，人民文学出版社 1958 年版，第 73 页。
③ 王统照：《开罗纪游》，《王统照诗选》，人民文学出版社 1958 年版，第 74 页。
④ 王统照：《开罗纪游》，《王统照诗选》，人民文学出版社 1958 年版，第 77 页。
⑤ 王统照：《水城》，《王统照诗选》，人民文学出版社 1958 年版，第 76 页。
⑥ 王统照：《水城》，《王统照诗选》，人民文学出版社 1958 年版，第 77 页。

求慰安"到"想更向现实生活深入分析"的重大转变。王统照同情一切被压迫的民族和人民，并揭露批判世界的一切罪恶，他旅欧纪游文学传达的"为人生"主张。正如《文学研究会丛书缘起》所表达的理念：文学是"人生的镜子，能够以慈祥和蔼的光明，把人们的一切阶级，一切国种界，一切人我界，都融合在里面，用深沉的人道的心灵，轻轻的把一切隔阂消除掉。惟有他，能够立在混乱屠杀的现世界中，呼唤出人类一体的福音，使得压迫人的阶级，也能深深同情于被压迫的阶级"①。

四 高歌被压迫民族与人民的斗争精神

杨洪承在《王统照评传》中将王统照的 1934—1937 年的经历概括总结，其中一个方面的内容是"暗夜中寻求光明的火炬"②。确实在王统照旅欧期间，正值帝国主义国家侵略，国家山河破碎、人民灾难深重之时。站在世界的角度，资本主义的发展已经失去了其积极的意义，资本家为了片面追求剩余价值，盲目扩大生产，造成经济危机，工人失业。帝国主义国家巧取豪夺，实行种族压迫，种族歧视。面对种种黑暗现象，他努力寻找能照亮黑暗现实的火炬，所以，他行旅欧洲各国时找到了能带来光明的因素，那就是对反抗之路、解放之途的追寻。他在纪游诗《雪莱墓上》中赞美雪莱为自由解放而高歌，称颂雪莱一往无前的斗争精神，歌颂他"是思想争斗的前锋，曾不回头，/把被热血洗过的标枪投在沙中"③。"争自由的精神，永耀着一金色里一团霞光。"④ 他写雪莱"诗的热情燃烧着人间的一切，/教义的铁箍，自由的锁链，/欲的假面，黑暗中的魔法。是少年都应分在健步下踏践"⑤。他认为雪莱的诗能使人冲破一切黑暗、一切束缚，获得光明与自由。他热烈地歌唱波兰人民的战斗精神，歌唱重生的波兰古国，号召世界被压迫的民族和人民特别是中国人民学习波兰人民的斗争精神，为自由而奋战，不辜负这如画的江山：

① 李今主编，罗文军编注：《汉译文学序跋集第二卷 1911—1921》，上海人民出版社 2017 年版，第 430—431 页。

② 杨洪承：《王统照评传》，花山文艺出版社 1989 年版，第 163 页。

③ 王统照：《雪莱墓上》，《王统照诗选》，人民文学出版社 1958 年版，第 84 页。

④ 王统照：《雪莱墓上》，《王统照诗选》，人民文学出版社 1958 年版，第 88 页。

⑤ 王统照：《雪莱墓上》，《王统照诗选》，人民文学出版社 1958 年版，第 85 页。

"这古国不是重生了么？/大战前是刀锋下的食瓜。/分割，生活的锁柳，逃亡与反抗，/他们不曾辜负了'江山如画'。/""这古国不是重生了么？/历史上涂销了三分的旧话。/血与泪浇遍了田野，森林，到处生发，/他们在黑海上早找到复明的灯塔。""这古国不是重生了么？/诗人不再在流浪中回念故里桑麻；/更不须提防着巡行的铁蹄蹴踏，/他们手捧起'自由的波浪'散作飞花。"① 诗歌中连续三节都用"这古国不是重生了么？"开启一节，说明波兰古国能在自我的抗争中获得自由与新生，表达了诗人对未来的信念与希望。而在《舟行红海中纪感》中王统照同样表达了以强抗强的道理，号称大家能团结起来，群起御侮："以种相禅强者强，犹人毋竟无毋相"，"但期翕群御侮伐，勿为乡狗徒张皇。"② 而在《失业者之歌》中，他在同情失业者的处境时，批判失业者对自己的境遇只是提起申诉的无力。他指出，"这一首粗壮的诗歌不能算是激烈的抗争，而是哀鸣的求乞"，"然而一般正在想尝尝梦幻般的伊里莎白时代生活趣味的男女，有多少人会被这种粗纸印刷品的申诉诗感动？"③ 所以，最终的道路只有奋起反抗，推翻剥削阶级的统治。同样他分析南洋土人的优秀的文化传统，南洋土人聪慧，爱好文艺，外语也娴熟，但是受制于人，民族不能独立，因此他更加叹惋。而由此他联想中华民族同样的生存处境，同样历史悠久，"文化绵长，土地广大，人物亦多俊异者，刻虽未全为西洋之殖民地，然长此不振，焉可诽议他族？"④

朱德发指出："文学为人生，表现人生，批评人生，改造人生，可以说是文研会现实主义文学思想的核心和根本特征。"⑤ 王统照的旅欧纪游文学从异域文化的视角发现人生的美好，对人生进行关怀，解读人生中的诸多问题，并提出有效的解决问题的方式。他践行了文学研究会将文学作为改良人生、改造社会的器具的宗旨，所以他的旅欧纪游文学具有

① 王统照：《九月风》，《王统照诗选》，人民文学出版社 1958 年版，第 90 页。

② 王统照：《舟行红海中纪感》，《王统照文集》（第四卷），山东人民出版社 1982 年版，第 513 页。

③ 王统照：《失业者之歌》，《欧游散记》，北京师范大学出版集团、北京师范大学出版社 2012 年版，第 57—58 页。

④ 刘增人：《王统照传》，北京十月文艺出版社 2000 年版，第 231—232 页。

⑤ 朱德发：《文学研究会"为人生"文学观的基本特征》，《文学评论》1984 年第 6 期。

解剖社会问题的深度与批判的力度。同时因为他的创作不同于别的文学研究会作家片面的功利态度，他"不仅在文研会所代表的'人生派'和创造社所代表的'艺术派'的论争中采取中立态度，而且在初期创作中也试图把现实主义和浪漫主义结合起来"①，他的旅欧纪游文学延续了他早期浪漫主义传统而带有诗意的抒情与浪漫主义色彩，显得情理兼至，感人至深。

---

① 朱德发：《文学研究会"为人生"文学观的基本特征》，《文学评论》1984 年第 6 期。

第 六 章

苏联游历与左翼文化

由于 18 世纪与 19 世纪之交法国激进的革命精神，法国一度成为中国红色游历的中心。20 世纪 20 年代，随着十月革命的胜利，苏联红色政权的建立，苏联成为国际共产主义运动的中心，也成为中国先进知识分子红色游历的中心。瞿秋白、蒋光慈、郭沫若、茅盾、邹韬奋等是奔赴苏联红色游历的代表作家。瞿秋白的《饿乡纪程》和《赤都心史》客观描绘、理性评价与借鉴俄国十月革命红色经验。蒋光慈的纪游诗《新梦》表现出高昂的战斗激情、坚定的革命信念和高歌猛进的革命决心。他们以对域外红色文化的宣传、理解与吸收为中国左翼文化增添了新的内容，促进了中国左翼文化现代化。

第一节 中国先进知识分子赴苏游历与
旅苏纪游文学概述

早在康熙五十一年（1712），图理琛受命出使土尔扈特，途经俄罗斯，历时三年，写下《异域录》，细述俄罗斯山川、风物、民俗、礼仪等，为人们了解俄罗斯提供了翔实的资料。晚清以来，清政府先后派遣斌椿、张德彝、志刚、缪祐孙、王之春等使臣对俄罗斯展开了一定的探索，留下诸多宝贵的域外游记。志刚的《初使泰西记》、张德彝“八述奇”中的第一部《航海述奇》和第四部《四述奇》中记录了访俄期间见闻。缪祐孙经过两年游历，跋涉 35 千米，写成《俄游汇编》12 卷。历数俄罗斯源流、疆域险要、山川形态、兵力军制、铁路交通、物产丰饶、民风习俗等。王之春“将俄国及沿途所经过国家和地区的地理状况、历史沿革、人文风貌、军械更新、政治变革等情况"① 汇集成《使俄草》8卷（又名《使俄日记》）。单士厘的《癸卯旅行记》（1903）亦记录了国人对俄罗斯的初步观察与书写。这些旅俄游记和其他晚清时期的域外游记一样，抱着知己知彼的目的，详细记录了旅居地的历史、宗教、艺术、习俗，开阔了国人的眼界，加强了中俄文化交流。这些都是传统意义上的文化了解与文化交流。而在十月革命爆发后，成立了红色的苏维埃政权，现代知识分子抱着借鉴苏俄经验的目的旅居苏联，进行红色文化借鉴，形成全新的旅苏体验。

一　求真：20 世纪 20 年代旅苏群体与旅苏纪游文学创作概况

一方面，苏俄红色政权的建立，为中国现代化借鉴提供了不同于欧美的另一种可能。另一方面，苏联政权作为一种新的社会制度在世界确立引起资本主义的仇恨与恐慌，于是出现了诸多抹黑苏俄的言论。而有着不同背景、站在不同立场的人也对苏俄社会主义制度有着不同的理解。抱着探究真相的目的，许多有识之士踏上了苏俄之旅，因此 20 世纪 20 年代旅居苏联形成热潮，旅苏持续时间长，人数多。据张泽宇的研究，从1921 年上海共产主义小组派出第一批学员负笈俄国到 1930 年莫斯科中山大学关闭为止，共有近 1400 名中国留学生远赴苏联求学。② 据周棉统计，1927 年后，共有 1600 名左右学生在苏联学习。③ 而当时旅苏的进步知识群体包括如下三类。

第一类是左翼文化先行者。20 世纪 20 年代作为世界革命的中心的苏俄，成为进步青年的朝圣之地。正如日本戏剧家秋田雨雀 1927 年访苏时所写的《新俄游记》所言："知道苏俄的将来的，便知道了全人类的将来。"④ 蒋廷黻在《欧游随笔》的《经过"满洲国"》中转述了一位从苏俄来北京的美国教授的话："现在只有苏俄值得一看。别国，连美国在

---

① 肖玉秋：《晚清赴俄使臣的俄国历史文化观》，《世界近现代史研究》2013 年第 00 期。

② 张泽宇：《留学与革命——20 世纪 20 年代留学苏联热潮研究》，人民出版社 2009 年版，第 110—111 页。

③ 周棉：《近代中国留学生群体的形成、发展、影响之分析与今后趋势之展望》，《河北学刊》1996 年第 5 期。

④ 胡愈之：《莫斯科印象记》，湖南人民出版社 1984 年版，第 16 页。

内，都是束手无策。唯独苏俄一往直前。"[①] 可见，苏联在当时代表着未来与方向。左翼文化先行者在国际共产主义组织的帮助下，由共产党或国民党选派留学或参加共产国际的主要会议。赴苏留学主要分为三个时期：1921—1924 年；1927—1930 年共产党独立派出代表；1924—1927 年国共两党共同派出代表。1921 年，中国共产党成立之年，任弼时、萧劲光、刘少奇、曹靖华、罗亦农、韦素园、梁伯台等一批中国共产主义青年团员赴莫斯科东方大学留学，学习马克思列宁主义与军事。随后，在中国共产党的指示下，旅欧的勤工俭学学生离开欧洲转入莫斯科东方大学学习。1924 年，苏联与孙中山所领导的国民党进行合作，因国内国共两党第一次合作开始，中苏关系形成国民党、共产党与苏联三方合作的局面，苏联开始招收国共两党的留学生，为中国革命培养干部。1925 年，孙中山逝世，苏联建立了一所专门为国民党培训革命干部的学校，孙逸仙劳动者大学（УниверситетТрудящихся Китаяим Сунь—Ятсена）（又称莫斯科中山大学）成立。国共两党党员与法国勤工俭学学生赴莫斯科中山大学学习。1925 年年末又成立莫斯科国际列宁学院（Интернационал-ьныйинститут имениЛенинавМоскве），简称列宁学院，专门培训各国共产党高级干部。1927 年大革命失败以后，赴中国劳动者共产主义大学学习的只有共产党员和共青团员。这批留学生在苏联主要学习军事与马克思主义理论，对中国国家政权的现代性建设产生很大的影响。而在这批留学生中，纪游文学作品影响力最大的是蒋光慈。蒋光慈 1921 年奔赴莫斯科学习，1924 年返回国内。在旅苏期间，写成纪游诗歌《新梦》，将旅苏期间的见闻、对苏联社会主义的歌颂与对共产主义的希望与憧憬，徐徐展现在一行行诗歌中。读者从中感受到了新的红色力量的指引，同时也感染了蒋光慈的一腔爱国热情。曹靖华、萧劲光等的行旅游记散见于其各种选集、文集中。很多左翼文化领路人参加短期共产国际的各种会议而赴苏俄感受红色文化，如 1922 年 9—12 月，陈独秀参加共产国际第四次代表大会，写下旅行游记《苏俄六周》，澄清了当时社会上很多人对于苏俄的误解，认为苏俄是中国革命的范本。1923 年沈玄庐参加孙逸仙博士代表团赴苏联考察，有《最近的新俄罗斯——从莫斯科寄回来的四

---

① 蒋廷黻著，傅国涌编：《蒋廷黻文存》，华龄出版社 2011 年版，第 150 页。

封信》《游俄报告》等通讯报告式的纪游文学，全面介绍了在苏联的考察观感，充分肯定苏联社会主义建设的成就，认为苏联"以马克思学说为基础，运用巴黎革命的军事经验，在帝国资本主义旧势力的包围中，开始建设劳动者和被压迫民族连（联）络的分区自治"。"在法国封建崩颓的基址上所播下的种子，到俄国来开第一朵鲜红的花！"① 1923—1926 年的蒋介石的思想带有左翼色彩。1923 年他受孙中山的派遣赴俄考察后，写成《游俄报告书》向孙中山汇报。1924 年 6—9 月，李大钊率中共代表团参加共产国际第五次代表大会，有代表性的表达行旅感受的纪游作品《苏俄民众对于中国革命的同情》。

第二类特派新闻记者。1920 年秋，瞿秋白、李仲武、俞颂华以《晨报》特派记者的身份，前往苏俄考察，这是中国最早赴苏采访的新闻记者。瞿秋白于 1920 年 8 月被北京《晨报》和上海《时事新报》聘为特约通讯员到莫斯科采访。1922 年 12 月 21 日离开莫斯科启程回国工作，1923 年 1 月 13 日回到北京，写有《饿乡纪程——新俄国游记》与《赤都心史》，系统地向中国人民报道苏俄情况。在瞿秋白的游记里，一方面，他以一个青年记者的身份，如实地展示了苏俄社会转型时期，人们社会生活的困顿和社会政治的混乱，呈现一定程度的无序状态；另一方面，他又感受到血与火铸就的新社会里，人们身上所蕴含的生命的激情和巨大的创造力。俞颂华的《赤俄见闻录》包括《旅俄之感想与见闻》《俄国旅程琐记》《劳农俄国之观察》《俄国之再造问题》《瞿秋白君莫斯科之耶稣复活节及五一节》5 篇通讯。李仲武则写下了《游俄国见闻实录》。俞颂华、李仲武与瞿秋白同样以记者客观、公正的立场，写出当时苏俄的真相，粉碎了帝国主义国家对社会主义苏俄的诽谤。

第三类无政府主义者、其他自由知识分子与爱国民主人士。江亢虎、张民权、抱朴都是无政府主义者。三位无政府主义者旅苏游记内容因其所处背景及各自所处立场观点等呈现不一样的观感。江亢虎是三个人中最早赴苏联出访考察的。1921 年 5 月，他应苏联政府邀请出访苏联，随后以中国社会党成员和东方无产者代表的双重身份参加第三国际代表大会，1922 年 8 月回国，发表《新俄游记》，包括《莫斯科见闻记》《新俄

---

① 沈玄庐：《留别留俄同志的一封信》，《民国日报》副刊《觉悟》1924 年 1 月 1 日。

回想录》等篇章。他被认为是"中国提倡社会主义的第一人",所以他曾拥护马克思主义,在行旅过程中,一度盛赞苏俄伟大的胜利。而随着一年行旅进程的逐渐深入,他发现了当时苏俄社会一些不完善的问题,在纪游文学中表现了对余粮搜集制、国家分配政策的不理解与公共设施严重受损、燃料食料缺乏等社会危机的忧虑,并"深感赤化东渐,颇为人心世道之隐忧"①,对苏俄进行了一些否定性的评价。张民权于1921年赴苏,主要是参加捷克斯拉夫万国世界语大会,途经莫斯科、彼得格勒和伊尔库茨克。在他的纪游文学《俄国近况及到俄国去的旅程》《俄国西伯利亚革命前后的观察》中,他向广大中国读者介绍了苏俄革命后的巨大变迁,对于苏俄社会各层面情况进行条分缕析,把它作为理想"新村"的样本进行描摹分析。抱朴1921年经黑河、海兰泡,历经磨砺与坎坷来到莫斯科东方大学学习,1923年回国,回国后写下《赤俄游记》展现自己在苏俄学习与体验的过程。抱朴的苏俄之旅使他由"布尔雪(什)维克主义的狂热信徒"变为社会主义制度的仇视与抨击者。到苏俄之后,深感苏俄的物资匮乏,留学生生活的困窘,与他想象的富足的社会主义国家相去甚远。他不仅书写他所感受到的物质上困苦,更表达在苏俄感受到的精神上的困难,认为"报纸书籍中都充满了红色的毒气,无非使人呕吐而已"。他否定苏联的平等,认为存在集权与专制等问题,厌恶共产主义。

自由派知识分子徐志摩于1925年经苏联去印度拜访印度大文豪泰戈尔,在莫斯科停留三天,写下了《欧游漫录——西伯利亚游记》,表现了他对苏俄玫瑰色梦想的破灭。同是自由知识分子的胡适却有着截然不同的观感。1926年7月,胡适作为"中英庚款顾问委员会"中方三委员之一,到英国参加中英庚款委员会会议,途经莫斯科时在这里停留了三天。在与朋友的旅行通信中,大力称赞苏联,欣赏苏俄"伟大的政治新试验",感慨"我们这个醉生梦死的民族怎么配批评苏俄!"②1925年9月,仲揆(李四光)应邀参加苏联科学院成立200周年庆祝大会,写有纪游作品《一个月在苏俄的所见所闻》,叙述自己参观列宁格勒人类学陈列

---

① 方庆秋:《沙州驼迹 档史结合之旅》,东南大学出版社2018年版,第177页。

② 胡适:《胡适精选集》,穆洛编,中华工商联合出版社2020年版,第107页。

馆、矿物陈列馆、地质陈列馆、动物陈列馆等各种科研机构及参加在莫斯科进行的各种学术报告的经历。感叹于苏联科研氛围的浓烈、科研机构的全面、科研内容的丰富与科研价值的巨大，澄清了有些国家认为苏联政府不重视科学、不重视知识分子的说法。冯玉祥 1926 年出访苏联三个月，有《赴俄途中》《在莫斯科》等纪游篇章，写出了苏联生活的新景观，并书写旅苏途中所学到的革命道理，留下了苏联之所以能取得如此之大成就的感悟，并对苏联过渡时期的一些落后现象予以理解并进行解释。

　　20 世纪 20 年代，对新成立的苏俄（联）社会主义国家的评价充斥着各种不同的声音，有人认为十月革命后的苏俄是天堂，而也有些资本主义国家故意丑化苏俄，抨击苏俄的落后专制。在这样的背景下，先进知识分子抱着一个探索真相的目的去苏俄。正如抱朴所言："在这沉寂的，半殖民地的古邦里，一切的活动都停止了，而异乡的和风，又偏偏吹来，打动一般青年的好奇心。"[1] 各种类型的知识分子奔赴苏俄（联）后，由于个人的文化背景、立场观点、行旅原因、行旅方式、行旅时间的长短等方面的不同，产生不同的行旅观感，形成不同的苏俄（联）形象。左翼文化先行者蒋光慈、沈玄庐等较早接受了马列主义思想，一以贯之地为苏俄（联）的社会主义伟大成就欢呼、歌颂。张民权的因苏俄的体制符合他"新村主义"的理想，所以在纪游作品中，对苏俄的观感是欢欣而激动的。自由知识分子胡适也表示了万分的肯定与赞美。李四光作为科学界的代表，对苏联的科学成就表示震撼。冯玉祥作为爱国进步的军政界的代表，在其旅游观感中也对于苏联过渡期的现状表示理解，如他所认为的"苏联不是从天上掉下来的，它也是从旧社会演变回来的"，所以也存在不合理的现象，[2] 对苏联的现状表现出艳羡学习的态度，对苏联的未来充满期待。而瞿秋白、俞颂华等新闻记者能够客观地对待苏联转型过程中的某些问题，为广大中国读者传达了苏联人民真实的生活状况，并表达出对苏联未来的向往与憧憬。但是有一类行旅者对苏联的看法存在一个满心期待到无限失落的过程。如无政府主义者抱朴及自由知识分

---

[1]　抱朴：《赤俄游记》，北新书局 1925 年版，第 1 页。
[2]　冯玉祥：《我的生活》，黑龙江人民出版社 1983 年版，第 477—478 页。

子徐志摩首先都怀着信仰与期待奔赴苏俄，但是苏俄过渡期物质困窘的现状与他们平时优裕的生活状态、苏俄的体制制度、文化观念及他们既有的认知相去很大。所以，在他们的行旅纪游中表达了对苏俄的失望及对苏俄社会主义制度的抨击。江亢虎在行旅过程中随着行旅的深入，在其纪游作品中表达了对苏俄的认知经历了一个由盛赞到批评的过程。有人用"转身型"概括这类行旅者。①

总而言之，与晚清知识分子的纪游文学主要表现器物惊艳、现代化表层借鉴相比，20世纪20年代旅苏纪游文学主要体现为政治、制度与文化借鉴。大量行旅者发现苏俄（联）社会主义国家的新质，对苏俄（联）进行乌托邦想象，并将其与中国现状进行比较，找出值得并可以学习与借鉴之处，发现苏俄（联）的不足之处也能理性审视。但是因行旅者的个体差异，涌现出风格不同、看法迥异的旅苏纪游作品，甚至有些行旅者表现出强烈的"仇俄"情绪。而正是这些众说纷纭的作品才真实地体现出各阶层观行旅者对苏俄（联）的认知、想象及形象建构，也真实地反映着中国各界对苏联认识的不同的声音。

二　解惑：20世纪30年代旅苏群体与旅苏纪游文学创作概况

随着苏联于1932年完成第一个五年计划，1937年完成第二个五年计划并实现工业总产值跃居欧洲第一位、世界第二位，苏联社会主义建设在20世纪30年代取得了举世瞩目的成就，获得世界的一致认可。加之共产主义与苏联体制得到国内知识界与广大民众的广泛认知，"以俄为师"成为中国社会的普遍认识。并且20世纪30年代旅苏先进知识分子基本上都是由国家派遣与安排，或者虽是自由行，但是也受到了苏联政府的接待，比如说胡愈之，虽然是取道莫斯科从法国回国，但是在莫斯科一周时间还是受到苏联政府（主要是苏联对外文化协会，简称VOKS）的接待与活动安排。所以，20世纪30年代的旅苏纪游文学对苏联的观感也由20年代的众声喧哗变为同声赞美，即使有个别行旅者在其纪游作品中表现了对某些方面的具体问题的个人看法，但整体来说对苏联的印象瑕不掩

---

① 杨丽娟：《20世纪上半期中国的"苏俄通讯"研究》，博士学位论文，扬州大学，2013年。

瑜，充分解答了 20 世纪 20 年代存在人们心中的疑惑。

　　行旅者主体主要有新闻记者、政府派遣交流访问的各类代表及自由行旅者。

　　新闻记者代表主要有曹谷冰、戈公振与邹韬奋等。1931 年 3 月 22 日，曹谷冰以《大公报》特派员的名义对苏联进行了为期 3 个月的考察采访。曹谷冰在苏期间，除对《大公报》发专电外，还写了 20 多篇通讯、特写和游记，全面地、客观地报道了苏联社会主义建设的成就，后集辑为《苏俄视察记》出版。在纪游作品《苏俄视察记》中，他记述了莫斯科、乌克兰、列宁格勒、巴库、高加索等十几个城市五年计划实施情况，涉及工业、农业、财政、航业、教育、出版、分配制度、社会设施、人民财产、两性文化、宗教、新闻传播、国防计划、社会风尚、科学思潮等多个方面的情况，比较细致和客观地叙述了苏联社会主义工业化与农业集体化的成就，反映"革命以来，仅十余年，拼命建设，不过数年，而成绩彰著如此"[1] 的建设实绩，反映了苏联人民共同奋斗、奋发图强的革命精神，为中国学习苏联提供了可供仿效的范本。该书特别提出了学习苏联产业发展的理想，被称为是一部全景式反映 20 世纪 30 年代初苏俄社会的"百科全书"[2]。戈公振于 1933 年 3 月作为"中央社"特派记者随中国驻苏联大使颜惠庆去莫斯科访问，1935 年 8 月回国，历时近三年，为国内报刊写了许多通讯报道，后辑为《从东北到庶联》一书出版。在戈公振的纪游文学《从东北到庶联》中，他详细记述了苏联工业化与农业集体化的长足发展，全面叙述了苏联人民"苦尽甘来"的社会现实，并且在社会主义前进方向、新生活的试验和新精神的培养等方面如何借鉴苏联，戈公振提出了自己的旅游观感。1934 年 7 月 14 日，左翼记者邹韬奋自伦敦启程前往苏联进行为期两个月的考察。一年后，邹韬奋将在苏联所见所感编入出版的《萍踪寄语》中。在《运动大检阅》《谒列宁墓》《开放给大众的休养胜地》《雅尔达》等旅苏相关篇章中，他对当时苏联的社会生活进行了详细报道，着重书写苏联人民"为工作

　　[1]　张季鸾：《读日俄工业参观记感言》，《大公报》1931 年 6 月 4 日。
　　[2]　杨丽娟：《20 世纪上半期中国的"苏俄通讯"研究》，博士学位论文，扬州大学，2013 年。

和防卫而准备"的精神状态，昔日剥削者的别墅和宫邸都成为勤劳大众的疗养院的大众福利制度，来自全国各工厂里的工人通讯员200万以上的人发声的言论自由制度，工厂和集体农庄建设的新貌，文教卫生的普及与提高，真诚的人际关系，一代新人的成长等苏联崭新的社会风貌，认识到"苏联的新社会不是乌托邦，是从现实中做出发点而英勇斗争出来的，是一万六千五百万的大众靠着自己的奋斗迈进，解除了压迫和剥削的锁链，铲除了人剥削人的制度，根据他们所信仰的根本原则，继续向着自由平等的人的生活大道走"① 的社会现实，反映出当年左翼知识分子视角里的苏联形象。这一时期的新闻记者以新闻工作者的敏感写出当时在苏联社会中感受到的新的特质，包括新的国家、新的制度、新的人民、新的成就……并提供了可供借鉴的可能与思考。他们以激情洋洋的笔法全面展现苏联、赞美苏联，从苏联的新质中看到了人类的美好未来。

政府派遣交流访问的各类代表中，最具代表性的还是赴苏联的留学生。20世纪30年代莫斯科中山大学停办以后，列宁学院主要负责招收中国留学生，专门成立中国部，1934年组建中国军事班，后共产国际执委会又成立了共产国际中共党校，为中国培养军政人才。20世纪30年代有影响力的留苏学生有李立三、蔡畅、贺子珍等。1937年年初，毛岸英和毛岸青在当时中共驻莫斯科共产国际副代表的带领下到达莫斯科，毛岸英在苏联学习和工作长达9年。其间，毛岸英还曾参加苏联卫国战争，加入苏联红军，在枪林弹雨的欧洲战场与纳粹德国作战。在苏联期间，他写过两封致祖国小朋友的信，表达自己的观感体验。"我们于1937年初来到苏联后，真好比到了天堂一般。当我在中国时，从未想到这样幸福的生活。苏联的人民，看待我们比看待他们的儿女还要好。"② "我们做了关于中国抗战的讲演，苏联的小朋友们，都像虎一样为我们欢呼，真给我们以无限的兴奋呀！"③ 在每一次的集会中"我讲到'中国人民一定会得到最后胜利'这句话时，更激起了掌声如雷"④。从一个小孩的

---

① 邹韬奋：《关于苏联的一般的概念》，《韬奋全集增补本》（第六卷），上海人民出版社2015年版，第282页。

② 和宪宝：《毛岸英旅苏期间致祖国小朋友的两封信》，《党史博采》1994年第6期。

③ 和宪宝：《毛岸英旅苏期间致祖国小朋友的两封信》，《党史博采》1994年第6期。

④ 和宪宝：《毛岸英旅苏期间致祖国小朋友的两封信》，《党史博采》1994年第6期。

角度解读自己在苏联时所受到的礼遇、优待，所体会到的国际共产主义精神。

而在短期的派遣人员当中，旅行游记产生很大影响的主要有蒋廷黻、林克多和郭其昌。1934 年 8 月，蒋廷黻赴苏联和欧洲收集中国外交史资料，1936 年 10 月，蒋廷黻被任命为驻苏联大使。蒋廷黻在他与胡适等共同创办的《独立评论》上共发表了 9 篇《欧游随笔》，包括《经过"满洲国"》（第 123 期）、《车窗中所看见的西比利亚》（第 124 期）、《观莫斯科》（第 125 期）、《观列宁格勒》（第 128 期）、《赤都的娱乐》（第 132 期）、《出苏俄境》（第 138 期）、《俄德的异同》（第 139 期）等。蒋廷黻记录了苏联"一五"计划完成之后，综合国力得到极大增强，人们的物质文化生活得到极大的改善的社会现状，感叹苏联世界的朴实与平等，认为苏联社会"没有私产，没有消耗，而工作这样努力，建设这样勇往直前：这样的国家是有前途的"①。他谈及苏联人民昂扬向上的精神状态，苏联在国民培养方面的顶层设计，细致到一个公园的设计都体现出国民培养的理念。他也写到在苏联人民的自由度受到限制的问题，但仍然认可苏联的专政是劳动阶级专政。林克多的经历据考证是在 1927 年大革命失败以后被捕逃脱，经上海党组织介绍，由海参崴去苏联学习、观光、考察，1931 年回国，前后在苏联停留 5 年。② 所以，他的苏联之行也属于政府安排的苏联行旅。20 世纪 20 年代末，他在莫斯科中山大学和东方大学学习，30 年代在莫斯科电机厂工作，也曾到高加索等地疗养、观光、学习。他对苏联的了解是非常深入的。他的纪游作品《苏联闻见录》从宏观的社会制度到具体的民众生活场景全面介绍苏联社会主义建设的伟大成就，1932 年 11 月由上海光华书局出版。林克多的苏联旅行并不是走马观花式的，而是深度旅行，甚至成为苏联民众中的一员。他以亲历者的身份向国内读者报道苏联人民进行社会主义建设的巨大热情、苏联社会主义建设的伟大场景与巨大成就，他写道："以我个人说，在大

---

① 蒋廷黻：《车窗中所看见的西比利亚——欧洲游随笔之二》，傅国涌编《蒋廷黻文存》，华龄出版社 2011 年版，第 157 页。

② 杨丽娟：《20 世纪上半期中国的"苏俄通讯"研究》，博士学位论文，扬州大学，2013 年。

工业区域内，亲见了新工厂之设立，与大规模的建设，及工人群众积极性的表现，将五年经济计划，作为日常工作之日程，自不待言。"① 主张"我们一切计划实现，不是'波（布）尔塞（什）维克的梦想'，而是波（布）尔塞（什）维克政策的凯歌"②。郭其昌是中国驻俄外交官，在《谈旅俄印象》中，记述了驻莫斯科8年苏联首都莫斯科由一旧式城市变成新式巨市，苏联在经济各领域有极大的增长，苏联人民福利"亦大有增进"的现状。这一类先进精英知识分子书写五年计划给苏联带来的巨大变化，从宏观层面解读苏联体制、机制的先进性，并将旅游观感报告给国内，解除了国内某些人对苏联的误解，让国内统治阶层坚定了学习苏联的信心和决心。

第三类自由知识分子的杰出代表有胡愈之和丁文江。

胡愈之在1930年年底离开法国，经德国、波兰和苏联回国，途经莫斯科时，得到苏联世界语者的协助，在莫斯科停留了一个星期进行参观访问，回国后写成《莫斯科印象记》，表达了对苏俄所进行人类乌托邦政治实验的钦佩。他接触到苏联工人、农民、知识分子和各界人士，通过参观访问，对苏联这个"普罗之国"有了一个概括却颇为深刻的认识。丁文江在周游世界的过程中访问苏联，于1933年9—10月到苏联进行了为期40天的旅行，这是一次继李四光之后在地质领域赴苏专业旅行，写有《苏俄旅行记》。他在《苏俄旅行记》中对苏联的地质状况、苏联地质科学的实力、知名地质学家及重要地质学说、苏联重要地区的地层和地质结构及铁矿、烟田、钾矿等进行全方位的介绍。他对苏联的建设成就"叹为观止"，并且开始对苏联新型的政治制度有所期待。

在20世纪30年代的旅苏纪游文学作品中，行旅者记载了苏联近三个五年计划所取得的巨大成就，大家均感受到了苏联的巨变，提炼出苏联的新质。虽然个别行旅者对苏联的体制等方面有不同的理解，但绝大部分行旅者都为苏联在短期内取得的巨大成就而折服，也使国内的读者们对学习苏联形成共识。

---

① 林克多：《郇慈纳附近之集体农庄》，《苏联闻见录》，大光书局1936年版，第288页。
② 林克多：《病院中的回忆及出发参观时之经过》，《苏联闻见录》，大光书局1936年版，第233页。

三 盛赞：20世纪40年代旅苏群体与旅苏纪游文学创作概况

20世纪40年代因为苏联卫国战争的爆发中断了苏联的第三个五年计划。中国精英知识分子赴苏旅行主要集中在战后，战前也有少数。如战前邓颖超的旅苏纪游文学延续了20世纪30年代旅苏纪游文学的主题，描绘战前苏俄人民富足安康的生活场景。如邓颖超陪同周恩来到莫斯科治病时写下《我在苏联》，书写她参观苏联的工厂、集体农庄，让她感到苏联充满希望。作为国民政府中的十大女参政之一，她特别关注苏联女性的工作与生活。她描写了参加莫斯科红场十月革命22周年的纪念大会，看到红军队列中的女军官、女战士、驾机横空呼啸而过的女飞行员，为之羡慕。苏联女性知识化程度高，在工作中具有重要地位让她感到振奋。战后苏联进行重建工作，恢复了第四个五年计划，国民经济得到极大的恢复和发展，人民的生活得到极大的改善。苏联以经济建设的巨大成就以及卫国战争的胜利更进一步彰显了社会制度的优越性。加之，中国抗日战争以日本无条件投降结束，共产党对国民党的战争也胜利在望，新中国成立在即，苏联模式是中国未来模式的首选，所以到苏联考察与学习又成为时代热潮。旅苏纪游文学产生重要影响作家的主要有郭沫若、茅盾、马思聪、白杨、阮章竞等。

1945年郭沫若受苏联科学院的邀请参加苏联科学院建院220周年大会，6月9日启程出发，8月16日回国。郭沫若将其旅苏经历写成《苏联纪行》一书出版，后曾改版为《苏联五十天》。郭沫若是"抱着唐僧取经到西天去的精神到苏联去的"[1]，所以他以无比景仰的姿态、抱着处处学习的态度来看待在苏联所看到的人、事、景。在《苏联纪行》中，他激情洋溢地表达对苏联人民主人翁地位的赞美、对科学服务于人民的讴歌、对苏联工人农民的精神风貌的艳羡，对苏联人民战胜德国法西斯的英雄主义精神的景仰，他认为"这是古人的乌托邦式的想象，而在苏联则是现实"。在郭沫若笔下，随时出现苏联的今昔对比、中国与苏联之间的差距。他的《苏联纪行》完成赴苏时把真相写给第三方人士看的目的，展现了郭沫若在当时民族复兴与共产主义愿景下所体现出来的国家与制

---

[1] 郭沫若：《苏联纪行》，《前记》，东北书店1946年版，第2页。

度选择的意图。茅盾于 1946 年 12 月应苏联对外文化协会之邀，与夫人孔德沚一起赴苏联访问了四个多月，写下纪游作品《苏联见闻录》，叙述作者从 1946 年 12 月 5 日自上海动身到 1947 年 4 月 25 日回到上海之旅途经历及感受。茅盾在《苏联见闻录》中写出他在苏联美好的体验，描绘苏联如童话一般的美丽面貌，刻画苏联人民健康活泼的精神状态、"时时求进步的自强不息的精神"、如火如荼地投入建设事业的热情，"工作、学习、娱乐'三位一体'的意识"，侧重表现苏联经济发展速度之快，强调战前战后之对比。作品总结苏联人民与资本主义国家人民精神状态的对比，从而在美苏对峙的政治形势中，表现苏联社会主义制度的绝对优势，揭穿谣言者对苏联的诬蔑，为中国的未来做出制度的选择。当时的文学艺术工作者阮章竞、马思聪、白杨等分别有苏俄之行，写下自己旅苏的观察与体会。

　　20 世纪 40 年代的旅苏纪游文学是建立在阅读 20 世纪二三十年代诸多行旅者纪游作品基础上的。虽然自苏维埃政权成立之日起欧洲资本主义国家一直对它有诬蔑与抹黑，但因为中苏之间交往很多，马克思主义列宁思想在中国得到极大程度的宣扬，所以人们对于苏联国家及其社会主义体制有着充分的了解，甚至苏联一度成为左翼知识分子的精神家园。而游记，特别是跨文化的异域游记从来就不是游历的简单记录，它包含着自我与他者、观察与想象、情感与理智等诸多因素。所以，在很大程度上，20 世纪 40 年代旅苏纪游文学是建立在对苏联充分认知的基础上写成的，很大意义上行旅者的苏联之行只是为了印证对苏联既往的认知与理解。如郭沫若初到莫斯科的场景："在照片和电影里面久已熟悉了的红场，克里姆林宫的尖塔，尖塔顶上的金星红星，都呈着欢喜的颜色在表示欢迎，好像在说：'老乡，你来了！'""是的，我来了。我确是到了莫斯科，就好像回到了自己的老家一样。我当然不懂话，但当一个赤子初到他的家的时候，他能懂话吗？"[①] 苏联行旅者以朝圣的心情面对苏联的景与物，进一步高歌苏联社会主义国家所取得的成就，为苏联献上一首首抒情诗与赞美诗，在美苏制度与体制的对决中，帮助广大读者辨明方向，为新中国的模式做出正确的选择。虽然有的时候由于事无巨细的记

---

① 郭沫若：《苏联纪行》，东北书店 1946 年版，第 48 页。

录也暴露作者对苏联体制的一些其他看法，但是纪游文学整体上呈现出一定程度的文本间性。

　　总之，由于苏联新的国家自建立以来所取得的卓越的成绩，苏联模式成为世界的一道亮丽的政治景观。因此，20 世纪上半叶旅苏中国精英知识分子所进行的考察基本上都是政治考察，部分专业考察也带有政治理想的性质。新的国家、新的人类、新的话语、新的空间成为 20 世纪上半叶旅苏纪游文学表现的主要内容。旅苏纪游文学对苏联（俄）之行的记录与观感也经过了 20 世纪 20 年代的众说纷纭到 20 世纪 30 年代基本认可再到 20 世纪 40 年代的同声赞美的变化的过程。在这过程中，纪游观感异质性的因素逐渐减少，同质性的因素逐渐增加。并且因为苏联国家层面的接待与无所不在的宣传效应，更重要的是苏联的建设实绩，有力地证明了其无可厚非的优越性，所以旅苏纪游文学创作整体完成苏联的乌托邦形象构建，也帮助广大国内读者认识了苏联，最终帮助中国完成了国家模式的选择。

第二节　20 世纪上半叶旅苏纪游文学与苏联乌托邦镜像

　　20 世纪上半叶旅苏纪游文学精彩纷呈，集中表现了红色文化照耀下的苏维埃社会主义共和国联盟新的人民、新的话语、新的精神风貌、新的世界。旅苏作家笔下的苏联革命与建设的巨大成就使马克思列宁主义在中国能得更广泛的传播，苏联的新质成为中国现代性建构的理想的现实文化资源，苏联模式成为 20 世纪五六十年代中国国家民族建构的主要模式。

一　旅苏左翼作家笔下的苏联乌托邦镜像

　　有研究者指出："在东西文明的碰撞中，异域游记不只是看风景，往往寄托着旅行者的文明之思和政治意图。"① 对于旅苏游记来说，尤其如此。正如冯玉祥所言："在别国留学多学机械、学工程、学矿务、学医药

---

① 刘奎：《制度的风景：旅苏游记与四十年代文化人的政治选择》，《新文学史料》2018 年第 3 期。

等等，苏俄留学生则专学革命。"[1] 他们的行旅大多是政治行旅。中国左翼作家旅苏之前就已经了解和接受左翼文化，他们既有的知识结构与认知已经充分肯定并接受苏联社会主义制度，并认为苏联代表着世界未来与方向。在苏联受到欧美国家质疑抹黑之时向国内及世界读者传达来自第一个社会主义国家的声音。其纪游文学构建的苏联形象即是寄托着作者左翼文化选择的政治理想与未来社会蓝图的典型的乌托邦镜像。

瞿秋白在奔赴苏联时，明确表达他的行旅目的是"求一个'中国问题'的相当解决——略尽一分引导中国社会新生路的责任"[2]。虽然当时苏俄社会主义国家才刚刚建立，一切都还处在百废待兴之中，社会主义道路尚在摸索，他带着"东方稚儿预备着领受新旧俄罗斯民族文化的甘露"的态度赴苏俄考察旅行，尽管旅途中"心程""变迁起伏"，但最终他还是克服了内心的诸多不解，将苏俄比喻为"赤色的晓霞"，认为其必将照耀全中国、全世界，他如此写道："神明的太阳，有赤色的晓霞为之先色，不久不久，光现宇宙，满于万壑。欣欣之情，震裂之感，不期而自祝晓霞。"[3] 著名地理学家李海晨在《苏俄一瞥》中写到苏联"是一个新的、年青（轻）的、生气勃勃的国家，而且是俄国国土的本身，所蕴藏的富源也是年年有新的惊人的发现和开发，使俄成为一个年青（轻）而前途有无穷希望的国家"[4]，从地理物产方面寄托着对未来世界的构想。在蒋光慈的《昨夜梦里入天国》中，苏俄是梦里的"天国"，在这个理想的天国里，"什么悲哀哪，怨恨哪，斗争哪……/在此邦连点影儿也不见。/也没有都市，也没有乡村，都是花园，/人们群住在广阔美丽的自然间。/要听音乐罢，这工作房外是音乐馆；/要去歌舞罢，那住室前便是演剧院"[5]，描绘了无产阶级革命胜利以后的蓝图。在诗歌《十月革命的婴儿》中，他写道："十月，十月，/从那荆棘的、荒废的、蔓草的园中，/开辟了一块新土地，栽种下，蕃殖着将来的——/美丽的花

---

① 冯玉祥：《我的生活》，黑龙江人民出版社1981年版，第461页。
② 瞿秋白：《瞿秋白游记》，东方出版社2007年版，第7页。
③ 瞿秋白：《瞿秋白游记》，东方出版社2007年版，第233页。
④ 李海晨：《苏俄一瞥》，《地理教育》1936年第1卷第3期。
⑤ 蒋光赤：《昨夜梦里入天国》，《新梦 哀中国》，人民文学出版社1983年版，第81页。
若无特别说明，本书叙述统一使用"蒋光慈"，引用及出处依原文。

朵!/……/它们的清香/刺透了我的心灵;……/红色的俄罗斯啊!/你是蕃殖美丽花木的新土"①,表达出对十月革命的胜利成果由衷的赞美,也看到无产阶级革命胜利的希望。在《莫斯科吟》中蒋光慈进一步歌颂莫斯科令人心潮澎湃的美好景象:"莫斯科的雪花白,/莫斯科的旗帜红;/旗帜如鲜艳浓醉的朝霞,/雪花把莫斯科装成为水晶宫。/我卧在朝霞中,/我漫游在水晶宫里,/我要歌就高歌,/我要梦就长梦"②。而在郭沫若则带着家国的焦虑将苏联景观幻化为富裕自由的乌托邦场景,在《苏联纪行》中,他直接歌颂苏联是"人间的天堂",他激情洋溢地歌颂党代表的集体农场,"真个是人间的天堂;亲爱的人们/一个个和天神一样。/世界上再没有/这样好的地方!"③ 胡愈之在旅苏之前,认可日本世界语者秋田雨雀主张的苏联代表着世界将来的理念,即使他旅途困顿且遇到莫斯科的"住宅慌"最后找到一个一二十人一间的中小等旅馆进,他仍觉得"这种集体生活的快乐是住居在巴黎、柏林大旅馆内的阔客所梦想不到的"④。当胡愈之踏上归途横穿西伯利亚时,看到"工人住宅的摩天建筑",欧洲最大、数年后将是世界最大的铸铁厂,新建的伐木场和集体农场,感叹苏联工业化对西伯利亚的巨大改造,"自从原始时代以来,埋没在冰雪里,在从前只见鲜卑游牧部落,在近代专供流放政治囚犯的世界最大荒原,现在眼见得要被电气化和机械化所征服了!"⑤ 而戈公振"从庶联农村的今昔而加以比较,仿佛一个深深埋葬在贫穷、愚昧、忧愁、恐惧、失望当中的人,渐渐苏醒过来,能动作了,能言语了,能思想了。换一句话说,仿佛一个待死的人忽然有了生趣"⑥。对苏联工业,戈公振抓住了工业发展代表性的事物——烟囱,"最先射进眼帘的,是那矗立天空的烟囱,和许多工事未竣的建筑,这不啻做了五年计划的广告"⑦。被

① 蒋光赤:《十月革命的婴儿》,《新梦 哀中国》,人民文学出版社1983年版,第110—114页。
② 蒋光赤:《莫斯科吟》,《新梦 哀中国》,人民文学出版社1983年版,第86页。
③ 郭沫若:《苏联纪行》,东北书店1946年版,第123—124页。
④ 胡愈之:《几个同居者》,《莫斯科印象记》,湖南人民出版社1984年版,第41页。
⑤ 胡愈之:《两世界》,《莫斯科印象记》,湖南人民出版社1984年版,第117—118页。
⑥ 戈公振:《谷城》,《从东北到庶联》,湖南人民出版社1984年版,第127—128页。
⑦ 戈公振:《从日内瓦到莫斯科》,《从东北到庶联》,湖南人民出版社1984年版,第47页。

称为文学领域的"社会科学家"的茅盾，对 20 世纪 40 年代的政治、军事、经济、科学、文艺做了立体式全方位的介绍。《苏联见闻录》以行踪为线索，叙述自己的参观红军战利品（武器部分）展览会、列宁博物馆、红军博物馆、列宁图书馆等各种展馆的经历与感受，访问《真理报》编辑部及其印刷所、《儿童真理报》编辑部等各种报纸杂志社的见闻与观感，考察斯大林纺织印染厂、荣膺列宁勋章的乞前洛夫国家机工厂、巴库油田、"三八"集体农庄等各种工厂、农庄所带来的震撼，参观各种学校和各种研究机构，观看各种歌剧、舞剧、电影，出席各种欢迎会、座谈会、交流会的心得等。在介绍游踪时，伴有工厂、农庄的增长数量、经济发展的数据、报纸杂志的发行量、妇女的从业人数、娱乐活动群众的参与度、社会各阶层受教育的程度等数据支撑，并且在数据支撑之下有着作者由衷的感叹与赞美。如他写到俾利斯城的变化："在苏维埃政权成立（一九二一年）的短短二十多年中，俾利斯已大改旧观。市区的建设一日千里，……而工业的发展，尤为惊人：现在的俾利斯已经是一个工业城市，拥有着重工业和轻工业的多数工厂。又雄峙着外高加索第一个水电站。至于博物馆、图书馆，戏院，大学校以及其他的文化建设，尤其是苏维埃政权成立以后的特色。二十五年的苏维埃政权做了百年的帝俄政权所没有做到的事。"[1] 冬天近新年时，过一小站时，看到窗外"树枝上皆挂浓厚之霜花，夕阳的红光却又把这些霜花染成粉红色，真好看。车内窗棂上之钉头积霜甚厚，像一朵朵的小白绒珠，也很别致"[2]。而莫斯科的临时"市场大门有新年老人（即中国俗称之圣诞老人）驾三马之车，送礼物来的巨大造像。两旁为古式之塔，中有古装之骑士，——一切洋溢着'童话世界'的气氛"[3]。把凛冽的寒风中的城市描绘得如此唯美，就是源于茅盾对代表着未来苏联社会的美好期待。

这些左翼行旅者依据自己对于无产阶级革命与社会主义制度的认识，对未来社会的憧憬，近距离地观看苏联，把苏联当成中国未来建设的样本。他们的纪游作品以"晓霞""天国""人间的天堂""童话世界"作

---

① 茅盾：《莫思科的博物馆》，《苏联见闻录》，开明书店 1948 年版，第 48—49 页。

② 茅盾：《莫思科居民的生活》，《苏联见闻录》，开明书店 1948 年版，第 15—16 页。

③ 茅盾：《苏联的文化建设》，《苏联见闻录》，开明书店 1948 年版，第 20 页。

为苏联的意象，描绘出苏联生机勃勃、美丽富饶的景象，为国内读者提供了想象中国未来的图景，以完成阶级革命，做出国家道路的选择。

二　20世纪上半叶旅苏纪游文学与苏联人民性体现

20世纪上半叶的旅苏纪游文学生动地描绘了苏联自建国以来社会主义建设的成就，形成苏联成就的历史画卷，构筑了完美的苏联乌托邦镜像。不仅如此，这批旅苏纪游文学特别关注到取得巨大成就的原因，这就是人民性的体现。苏联作为社会主义国家与资本主义国家根本区别就在于资本主义国家是为少数剥削阶级服务的政体，而社会主义国家实行无产阶级专政，国家是属于人民的，人民是国家的主人，苏联国家体制充分体现以人民为主体、以人民为中心的理念，充分体现人民的诉求与利益，从而充分调动人民群众的积极性。正如邹韬奋所言，苏联"的确是为大众谋福利的属于大众的国家"，苏联人民在革命后"使少数人的国家一变而为大众自己的国家……"① 所以"工厂的工人演说时，提起工厂，便说'我们的'工厂；农场的农妇演说时，提起农场，便说'我们的'农场，提到国家，便处处想到我们的国家"②。20世纪上半叶旅苏纪游文学的人民性主题的书写，确实把握到了社会主义国家取得巨大成就的关键。

（一）立场与机制上的人民主体

张福贵在总结中国文学的人民性时这样说道："历史逻辑的发展总是要寻找适应自己的标的物，'五四'文学中'个体的人'、革命文学中的'群体的人'、抗战文学中的'民族的人'，最终转换为《讲话》中的'人民'或'工农兵'，是一系列合乎历史逻辑和政治逻辑的标的物。这里并不是简单的'人'的内涵的逐步转换，而是包含着'人'的政治立场和社会身份的变化。'人民性'概念具有了更加鲜明的阶级性。"③ 旅

---

① 邹韬奋：《我们的》，韬奋基金会、上海韬奋纪念馆编《韬奋全集》（第六卷），上海人民出版社2015年版，第542页。

② 邹韬奋：《我们的》，韬奋基金会、上海韬奋纪念馆编《韬奋全集》（第六卷），上海人民出版社2015年版，第543页。

③ 张福贵：《"人民性"文艺思想生成的逻辑基础与理论建构》，《文学评论》2022年第3期。

苏纪游文学所表现的苏联社会发展的标的物正是这种具有鲜明阶级性的人。在剥削阶级统治的社会中，人民是被统治者，统治者与人民之间是剥削与被剥削、压迫与被压迫的关系。在苏联新生的人民政权中，消灭了剥削和压迫，人民翻身当家做了主人，人民由被剥削的对象变成被服务的对象，各阶层人民之间地位平等，各级领导和管理者以人民群众为主体，为人民服务。这是旅苏知识分子看到的苏联新变化。

　　20 世纪上半叶，左翼旅苏纪游文学中对行旅者触动最深的是政党及政府领导切实关心人民群众的生活，与人民群众打成一片，亲如一家。领导者与人民群众之间的关系平等，领袖真诚为人民群众服务，如冯玉祥在途经恰克图时，看到整个农工的世界，"坐享其成的有闲阶级，以及对劳动大众压迫剥削的种种黑暗现象，都是看不见的了"[①]。当他进入莫斯科时，发现苏联人民政府主席加列宁衣着朴素，待人亲切平和，不厌其烦地替老百姓解决如耕牛病了、小孩生病了之类的实际生活问题。他对比中国当时的官吏与老百姓之间的关系，总统"时时摆着官僚的架子。他们视百姓如奴隶，百姓怕他们如虎狼"，"百姓只知道替他们纳粮服役，官吏则孜孜于搜刮与淫乐"[②]，而"加列宁……和老百姓亲爱如家人，彼此生活打成一片"[③]。感叹这是中国官吏最需效法的精神。随着行旅的深入，作为苏联海陆空军的委员长的伏罗希洛夫，服装和饮食都和普通士兵一样，"日常生活，非常简朴，真正做到与士卒同甘苦的地步"[④]。而在克里姆林宫的招待宴会上，郭沫若本来以为斯大林"恐怕坐不了好一会就要退席的"，但结果是"斯大林和其他的领袖们，一直陪坐到了席散"[⑤]，体现出斯大林及其他领袖与人民群众同享同乐，没有半点身份与架子。胡愈之参观列宁墓时，发现列宁墓与周围建筑相比，显得谦卑。回想他在电影里面看到的列宁生前与老教授谈话谦卑姿态，他非常吃惊。[⑥] 而戈公振解读"（列宁）有个特别的习惯，也可说是成功的因素，

---

①　冯玉祥：《我的生活》，黑龙江人民出版社 1981 年版，第 455 页。
②　冯玉祥：《我的生活》，黑龙江人民出版社 1981 年版，第 465 页。
③　冯玉祥：《我的生活》，黑龙江人民出版社 1981 年版，第 465 页。
④　冯玉祥：《我的生活》，黑龙江人民出版社 1981 年版，第 466 页。
⑤　郭沫若：《苏联纪行》，东北书店 1946 年版，第 79 页。
⑥　胡愈之：《列宁墓》，《莫斯科印象记》，湖南人民出版社 1984 年版，第 90 页。

就是他最喜欢和工人在一起闲谈，举如生活如何？家庭如何？妻子每日做些什么？能读书么？能学工么等问题都细细讨论到。所以他深知劳动者的状况和心理，而善于利用他们，而且信任他们，百折不回地为劳动阶级解放而奋斗"①。他认识到列宁切实关心人民群众的生活，以人民为本位，这成为他制胜的法宝。知识的作用也是为人民群众解决实践问题，为人民争幸福、谋利益也成为知识阶层干事业的初衷与前进的动力，如冯玉祥旅苏途中感叹蒙古青年为国家医学不发达而赴德学医、学兽医，"国家要为人民争幸福，谋利益"②，"确切知道人民的病痛，而后针对着他们的病痛，实事求是地设法解救"③，使人民得到真正的幸福。

在旅苏纪游文学中，不仅书写了领导以人民为主体，与人民群众打成一片，切实为人民服务的社会景观，也书写苏联的政治体制确保人民的政治地位与人民利益的实现。苏联的选举制度民主化，确保人民群众能当家做主。据胡愈之在莫斯科一周的行程中的记载，他当时正好遇上莫斯科和列宁格勒两地旅馆业劳动者举行生产大会，"大会公推主席团五人，其中一个是厨娘，一个是搬运夫"④，作为劳动者的代表厨娘与搬运夫成为公选的代表。邹韬奋在《读苏联宪法草案》中写到苏联宪法保障公民的工作权、休息权、受教育权，年老人的生活也受保障。苏联妇女在政治、经济、文化、社会生活方面，享受与男子同等的权利；苏联公民，不分民族或种族，在政治、经济、文化、社会生活方面，享有同等的权利。⑤ 而在茅盾的《苏联见闻录》也写到苏联最高苏维埃的选举制度，"苏联公民凡年满十八岁者有选举权，二十一岁者有被选举权，没有任何职业、财产、性别等的歧视或限制"⑥。选举制是"全民""平等""直接""秘密"的，能够切实保障人民行使自己的权利。根据茅盾参加

---

① 戈公振：《列宁逝世的十周年》，《从东北到庶联》，湖南人民出版社 1984 年版，第71 页。

② 冯玉祥：《我的生活》，黑龙江人民出版社 1981 年版，第 454 页。

③ 冯玉祥：《我的生活》，黑龙江人民出版社 1981 年版，第 454 页。

④ 胡愈之：《政治·劳动·行乐》，《莫斯科印象记》，湖南人民出版社 1984 年版，第54 页。

⑤ 邹韬奋：《关于苏联新宪法》，韬奋基金会、上海韬奋纪念馆编《韬奋全集》（第六卷），上海人民出版社 2015 年版，第 659—660 页。

⑥ 茅盾：《苏联见闻录》，开明书店 1948 年版，第 88 页。

的最高苏维埃典礼，"四百多议员其中有男有女，有工农，有文化艺术界的人士。从职业上说，他们可以分为好多类，然而从社会经济的地位说，他们全是劳动的人民"①。苏联的职工会的领导机构，"从上级到下级，都是选举出来的"②。"这是秘密投票的选举，保证了会员的民主权利。"③戈公振也同样叙述苏联选举制度："凡是年满十八岁的，不问性别，没有种界，除了几种例外，如褫夺公权的人或是富农之类，都鼓励出来参与这次选举，并且希望能多选出女子，同负社会建设的责任。"④ 自下而上选出来的议员组成全国代表大会，而在这些代表中，又选出若干代表组成联合会议与民族会议，"合起来，就是庶联的最高统治机关"⑤。戈公振记载第七次庶联大选所选出来的代表"共计二千零七人，其中工人九百三十六人，直接从工厂选出的占三分之一；农人四百七十三人，直接从集体农场选出的，占二分之一；军人一百五十四人；各种组织的高级职员，如厂长、场长、工程师、专门家等三百七十七人；智识界如科学家、文学家、美术家和新闻记者等六十七人。"⑥ 这些代表是从基层开始选出的符合民意的代表，并且男女比例、受教育程度比例及民族比例均十分得当，真正体现各阶级、各阶层人民的意图。正因如此，胡愈之特别关注到进出克里姆林宫的是"长着满脸大胡子，着着褴褛不堪的旧皮外套，腿上染满泥土的大汉，据说都是从高加索、克里米亚、滨海省等远处来的农民代表或工人代表"⑦。所以，郭沫若在《苏联纪行》中记叙自己考察乌兹别克苏维埃社会主义共和国，体验到英美与乌兹别克苏维埃社会主义共和国之间的区别在于："前者是资本家做主人，而后者的主人就是工人。"⑧ 苏维埃社会主义说明了苏联的加盟国乌兹别克斯坦真正实现了

---

① 茅盾：《苏联见闻录》，开明书店 1948 年版，第 150 页。

② 茅盾：《杂谈苏联》，上海致用书店 1949 年版，第 259 页。

③ 茅盾：《杂谈苏联》，上海致用书店 1949 年版，第 259 页。

④ 戈公振：《第七次庶联的大选》，《从东北到庶联》，湖南人民出版社 1984 年版，第81 页。

⑤ 戈公振：《从东北到庶联》，湖南人民出版社 1984 年版，第 82 页。

⑥ 戈公振：《第七次庶联的大选》，《从东北到庶联》，湖南人民出版社 1984 年版，第83—84 页。

⑦ 胡愈之：《克列姆林》，《莫斯科印象记》，湖南人民出版社 1984 年版，第 88 页。

⑧ 郭沫若：《苏联纪行》，东北书店 1946 年版，第 116 页。

工人当家做主。而蒋廷黻的《欧游随笔》也写到俄国共产党的专政的性质"是劳动阶级专政","目的是要建设无阶级的社会"。作为社会重要组成部分的妇女地位发生重要变化，除前所述人民代表的选举不分性别，保证男女比例外，苏维埃妇女的劳动与休息的权利、社会地位的平等也有充分的保障。如胡愈之在《莫斯科印象记》中所写的"每天十二点钟的劳动，在苏维埃的妇女，已经是不能想象了。现在她们的政治、经济、社会、家庭的平等地位，已有了确切的保障"①。茅盾也记述"苏联妇女现在是和男子们同样有政治、经济、文化上的各种权利，而且和男子们同样担负了政治、经济、文化教育上的责任"②。

（二）分配利益上的大众享有

马克思主义的劳动价值论认为，社会财富的共同创造者都是劳动者，而财富共同创造者共享或分享财富是社会主义的标志。在社会主义阶级理论下的人民创造了财富，并不是像在资本主义社会中那样少数人占有大多数人创造的财富，而是由人民大众共同享有社会财富。

苏联国家从分配制度的顶层设计就能够保证大众享有。据戈公振所言，苏联的经济"一米一粟，半丝半缕，均在政府全盘筹划之中"③。胡愈之也说"物价是完全由政府操纵着的"④。而政府的筹划或操纵就在于在经济困难的条件下能保证人民的基本生活需求，控制奢侈性的消费，保障绝大多数人民的利益。茅盾在《苏联见闻录》中也说到，苏联的物价分三类："一、平价，凡平价物品都是配给的，须凭购物证始能购得；二、自由市场价，此类物品，大都不是日用必需品，或竟为奢侈品，任何人可以随意购买，然而价高；而平价物同时亦有市场价……三、无定价，……此类物品大部分都为农民的剩余生产品，（即农民的生产品除了作为赋税缴纳国库及自己消费以外尚有多余者），而售卖者亦以小贩（其实他们的物品不是贩来的）姿态出现了。"⑤ 基本采用计划配置加自由市

---

① 胡愈之：《世界语者的招待会》，《莫斯科印象记》，湖南人民出版社1984年版，第93页。
② 茅盾：《杂谈苏联》，上海致用书店1949年版，第271页。
③ 戈公振：《第二个五年计划》，《从东北到庶联》，湖南人民出版社1984年版，第50页。
④ 胡愈之：《新闻记者的食堂》，《莫斯科印象记》，湖南人民出版社1984年版，第33页。
⑤ 茅盾：《日记》，《苏联见闻录》，开明书店1948年版，第47页。

场的方式，"'自由市场'的价格由政府规定"①。冯玉祥也论及苏联秉持着"本着大官不过多，小官不过少""工人的待遇却特别优越"②的原则进行工资分配，工人的工资比帝俄时代有大幅度的提升，这是法律的保障，政府给的福利。工人们对现状都表示非常满意。冯玉祥进一步阐释苏联以人民利益为中心的分配制度："苏联是个新兴的社会主义国家。社会上一切设施与制度，都是为平民着想。比如饮食，那时肉类、鸡、鱼和其他珍贵的食品，定价非常昂贵；生活必需食品，如面包、牛奶、白糖、食盐之类则大量出卖，价钱非常的低廉。"③ "衣服一项，也是如此。为平民预备的，已经制成的衣服，价目极贱。如果要穿考究的衣服，必须自己到成衣店里特制，价目可就贵得骇人了。"④ "在莫斯科生活，每人每月有十元的费用就很舒适地过日子。"⑤ "对于个人的奢侈品例征极苛之税。比如为私人享受的福特汽车，每辆要征九千元的税；为公共用的大汽车，则征很低的税，甚至不征税。"⑥ 胡愈之也写到苏联如何宏观调控以保障人民的日常生活，"各种职业的人，都各有指定的公共食堂。各人可带客人到他自己的公共食堂里去，却不能随便闯入一个食堂里去吃饭。因为各个食堂的菜大概是相差不多，但定价却互有贵贱。收入较丰的职业者，指定的食堂，是比平常工人食堂价贵"⑦。戈公振也叙述："同样的纸币，在工人用来吃一顿饭，只要七十五戈比，买一身衣服只要三四十卢布，而在普通人用来吃一顿饭，至少要七八个卢布，买一套衣服至少要一百五十卢布，是非常有差别的。"⑧ 苏联针对不同物品、不同购买人群设置阶梯式价格，切实保障了人民的利益，通过宏观调控实现大众共同享有。

另外，苏联对社会各层面与人民生活各细节都予以充分关注，并通过正确的舆论导向鼓励人们不崇尚高消费，从而保障了普通人民群众生

---

① 茅盾：《日记》，《苏联见闻录》，开明书店1948年版，第83页。
② 冯玉祥：《我的生活》，黑龙江人民出版社1981年版，第469页。
③ 冯玉祥：《我的生活》，黑龙江人民出版社1981年版，第468页。
④ 冯玉祥：《我的生活》，黑龙江人民出版社1981年版，第468—469页。
⑤ 冯玉祥：《我的生活》，黑龙江人民出版社1981年版，第468页。
⑥ 冯玉祥：《我的生活》，黑龙江人民出版社1981年版，第469页。
⑦ 胡愈之：《新闻记者的食堂》，《莫斯科印象记》，湖南人民出版社1984年版，第33页。
⑧ 戈公振：《最近庶联人民生活的一斑》，《从东北到庶联》，湖南人民出版社1984年版，第171页。

活。据茅盾所述旅途见闻，苏联对于战孤与失去儿女的父母给予高度关注，对于五十年未有的旱灾发生时做到全苏联无饥民，充分体现苏联对于民生福祉的重视；并叙述苏联在舆论导向上倡导节俭以保障民生的社会现实，"在苏联社会中，钱多并不受人尊敬，钱多而只顾个人的享受，那就非但不受尊敬，反受鄙视。因此收入高的人……他们除了生活享受可以比别人略高而外，多余的钱往往是捐作公共福利基金……，或购买政府发行的公债"①。冯玉祥也写到苏联从细节上注重体现人民情结，"沿途各站都准备着热水，旅客们可以随意取用，不出水资"②。可见，苏联社会全方位体现出以人民为中心的现实状况。

不仅如此，旅苏纪游文学重点叙述了原来只有少数剥削阶级才能享有的休闲娱乐的资源现在由广大人民群众共同享有。

首先，原来供剥削阶级豪奢纵欲的场所现在已成工农的疗养院与休息所。冯玉祥描写他去参观由王宫别墅改造成列宁格勒的工人休息所，"那些正在休假期中的体力或精神劳动者都满面含着愉快的微笑"③。青山在《苏俄工人生活之一瞥》中介绍了莫斯科郊外一处革命前贵族、地主、资本家享受的安乐窝避暑处现在成为工人的休养地的情况："这是离莫思（斯）科八十里的一个乡村。有很长之河流，很丰的草原，很多之平原林，很精巧合式之院落，花园黄花满地，没一处不吻合自然之美。革命前贵族、地主、资本家所构为安乐窝避暑处的，现在那些东西'滚开'！让给他们了。为'O. M. C'（莫斯科联合避暑处）之一。他们一千五百个工人同志，便在此间避暑、休养。"④ 邹韬奋在《夜间疗养院》惊叹"劳动者和他们的子女都有免费疗养的机会"，欧洲胜景之一——苏联最美丽的区域克里米亚半岛——昔日的贵族和富有的布尔乔亚来独占享福的地方，现在是"开放给大众的全苏联的休养胜地"⑤，"每季由各地

① 茅盾：《"各取所值"与私有财产》，《杂谈苏联》，上海致用书店1949年版，第308—309页。

② 冯玉祥：《我的生活》，黑龙江人民出版社1981年版，第460页。

③ 冯玉祥：《我的生活》，黑龙江人民出版社1981年版，第479页。

④ 青山：《苏俄工人生活之一瞥》，《中国青年周刊（赤都通讯）》1927年第6卷第126—150期。

⑤ 邹韬奋：《开放给大众的休养胜地》，《萍踪寄语》，北京师范大学出版集团、北京师范大学出版社2014年版，第119页。

到此'福地'来疗养或是例假中到此休养游玩的大众，至少在二十万以上"①，"多是些粗手粗脚的工人，或土头土脑的农民"②。戈公振同样叙述"有些疗养处所，以前或为皇宫禁地，或为贵人巨贾的别墅，壮丽非凡，现在已开放给大众了"③。蒋廷黻也书写劳动者享有昔日富翁豪华别墅的场景："在离城中心稍远的地方，昔日富翁的别墅现在是劳工休息所，劳工轮流在此过三四星期的优游日子。昔日少爷小姐'作爱'的亭子里，现在有三五成群的劳工在那里吸烟、下棋、看报、谈笑；也有在那里'作爱'的。"④

其次，昔日贵族资本家才能享受的文化娱乐活动劳动人民可以享受，并且题材内容符合劳动人民的审美趣味与接受要求，如胡愈之述苏联人民将莫斯科最大的剧场——莫斯科大戏院的俄皇、皇后的进行改造，"卑微的劳动者也可以进这御楼观剧了"⑤。厢楼后面的休息室布置华贵，现在也只有劳动者有权利享受。戏剧的题材内容也符合时代现实需要，符合劳动人民的审美趣味，不再是符合有闲阶级欣赏的宫廷剧、宗教剧。茅盾也叙述自己在莫斯科大戏院看戏的场景：大戏院布置华丽，1877年首映《天鹅湖》时观众都是贵族和富人，而今是"观众却是工农子弟了"⑥。而戈公振则叙述歌剧、话剧、杂剧的戏票的分配机制能保障工人文化娱乐的需要，特别是工作突出的工人：戏票由工会经手支配，一般"轮流观览，无有向隅"⑦。"而且每个戏院在最优的座位中，又留出若干为突击工人观览，票价则全由工会代付，……表示工作优越的，给与的

①　邹韬奋：《开放给大众的休养胜地》，《萍踪寄语》，北京师范大学出版集团、北京师范大学出版社2014年版，第120页。

②　邹韬奋：《开放给大众的休养胜地》，《萍踪寄语》，北京师范大学出版集团、北京师范大学出版社2014年版，第123页。

③　戈公振：《最近庶联人民生活的一斑》，《从东北到庶联》，湖南人民出版社1984年版，第196页。

④　蒋廷黻：《观列宁格拉——欧游随笔之四（节选）》，傅国涌编《蒋廷黻文存》，华龄出版社2011年版，第165页。

⑤　胡愈之：《大戏院的跳舞剧》，《莫斯科印象记》，湖南人民出版社1984年版，第103页。

⑥　茅盾：《日记》，《苏联见闻录》，开明书店1948年版，第37页。

⑦　戈公振：《最近庶联人民生活的一斑》，《从东北到庶联》，湖南人民出版社1984年版，第196页。

娱乐待遇也优越。"① 苏联人民的休闲娱乐方式多样，还有"平民旅行团
的组织，或登山，或游海，可随一己兴趣加入，用费极省。此种机会在
庶联，尽人皆得享受"②。跳舞在苏联人民中大为流行，爵士音乐到处都
可以听到。胡愈之也表示苏联把以前布尔乔亚跳舞风格改变为普罗的、
民众化的艺术，这种新派跳舞"会激发大众的狂欢，使你感到群体生活
的愉快"③。演艺节目同样带有民族、大众风格，有"克里米亚的革命歌
曲，高加索地方的双人对舞，土耳其音乐，鞑靼的民歌及跳舞"④，还有
马雅可夫斯基诗篇的朗诵节目。可见，苏联文化娱乐活动体现大众品位，
确保大众参与、大众享受。

（三）符合大众需求与建设发展需要的平民化审美

帝俄时代的俄罗斯因为尊崇的对象为封建贵族，所以崇尚华丽雍容、
奢华冶艳的审美风格。随着新生的苏联社会主义国家的建立，确定了以
人民为中心的政治体制，整个国家的政治空气为一切都服务于国家的建
设与发展。所以在审美取向上形成符合建设与发展的需要、满足于大众
的审美品位与需求的平民化审美，如冯玉祥叙述苏俄当局埋头苦干，为
建设国家而生活粗粝化的现象。他途经各站时的政府人员、省党部委员
都是衣服油污，手上拿着做工器物。据言："苏俄目前就是这种风气，人
人以做工为荣耀，以穿脏污的衣服为可敬。假如一个人衣服穿得太整齐
干净，反倒被人耻笑，被人攻击，不曰资本家，就是骂他新官僚。"⑤ 蒋
廷黻行走在赤都的街上，"阔人看不见一个，时髦妆饰的妇女也看不见一
个。鞋子都是多日没有刷油的，裤子是多日没有烫过的，帽子都是无边

① 戈公振：《最近庶联人民生活的一斑》，《从东北到庶联》，湖南人民出版社 1984 年版，第 196 页。
② 戈公振：《最近庶联人民生活的一斑》，《从东北到庶联》，湖南人民出版社 1984 年版，第 196 页。
③ 胡愈之：《政治·劳动·行乐》，《莫斯科印象记》，湖南人民出版社 1984 年版，第 56 页。
④ 胡愈之：《政治·劳动·行乐》，《莫斯科印象记》，湖南人民出版社 1984 年版，第 55 页。
⑤ 冯玉祥：《我的生活》，黑龙江人民出版社 1981 年版，第 459 页。

的小帽"①。苏联各级干部以方便工作的着装与随时准备工作的细节倡导着干事创业的导向，抵制布尔乔亚奢华颓靡之风。在称谓上，也不是如旧俄时代一样称"先生""女士"，而应称为"同志"或者"女同志"。"对于苏维埃人民如称'先生'或'女士'，便是一种不能饶恕的侮辱。"② 胡愈之住在无产阶级旅馆里，觉得"在这里一切都毫无拘束，衣服歪斜些不要紧，高声谈话也没人干涉"，不像"在西欧的布尔乔的旅馆内，你要衣冠整齐方能上食堂，还有种种繁琐的礼节"③。戈公振在《从东北到庶联》中认为俄国人着装简单随便，"俄国人对于衣服，是随便到十二分，就是遇到了重大的典礼，也无穿何种衣服的规定。他们以为衣服的好坏，并不代表人格，穿平常的衣服，不仅省去许多繁文缛节，而且也是非常平民化的"④。苏联的大学生"一个个都是粗豪简朴，不修边幅"⑤，"既不是翩翩的少年公子，又不是戴近视眼弯腰曲背的寒酸书生"，而是体现出劳动者本色的知识分子。⑥ 甚至连苏联的女孩也以装束入时为耻。所以，胡愈之在莫斯科见到的除 D 同志夫人以外的少女，"全是不加修饰的"。在婚姻习俗方面，"在苏俄是没有人戴结婚戒指的；夫妇间的情爱，要用金属的小环来作保证，这样的时代的少女已看作是一件大笑柄了"⑦。D 同志家华丽舒适的布尔乔亚风格是受到诟病的。⑧ 总而言之，苏联人民由外到内散发出简朴粗豪的审美风格，这种符合建设的需要以及劳动者内心需求的审美品格带动整个社会的政治空气与工作作风。

从旅苏纪游文学可以看出，苏联尊重人民群众主体地位，善于调动人民群众的创造精神，把人民群众中蕴藏着的智慧和力量充分激发出来，

---

① 蒋廷黻：《观莫斯科——欧游随笔之三》，傅国涌编《蒋廷黻文存》，华龄出版社 2011 年版，第 158 页。

② 胡愈之：《莫斯科车站》，《莫斯科印象记》，湖南人民出版社 1984 年版，第 24 页。

③ 胡愈之：《无产者旅行社》，《莫斯科印象记》，湖南人民出版社 1984 年版，第 41 页。

④ 戈公振：《最近庶联人民生活的一斑》，《从东北到庶联》，湖南人民出版社 1984 年版，第 185 页。

⑤ 胡愈之：《两教授的会见》，《莫斯科印象记》，湖南人民出版社 1984 年版，第 71 页。

⑥ 胡愈之：《两教授的会见》，《莫斯科印象记》，湖南人民出版社 1984 年版，第 71 页。

⑦ 胡愈之：《几个同居者》，《莫斯科印象记》，湖南人民出版社 1984 年版，第 42 页。

⑧ 胡愈之：《D 同志的家庭》，《莫斯科印象记》，湖南人民出版社 1984 年版，第 30 页。

从而不断地创造出令人刮目相看的新的奇迹。

三　20 世纪上半叶旅苏纪游文学与苏联人民的养成

20 世纪上半叶旅苏纪游文学书写了苏联人民主体、人民中心的体制、机制与氛围。而更重要的是，20 世纪上半叶旅苏纪游文学叙述了能促进苏联每一个五年计划提前高质量地完成，使苏联经济突飞猛进，社会全面发展的高素质的人民养成的原因，那就是教育与宣传。

（一）教育

蒋廷黻在行旅的过程中也曾深入分析俄国建设的大困难就是人才培养跟不上建设形势发展的问题。他认为添聘外国工程师，收买外国的机器，而以政治专制的力量及国家经济的计划来推动，固能使俄国在三五年内建设一定数目的工厂、发电厂、集耕农庄等；但是机器有了，驾驶机器的人，在数与质两方面都不够，导致效率低，机器毁坏多，材料严重浪费的结果。这使苏联得不到持续有效的发展，也成为苏联政府迫切关注的问题。所以，苏联高度重视人的培养与教育。因为民治政体的施行，不难在人人有政权，而难在人人有操纵政权的知识。正如戈公振引列宁所言：“每一个厨子，必须学习管理政府。”① 作为革命领袖的列宁充分认识到作为苏联革命和建设的主体，人民素质提高的重要性，以致教育的普及与提质成为苏联全社会的共识。很多去苏联游历考察过的人，“觉得它的教育制度有蓬蓬勃勃的生气，觉得它国内的人民对于教育的价值和需要有普遍的信仰。他们把教育当作一条使国家归于巩固状况，使国家能一步一步的向前发展的必经之途”②。

1. 教育普及

据统计，十月革命以前，苏联能识字者只占全国人口的33％，③ 大多数儿童没有受教育的权利，中等教育都是贵族、富农、资本家子女的特权，高等教育更让人望尘莫及。为了提高全民的素质，苏联极度重视教育的普及。教育经费投资增多，学校建成数量增大，学生人数增加快，

---

① 戈公振：《从东北到庶联》，湖南人民出版社 1984 年版，第 81 页。
② 米立根：《新俄成人教育的鸟瞰》，陆冠兆译，《教育与民众》1930 年第 1 卷第 6 期。
③ 林克多：《苏联的教育制度》，《苏联闻见录》，大光书局 1936 年版，第 29 页。

学校教育的普及度高，学校教育发展普及情况在旅苏纪游文学中得到很大程度的关注。茅盾在《杂谈苏联》谈及苏联教育情况：儿童满7岁都可入学，七年制学校修业期满或十年制学校读完前七年为完成义务教育阶段，义务教育阶段全部免费。十年制学校的后三年是进入高等专科学院或大学校的预备阶段，收很少的学费。各种高等专科学院或大学校则是公费制，学生考入以后，还有津贴。① 茅盾详细分析苏联高等教育发展情况，与沙皇时期的教育进行比较：在沙皇政权下，全国仅有高等专门以上的学校91所，学生11.2万人。这种高等专门以上的学校大多数集中在莫斯科、圣彼得堡、基辅、哈尔科夫等大城市，而在外高加索、中亚细亚及远东，"这些远大的领土上，简直没有一所高等学校"。但在革命结束以后五年，苏联境内的高等专门以上学校就已经有272所之多，学生为22.2万人。在五年计划时期，苏联的高等教育机构总共培植了近百万的专门人才。② 同时详细介绍了高等教育以外的职业教育情况。七年制学校毕业的学生或十年制学校毕业后考不上高级学府的学生则上职业学校或技术学校，有计划地训练技术工人的后备军，"苏联政府通过了职业学校、工厂学校及铁路学校三种教育机构来达成他的任务"。"职业学校和铁路学校招收十四五岁的男女学生，修业时间为二年，实用技术的职业学校修业时间为三年。"这就使青年男女能够在接受通识教育之后，继续接受有针对性的专门训练，能够迅速地进入岗位投入工作。③ 苏联政府拨款270亿卢布为职业教育经费，拟在1950年前建成以上三类学校1200所，在1946—1950年中，培训熟练工人150万人。而胡愈之也叙述苏联的职业教育，他们实行学校工艺化，"广设职业学校、工厂学校代替中等教育"，使儿童养成劳动的习惯，同时兼顾儿童个性的发展、智力的提高、自然与社会智识的增进。④《苏联见闻录》中重点介绍了苏联加盟共和国阿尔美尼亚教育发展情况：1923—1927年的教育费用为1580万卢布，而在1946年一年的教育经费相当于1923—1927年教育经费的10多

---

① 茅盾：《求学与就业》，《杂谈苏联》，上海致用书店1949年版，第314页。
② 茅盾：《苏联的高等教育》，《杂谈苏联》，上海致用书店1949年版，第185—186页。
③ 茅盾：《苏联的职业教育》，《杂谈苏联》，上海致用书店1949年版，第190页。
④ 胡愈之：《苏联的婚姻制度》，《莫斯科印象记》，湖南人民出版社1984年版，第109—110页。

倍，已达到 2100 万。从 1920 年到 1940 年间，阿尔美尼亚共建成学校 957 所，1946—1947 年共有学校 1144 所，其中除高等专门及大学外，七年制学校 612 所，十年制学校 688 所，大中小学生共计 26.15 万人，夜校及其他补习学校共有学生 2 万人左右，学生人数占全阿人口总数的 1/4。① 林克多在《苏联闻见录》中的统计数据显示，1930 年苏联的初级小学，有学生 1163.8 万人；二级小学，有 194.5 万人；技术学校、运输学校、农村经济学校，以及技术速成班等，有 333.1 万人；中等技术学校与职业学校，有 238.7 万人；高等学校与高等学校，有 190.4 万人。全苏识字人数占全国人口总数的百分比为 62.6%，较战前几乎要增加一倍。"有几个工业区，现在已经完全消灭文盲了。"② 苏联 1930 年教育经费有 20 万卢布，而 1914 年仅为 3.8 万多卢布。③ 戈公振也关注到苏联第一个五年计划到第二个五年计划期间苏联教育的发展"能将文盲从十分之三递减而至于零"④。

2. 贯彻终身教育

旅苏游记向大家介绍了苏联的终身教育的理念及终身教育概况。苏联工人为了提高劳动者素质，适应不断发展的建设形势，需要不断提高自己的业务能力与知识水平，在工作中通过各种形式进行学习。为此苏联进行了整体的规划并制定了一系列的鼓励措施。胡愈之在《莫斯科印象记》中写到苏联旗帜鲜明的终身教育理念：在苏联社会主义国家内，"承认教育和生活及劳动密切不可分离。人类生存一天，便须劳动，便须教育。所以在别国学校生活只占人生的一个极其短促的部分，而在苏联则以为学校生活应延长到终身"，特别强调"在工厂内教育"⑤。茅盾在《杂谈苏联》中也谈到苏联在产业机构中进行职业培训的情况，"职业教育网之广而且密，多层而且灵活"。"从最初步的训练，直到最高深的研究工作，级级都有"，"受教期限从三星期到二年三年，随时可以毕业"，

---

① 茅盾：《日记》，《苏联见闻录》，开明书店 1948 年版，第 66—68 页。
② 林克多：《苏联的文化建设》，《苏联闻见录》，大光书局 1936 年版，第 20 页。
③ 林克多：《苏联的教育制度》，《苏联闻见录》，大光书局 1936 年版，第 29 页。
④ 戈公振：《第二个五年计划》，《从东北到庶联》，湖南人民出版社 1984 年版，第 49 页。
⑤ 胡愈之：《生活教育·劳动教育》，《莫斯科印象记》，湖南人民出版社 1984 年版，第 108 页。

不仅不收任何费用，还供给衣食。更重要的是，他们将"职业"与"教育"一元化，工厂兼具生产机构与教育机构的职能，让工人在实践中学习，在学习中实践，使教学不至于空对空，有针对性地进行教学，"教"与"学"都能收到很好的效果。"工厂不但办训练班以训练本厂的'生手'或学徒，工厂也办正规的职业学校造就中级乃至高级的技术人才。"① 所以，苏联有了职业的青年可以一边工作，一边继续深造。很多"工业和农业劳动者只因一技之长，就成为全国著名的人物，受到人民的拥护与尊敬，后来他又进修，成为专家"②。这使许多出身低微的工农阶级不断学习，不断提升。可见，这种培训不仅给劳动者提供了学习提高的机会，也给国家培养高层次人才。林克多也记叙了许多除普通教育之外的专为工农而设的各种补习学校，"附设于各学校各工厂之内"，"由工厂集体农庄与国家农庄选送不须工作的，则日间上课，半工半读的，则夜间上课"。"各工厂内，也设立了许多研究组。如政治经济，哲学，电机，机械，化学等等"，可由工人工作之余，选择加入其中进行研究。这就保证了工人随时有机会学习与提高，并且他们学习研究的问题结合工厂、农村实际需要，所以具有很强的现实性。③ 不仅提高了工农素质，还有利于解决现实难题。另外，苏联还有各种灵活的学习方式，"有共产党大学日夜班、党初中级夜校、党初中级苏维埃学校、党内文化训练部等。此外又有普遍全国的成年人识字学校、工人初级夜校以及识字运动等。这样使工人、农民，在无论何地，无论何时，都有受教育的机会"④。苏联实行终身教育理念，随时都有机会学习，形成良好的学习氛围，从而极大地提高了苏联人民的素质。

　　3. 强化拓展教育

　　苏联教育的特色还在于，除了各种学校负责对公民进行教育，还利用一切资源进行拓展教育，事事都彰显着教育功能，围绕着如何培养塑造一个优秀的社会主义的革命者与接班人进行规划设计，既进行知识教

①　茅盾：《产业机构中的职业训练》，《杂谈苏联》，上海致用书店 1949 年版，第 193 页。

②　茅盾：《求学与就业》，《杂谈苏联》，上海致用书店 1949 年版，第 316 页。

③　林克多：《苏联的儿童教育》，《苏联闻见录》，大光书局 1936 年版，第 31 页。

④　胡愈之：《生活教育·劳动教育》，《莫斯科印象记》，湖南人民出版社 1984 年版，第 108—109 页。

育，又进行品德培养，以"润物细无声"的方式达到教育效果。

　　苏联许多其他机构都承载教育的功能。如苏联有列宁博物馆、红军博物馆、革命博物馆、历史博物馆、托尔斯泰博物馆、普希金博物馆等众多博物馆，有列宁图书馆、克鲁泡特金图书馆、民众图书馆等诸多图书馆，莫斯科大戏院、小戏院和艺术戏院、莫斯科话剧院、乌兹别克斯坦歌舞剧院等各种戏院、剧院及各大工厂和农场的俱乐部，并有红军战利品展览会、十五年美术展览会等各种展览会。而这些博物馆、图书馆等的馆藏资源及各种陈列展览，戏院、剧院的文艺作品等都是为了给"知识教训及熏陶暗示"，无时无刻不在展示其教育作用，如茅盾感叹列宁博物馆馆藏资源多，"共占二十二大厅"，"不但包括了列宁的一生，也表现了革命的过程，并且联系到社会主义建设的成功"①。参观的人很多，可以用"门庭若市"来形容，"1945 年 5 月 9 日，对德战争胜利日，单是工人来'列宁博物馆'参观的，就有九万人！"② 而且来者绝对不是参观，乃是学习，乃是研究。"它是十足的一所学校——适合于各种不同程度的各色人等的一所学校，而这一特殊的学校所发挥的教育作用，其深广与多样性，恐怕不是言语所能形容的。"③ 红军博物馆也一样起着教育的作用。冯玉祥详细叙述了革命博物馆的馆藏："革命博物馆陈列的都是关于革命的事迹，从帝俄时代起，所有关于革命的报纸、杂志、画报、泥土塑成的囚禁革命党人的特别监狱模型等等，都按照年代，一一陈列在那里。所有革命英烈，都塑成石膏像，受万众的瞻仰。列宁的生平事迹，也以实在物品表示出来，以至他被刺杀时刺客所用的手枪及枪膛里剩余的一粒子弹，都很有秩序排列着。"④ 这些实物展示出来的是活生生的历史的教育作用，比读革命历史要强胜几倍。红军博物馆则将"每一次战役红军进击或退却的实况都绘成很生动的画图，张挂壁间。红军的枪枝、服装以及伤兵在医院里的情形，也都以实物或模型陈列出来"，人们的革命情绪由此得到极大的激发，参观者得到很好的红色革命历史的

---

①　茅盾：《列宁博物馆》，《苏联闻见录》，开明书店 1948 年版，第 212 页。
②　茅盾：《列宁博物馆》，《苏联闻见录》，开明书店 1948 年版，第 215 页。
③　茅盾：《列宁博物馆》，《苏联闻见录》，开明书店 1948 年版，第 213 页。
④　冯玉祥：《我的生活》，黑龙江人民出版社 1981 年版，第 472—473 页。

教育。而民族博物馆"将全世界及全苏各民族服装用品及生活风俗等一一制成模型陈列出来，使参观者如读一本活的地理历史书"①。大戏院成为造就苏联"歌舞人才之最高学府"，小戏院则成为造就苏联"话剧人才的最高学府"②。文艺作品以表现时代与社会的主题立意来教育受众，如冯玉祥写自己在莫斯科听戏时，就敏锐地意识到苏联戏剧家善于利用生动的剧情进行阶级教育，"帝国主义者驱使买办，买办驱使工头，工头压迫工人的种种情形，都赤裸裸揭露出来，摆到观众的面前，使每个观众的心里都燃烧起反对帝国主义者的怒火，而对被压迫的民族寄予深厚的同情"③。书画作品强调立意好，具有教育作用。而在美术作品的教育作用方面，茅盾表示，"在苏联所有的博物馆美术馆都有教育意义"④。戈公振则叙述十五年美术展览会，表达旧社会要被推翻的题材；新社会则展现"烈泡的大水堤，高加索的国家农场，和工人生活"等"最新鲜最时髦的资料"，"证实人类新生命的创造，已由理想而渐趋事实"。以及关于中国淞沪战争的绘画表现出的对日本帝国主义猛烈地抨击的种种主题。⑤这些作品都无一不立场鲜明地表达着教育的初衷与主题，从而使参观者从中受到教育。

不仅如此，苏联人民生活的种种场景同样也呈现教育的功用，如茅盾叙述苏联集体农场俱乐部的布置显示出教育的功能，俱乐部中有"壁报、隔日刊、三日刊或周刊，一种或两三种，壁报的内容，自国家大事以至该农场的生产情形，文艺小品，漫画，应有尽有"⑥，让农民从这些材料中感受时势的变化，从而受到教育。蒋廷黻则表示，从苏联一个公园的设计也表达着苏联要培养什么人的思路，他在《欧游随笔》中写道："从公园的设计，我们可以知道苏联当局要培养什么样的国民。第一，这公园的体育设备最充足，各种的球场，各种的游艺都有。我去游的那天

---

① 冯玉祥：《我的生活》，黑龙江人民出版社1981年版，第473页。

② 茅盾：《莫斯科的大戏院、小戏院和艺术剧院》，《杂谈苏联》，上海致用书店1949年版，第231页。

③ 冯玉祥：《我的生活》，黑龙江人民出版社1981年版，第474页。

④ 茅盾：《日记》，《苏联闻见录》，开明书店1948年版，第70页。

⑤ 戈公振：《十五年美术展览会》，《从东北到庶联》，湖南人民出版社1984年版，第62—63页。

⑥ 茅盾：《学习与娱乐》，《杂谈苏联》，上海致用书店1949年版，第319页。

是俄国休息日（每第六日），所以游人特别多，我们中国的体育限在校的学生，就是在学生界还不普遍，此地所提倡的体育实在是民众的。第二，这公园是提高人民对于机械的兴趣的好场所，园中有儿童（七岁以上十五岁以下）造械厂，内有导师及各种造械的机器及材料。儿童各从自己的兴趣在这里造小汽车、飞机、铁路等。他们的成绩有许多在那里陈列着。在造械厂以外，园中有好几处陈列着小模型的发电厂、炼钢厂、旧的摩托，游客数十成群地围着，有机匠替他们解释，导游者告诉我这些解释者是党员，拿这种工作当他们的社会服务。第三，这公园也是提高人民的军事兴趣的好场所。这里有兵拿着步枪或手提机关枪，对着十几岁的男孩，把内部的机械拆开给他们看，一面拆，一面解释各部的作用。这里有轻气球（Balloon）带游客上天空去试航，有各种玩具练人民在空中颠倒的能力。有救危伞（Parachute）挂在一个高十丈的台上，人民可以试跳。第四，智育的设备，如阅报室、图书馆等，不用说，是应有尽有的。最特别的是问讯处。我看见七八处，有人在那里解答人民的各种问题，一处专讲电机，一处专讲儿童疾病，一处专讲政治经济，一处专讲工程等，处处都有许多人围着，聚精会神的听。斯拉夫人的埋头干真可敬而又可畏。"① 从这一段话可以看出，苏联即使在一个公园的设计上也强调对公民体育意识的引导、对于机械兴趣与军事兴趣的培养、对于各方面知识的普及等。胡愈之所写的少年儿童的先驱教育也是利用周围自然资源进行社会主义新人的培养与教育。他们以暗示与启导为方法，"使儿童充分认识人与宇宙的关系，人与动植物的关系，认识生产与劳动的基础知识，尤其是使习惯于集团的生活"②，使这些少年先驱们明白他们"小小的肩膀上，能够担当起整个人类命运的重担子"③。

苏联注重教育普及，让所有的苏联人民都有机会学习；贯彻终身学习，让苏联人民随时有机会学习；强调拓展教育，让苏联社会的一切都成为教育资源，时时给人以营养，鼓舞人奋进。苏联坚持工作、学习、

---

① 蒋廷黻：《观莫斯科——欧洲随笔之三》，傅国涌编《蒋廷黻文存》，华龄出版社2011年版，第159—160页。

② 胡愈之：《少年先驱大会》，《莫斯科印象记》，湖南人民出版社1984年版，第70页。

③ 胡愈之：《少年先驱大会》，《莫斯科印象记》，湖南人民出版社1984年版，第69页。

娱乐"三位一体"的意识，在工作中学习，在娱乐中学习。正因为苏联对教育体制的设计、对社会主义教育方向的坚持、对于教育内容、教育方法的设定，苏联年轻人形成健康向上的精神面貌。正如泰戈尔的高度评价："不到几年，彼等在智慧民已表示出极大的进步"①，苏联培养出高素质的"社会主义的后备军""新世纪的主人公。"②

（二）宣传

苏联要培养社会主义新人，使他们传承革命精神，了解苏联历史与现实，确立社会主义的理想与价值观，除了依靠教育有步骤有计划地提高国民素质以外，更重要的是利用宣传的工具，改变他们的思想意识，使全国人民同心同德，以饱满的精神面貌投入社会主义建设中。为此，苏联在宏观层面对宣传工作进行设计，抓住任何一个机会对苏联形象进行塑造、对苏联人民积极引导，调动全苏人民积极地投入社会主义建设中，从而使苏联很快赶超英美，创造一个又一个的奇迹。

1. 多种机构兼具教育与宣传功能

苏联宣传教育并重，不少学校、图书馆、博物馆、陈列馆、戏院、影院、剧院都同时兼具教育与宣传的功能。教育的功能前面已有相关论述。而这些场馆重点不仅以特殊的方式介绍知识，而且重在宣扬与传承革命精神，使观众从中受到感染，从而充分调动人民群众的积极性，使全社会充分理解苏联革命与建设的历史、现在和未来。如前面所述的列宁博物馆、红军博物馆、革命博物馆、民族博物馆等以历史遗物、历史故事再现历史场景，生动地讲述革命历史、展现民族辉煌，教育感染广大参观者。"苏联的电影一直就是当作教育工具，而且是作为社会主义文化发展之一翼"的，肩负文化宣传的重要作用。③茅盾记述了玛雷戏院演出的高尔基戏剧《小市民》，这部戏剧把市侩们可憎的本质暴露出来，市民家庭爆发了风暴，别赛勉诺夫众叛亲离，从而表达时代变迁中市民人生观的被历史所抛弃的主题，以此来宣扬唯物主义的历史观。④他还写电

---

① ［印］泰戈尔：《太戈尔论苏俄》，缪庆邦译，《文化月刊》1934 年第 1 卷第 8 期。

② 茅盾：《乌克兰苏维埃社会主义共和国》，《杂谈苏联》，上海致用书店 1949 年版，第 32 页。

③ 茅盾：《电影事业》，《杂谈苏联》，上海致用书店 1949 年版，第 240 页。

④ 茅盾：《日记》，《苏联闻见录》，开明书店 1948 年版，第 23—24 页。

影《斯大林格勒的人们》展现出斯大林格勒保卫战威武、雄壮场景以及苏联红军的勇敢、坚毅、智慧：苏联红军"经过百余日，红军以少数部队坚守斯城，演成逐街逐屋之巷战，城中建筑被毁殆尽，而守军终不后退，同时红军强大部队则已包围攻城之德军，数度激战后，终于击退来援之敌，完成包围圈，一举而歼俘敌军三十余万人，鲍卢司元帅以下将领数百人束手就擒"①。而小戏院的演剧"以内容之富有崇高思想及形式之深刻的现实主义为特点"②。正如戈公振所言："文学和美术，在庶联已和政治打成一片，成为转移人心的武器，而不是有闲阶级的消遣品了。"③可见，这些场馆资源与教育同向同行，对人们的思想起着引领作用。

2. 报纸杂志兴盛

报纸杂志是大众传播的工具，它是宣传最主要的媒介，它可以运用真实的案例证明某个宣传目标即某种观点的正确。苏联对文化宣传非常重视，而报纸杂志是重要的宣传载体。

据林克多的《苏联闻见录》记载，在莫斯科出版的报纸就有《真理报》《新闻报》《农民日报》《工人日报》《莫斯科晚报》《工业化日报》《少共真理报》等，杂志方面有《共产国际》《赤色职工国际》《赤色农民国际》《布尔塞维克》《在马克思主义旗帜下》《世界经济》《妇女杂志》《红军杂志》《建设杂志》《电影杂志》《科学杂志》《十月》文学杂志、《马克思主义者》宣传者等多种杂志。④ "莫斯科出版的《真理报》，……一九三二年以后，销行四百万份，《新闻报》每日销行一百五十万份，一九三二年以后，销行二百五十万份，《农民日报》每日销行五百万份。"⑤ 苏联除俄文印行的报纸杂志书籍外，还印有各民族文字的报纸与书籍，如英文、德文、法文、蒙古文、中文等。政府每年补助2500万卢布用于新闻事业。"全苏联有报纸一千零四十种，杂志五百余种，此

① 茅盾：《日记》，《苏联见闻录》，开明书店1948年版，第26页。
② 茅盾：《莫斯科的大戏院，小戏院和艺术戏院》，《杂谈苏联》，上海致用书店1949年版，第230页。
③ 戈公振：《十五年美术展览会》，《从东北到庶联》，湖南人民出版社1984年版，第67页。
④ 林克多：《苏联的出版事业》，《苏联闻见录》，大光书局1936年版，第42页。
⑤ 林克多：《苏联的出版事业》，《苏联闻见录》，大光书局1936年版，第43页。

外，还有各工厂、各机关出版的报纸一千二百五十余种，发行二百五十
万份。国家农庄和集体农庄出版的报纸约五百种，发行一百二十万份。"①
除上述报纸外，各工厂、学校、农庄等自办的墙报与壁报。而茅盾的统
计是苏联有报纸 7000 种，总发行 3000 万份。② 他参观交流过的报刊有
《真理报》《儿童真理报》《少共真理报》《星火》《火星报》《鳄鱼》等
多种，这些刊物发行量大，刊物的印刷设备先进。《真理报》分为经济、
农民、国外、文学、宣传、书评、军事、科学及机械、通讯九部。《真理
报》每日均有社评，对全世界政治经济的现状、工农革命运动、中央政
府与党所采取的策略与路线、社会主义建设的速度、文化的建设等方面
的问题作深刻的评论。对国际国内的政治经济形势做全方位的宣传与引
导。从哲学、马列主义等宏观的理论问题到自然科学的各种发明发现、
五年经济计划、党的建设、工人通讯、各国消息等都在《真理报》宣传
的视野中。《星火》杂志则是每周一次的关于"世界和苏联生活的鲜艳而
正确的报道"。它以"文艺形式（图画、摄影、通讯、报告文学）来表现
苏联的现代史，也可以说是苏联色彩生动的苏联人民的生活日历"。"从
五年计划的光荣胜利的纪录，以至最新流行的时装，从世界民主势力的
斗争，以至小民族的风土文物，从最新的科学发明，以至最近的文艺创
作"，都是它的表现内容。③《小火星》杂志刊名"有紧张热烈之意"，而
该杂志名副其实，"做到了迅速反映现实，健全活泼，的确如火如荼"④。
《鳄鱼》杂志则登载漫画及短小精悍的或幽默或讽刺的诗文。各种刊物都
不仅对世界与苏联生活进行正确的报道，而且注重与作者、读者的互动
和交流。各种刊物设置通信部，专管读者来信。据茅盾统计数据，《真理
报》每天有 600—1000 封读者来信。这些来信中属批评建议性质的予以
刊发，有些分送给有关的政府机关与社团，以备采纳，从而扩大了刊物
与广大读者的直接联系。《真理报》对于文艺青年予以指导，有些书面批
评、有些约其谈话，或者指示参考书籍。特别是《儿童真理报》并不是

---

① 林克多：《苏联的出版事业》，《苏联闻见录》，大光书局 1936 年版，第 43—44 页。
② 茅盾：《关于〈真理报〉》，《苏联见闻录》，开明书店 1948 年版，第 221 页。
③ 茅盾：《〈星火〉和苏尔科夫》，《苏联见闻录》，开明书店 1948 年版，第 223—224 页。
④ 茅盾：《日记》，《苏联见闻录》，开明书店 1948 年版，第 27 页。

由编辑部"秘制"各种精神食粮给数百万的小读者，"而是由它的数百千万小读者们自动，且有效地参加这份精神食粮的制造的"①。因此各种报纸杂志的宣传报道不是板着面孔说教，而是密切联系作者、读者，在交流互动中加强宣传效果。

苏联以各种报纸杂志为主渠道，以很强的目标性与政策性，以各种有效的形式，对于苏联进行物质层面的宣传、精神世界的打造，对苏联人民进行知识的启迪、理论水平的提升，从而全方位地引导与提高苏联人民的认识水平与思想境界，在全苏境内，使苏联人民形成崭新的精神面貌与革命建设的热情。

3. 无处不在的宣传

苏联不仅用报纸杂志的主渠道进行宣传，而且利用一切可利用的空间，一切可利用的群体与组织，一切可利用的活动来达到宣传的目的，使全苏形成全民皆宣传，无处不宣传的态势。

（1）宣传空间的拓展

苏联用来宣传的空间不仅是前面所述的博物馆、纪念馆、陈列馆、图书馆、戏院、影院等大型场所，而且利用一切公众能接触到的空间来进行宣传。它可以是一间茶房、一个休息室、一个客厅……

如瞿秋白看到的苏联教育人民委员会的墙壁上宣传图画，客厅里挂着的"无产阶级文化之华"的标语。胡愈之旅苏在车站看到"茶房的一小间内，便悬挂着五年计划的图表，五年内全国造几条铁道，运货和乘客的数目逐年增加多少，全列在表上。据说车上的茶房都必须把这些图表数目字记熟"②，让普通大众也能了解国家大势。出车站的时候又看到"飘扬在车站顶上的赤帜，交叉在广场上的红色标语带，格外显出些威风"③，茅盾也写途经伯力车站时发现军人专用的候车室四壁张贴着很多关于新五年计划的彩色图表，这个候车室具有了展览馆的宣传功效。④ 莫斯科的地铁站的构造和装饰庄严华丽，壁上浮雕有飞机、坦克、大炮、

① 茅盾：《〈儿童真理报〉访问记》，《苏联见闻录》，开明书店1948年版，第232页。
② 胡愈之：《两个"老乡"》，《莫斯科印象记》，湖南人民出版社1984年版，第20—21页。
③ 胡愈之：《奇景》，《莫斯科印象记》，湖南人民出版社1984年版，第26页。
④ 茅盾：《日记》，《苏联见闻录》，开明书店1948年版，第12页。

机关枪等，亦有表现战场风光的。这样宏阔的场景使每天地铁上三四十万乘客受到感染。① 苏联的圆柱大厅"有高数丈的斯大林画像"②，红军大戏院休息处墙上大幅油画皆描写红军战绩，其中有最近关于苏德战争者。③ 这些公共空间的设计都是对苏联革命历史、苏联社会现实、苏联未来规划进行宣传，使苏联民众了解苏联、热爱苏联，并营造出苏维埃政权的庄严、昂扬的气氛。戈公振也写到过海关时，"新近建筑，四壁都有标语和图画。右首系俄国地图，以实物表明五年计划；左首一为烈泡堤代表工业，一为农场代表农业；标语为俄、英、法、德四种文字：'全世界无产阶级联合起来！'"④ 让人一进入苏联境内就感受到无产阶级国家的空气及建设成就。林克多则描述纪念日的各街道上，飘扬红布白字的标语，写着"五年计划四年完成""苏联是世界革命的模范队""集体生活是工农群众走向社会主义之路""打倒帝国主义进攻苏联的阴谋""反对第二次世界大战""全世界无产阶级与被压迫民族联合起来""拥护德国革命""英勇的中国红军万岁""完成工业财政计划""努力增加生产""打倒官僚主义"等各种各样的口号。⑤ 从而以简洁的标语口号在最热闹的节日帮助广大人民群众明确思想、提高认识。而戈公振则述"俱乐部的内部，装饰极为新颖，四壁不是革命图画和建设图画，就是革命名人小像和模范工人小像。利用休暇，以养成工人的向上心"⑥，直接表现俱乐部布置达到的感染熏陶作用。

不仅如此，苏联人还利用移动的空间——飞机来进行文化宣传。在革命战争年代，飞机宣传成为瓦解敌军军心的利器。苏俄一位军区司令总结美日联军进攻西伯利亚，苏俄获得最后胜利的原因是"宣传工作做

---

① 茅盾：《俄罗斯苏维埃社会主义联邦共和国》，《苏联见闻录》，开明书店1948年版，第32—33页。

② 茅盾：《乌克兰苏维埃社会主义共和国》，《苏联见闻录》，开明书店1948年版，第31页。

③ 茅盾：《乌克兰苏维埃社会主义共和国》，《苏联见闻录》，开明书店1948年版，第26页。

④ 戈公振：《我对于观察庶联的态度》，《从东北到庶联》，湖南人民出版社1984年版，第45页。

⑤ 林克多：《苏联几个伟大的纪念节》，《苏联闻见录》，大光书局1936年版，第136页。

⑥ 戈公振：《社会城》，《从东北到庶联》，湖南人民出版社1984年版，第93—94页。

得好，我们用飞机散放传单，赤裸裸地揭露了敌国资本家进攻苏俄的野心和一般官兵为资本家效死的非计"①。这些宣传在革命战争年代瓦解了敌人下级官佐与士兵替资本家卖命的意志，而在和平年代，则成为打造无产阶级文艺的文化氛围的重要手段。戈公振曾介绍纪念高尔基革命前后的文学与政治活动的"高尔基号"飞机，有强大的宣传功能，号称"空中文化城"。飞机上有制作新闻的编辑室，有每小时能印刷一万份报纸的卷筒印刷机，"其特制的扩音机能在飞行中播送音乐或消息，有'空中喉舌'的雅号"②。"高尔基号"曾飞往苏联各地进行宣传活动。

（2）宣传群体的助力

苏联还通过各种群体、组织来增强凝聚力，统一思想以扩大宣传工作的效果。苏联的最大的对外宣传机构应该是对外文化协会（V.O.K.S），它负责苏联的对外形象宣传，负责接待国际友人，安排国际友人的参观行程。所以，胡愈之、茅盾、郭沫若等的苏联行旅都受到对外文化协会（V.O.K.S）的帮助与安排。它有效地与各部门对接旅苏人士的行程，组织安排各项活动，成为展现苏联对外形象的一个重要窗口。所以有研究者指出："它（指苏联）不是一处静止的风景，被动地等待游客观览，相反，它本身便积极地参与到了自我形象的设计、规划与宣传之中，这是 V.O.K.S 以及苏联国际旅行社的主要功能，都是要向外界输出一个理想国形象。"③苏联还有各种协会，茅盾写到的协会就有作家协会、漫协、妇女反法西斯总会、儿童团等，特点相同、志趣相投、目标一致的人分别组成各种协会，通过各协会的各种活动来起到宣传作用。

另外，苏联还有各种特色的群体，如苏联的冲锋队（或称突击队），通过队员的模范带头作用来宣传鼓励苏联工人共同建设国家。胡愈之这样写道："从这时期（第十六次党代会）起苏维埃经济由工人支配生产的形态，进而为工人干涉生产的形态。最初一部分工厂内的少数青年工人组织所谓'冲锋队'，预定某种工作的标准，自告奋勇，以求贯彻。同时

---

① 冯玉祥：《我的生活》，黑龙江人民出版社1981年版，第459页。
② 戈公振：《空中的文化城》，《从东北到庶联》，湖南人民出版社1984年版，第169页。
③ 刘奎：《制度的风景：旅苏游记与四十年代文化人的政治选择》，《新文学史料》2018年第3期。

向其他工人竭力宣传鼓励，激发群众的热情，利用此热情以谋生产的增加。这'冲锋队'的员额不久扩充到工厂全部，后来扩充到了别的工厂，乃至于全苏维埃的托拉斯。"① 戈公振、蒋廷黻也写到冲锋队，队员被称为"Udarnik"。戈公振指出，Udarnik"对于国家所定生产计划，不但能执行，而且要超过；不但是量多，而且要质佳；不但是成绩优良，而且要节省成本，爱护公物"②。突击队的活动对"改造人民心理，使对于劳动观念，非若一己为奴隶，乃为人群谋进化"③，起到使他们养成劳动自尊和自信的美德的作用，使工人能尽其所能，为社会效忠。还有由《少年真理报》文学部主编组织沙龙性质的群体组织——"星期四晚会"④，从 1942 年 3 月开始每周举行，参加者有作家、科学家、演员等。作家往往讲演或朗诵自己未发表之新作，科学家往往讲述自己研究心得及最新发明发现，著名演员不化妆表演戏曲，优秀工人讲述自己的工作经验。作家、科学家等的各种前沿思想得以与群众交流接触，听取群众意见，在一定的群体内宣传思想，统一认识。据胡愈之所言，少年儿童被编入各种组织，"从四岁至七岁的孩子，是被称作'十月人'……从八岁到十七岁编入了'少年先驱'，十七岁以上加入'共产主义青年团'，以实现未来的理想社会为鹄的"，受到各种特殊的教育。⑤ 茅盾也曾介绍苏联的儿童团，即少年先锋队，由 11—16 岁的优秀男女儿童申请加入。⑥ 儿童团领导与组织全校同学参加各项有益于身心的文化活动，如出刊物、办壁报、演话剧、开音乐会、办书画展、开展文艺作品研讨会、参加各项运动及各类比赛等，既培养大家综合能力，也培养大家的爱国情怀与积极向上的人生观，如莫斯科第三十六校儿童团的"纪念莫斯科八百周年"展览会。"这个展览会的出品有关于莫斯科历史的论文，有歌颂莫斯科的

① 胡愈之：《社会主义的生产竞赛》，《莫斯科印象记》，湖南人民出版社 1984 年版，第 51—52 页。

② 戈公振：《社会城》，《从东北到庶联》，湖南人民出版社 1984 年版，第 102 页。

③ 戈公振：《社会城》，《从东北到庶联》，湖南人民出版社 1984 年版，第 101 页。

④ 茅盾：《日记》，《苏联见闻录》，开明书店 1948 年版，第 39 页。

⑤ 胡愈之：《少年先驱大会》，《莫斯科印象记》，湖南人民出版社 1984 年版，第 69—70 页。

⑥ 茅盾：《儿童团》，《杂谈苏联》，上海致用书店 1949 年版，第 298 页。

诗文，有名胜风景画，有好几幅莫斯科地图。"① 这样的活动发扬了学生们在史地、文学、绘画、机械、演说、朗诵、舞蹈、演剧等多方面的能力，同时通过参与这种主观积极的活动，激发学生对莫斯科、对祖国的热爱，比被动地接受关于莫斯科的宣传，起的作用更直接、深入。

（3）宣传活动的灵活

苏联以灵活多样的宣传方式在全苏范围内使广大人民群众提高认识，达成共识，使苏联人民完成对社会主义制度的信仰。这些形式包括庆典、游行、检阅、操演、中小学生假期娱乐活动、红色列宁讲堂等，甚至生产竞赛、选举、各种空间的命名、荣誉奖章的授予等活动也能变成重要的宣传形式。

戈公振写苏联五一节的庆典："在半个月以前，全城就在装饰，标语呢，图画呢，满眼都是红色，仿佛中国人办喜事一样。最惹行人注目的，是大剧场前的那两个大模型：一架是炼铁机，表示工业的特色；一架是拖拉机，表示农场的进步。入夜助以流动的电灯，极尽宣传之能事。"② 整个场景洋溢着喜悦与欢欣。他写苏联军队大阅，彰显着国家的强盛："马号与礼炮齐鸣，继以悠扬的军乐和雍容的国歌，……军队分着步骑炮工辎，一组一组地行经检阅台前，说不尽服装整齐器械新颖。尤其是坦克车的轰轰声，和飞机的轧轧声，上下相应，令人目不暇接。"③ 接着他写体育大阅："在受检阅的九千五百健儿中，大部分是工人，……每一个工厂的体育队，都有一个特别标记为前导，如纺织厂是纱绽，印刷厂是书籍之类，而第一排每个队员的胸前，又界着一个大字母，拼合起来，就是厂名或是厂名的缩写，所以很容易使人认识。他们的旗帜和衣服的颜色也很个别，有黑白条相间的，有绿领红袖口的，有紫裤黄背心的，竟无一种雷同。而某种颜色，又与某种职业暗暗相吻合，别具匠心。"④ 将体育精神与职业自豪感联系起来，尽显工人的精神风貌。戈公振还写民众的游行，更将苏联人民幸福自豪的生活状态尽情地表露出来："老的

① 茅盾：《儿童团》，《杂谈苏联》，上海致用书店1949年版，第299页。
② 戈公振：《两个大阅》，《从东北到庶联》，湖南人民出版社1984年版，第57页。
③ 戈公振：《两个大阅》，《从东北到庶联》，湖南人民出版社1984年版，第58页。
④ 戈公振：《两个大阅》，《从东北到庶联》，湖南人民出版社1984年版，第60页。

少的，男的女的，唱着歌，呼着口号，肩着各色各样的旗帜和标语，潮涌似地也从红场经过。"特别是"有些女工穿着乡下的衣服，唱着民间的歌谣，拉着手风琴，踏着土风舞，一种民族自乐其乐的情绪，自然流露出来，这是何等的美啊！"①邹韬奋也写苏联的运动大检阅：参加检阅的队伍宏大，有十余万人，"列队挺胸紧步随着军乐队向前进发。……他们和她们经过街上时都边走边唱歌，步伐整齐，歌声宏壮，谁看了都要为之精神一振"。整个队伍呈现出健康美，并且展现体育运动的时代精神，那就是"为工作和防卫而准备"②。苏联检阅与游行等活动，起着鼓舞大众振作精神努力前行的作用。同时，苏联还通过讲堂，直接宣讲马列主义与政治知识，如冯玉祥介绍恰克图的驻军，"每一连设有一座列宁室，为一种俱乐部的性质"对士兵进行政治教育，③而莫斯科的士兵"每连都有一所红色列宁讲堂，这是专门对他们讲解主义和传布政治知识的所在"④，帮助广大战士提高政治水平与思想觉悟。茅盾则写全苏联各大城市都举行中小学生假期娱乐活动，每年参加的中小学生达到 20 万人之多。活动期间，安排了各种文化娱乐节目。还有党政文化各界名人之讲话，"都勉励青年学生努力求学，俾将来成为祖国建设人才"⑤。通过各种活动，小学生的集体意识、创新精神、健康向上的精神面貌等在名人教导及互相影响中得以提高。

另外，苏联还有生产竞赛活动，胡愈之这样描写生产竞赛："一切的生产竞赛，都是由工人自动发起，自动决定标准，自动订定契约。这工人直接动员，为增加生产而斗争，是五年计划时期苏维埃经济的一个特征。"⑥陈西滢这样写道："不同组的工人，不同的工厂，不同的学校，不同的城市，不同的工业，赛哪一方面的出品多，工作好，哪一方面的费

---

① 戈公振：《两个大阅》，《从东北到庶联》，湖南人民出版社 1984 年版，第 59 页。

② 邹韬奋：《运动大检阅》，韬奋基金会、上海韬奋纪念馆编《韬奋全集》（第六卷），上海人民出版社 2015 年版，第 63—64 页。

③ 冯玉祥：《我的生活》，黑龙江人民出版社 1981 年版，第 455 页。

④ 冯玉祥：《我的生活》，黑龙江人民出版社 1981 年版，第 471 页。

⑤ 茅盾：《乌克兰苏维埃社会主义共和国》，《杂谈苏联》，上海致用书店 1949 年版，第 30—31 页。

⑥ 胡愈之：《社会主义的生产竞赛》，《莫斯科印象记》，湖南人民出版社 1984 年版，第 53 页。

用省，费少。"① 通过竞赛互相比较所起到的宣传作用，影响大部分工人在提高生产效率、降低生产成本方面更进一步努力。甚至连苏联的选举都成为宣传的重要手段。"在苏联，选举不但是产出劳动者代表的一种过程，而且是训练民众的一种方法。"② 苏联的选举连家庭妇女也在认真聆听与参与，通过竞选人的演说，向候选人提问与候选人答辩等环节不仅宣讲了苏联政治及文化精神，对于苏联如何建设与改革的方案也通过宣讲、提问与答辩让普通人民群众有一定的理解与思考。苏联还通过鼓励各地方人民旅行，起到宣传各地文化的重要作用，促进各地区、各阶层人民之间的了解。胡愈之写道，苏联幅员辽阔，"只有使各地的人民多得旅行的机会"，才能促进不同人种、宗教、语言的人互相了解，"能和远处的人民相接触，方能改变各个特殊的生活方式"，"农民与工人、乡村与都市的隔膜，为社会主义建设上最大的障碍。苏联政府竭力使工人有到农村去旅行的机会，又使农民有到都市去旅行的机会"③。这是比正儿八经讲民族政策、讲地域文化更有效的宣传方式。

旅苏游记中还谈到各种机构、建筑的命名与各种勋章奖章的颁发都成为苏联重要的宣传手段。许多机构、建筑、街道都冠以人名，如有名的列宁博物馆、列宁图书馆、托尔斯泰博物馆、高尔基文学院、高尔基博物馆、普希金博物馆、奥斯特洛夫斯基博物馆、列宁街、莫斯科列宁格勒马戏院等。还有一些不那么广为人知的冠名，如为纪念俄国大诗人尼古拉·耐克拉索夫的耐克拉索夫博物馆，希望大家能够学习耐克拉索夫进步的思想和奋斗的精神。还有为纪念伟大的俄罗斯作曲家的恰伊科夫斯基博物馆，纪念杰出演员的罗斯泰维列戏院、纪念杜克扬之国立话剧馆。另外，旅苏游记中还写到苏联的各种功勋奖章，如位于列宁格勒的"红旗工厂"因列宁格勒被围的时期，"共中大炮弹五十四发，部分的工房及发电站，托儿所均遭损坏，工作人员及托儿所之婴儿均有死伤，然而未曾有一天的停工"，而荣膺国防委员会"红旗"称号。④ 其他做出

① 西滢：《苏俄的青年》，《独立评论》1935年第129号。

② 胡愈之：《苏维埃选举会》，《莫斯科印象记》，湖南人民出版社1984年版，第91—92页。

③ 胡愈之：《无产者旅行社》，《莫斯科印象记》，湖南人民出版社1984年版，第39页。

④ 茅盾：《红旗工厂》，《苏联见闻录》，开明书店1948年版，第322页。

重要贡献的如荣膺"红旗勋章""苏联勋章""列宁勋章""苏联英雄奖章""金星奖章"等，在文学领域有突出贡献的授予斯大林文学奖，突击队员则以"我打立克"（"Udarnik"，中文意思为英雄）命名。这些机构、建筑的命名及功勋奖章的设置让人牢记历史人物、牢记革命事迹，让人时刻感染于历史文化的氛围中，从而激励大家奋勇前进。

苏联通过这样的一些特色活动，寓宣传于无形之中，使广大人民群众在不知不觉中受到影响，从而进行新生活的实验、新精神的培养，营造积极向上的氛围，这种不拘一格的宣传活动比媒体官宣起到更重要的作用。

正如戈公振所言："庶联是善于宣传的。这天晚上，每个广场上，都露天演映影片；每幢房屋的外面，都装起无线电播音机；在大戏院的对面，有地道车的模型；在工人自卫院的左墙，有莫斯科伏尔加河的模型；都是佐以电光，能自己活动的。以外每个商店的橱窗内，都陈列着莫斯科改造和某些工厂区域的设计图案，以及该业的进步，用图片或文字表现出来。这无异开了一个政绩大展览会，拿了实在成绩来博人民信仰。"① 冯玉祥也感叹苏联无处不在的宣传。他在参观列宁墓时，感叹："连一个尸骸也不放松，用作了宣传的工具。""墓上，即皇城门楼上有钟，能打出《国际歌》的调子。"② 苏联的无所不在的宣传成仿吾在《从文学革命到革命文学》所言革命文学的宣传效果："使读者得到旧社会的认识及新社会的预图，……对于敌人的厌恶，对于同志的团结，激发斗争的意志，提起努力的精神。"③ 它能使广大人民群众在极短的时间统一思想，达成共识，从而以饱满的激情投身于国家的建设之中。即使旧式资本家，他们也暗自庆幸："他们在生命的后半段，开始认识人生的真意义了。"④ 在20世纪上半叶的旅苏纪游文学中叙述的苏维埃的宣传工作的特点，就是注重正本清源的方法，做到理论宣传各种形式全覆盖，使人民群众真正了解无产阶级政党、无产阶级政权、社会主义革命与建设、未来的发展

---

① 戈公振：《苦尽甘来的庶联》，《从东北到庶联》，湖南人民出版社1984年版，第76—77页。

② 冯玉祥：《我的生活》，黑龙江人民出版社1981年版，第477页。

③ 成仿吾：《从文学革命到革命文学》，《创造月刊》1928年第1卷第9期。

④ 胡铭：《莫斯科初旅》，《从莫斯科归来》，群众图书公司1933年版，第36页。

路径等诸多知识，明白自己的责任与使命，在全苏境内形成无产阶级的左翼文化空间。从而使广大的人民大众能真正担负历史的使命，消灭资本主义的残喘，以饱满的热情与积极向上的精神面貌参加苏维埃社会主义建设，并且取得一个又一个的新成就。

20 世纪上半叶，苏联注重将人民性体现在社会发展的各个环节，坚持人民至上，真正实现了"发展为了人民，发展依靠人民"的思想。特别是在教育与宣传领域起到了彻底提高广大人民群众的素质与提升建设国家的热情的作用。苏联人民有血在沸腾，有汗在驰骋，苏联的革命与建设取得举世瞩目的成就。正如邹韬奋在《莫斯科的鸟瞰》中所写的新旧莫斯科的对比，"老莫斯科——市侩、贵族、地主和牧师们的莫斯科——过去了；新莫斯科——劳动者城的莫斯科，在政治、经济、文化各方面努力于社会主义建设的中心'实验室'的莫斯科——涌现着出来！"① 苏联的各地方、各领域也同样发生着翻天覆地的变化，并且在世界范围内影响着中国及广大处于阶级压迫与民族压迫中的国家，使这些国家迎来解放与发展的春天。

第三节 瞿秋白纪游文学与苏联文化的理性借鉴

瞿秋白是中国共产党早期主要领导人之一，伟大的无产阶级革命家、理论家与文学家。1917 年随堂兄到北京，考入了北京俄文专修馆学习俄文，从此与俄文、俄国结缘。俄文既成为他谋生的手段，更是他了解俄苏文学的通道。在俄文专修馆期间，他接受了严格、系统的俄文训练，阅读了托尔斯泰、普希金、屠格涅夫、契诃夫等俄国文学大师的作品。在这样的环境中，瞿秋白储存了相当丰富的俄罗斯文化传统和文化背景知识，得以触摸俄罗斯文学与文化的核心。1920 年瞿秋白赴苏联进行为期两年的考察，写成两部纪游作品《饿乡纪程》《赤都心史》，对苏联红色文化进行理性借鉴，显露他思想传播的真诚性及其作品的历史震撼力，

---

① 邹韬奋：《莫斯科的鸟瞰》，韬奋基金会、上海韬奋纪念馆编《韬奋全集》（第六卷），上海人民出版社 2015 年版，第 46—47 页。

在左翼文化形成时期体现出巨大的感染力。

一 求索的精神

20 世纪初，当中国处于内忧外患之际，许多精英知识分子把目光投向西方，希望借鉴西方文化来建构中国现代文化。与此同时，俄国发生了十月革命，创建了世界第一个社会主义国家。苏俄成为中国与全世界效仿的对象，苏俄所代表的社会主义文化成为中国的又一个重要的影响源。有研究者指出："异国游记涵盖了空间的流动与移动的生活美学、想象与真实的交锋与对话。"[①] 瞿秋白因与俄文结缘而接受俄罗斯的历史文化，并且不断扬弃、拿来，在俄罗斯访问期间，随着行旅足迹的空间流动，不断地进行想象与真实的交锋与对话，在世界各种毁誉之声中试图探求社会主义的真相，在其纪游文学《饿乡纪程》与《赤都心史》中体现出可贵的求索精神。

瞿秋白早期接受俄文训练时受托尔斯泰的"无政府主义"思想的影响，他追求人性的真善美，追求"道德的自我完善"，反对一切的暴力。在《饿乡纪程》中，瞿秋白回顾自己五四运动前"二元的人生观"，"一部分的生活经营我'世间的'责任，为自立生计的预备，一部分的生活努力于'出世间'的功德，做以文化救中国的功夫"[②]。五四运动爆发，瞿秋白开始将自己从托尔斯泰主义的幻想中跳出，积极地参加学生运动，在运动中提高了认识，意识到"社会中了无名毒症，不知道怎么医治"。同时由于"《新青年》《新潮》所表现的思潮变动，趁着学生运动中社会心理的倾向，起翻天的巨浪，摇荡全中国"[③]。加之瞿秋白在 1920 年年初参加了李大钊等人兴办的"马克思学说研究会"，开始对"社会主义的讨论"有着"无限的兴味"。然而对于社会主义的理解就像"隔着纱窗看晓雾"[④]，看不清新社会的真谛。为了弄清真正的社会主义，1920 年年底瞿秋白以《晨报》记者的身份前往他所向往的俄罗斯，进行了长达两年的

---

① 鲍良兵、孙良好：《"旅行"中的苏俄形象与中国道路的不同想象——以瞿秋白和徐志摩的苏俄游记为中心》，《中国比较文学》2016 年第 4 期。

② 瞿秋白：《饿乡纪程》，《瞿秋白游记》，东方出版社 2007 年版，第 26 页。

③ 瞿秋白：《饿乡纪程》，《瞿秋白游记》，东方出版社 2007 年版，第 26 页。

④ 瞿秋白：《饿乡纪程》，《瞿秋白游记》，东方出版社 2007 年版，第 27 页。

俄苏实地考察。在《饿乡纪程》中，他写虽然他从"甘食美衣"的"黑甜乡"去向一个"罚疯子住的""饿乡"，但是他认识到"理智的研究侧重于科学的社会主义，性灵的营养，敢说陶融于神秘的'俄罗斯'"，看到了俄罗斯所代表社会主义的源头，所以他以"进赤俄的东方稚儿"的身份，以异常欣喜的心情"预备着领受新旧俄罗斯民族文化的甘露了"，他感觉到"灯塔已见"，虽然海道不平静，但是他认准了目标，"拨准船舵"，只管"前进！前进！"① 而当他于 1921 年 1 月 25 日到达赤都莫斯科，看到"赤都第一夕的心影，留一深切的印象"，感觉到赤都的内力，进一步明确"于人类文化交流之中求一灯塔的动机已开，……稳稳地去探奇险"②。

正如美国学者夏济安所言："苏联就是他的许诺之地（promised land），能使他实现热切的理想。"③ 瞿秋白到苏俄是探求中国未来的发展新路，所以他所求索的要义在于苏俄的社会制度、苏俄人民的思想与人民群众的生活，他探求新俄社会的进化史、新俄社会的组织方式、新俄社会伦理的变迁，思考苏俄的阶级关系与新经济政策等与苏联人民群众生活密切相关的体制现状与现实政策问题。所以，他"定了一勉力为有系统的理论事实双方研究的目的。研究共产主义，俄共产党，俄罗斯文化"④。试图从中找寻适合中国现代化道路的正确方式。他希望能博采众长，发扬具有中华文化自身特点的文化。正如他叔父瞿菊农《追寄颂毕宗武二兄暨秋白侄》所言，他们"要做蜜蜂儿，采花酿蜜"⑤。他从中国的思想背景出发确定研究苏俄的方法。他意识到在"德谟克拉西"与"社会主义"之间的关系上，当时的社会主义学说带有无政府主义的色彩，"于是'德谟克拉西'和'社会主义'有时相攻击，有时相调和"⑥。而东方文化和西方文化也呈现两相矛盾的倾向，

① 瞿秋白：《饿乡纪程》，《瞿秋白游记》，东方出版社 2007 年版，第 104 页。
② 瞿秋白：《饿乡纪程》，《瞿秋白游记》，东方出版社 2007 年版，第 98—99 页。
③ Tsi-an：*Hsia The Gate of Darkness*，University of Washington Press，1968，p. 18.
④ 瞿秋白：《饿乡纪程》，《瞿秋白游记》，东方出版社 2007 年版，第 66 页。
⑤ 瞿秋白：《饿乡纪程》，《瞿秋白游记》，东方出版社 2007 年版，第 34 页。
⑥ 瞿秋白：《饿乡纪程》，《瞿秋白游记》，东方出版社 2007 年版，第 29 页。

"各自站在不明了的地位上，一会相攻击，一会儿相调和"①。他和诸同志都处于这样一种漂流震荡的狂涛骇浪之中。于是，他想以整顿思想为方法，"真诚的去'人我见'以至于'法我见'"②。所以他在赴俄旅途中如哈尔滨、西伯利亚等地思考"'非现代的'经济生活里"如何实现科学社会主义的理想社会的问题。③ 他将"研究共产主义""研究俄罗斯文化"作为自己的责任。④ 来俄之前瞿秋白认为，俄罗斯是"共产主义的实验室"，他们"布尔塞维克的化学家"依着"社会主义理论的公式"，用"俄罗斯民族的原素"在"苏维埃的玻璃管里"试验两下，即刻可以显出"社会主义的化合物"⑤。西伯利亚旅行的教训使他知道只有通过在实践中考察才能探求事实的真相。从这里可以看出瞿秋白不断求索的历程，以及他思想—实践—思想的求索的方式。所以在《饿乡纪程·跋》中，瞿秋白解释他求索的历程："这篇《游记》……原为著者思想之经过；具体而论，是记'自中国至俄国'之路程，抽象而论，是记著者'自非饿乡至饿乡'之心程。"⑥ 路程中的"见闻经过，具体事实，以及心程中的变迁起伏，思想理论，都总叙总束于此"⑦。而在《赤都心史·序》中也写到他到"俄罗斯文化及西欧文化结晶的焦点"⑧，以《赤都心史》这一部作品记录下他文化求索之途的"心灵的影和响"，弹奏出"心弦上的乐谱"⑨。所以，他的《饿乡纪程》与《赤都心史》都是他求索的心灵记录，正因为如此，他的这两部作品不等同于一般的游记简单铺陈游历的经过与粗浅的观感，而更体现出思考的力度与思辨的力量，所以在《瞿秋白游记》的插画中，编者评价"他的心史是一部精深的哲学"。

---

① 瞿秋白：《饿乡纪程》，《瞿秋白游记》，东方出版社2007年版，第30页。
② 瞿秋白：《饿乡纪程》，《瞿秋白游记》，东方出版社2007年版，第30页。
③ 瞿秋白：《饿乡纪程》，《瞿秋白游记》，东方出版社2007年版，第51页。
④ 瞿秋白：《饿乡纪程》，《瞿秋白游记》，东方出版社2007年版，第83页。
⑤ 瞿秋白：《饿乡纪程》，《瞿秋白游记》，东方出版社2007年版，第93页。
⑥ 瞿秋白：《饿乡纪程·跋》，《瞿秋白游记》，东方出版社2007年版，第108页。
⑦ 瞿秋白：《饿乡纪程·跋》，《瞿秋白游记》，东方出版社2007年版，第108页。
⑧ 瞿秋白：《赤都心史·跋》，《瞿秋白游记》，东方出版社2007年版，第112页。
⑨ 瞿秋白：《赤都心史·跋》，《瞿秋白游记》，东方出版社2007年版，第112页。

二　清醒的现实主义态度

尽管当时很多人对新生的社会主义苏俄的态度十分狂热，对十月革命充满幻想，认为十月革命后的苏俄是天堂。甚至"如果有人表示了不同的意见，那是一定要和他争得面红耳赤的"①。瞿秋白在两年俄罗斯行旅的过程中，对俄罗斯文化的借鉴却抱着非常清醒的现实主义态度，并用《饿乡纪程》和《赤都心史》两部纪游文学作品否定这些人对苏俄单一狂热的理解。

（一）苏联文化借鉴目标明确

瞿秋白虽然当时不满人们对苏俄狂热追求的态度，但是他始终保持着对苏俄社会主义制度的信心与高度认可，对苏俄进行现代性借鉴的目标非常明确。在他的《饿乡纪程》与《赤都心史》中，他所奔赴的苏俄政权虽然刚刚建立，还处于内忧外患之中，民众对革命存在恐慌心理，在实行新经济政策以前人们的生活还相对贫困；但是他还是相信苏俄代表着人类的光明与未来。所以他不止一次地用红光、新芽、甘露、晓霞等意象来象征，用"灿烂庄严""光明鲜艳""光芒万丈"等词语来形容苏俄社会主义国家。他对他的苏俄之旅抱着矢志不渝的信心与决心。

他在《饿乡纪程·绪言》中将俄罗斯所代表的科学社会主义比喻为"阴沉沉，黑魆魆的天地间"忽然放出的"一线微细的光明"②，他"拨开重障，放他进来"之后，这一线光明显得"灿烂庄严，光明鲜艳，……血也似的红，就此一线便照遍了大千世界"③。写出了苏俄所代表的新的社会制度巨大的魅力与影响力。虽然他把当时的俄国比喻为"饿乡"，但在《饿乡纪程》中他坚定自己的信念，相信苏俄"始终是世界第一个社会革命的国家，世界革命的中心点，东西文化的接触地"④。所以，他在赴俄时旅居哈尔滨一个多月，哈尔滨的严寒却掩盖不了他心里"蓬蓬勃勃"的春意。他情绪高昂地表达他的苏俄之旅是"向着红光

---

① 蓝鸿文、许焕隆著：《瞿秋白评传》，人民日报出版社2000年版，第23页。
② 瞿秋白：《饿乡纪程》，《瞿秋白游记》，东方出版社2007年版，第3页。
③ 瞿秋白：《饿乡纪程》，《瞿秋白游记》，东方出版社2007年版，第4页。
④ 瞿秋白：《饿乡纪程》，《瞿秋白游记》，东方出版社2007年版，第31页。

里去",是去"领受新旧俄罗斯民族文化的甘露"①。当他抵达莫斯科时,虽然新生的社会主义国家环境险恶,"在荒原万万里的尽端,炎炎南国的风云飙起,震雷闪电,山崩海立,……地鬼惊啸"②,但是社会主义苏俄却蕴含着勃勃生机。他如此描写苏俄社会在险恶的环境下却显现巨大的生命力:"此中却还包孕着勃然兴起,炎然奋焰,生动的机兆,突现出春意之内力的光苗,他吐亿兆万丈的赤舌,几乎横卷天空。""趁此时机莽然超量的暴出,腐旧蚀败的根里,突然挺生新鲜绿的嫩芽。"③ 他借用凛冽的环境中老树新芽的整体意象来象征苏俄社会主义国家的产生背景以及它所代表着的生机盎然的未来,并且期待苏俄新生的社会主义国家能"勇猛精进抗御万难,一往不返,尤其要毋负这老树兀岸高傲的姿态呵!"④ 在《赤都心史》中他在"危苦窘迫,饥寒战疫的赤都",当"新旧两流平行缓进",他同样能"静待灿烂庄严的将来"⑤。他在《秋意——题画赠林德女士》中抒怀,写苏俄"万籁中,自放灵光",具有"果毅深潜的活力","依旧光芒万丈"⑥。当他在高山疗养院养病时,他登高山望晓霞,仍然对新生的国家充满信念,"神明的太阳,有赤色的晓霞为之先色,不久不久,光现宇宙,满于万壑。欣欣之情,震裂之感,不期而自祝晓霞"⑦。在旅俄期间所做的《东方月》更将对苏俄共产主义的信念扩而大之至国际主义的情怀,赤都云影虽然掩没了他的"东方月",但他抒发了"愿万族共'婵娟',但愿'婵娟'年千亿。……欧亚华俄——情天如一"的宏愿。⑧

瞿秋白在《饿乡纪程》与《赤都心史》中表达了尽管苏俄新的政权还存在不少亟待解决的难题,但是他始终相信苏俄代表着人类文化未来与希望。所以,瞿秋白对赤色的苏俄进行现代化借鉴的目标明确,虽然

① 瞿秋白:《饿乡纪程》,《瞿秋白游记》,东方出版社2007年版,第104页。
② 瞿秋白:《列宁杜洛次基》,《瞿秋白游记》,东方出版社2007年版,第106页。
③ 瞿秋白:《饿乡纪程》,《瞿秋白游记》,东方出版社2007年版,第106页。
④ 瞿秋白:《饿乡纪程》,《瞿秋白游记》,东方出版社2007年版,第106页。
⑤ 瞿秋白:《黎明》,《瞿秋白游记》,东方出版社2007年版,第118页。
⑥ 瞿秋白:《秋意》,《瞿秋白游记》,东方出版社2007年版,第126页。
⑦ 瞿秋白:《晓霞》,《瞿秋白游记》,东方出版社2007年版,第233页。
⑧ 瞿秋白:《"东方月"(中秋作)》,《瞿秋白游记》,东方出版社2007年版,第184—185页。

遇到不少困难，但始终不改初衷，坚定前行。

（二）新旧交替现状认识清醒

瞿秋白出访苏俄时正值十月革命一年之后，俄罗斯刚过连年战乱，奄奄一息，"正如久病之后，勉强得一点生机，元气亏耗，病根还没有全去"①。新生的俄罗斯社会主义国家许多地方都存在人民生活贫困、制度不完善、人民群众觉悟待提高等过渡期现象。在《赤都心史》中，瞿秋白以"黎明"为标题概括那个时代的特征，表示俄国进入了资本主义社会向无产阶级社会转变的关键时刻。资产阶级文化"创造的内力已自趋于磨灭"，"何况夜色的威权仍旧拥着漫天掩地的巨力"，虽然处于转机之时，但所显现的只是"黎明的先兆，还不是黎明"②，天空呈现的"鱼肚之光，黑霞之色"，正处于"夜余"又是"晨初"的最黑暗之时。③也如戈公振所言："当然由自私自利的社会，顷刻变为大同世界，除非是神话，事实上绝对做不到，何况落后的国家如庶联？"④瞿秋白虽然抱定到苏俄领受新旧俄罗斯民族文化的甘露的信念去开启自己的苏俄之旅，但他充分认识到新旧文化交替中的俄罗斯许多过渡期不完善的现象。⑤所以他并不像后来的曹谷冰、邹韬奋、茅盾、郭沫若等一样对苏俄现状一味地歌颂，而是对当时俄罗斯黑夜向清晨过渡时最黑暗的状态保持着最清醒认识。在《饿乡纪程》与《赤都心史》中，他记录了当时苏俄社会转型过程中种种无序的现状。

首先，他真实表现革命初完、政权初定时苏俄人民生活的困窘，混乱无序的过渡期现状，并表达了对这个问题的理性思考。

在苏俄社会主义国家艰难缔造的时期，物资匮乏，经济窘迫，人民面包还没有，牛奶也还没有。所以瞿秋白将当时的俄国命名为"饿乡"，在他的旅苏经历中，黑面包成为他的恐怖记忆。他叙述在俄人家里，"黑面包是常餐便饭唯一食品，中国茶是请客的佳味"⑥。"'苏维埃的黑面

---

① 瞿秋白：《饿乡纪程》，《瞿秋白游记》，东方出版社 2007 年版，第 85 页。
② 瞿秋白：《黎明》，《瞿秋白游记》，东方出版社 2007 年版，第 115 页。
③ 瞿秋白：《黎明》，《瞿秋白游记》，东方出版社 2007 年版，第 115 页。
④ 戈公振：《社会城》，《从东北到庶联》，湖南人民出版社 1984 年版，第 88 页。
⑤ 瞿秋白：《黎明》，《瞿秋白游记》，东方出版社 2007 年版，第 115 页。
⑥ 瞿秋白：《劳工复活》，《瞿秋白游记》，东方出版社 2007 年版，第 146 页。

包'，其苦其酸，泥草臭味，中国没有一个尝过的，也没有一个人能想象。"① 不仅如此，黑面包还不够填饱普通人民的肚子。作者记述美索瓦的中国侨工，一个月只有三十斤黑面包，只够半个月吃。美索瓦列车的车手感叹："可怕可怕……生活真难呵！我一个月薪水七百苏维埃卢布，买一盒洋火倒要二百元。"② 瞿秋白还不止一次地描写俄国人穿着褴褛不堪，如俄国的苦力身着"油腻褴褛大羊皮袍"，赤塔的穷苦国民"拥着泥烂弊裘"。当瞿秋白到达乌拉岭上郭同站时，不禁感叹："不见无产阶级实业家的轮椎，却只见诗人呼啸清新的美意。"③ 在由旧时莫斯科最大的旅馆改成苏俄外交人民委员会办公楼里，办公室的窗帘华丽而破旧，暖气管好似大病初愈，血脉尚未流通，"时时偷偷放出冰凉的冷气"④，公共食堂饭菜恶劣。赤都"危苦窘迫，饥寒战疫"⑤。他引用东俄旱灾时俄国中央及各省报纸上所载灾区通信展现当时苏俄人民惨不忍睹的生活现状："一堆一堆饥疲不堪的老人幼童倒卧道旁，呻吟转侧……竟有饥饿难堪的农家，宁可举室自焚。……还有吃死人肉的呢。"⑥ 因为战事，工业毁坏得很厉害，一切原料与工业生产品都用在军事上，技师在战争时死去的很多，所以机器与制造、操作机器的人都不够，人们的生活用品非常欠缺。正因为食物与生活用品的匮乏，每一城市作为共产公社，分配一切必需品。所以，"俄国无物不集中，消费者都以团体为单位，个人名义很难领到需用物品"⑦。这就是列宁所谓的"军事共产主义"的食粮分配法，家庭生活社会化。

其次，瞿秋白明确指出新旧交替时期苏俄社会各种思想并存、管理无序的现状。

因为新旧交替时期，各种制度、各种社会问题都还待完善，所以社会上出现了诸多混乱现象，如农民守旧问题、官僚主义问题、新资本主

---

① 瞿秋白：《饿乡纪程》，《瞿秋白游记》，东方出版社 2007 年版，第 90 页。
② 瞿秋白：《饿乡纪程》，《瞿秋白游记》，东方出版社 2007 年版，第 86 页。
③ 瞿秋白：《饿乡纪程》，《瞿秋白游记》，东方出版社 2007 年版，第 94 页。
④ 瞿秋白：《饿乡纪程》，《瞿秋白游记》，东方出版社 2007 年版，第 100 页。
⑤ 瞿秋白：《黎明》，《瞿秋白游记》，东方出版社 2007 年版，第 118 页。
⑥ 瞿秋白：《官僚问题》，《瞿秋白游记》，东方出版社 2007 年版，第 176 页。
⑦ 瞿秋白：《公社》，《瞿秋白游记》，东方出版社 2007 年版，第 128 页。

义问题、宗教统治、贵族遗风等诸多问题。

俄国当时的农民守旧、愚昧、迷信。"十月革命初期，各地乡村中农民奋起，高呼分权万岁，各村通行须有当地地方政府的执照……"① "贫苦农民多分得土地，生活还像私有者。"② 俄国社会问题除了 19 世纪 90 年代新出现的劳工问题，在社会思想中还有三个不得不解决的问题：智识阶级问题、农民问题、官僚问题。特别是官僚主义问题已在无产阶级新文学中得到突出的体现，作家出现"新葛葛里"（指果戈里）群体，对俄国的官僚主义进行辛辣的讽刺。在现实社会中，瞿秋白指出审判群体中每人至少得七份口粮，一位营官作弊得 500 万苏维埃卢布。当东俄发生旱灾时，全俄中央执行委员会组织无党的"赈灾会"到国外募捐调查，"贵族老爷都想借此出境，却不肯到困苦的灾区去"③。在物质短缺的情况下，新妓女或某委员的相好却在挥霍财物。而在苏俄刚成立之时，无政府主义思潮极盛，瞿秋白在旅苏期间，亲自见证了无政府主义者克洛扑德金逝世时葬礼之隆重。这些对无产阶级道德观与价值观的建立产生严重的不良影响。

在经济生活方面，正常经济秩序没有建立起来，货币流通受到限制。所以市面萧条，几乎没有商品，特别在东西伯利亚尤其如此。瞿秋白叙述从伊尔库茨克到乌拉岭，沿路火车站都没有买卖发生，到乌拉岭西麓"才见物物交换的原人经济"④。经济秩序遭到破坏，谢美诺夫在这发行的纸币，现在一个钱也不值。而在莫斯科，趁着因无产阶级刚成立出现的管理漏洞，新的阶级成分——"新资产阶级"泛起，他们开着私人戏院、咖啡馆、饭馆、照相馆。而一些俄国机关的女官"早晨上衙门，外交委员会呀，教育委员会呀，下半天'公余'，赶紧重新涂抹起来，上咖啡店当女役去"⑤。这些咖啡店的女役，每月十五万卢布，每天只工作两个小时。"莫斯科城市新资产阶级开着辉煌的咖啡馆，饭馆"⑥，但是他们利欲

① 瞿秋白：《宗教的俄罗斯》，《瞿秋白游记》，东方出版社 2007 年版，第 142 页。
② 瞿秋白：《公社》，《瞿秋白游记》，东方出版社 2007 年版，第 129 页。
③ 瞿秋白：《官僚问题》，《瞿秋白游记》，东方出版社 2007 年版，第 177 页。
④ 瞿秋白：《饿乡纪程》，《瞿秋白游记》，东方出版社 2007 年版，第 96 页。
⑤ 瞿秋白：《新资产阶级》，《瞿秋白游记》，东方出版社 2007 年版，第 173 页。
⑥ 瞿秋白：《饥》，《瞿秋白游记》，东方出版社 2007 年版，第 176 页。

熏心，不愿意为东俄旱灾捐款，所以作者感叹，"麻木的神经，暗黑的良心，是市侩主义的标识"[1]。

在文化与教育方面，均存在新旧共现的状态，主要体现为对宗教思想的兼容。俄罗斯人信奉宗教的人很多。在革命胜利之后的1921年，基督教建筑华丽恢宏，堂顶的耶稣神像素伟丽，神职人员衣着华美，宗教仪式参与度极高、进行时间长。作者描写"基督救主庙壮丽的建筑，辉煌的金顶，矗立云际，依然昂昂突显神秘的色彩"[2]。在俄国旧历复活日曜日，家家都插"瘦柳"，隆重的宗教仪式"延长约有两个小时余"。1921年五一节与复活节在同一天，莫斯科复活节的夜祭人山人海，"教堂钟声愈久愈多，愈晚愈洪，圣诗的歌声摇曳沉抑，萦绕天际"[3]。莫斯科城都为教堂的钟声震动飞颤。而莫斯科的赤场附近也有演坛，"全城电车通挂红彩，游行全城"[4]，"许多教育人民委员会所办幼稚园的儿童穿着新衣呼号'万岁'"[5]，与热闹的复活节场景形成强烈反差的中五月一日清晨"路上的行人却很寂寞"。面对莫斯科市民淡于五一节而热于复活节的现象，作者觉得"更见着经济落后国家的守旧性"[6]。瞿秋白还进一步关注到贵族遗风的残留、农村经济的小资产阶级性、知识阶级的情感倾向、孩子的教育等问题。他通过游托尔斯泰的邸宅——清田村的见闻直接表达自己对新旧交替的俄罗斯的感受："贵族遗风还喘息于草间，依稀萦绕残梦。……俄罗斯的农家生活，浑朴的风俗气息，而经济上还深陷于小资产阶级。平民农夫与智识阶级之间的情感深种社会问题的根蒂，依然显露。智识阶级问题，农民问题经怒潮汹涌的十月革命，冲动了根底，正在自然倾向于解决。——新教育与旧教育的过渡时期。"[7] 而沿街的小孩子忙于卖纸烟，不受教育。

最后，他真实地表达了当时俄罗斯人民对革命、阶级及制度的不

---

① 瞿秋白：《饥》，《瞿秋白游记》，东方出版社2007年版，第176页。
② 瞿秋白：《宗教的俄罗斯》，《瞿秋白游记》，东方出版社2007年版，第140页。
③ 瞿秋白：《劳工复活》，《瞿秋白游记》，东方出版社2007年版，第144页。
④ 瞿秋白：《劳工复活》，《瞿秋白游记》，东方出版社2007年版，第145页。
⑤ 瞿秋白：《劳工复活》，《瞿秋白游记》，东方出版社2007年版，第145页。
⑥ 瞿秋白：《劳工复活》，《瞿秋白游记》，东方出版社2007年版，第145页。
⑦ 瞿秋白：《归途》，《瞿秋白游记》，东方出版社2007年版，第206页。

理解。

因为破旧立新的过程中农民本身的阶级局限性及当时出现的许多无序混乱的现象，如物资匮乏，人们生活困难，制度混乱等，所以人们表达了对革命、阶级及制度的恐慌与不理解。瞿秋白指出农民拥护"面包与和平""自由与土地"的口号的合理性，强调"农民要土地，不是要社会革命党党纲的宣言书——是要实实在在的田地，没有什么神妙科学！"①他描写因物资匮乏、社会混乱所引起的恐慌，书写人们对布尔什维克与红色莫斯科现状的不接受，如他刚到赤塔时，他的俄文馆同学、赤塔的副领事葆毅劝他不要到莫斯科去。他旁边一女郎则直接慌慌张张地说去莫斯科可怕得很，她家的房子现在一大半充公了，"自己只留四五门住的，其余尽让新来的官员住，还有工人……弄得一塌糊涂"②。而依尔库次克的情形比赤塔坏百倍，来依尔库次克购买粮食的客人抨击布尔塞维克，说"唉！什么共产主义！布尔塞维克只会杀人"，"他们自己吃好的穿好的，还说是共产党……呢！"③一名老工程师"在铁道局办事，屡次怠工，唾骂布尔塞唯克，下狱三四次"④。这些言论与现象表达了当时很多人对共产党及许多政策与做法的极度隔膜与不理解。还有一些不得志的小商人及一些小资产阶级，"不满意于劳农政府，社会革命党所谓'代表农民利益'的政党"⑤，利用农民对当时的"食粮均配法"的不满而产生的反抗风潮，到处宣传鼓动，造谣生事，于是发生克龙史泰战事，宣称要成立"无共产党的苏维埃"。而普通大众对无产阶级、苏维埃政府也极尽冷嘲热讽的能事。

（三）清晰记载苏俄在文化建构过程的努力

瞿秋白在他纪游文学《饿乡纪程》《赤都心史》中叙述了苏俄缔造过程的艰难，详细地描绘了当时人民生活困窘，社会思想混乱与制度无序等转型时期的典型状态。正因为如此，瞿秋白同时也记载了苏俄在红色政权缔造与红色文化现代化建构过程中的努力。所以瞿秋白书写两年旅

---

① 瞿秋白：《游侣》，《瞿秋白游记》，东方出版社 2007 年版，第 192—193 页。
② 瞿秋白：《饿乡纪程》，《瞿秋白游记》，东方出版社 2007 年版，第 73 页。
③ 瞿秋白：《饿乡纪程》，《瞿秋白游记》，东方出版社 2007 年版，第 75 页。
④ 瞿秋白：《饿乡纪程》，《瞿秋白游记》，东方出版社 2007 年版，第 91 页。
⑤ 瞿秋白：《革命之反动》，《瞿秋白游记》，东方出版社 2007 年版，第 130 页。

苏期间在困难中日新月异的苏俄，对苏俄未来充满了信心。

首先，在于物质文明观念的进步。瞿秋白在他的纪游文学作品中写道，在与德国代表史德勒及与通商人民委员会副委员长列若乏的交谈中，所论及的资本对于无产阶级国家及工业对于社会主义国家发展的重要作用的观点。史德勒谈道："资本家是可以推翻的，资本却不可毁的——无产阶级胜利后，那资本就是无产阶级国家的库藏。"① 列若乏则指出，"没有工业就没有社会主义，况且决不能在隔离状态中实现新村式的共产主义"②，民粹派主张无工业的农村公社社会主义，这无疑是不正确的，必须"发展工业培植无产阶级社会主义的基本"③。史德勒与列若乏均表达了发展工商业使俄国富强、人民富裕的重要性，表现物质的现实力对社会的重要影响。瞿秋白也理性地指出："劳工神圣，理想的天国，不在于智识阶级的笔下，而在于劳工阶级实际生活上的精进。"④ 并进一步强调简单的物质文明的进步观念在人类文化史上有很大意义。这也是较早对于"贫穷不是社会主义"的苏俄诠释。苏俄政府除了对地主的财产实行没收外，还推行调整人民生活的新经济政策。在《饿乡纪程》中瞿秋白记述了人们以物物交换的原则偷偷做生意之后，政府也关注到经济不流通，物质不充足的情况后，共产党着手改变经济策略，"经济组织因工商业的恢复，或者渐渐的进步到现代的文明，建筑起共产主义社会的基础"⑤。随着《劳农公报》发表开放商业的命令，新经济政策的初行，经济市场的流通再不像冬时的军事共产主义时一样，资本主义在相当范围内得到发展，资本的发展甚至"速于置邮之传命"。并且瞿秋白解释，政策执行过程中有可能出现的偏颇与错误，对苏俄未来充满期待。在《瞿秋白自述》中，他写道："人家才有说行新经济政策就已经没有社会主义了。我总不要听。……只看苏维埃里议事，对于商人及企业家加税减税，整顿实业交通，都是随着工人代表的意。政权总在我们工人阶级手

① 瞿秋白：《俄国式的社会主义》，《瞿秋白游记》，东方出版社 2007 年版，第 137—138 页。

② 瞿秋白：《俄国式的社会主义》，《瞿秋白游记》，东方出版社 2007 年版，第 139 页。

③ 瞿秋白：《俄国式的社会主义》，《瞿秋白游记》，东方出版社 2007 年版，第 139 页。

④ 瞿秋白：《饿乡纪程》，《瞿秋白游记》，东方出版社 2007 年版，第 52 页。

⑤ 瞿秋白：《饿乡纪程》，《瞿秋白游记》，东方出版社 2007 年版，第 96 页。

里。——自然有些'初出茅庐'的办事人无经验，会有错误，甚至于荒谬，——人人负责。那能一跳便入天堂！"①

其次，在文化建设方面的创新。即使如卢纳查尔斯基所言，"战争与革命的破坏力之非常大，创造新文化也不是轻易的事"②，但是苏俄也正在做着红色文化建构的种种努力。他们将象征旧式王权的建筑改为苏俄无产阶级政府的办公地点，实现了建筑文化意义上的变更。"俄罗斯联邦苏维埃社会主义共和国的外交人民委员会"所在地是"旧时莫斯科最大的旅馆"，克里姆林宫是俄国国家政权与宗教权力的所在地，它"巍然高大的城墙，古旧壮丽的建筑，令人神爽"③。而现在"中央执行委员会，人民委员苏维埃的办公室，都在新殿宇内"④。瞿秋白走访的教育人民委员会的客厅挂着"无产阶级文化之华等"，还有赫尔岑的铜像，体现对旧场景的现代改造。作者还描写了许多广场、会场的红色文化活动。他写俄罗斯人召开十月革命庆祝会雄壮的场景："宣布开会时大家都高呼'万岁'，哄然起立唱《国际歌》（International），声调雄壮得很。"⑤ "演说的庆贺苏维埃政府，俄罗斯共产党，第三国际（Ⅲ International），世界革命。"⑥ 在庆祝赤塔远东新政府成立的聚会上，"屋子里放着盛筵，电灯上包着红绸，满层都是红光，红光里是马克思、列宁、杜洛次基的肖像"⑦。整个氛围突出了对马克思、列宁等领袖与共产党、苏维埃政府的信仰。作者在描写第三次共产国际大会在克里姆林宫内召开时做了新旧时代的对比："西欧化后俄国的文明已算会集希腊日耳曼的精髓糟粕"⑧，而现今作为会场的"安德莱厅赤色光辉四射，全宇宙映耀，各国劳动者代表的演辞，声音震及环球"⑨。列宁在安德莱厅演说时，台下听众人如潮涌，"电气照相灯开时，列宁伟大的头影投射在共产国际'各地无产阶级联合

① 瞿秋白：《瞿秋白自述》，中国社会科学出版社2003年版，第153页。
② 瞿秋白：《兵燹与弦歌》，《瞿秋白游记》，东方出版社2007年版，第124页。
③ 瞿秋白：《兵燹与弦歌》，《瞿秋白游记》，东方出版社2007年版，第122页。
④ 瞿秋白：《列宁杜洛次基》，《瞿秋白游记》，东方出版社2007年版，第165页。
⑤ 瞿秋白：《饿乡纪程》，《瞿秋白游记》，东方出版社2007年版，第62页。
⑥ 瞿秋白：《饿乡纪程》，《瞿秋白游记》，东方出版社2007年版，第62页。
⑦ 瞿秋白：《饿乡纪程》，《瞿秋白游记》，东方出版社2007年版，第62—63页。
⑧ 瞿秋白：《列宁杜洛次基》，《瞿秋白游记》，东方出版社2007年版，第166页。
⑨ 瞿秋白：《列宁杜洛次基》，《瞿秋白游记》，东方出版社2007年版，第166页。

起来'、俄罗斯社会主义联邦苏维埃共和国等标语题词上"①，整个会场呈现热烈、昂扬、向上的红色文化氛围。红场是苏俄红色文化的重要载体。许多节日庆典、群众游行、军队大阅等重要活动都在红场举行。瞿秋白描绘了莫斯科红场赤潮涌动的场景：举行阅兵典礼欢迎共产国际第三次大会代表团时现场气氛的欢声雷动，"广大的旷场，几千赤军，步兵炮队，工人军事组织，共产党军事训练部，男工，女工，儿童，少年都列队操演。杜洛次基洪亮的声音，震颤赤场对面的高云，回首响亮，如像声声都想传遍宇宙似的。各国代表都致祝词。……'万岁'声"②。会场、广场等具有高度象征性的公共符号地点，被营造成无产阶级新文化价值与意义的中心，"在建筑文化意义的争夺中，社会主义的苏俄得到了定义权，树立了自己的权威"③。而"共产主义大会、大规模的群众组织，所彰显苏俄新的精神、理论、信仰，吸引越来越多的苏俄人民参加社会主义实践"④，助力苏俄完成从旧式封建文化向新的社会主义文化的过渡。不仅如此，作为红色之都的莫斯科还有意识地打造新时代的红色艺术，使苏俄逐步实现红色艺术的引领。瞿秋白引用现代舞之母——邓肯关于"新艺术与群众"为主题的思考，表达苏俄社会主义时代艺术的构想。邓肯指出，"我们现时的艺术时代，应当融洽于'生活'"，"为人类描画'将来'的理想"⑤，在红色之都莫斯科，要利用各种艺术形式，表现共产主义的革命理想。"莫斯科中，必需建立一地方，可以令共产主义的、革命的理想，得一种艺术的表显——音乐、文词，动作。"⑥"当令革命意义的'谐奏乐'有所表见——英雄气概，伟力与光明。"⑦ 观众与舞台上的演剧者，"共同表显其革命的兴感于'群众的姿态'中"⑧。"以音乐之

① 瞿秋白：《列宁杜洛次基》，《瞿秋白游记》，东方出版社2007年版，第168页。
② 瞿秋白：《莫斯科的赤潮》，《瞿秋白游记》，东方出版社2007年版，第162—163页。
③ 任俊经：《瞿秋白游记中的苏俄形象研究》，硕士学位论文，山西大学，2010年。
④ 杨丽娟：《20世纪上半期中国的"苏俄通讯"研究》，博士学位论文，扬州大学，2013年。
⑤ 瞿秋白：《美人之声》，《瞿秋白游记》，东方出版社2007年版，第241—242页。
⑥ 瞿秋白：《美人之声》，《瞿秋白游记》，东方出版社2007年版，第242页。
⑦ 瞿秋白：《美人之声》，《瞿秋白游记》，东方出版社2007年版，第242页。
⑧ 瞿秋白：《美人之声》，《瞿秋白游记》，东方出版社2007年版，第242—243页。

力可以感兴其见解理想及能力于人民群众之中"①，而对儿童教育更强调带给儿童以全新的红色文化内容："既会破坏旧的，请给儿童以新的！假使你要儿童懂得，什么是共产主义，什么是国际，你当现在就解放他们于资产教育及尘俗谬见之下。"② 瞿秋白高度肯定并宣扬邓肯关于红色艺术构建的理论及关于新艺术如何影响人民群众与对儿童进行教育的重要思考。

在瞿秋白的《饿乡纪程》和《赤都心史》中可以看到，瞿秋白客观地记载了苏俄从"夜余"到"晨初"的诸多贫困、落后、混乱的现象，他也叙述苏维埃政府对此已给予相当的重视，并采取了有力的措施。所以在之后两年的考察中，他慢慢地感受并记载了苏俄从物质到精神方面的种种变化，表现苏俄越来越好的发展趋势，同时表现他对苏俄政权未来的信心。所以，作者描写当他们参观苏俄的教育时，代表着苏俄未来的小学生虽然生活清苦，但精神却很好的状态："我们到好几处幼稚院、劳动学校去参观，规模虽然小，精神却很好，只是物质生活太苦些。……一切设备都非常完美。小学生活泼之至，听见中国新闻记者来，大家唱歌跳舞的欢迎。"③ 而在以后的现代化建设的过程中，苏俄更是针对性地用一个个"五年计划"来逐步改变，创造了人类史上的奇迹。所以，英国作者哈登·格斯特（L. Haden. Guest）谈道："莫斯科实在是一个不可思议的都市，它在艰难缔造之中，很快的改换了一付新面目。在一九二〇年我第一次到莫斯科的时候，它还是一个旧式城市。四围是中国式的土墙……那时一九二〇年的莫斯科与现在一九三六年的莫斯科，实有天渊之别……然而我们的代表团在当时以为俄罗斯虽然遭受困苦与艰难，但事实上已走到了'曙光中的俄罗斯'的时代了。"④ 这也是后来茅盾、林克多、郭沫若等的纪游文学齐声歌颂苏俄的原因。

---

① 瞿秋白：《美人之声》，《瞿秋白游记》，东方出版社 2007 年版，第 243 页。
② 瞿秋白：《美人之声》，《瞿秋白游记》，东方出版社 2007 年版，第 243 页。
③ 瞿秋白：《兵燹与弦歌》，《瞿秋白游记》，东方出版社 2007 年版，第 125 页。
④ ［英］L. Haden guest：《十六年前后之莫斯科——一九二〇年与一九三六年之两种不同现象》，陈义伯译，《世界文化》1936 年第 1 卷第 12 期。

三 对中国社会现实的比照思考

瞿秋白在《饿乡纪程》与《赤都心史》中，不仅书写了物质的贫困与精神的富足、苏俄缔造前后的政治、经济、文化的对比，而且时时穿插着与中国政治、经济、文化的对比和思考。作者时时观察、不断总结，在旅途感兴中敏锐地分析中国落后的现状，试图从苏俄的革命进程中得到启示，用比照思考的方式表达他对中国现实的关怀与批判及对中国现代性建构的文化思考。

在踏上苏俄征途时，瞿秋白面对所向往的苏维埃社会主义国家全新的左翼红色文化，作为有责任感的知识分子，他分析中国风雨飘摇的现状，表现中国在世界性的语境中处于破旧立新状态的现实焦灼。他分析中国受家族生活制的原始生产方式、封建官僚统治、周围敌国入侵等诸多因素的影响而发展迟滞的状况。而近年来域外现代的科技、文化的影响传来，中国旧有的经济基础与上层建筑都处于土崩瓦解之中。为此，向苏俄文化借鉴势所必然。他做着如此深入的反思："中国社会组织，有几千年惰性化的（历史学上又谓之迟缓律）经济现象做他的基础。家族生产制，及治者阶级的寇盗（帝皇）与半治者阶级的'士'之政治统治，包括尽了一部《二十四史》。中国周围的野蛮民族，侵入中国文化，使中国屡次往后退，……最近一世纪，已经久入睡乡的中国，才朦朦瞳瞳由海外灯塔上得些微光，汽船上的汽笛唤醒他的痴梦，汽车上的轮机触痛他的心肺。旧的家族生产制快打破了。旧的'士的阶级'，尤其不得不破产了。畸形的社会组织，因经济基础的动摇，尤其颠危簸荡紊乱不堪。"[①] 他分析近 20 年中国思想激变，但 1911 年的革命仅证明中国旧社会的破产，而不代表一种新的社会制度的建立。原因是中国 50 年的殖民地化使中国资产阶级抑压它的内力，不能像其他资本主义国家一样获得长足的发展。"游民的无产阶级大显其功能，成就了那革命后中国社会畸形的变态。"[②] "自由""平等""民权"在中国并不能真正实现。瞿秋白受欧化的中学教育仅仅是死的科学教育，"敌不过现

---

① 瞿秋白：《饿乡纪程》，《瞿秋白游记》，东方出版社 2007 年版，第12—13 页。
② 瞿秋白：《饿乡纪程》，《瞿秋白游记》，东方出版社 2007 年版，第23 页。

实的政治恶象的激刺，流动的文学思潮的堕落"①。"大家不期然而然同时'名士化'，始而研究诗古文词，继而讨究经籍。"② 可见，当时中国在文化建设方面还处于昏睡未醒的状态。"他酣睡中的存在，比消灭还残酷。如何不亟亟要求现实精神呢。"③ 不仅如此，当时的中国还缺乏现代技术与现代设施，所以在"刚从无社会状态出来"进行"开天辟地草创的事业"的时候，"刚一动手，必先觉着孤独无助：工具破败，不堪适用，一切技术上的设备，东完西缺"④。他明确地指出中国破了旧，但未能立新；思想虽然受到西方现代文化的影响而激荡，但并没有产生中国自己的现代文化的现状。

他书写中国东北被日本与旧沙俄所侵略、欺诈，失去主权独立的现状："我们从奉天到哈尔滨沿路触目惊心，都是日本人侵略的痕迹。"⑤ 哈尔滨的日本警察，对中国事务横加干涉。对于哈尔滨市政，日本人调查得比中国人、俄国人都清楚。哈尔滨有日本商品陈列所，有日本报馆，杂志，日本客栈，妓馆饭馆等，应有尽有。而在旧式沙俄统治的影响下，俄国人的势力也充斥哈尔滨，"哈尔滨道里及秦家岗两部分，完全是俄国化的，街道都有俄国名字，中国人只叫第几道街，第几道街而已，俄国人住在这里，像自己家里一样"⑥。

他抨击中国旧文化、旧道德、旧信仰。他指出中国人与生俱来无法制纪律观念、投机取巧、倚势妄为等劣根性及封建社会几千年的遗毒造成的个性横溢于邪道的本能。他不无讥讽地写道："中国人对于法纪，'政府的抵抗力，好一似生物学里所谓的'抗毒素'，是中国人天性中的特质。劳农政府在军事时代采严厉的集权制，正在禁止投机商业（speculation），中国奸商却还趁机作恶，竟有卖鸦片的；或者呢，简直入共产党，以便倚势妄为；穷极无聊的困兽，也有去当红军的——在南俄最多——施其残忍杀掠。就是张斯麐的随员中也有因为投机商业而被捕入

① 瞿秋白：《饿乡纪程》，《瞿秋白游记》，东方出版社2007年版，第23页。
② 瞿秋白：《饿乡纪程》，《瞿秋白游记》，东方出版社2007年版，第23—24页。
③ 瞿秋白：《中国之"多余的人"》，《瞿秋白游记》，东方出版社2007年版，第223页。
④ 瞿秋白：《中国之"多余的人"》，《瞿秋白游记》，东方出版社2007年版，第223页。
⑤ 瞿秋白：《饿乡纪程》，《瞿秋白游记》，东方出版社2007年版，第45页。
⑥ 瞿秋白：《饿乡纪程》，《瞿秋白游记》，东方出版社2007年版，第55页。

狱的。……如此严厉的政制之下，中国人仍有取巧作弊的本领，真是天赋。"① 而他书写与驻俄领事陈广平等人的交往，从中同样深刻揭示中国人的自私、贪吝、庸俗等诸多缺陷。陈广平领事谈吐庸俗、浅薄，对于外交事务一点也不懂。作者所提出来的"中国的外交界方面在某一个时期，处什么地位，取什么态度"②，"中国外交方面对俄革命有什么具体的意见，留俄华侨当如何处置"③ 等无论是具体还是抽象的问题，陈广平一概不能回复。他们所热衷的话题有这公使是好人、坏人，在北京打麻雀输多少多少等，关心的自己的荷包有没有受到影响。④ 他深入分析中国传统的精英知识分子的阶层"士"的先进性已经沦落，以至于"士"这个阶层逐渐没落消亡，而呼唤真正的知识精英的出现。他指出中国传统的"士"与欧洲知识分子的不同，他们靠智力来实现社会特权，轻视体力劳动，所以身体羸弱："在过去时代，中国的'士'在社会上享有特权，实是孔教徒的阶级，所谓'治人之君子'，纯粹是智力的工作者，绝对不能为体力劳动——'手无缚鸡之力'的读书人。"⑤ 而在当时转型时期，在中国新生资产阶级及外国资本的剥削的影响下，"士"的阶级"不但物质生活上，就是精神生活上也特显破产状况"。现在"小官僚已半文不值了，剥削方法换了，不做野蛮的强盗（督军），就是做文明的猾贼（洋行买办）"⑥。当中国人的劣根性于文化转型与混乱时期达到极致、传统"士"的阶层已失去其原有的精英性呈现毒害性而处于消亡时，作家感叹中国要破旧立新而人才缺乏的现状。他在和颂华等人商量着调查俄罗斯的方法时发现中国没有专业的人才队伍："可怜中国现代的文化，这种调查考察一国文化，一种新制度，世界第一次的改造事业，却令我这学识浅薄、教育不成熟的青年担负，——这是人才的饥荒。"⑦ 而无产阶级作为一种新生力量还处于酝酿阶段没有站上历史舞台。在俄国举行赤塔远

---

① 瞿秋白：《饿乡纪程》，《瞿秋白游记》，东方出版社 2007 年版，第 67 页。
② 瞿秋白：《饿乡纪程》，《瞿秋白游记》，东方出版社 2007 年版，第 80 页。
③ 瞿秋白：《饿乡纪程》，《瞿秋白游记》，东方出版社 2007 年版，第 80 页。
④ 瞿秋白：《饿乡纪程》，《瞿秋白游记》，东方出版社 2007 年版，第 80 页。
⑤ 瞿秋白：《家书》，《瞿秋白游记》，东方出版社 2007 年版，第 214—215 页。
⑥ 瞿秋白：《家书》，《瞿秋白游记》，东方出版社 2007 年版，第 215 页。
⑦ 瞿秋白：《饿乡纪程》，《瞿秋白游记》，东方出版社 2007 年版，第 66 页。

东新政府成立的庆祝聚会上，瞿秋白谈到中国政党情况："中国社会党还没有正式成立的，只有像你们十九世纪四十年代时的许多研究社会主义马克思主义会"①，并分析了俄国共产党的强大与中国共产党在人民群众中逐渐增加的影响力。面对俄国生活场景，瞿秋白不断进行中俄文化对比。他从自然环境出发，分析中俄文化的不同特点："俄国的白林寒雪，旧文化的激发性也是当然；他视'自然'为邻人；偶然余裕，隔篱闲话家常，——封建遗化农村公社的共同寂静恭顺的生活；有时窘急，邻舍却易生窥伺，——西欧的顽皮学生，市侩主义维新后之传染病。中国的长河平原，感受无限制的坦荡性；他视'自然'为路人：偶然同道而行，即使互相借助，始终痛痒漠然。俄国无个性，中国无社会；一是见有目的，可不十分清晰，行道乱投，屡易轨辙；一是未见目的，从容不迫，无所警策，行道蹒跚，懒于移步。万流交汇，虚涵无量，——未来的黄金世界，不在梦寐，而在觉悟，——觉悟融会现实的忿，怒，喜，乐，激发，坦荡以及一切种种性。"②俄国因白林寒雪等自然环境特点，其文化特征体现为带有旧文化的激发性而无个性，他有道路选择而不特别坚定。而中国因其长河平原而显现出无限制的坦荡性，但也呈现梦寐、不觉悟的状态，所以中国现在需要摆脱慵懒蹒跚的状态而实现觉悟。与欧洲国家连女役也享受社会生活不一样，中国人只注重在家庭中享受生活，而不注重现社会生活。中国人家庭外只有麻将、喝酒等庸俗的社交活动，甚至家庭内的生活也缺乏高尚优美"温情乐意的人生"③，"然而欧洲有现实的社会，社会就和家庭（中国）有同样的价值"……"在中国不过'老妈子'的女役"，可以"和医学博士携手同歌"，而中国家庭外的社会生活，"只是麻雀牌的桌子，烧酒壶的壶底"，"家庭内的亲切高尚优美的生活，娱乐，也就少见得很"④。他认为中国家庭、家族，对社会现象很漠视，"中国向来没有社会，因此也没有现代的社会科学。中国对社

---

① 瞿秋白：《饿乡纪程》，《瞿秋白游记》，东方出版社2007年版，第63页。
② 瞿秋白：《"自然"》，《瞿秋白游记》，东方出版社2007年版，第226页。
③ 瞿秋白：《离别》，《瞿秋白游记》，东方出版社2007年版，第228页。
④ 瞿秋白：《离别》，《瞿秋白游记》，东方出版社2007年版，第228页。

会现象向来是漠然的"①，以致解决社会问题很慌乱，而陷于固有的思维方式或者机械化的社会理论中。解决社会问题仅有热烈的主观的愿望，"不会设问问及社会问题之人，置于社会现象之前"。"于是大多数所谓'群众的'青年思想，突然陷入于'孔子诛少正卯'的旋涡里，或者是'西洋的'亚里士多德的论理监狱里。"② 这样，瞿秋白在中欧特别是中俄文化的比照中，深入发现中国文化中诸多需要变革的方面，引起他的思考甚至是理性思辨，从而给中国左翼文化现代化带来有益的启示与影响。

瞿秋白带着百折不回的坚定的意志奔赴苏俄进行文化借鉴，在行旅的过程中他不断地思考处于转型时期的中国传统文化需要借鉴融合的地方。他所奔赴的地方是寄托了他乌托邦想象的精神圣地，当他真正"浸身于赤色的俄罗斯"，却发现了诸多处于"夜余""晨初"的急剧转型期的社会现实，还有封建遗毒、官僚主义等很多尚待解决的现实问题，人民的性格与思想还带有旧时代的特征。苏俄刚从战时共产主义过渡到新经济政策，新的无产阶级赤色文化还有待形成，苏俄人民还在努力地适应新社会。转型期的苏俄社会现实与他行旅过程中的病体，使他对赤色苏俄带有多种疑问。但是"他不断变换自己理解和观看事物的视角，力求寻找一种语言，解释自己所看到的一切景象"③，最后终于坚定了自己的信仰，认识到只有无产阶级才能"为人类文化负担历史的使命"。所以将自己"编入世界的文化运动先锋队里"，从而"开全人类文化的新道路"，以"光复四千余年文物灿烂的中国文化"④。《饿乡纪程》《赤都心史》两部作品都表现了瞿秋白苏俄行旅过程中对无产阶级文化接受过程的深刻思考，被称为作者"心弦上乐谱的记录"⑤。

① 瞿秋白：《新的现实》，《瞿秋白游记》，东方出版社 2007 年版，第 251 页。

② 瞿秋白：《新的现实》，《瞿秋白游记》，东方出版社 2007 年版，第 251—252 页。

③ 张历君：《镜影乌托邦的短暂航程——论瞿秋白游记中的乌托邦想象》，《当代作家评论》2006 年第 1 期。

④ 瞿秋白：《我》，《瞿秋白游记》，东方出版社 2007 年版，第 217 页。

⑤ 瞿秋白：《赤都心史·序》，《瞿秋白游记》，东方出版社 2007 年版，第 112 页。

第四节 蒋光慈旅苏纪游诗《新梦》与左翼 文学创作传统

"左翼"就政治信仰而言，它倾向于社会主义，一般是指与中国共产党有关的、同情工农革命的政治活动，左翼的本质就是革命，左翼文学即指革命文学。[①]

蒋光慈被称为"中国普罗列搭利亚的最初的代言人"，1901 年出生于安徽省霍邱县南乡白塔畈的一个普通家庭，天生爱好文学，自幼学习国学，十二岁便能作诗，十七岁时其国文水平已小有名气。1921 年蒋光慈由他的老师高语罕推荐到上海外国语学社学习，并加入了上海中国共产主义青年团。后和刘少奇、任弼时、萧劲光等人由中国共产主义小组送往莫斯科东方共产主义大学中国班学习，1924 年回国。他在苏联受的教育坚定了他先前的信念，也决定了他一生的事业。在苏俄学习期间看到的各种事物与现象极大地感染了蒋光慈，如俄国十月革命的胜利，年轻的苏维埃政府的建立以及共产主义的伟大领袖列宁。他深入了解马克思主义理论，了解到苏俄无产阶级红色革命经验，接受了共产主义伟大理想，并将未来美好的蓝图刻到了脑海里。其间，蒋光慈创作了大量以无产阶级红色革命为核心，歌颂无产阶级革命事业，赞扬无产阶级革命领袖，抨击压迫劳动人民的黑暗势力，呼吁广大被压迫的劳动人民进行无产阶级革命，一同向着共产主义伟大理想奋进的纪游诗歌。这些诗歌于1925 年集结成诗集《新梦》出版，诗集扉页上的木刻红字"这本小小的诗集贡献于东方的革命青年"[②] 及《新梦》自序中愿"勉力为东亚革命的歌者""全身，全心，全意识"[③] 高歌革命的誓言充分表达了他创作的初衷。钱杏邨高度评价《新梦》，"简直如一颗爆裂的炸弹，惊醒了无数青年的迷梦"，满足了人们对取得革命胜利的新生的社会主义国家的想

---

① 方维保：《红色意义的生成——20 世纪中国左翼文学研究》，安徽教育出版社 2004 年版，第 5 页。

② 蒋光赤：《新梦 哀中国》，人民文学出版社 1983 年版，扉页。

③ 蒋光赤：《新梦 哀中国》，人民文学出版社 1983 年版，"自序"第 18 页。

象，增强了人们要在中国建立起民主自由的新社会的信心和勇气。所以蒋光慈被誉为"中国革命文学著作的开山祖"①。可见，蒋光慈以纪游诗集《新梦》开创了左翼文学创作传统。

一 革命文学主题：以群众立场表达革命情绪

什么是革命文学，蒋光慈曾做如此的论述："倘若这位作家是代表统治阶级的，那他的思想，他的情绪，以及他的行动，总都是反革命的，因之他所创造出来的作品也是如此。倘若这位作家是代表被压迫的，被剥削的群众的，那他的思想以及他的作品，将与前者适得其反，他将歌咏革命，因为革命能够创造出自由和幸福来。倘若我们要断定某个作家及其作品是不是革命的，那我们首先就要问他站在什么地位上说话，为着谁个说话。这个作家是不是具有反抗旧势力的精神？是不是以被压迫的群众作出发点？是不是全心灵地渴望着劳苦阶级的解放？……倘若答案是肯定的，那么这个作家就是革命的作家，他的作品就是革命的文学。"② 蒋光慈全面论述了作家的立场（包括思想、情绪与行动）与作品的关系，强调了革命文学的阶级立场。在他的纪游诗集《新梦》中，蒋光慈以被压迫、被剥削的群众的立场，表达了饱满的革命情绪，表现出对革命的深切同情以及对革命的信心。诗集《新梦》成为他革命文学的理论的早期实践。

（一）高歌新生活

当蒋光慈"跳出阴沉，奔到此红光国里"③，他站在被压迫、被剥削的群众的立场，抒发革命情绪，恣情高歌十月革命所带来的巨大变化、歌颂伟大的领袖列宁，赞美苏联社会主义国家的自由与幸福。正如王瑶所言："他送来了革命胜利后的新的生活，给正在战斗的中国人民画了一

① 钱杏邨：《蒋光慈与革命文学》，方铭编《蒋光慈研究资料》，宁夏人民出版社1983年版，第277—278页。
② 蒋光慈：《关于革命文学》，方铭、马德俊主编《蒋光慈全集》（第六卷），合肥工业大学出版社2017年版，第74页。
③ 蒋光赤：《西来意》，《新梦 哀中国》，人民文学出版社1983年版，第51页。

幅美丽的远景。"① 在纪游诗集《新梦》的诸多诗歌中，作者激情洋溢地歌唱经过十月革命炮火洗礼以后苏联万象更新的景象。"冰雪的寒威去了，/春光带着笑意来了，/草也青了，/花也开了。"② "一大些白祸的恐慌，现在都变成了红色的巧笑了！"③ 这个曾被勃洛克称为"癞皮狗似的旧世界"，经过十月革命变成了"无尘土的国土"，一切显得如此清澈澄明、阳光明媚。他激情歌唱："莫斯科的雪花白，/莫斯科的旗帜红；/旗帜如鲜艳浓醉的朝霞，/雪花把莫斯科装成为水晶宫。"④ 新生的苏维埃共和国天朗气清，生机勃发，美好得如童话。在这个童话的世界里受压迫的劳农翻身做了主人，诗人徜徉在人民当家作主的国家里，自由畅快。他"卧在光的底下，/眠在花的心里！"⑤ 在"红旗下——常作了自由行"⑥，"我要歌就高歌，我要梦就长梦"⑦。他将新生的社会主义制度比喻为能"蕃殖""美丽的花朵"的"新土地"，用开出的"美丽的花朵"代表着未来与希望。他这样写道："十月，十月，/从那荆棘的、荒废的、蔓草的园中，/开辟了一块新土，栽种下，蕃殖着将来的——美丽的花木！/……/它们的清香/刺透了我的心灵。"⑧ 获得解放的莫斯科的童子军呈现出奋发向上的精神状态，他们有着时刻准备为共产主义而奋斗的情怀，对未来社会充满着憧憬与向往："一队一队地小孩子们，男的，女的，颈肩上围披着小红巾；/手里敲着巴拉半（Baraban）/，口里歌唱出幼稚音：/'我们预备好了，/我们永远地预备好了。/我们是劳农的婴儿，/我们是共产主义的童子军；/我们是将来的花，/我们是新世界的主人。……'"⑨ 他引用一个皮昂涅儿（Pioneer 先驱者）的话表达苏俄人民

---

① 王瑶：《〈中国新文学史稿〉节录》，方铭编《蒋光慈研究资料》，宁夏人民出版社 1983 年版，第 213 页。

② 蒋光赤：《新梦》，《新梦 哀中国》，人民文学出版社 1983 年版，第 39 页。

③ 蒋光赤：《红笑》，《新梦 哀中国》，人民文学出版社 1983 年版，第 19 页。

④ 蒋光赤：《莫斯科吟》，《新梦 哀中国》，人民文学出版社 1983 年版，第 86 页。

⑤ 蒋光赤：《新梦》，《新梦 哀中国》，人民文学出版社 1983 年版，第 41 页。

⑥ 蒋光赤：《自题小照》，《新梦 哀中国》，人民文学出版社 1983 年版，第 60 页。

⑦ 蒋光赤：《莫斯科吟》，《新梦 哀中国》，人民文学出版社 1983 年版，第 86 页。

⑧ 蒋光赤：《十月革命的婴儿》，《新梦 哀中国》，人民文学出版社 1983 年版，第 110—111 页。

⑨ 蒋光赤：《十月革命的婴儿》，《新梦 哀中国》，人民文学出版社 1983 年版，第 111 页。

的精神状态："我们现在的生活虽然不大好，/但是我们的精神是奋兴的。/我们的父母是工人和农人，/我们的将来是无穷的。"① 他在苏俄感受到新的生活气象，他的心灵受到洗涤，他感受到未来的生活方向。所以他写道："贝加尔湖的碧滴滴的清水，/洗净了我的心脏；/贝加尔湖的山洞，/我一个一个穿过了——/都寻着了光亮。""多少年梦见的情人！我快要同你怀抱哩！"②

（二）摧毁旧世界

蒋光慈指出："革命文学是以被压迫的群众做出发点的文学！革命文学的第一个条件，是具有反抗一切旧势力的精神！革命文学是仅个人主义的文学，革命文学是要认识现代的生活，而指示一条改造社会的新路径！"③ 所以他认为："我们的革命文学应极力暴露帝国主义的罪恶，应极力促进弱小民族之解放的斗争。"④

在蒋光慈的纪游诗《新梦》中，他不仅讴歌无产阶级所创造新的生活，并且他把摧毁旧世界作为诗歌的历史使命。他号召祖国与世界劳苦大众绝不对黑暗的社会现实隐忍，绝不让自己的国土被帝国主义国家蹂躏，而是起来斗争，走向革命，并表达革命必将胜利的信心与决心。在《新梦》中，他写道："我的可爱的朋友，/我的勇敢的兄弟，/也不要灰心，/也不要失意，/只要你一步一步地前走，/幸福终有一日接近你！"⑤ 号召大家争取胜利，沿着社会主义的康庄大道坚定不移地往前走。他寄语劳动的武士一定要打破旧世界："我最敬爱的劳动的武士啊！/你是英雄的，而且忠诚的；/你把旧的世界已打破一半了，/新的世界一定要创造在你手里。"并且他坚信劳动的武士一定能打破旧的世界，创造新的生活："我最敬爱的劳动的武士啊！/你是英雄的，而且是忠诚的；/人类的红火被你吹得高耀了，/你的宝刀将斩尽一切黑暗的魔鬼。"⑥ 在《一个从

---

① 蒋光赤：《十月革命的婴儿》，《新梦 哀中国》，人民文学出版社1983年版，第113页。

② 蒋光赤：《红笑》，《新梦 哀中国》，人民文学出版社1983年版，第19—20页。

③ 蒋光慈：《关于革命文学》，方铭、马德俊主编《蒋光慈全集》（第六卷），合肥工业大学出版社2017年版，第76页。

④ 蒋光慈：《关于革命文学》，方铭、马德俊主编《蒋光慈全集》（第六卷），合肥工业大学出版社2017年版，第76页。

⑤ 蒋光赤：《新梦》，《新梦 哀中国》，人民文学出版社1983年版，第45页。

⑥ 蒋光赤：《劳动的武士》，《新梦 哀中国》，人民文学出版社1983年版，第103页。

红军退伍归农的兵士》中，他表达了士兵们获得胜利以后随时用枪头栽培自由的决心："面包是汗珠子培植的，/谁做工，谁得食！/……/放下枪头，/拿起锄头；从锄头上夺得了自由，/从枪头上要栽培这自由。"① 在诗歌《复活节》中，他用反讽的语气告诫广大被压迫的贫苦人民不要抱有无谓的幻想和希冀，而要站起身来拿起武器勇敢地进行无产阶级革命斗争："这教威中神父的威严，/好像皇帝爷一样！/这壁上的神像——/耶稣赤着脚，披着发儿，/向一般破衣烂缕的人们演讲。这人群的几个黑脸粗手的工人/也画一画十字，念一念经，/诚恳地瞻拜耶稣圣像！"② 在《太平洋中的恶象》中，面对太平洋"阴惨惨的——水的气，雾的瘴，煤的烟"③，面对着美国招展的假人道旗帜、英国往来的资本主义的战舰以及日本帝国主义狂荡的魔王，他代表无产阶级吹响战斗的号角，涤荡一切帝国主义国家阶级压迫的罪恶。急切地呼唤："远东被压迫的人们起来罢，/我们拯救自己命运的悲哀，/快啊，快啊，……革命！"④ 把中国的革命与远东的革命，进而与世界革命放在一起思考。蒋光慈说："我们的时代是社会斗争极剧烈的时代，到处都是新旧势力互相冲突的现象，倘若文学是表现社会生活的，那么我们现在的文学就应当把这种冲突的现象表现出来。"⑤ 蒋光慈总览世界全局，以劳动的武士、退伍归农的兵士、苏俄无产阶级、中国无产阶级以及全世界被压迫的无产阶级的视角，写出他们为对抗旧势力所做的斗争，为迎接新时代所做的努力，集中体现出革命文学的特征。

蒋光慈在《关于革命文学》中曾分析旧式作家与革命作家的区别，认为旧式作家"忽略了新的，能够创造光明的力量"。"革命的作家不但要表现时代，并且能够在茫乱的斗争的生活中，寻出创造新生活的原素，

---

① 蒋光赤：《一个从红军退伍归农的兵士》，《新梦 哀中国》，人民文学出版社1983年版，第73—74页。
② 蒋光赤：《复活节》，《新梦 哀中国》，人民文学出版社1983年版，第36—37页。
③ 蒋光赤：《太平洋中的恶象》，《新梦 哀中国》，人民文学出版社1983年版，第33页。
④ 蒋光赤：《太平洋中的恶象》，《新梦 哀中国》，人民文学出版社1983年版，第33页。
⑤ 蒋光慈：《关于革命文学》，方铭、马德俊主编《蒋光慈全集》（第六卷），合肥工业大学出版社2017年版，第74页。

而向这种原素表示着充分的同情，并对之有深切的希望和信赖。"① 如果仅仅只反对旧的，不能认识新的出路，不能追随着革命前进，那么这个作家只是虚无主义的作家，只是社会斗争中的落伍者。他所表现的只是不稳定的中间阶级的悲哀，他的作品也只是虚无主义的作品，而不是革命文学。蒋光慈认为："革命的作家不但一方面要暴露旧势力的罪恶，攻击旧社会的破产，并且要促进新势力的发展，视这种发展为自己的文学的生命。在实际社会的生活中，一切被压迫群众不但是反抗统治阶级的力量，而且是创造新社会的主人。"② 而在蒋光慈的纪游诗创作实践中，他站在被剥削、被压迫的群众的视角，号召一切劳苦大众反抗旧时代，高歌新生活。不仅攻击旧社会的破产，更重要的是拥抱新时代，给广大劳苦大众指出未来和希望。所以，人们高度评价："在披荆斩棘地为铺平无产阶级文学大路的工程中，蒋光赤贡献过自己的劳动和汗珠。"③ "蒋光慈鲜明讴歌无产阶级革命的诗篇，为中国的政治抒情诗开辟了一大领域。"④

二 左翼浪漫主义传统：以浓烈的情绪抒发革命情感

现实主义和浪漫主义是中国现代文学两大传统。早期创造社所开创的浪漫主义传统带有小资产阶级意识，并带有英雄主义色彩。蒋光慈纪游诗中的浪漫主义秉承了五四时期的浪漫主义的精神品质、心理结构、思维方式，表现出浓烈的思想情感。在此基础上它"张扬了其关注现实的功利倾向、使命意识与刚猛精神"⑤，完成了原有浪漫主义向左翼浪漫主义的转变，开创了左翼浪漫主义传统。据郭沫若回忆，蒋光慈曾这样解释浪漫主义和浪漫派："有理想，有热情，不满足现状而企图创造出些

① 蒋光慈：《关于革命文学》，方铭、马德俊主编《蒋光慈全集》（第六卷），合肥工业大学出版社 2017 年版，第 75 页。

② 蒋光慈：《关于革命文学》，方铭、马德俊主编《蒋光慈全集》（第六卷），合肥工业大学出版社 2017 年版，第 75 页。

③ 范伯群、曾华鹏：《蒋光赤论》，方铭编《蒋光慈研究资料》，宁夏人民出版社 1983 年版，第 394 页。

④ 方铭：《论蒋光慈的文学贡献》，方铭、马德俊主编《蒋光慈全集》（第六卷），合肥工业大学出版社 2017 年版，第 294 页。

⑤ 符杰祥：《暴风雨中的歌唱》，硕士学位论文，山东师范大学，2000 年。

更好的什么的，这种精神便是浪漫主义。具有这种精神的便是浪漫派。"①
"我自己便是浪漫派，凡是革命家也都是浪漫派，不浪漫谁个来革命
呢？"② 可见蒋光慈概念中的浪漫主义在主题内容上与革命密切相关，表
现试图创造一个新世界的意图。而在感情的抒发上具有不顾一切、奋勇
向前的浓烈性。

（一）革命题材与文学的罗曼蒂克结合

革命的现实功利性与文学审美特性表面上呈现二律背反的特征。但
20 世纪 20 年代中国救亡与启蒙的社会背景使革命为进步青年提供了光明
的历史出路与人生价值，为苦闷彷徨的知识分子"提供了温暖的、辉煌
的归宿"③，革命成为诗人浪漫主义情感的释放的突破口，革命需要与作
家的内在需求合二为一，革命与文学呈现罗曼蒂克的结合，左翼政治理
念与浪漫主义诗学完美结合。

蒋光慈在《十月革命与俄罗斯文学》曾明确表示革命是文学"活泼"
"光彩""有趣"的题材，"在现在的时代，有什么东西能比革命还活泼
些，光彩些？有什么东西能比革命还有趣些，还罗曼谛克些？"④ "说起
来，革命的作家幸福呵！革命给与他们多少材料！革命给与他们多少罗
曼谛克！他们有对象描写，有兴趣创造，有机会想象，所以他们在继续
地生长着"⑤。在蒋光慈的革命文艺理论体系中，"非但革命与文学可由情
绪作为中介实现两者在精神层面的深度契合，即便'罗曼谛克'也可以
在情绪的向度内完成与革命以及文学的融合"⑥。革命与文学的结合使文
学的鼓动功能、反抗精神、指示意义得到更进一步地强调，无产阶级革
命、社会主义建设成为左翼文学浪漫主义特征的内容呈现。正如蒋光慈

① 郭沫若：《〈创造十年〉续编七》，方铭编《蒋光慈研究资料》，宁夏人民出版社 1983 年
版，第 200 页。

② 郭沫若：《〈创造十年〉续编七》，方铭编《蒋光慈研究资料》，宁夏人民出版社 1983 年
版，第 200 页。

③ 旷新年：《1928：革命文学》，山东教育出版社 1998 年版，第 104 页。

④ 蒋光慈：《十月革命与俄罗斯文学》，《蒋光慈文集》（第四卷），合肥工业大学出版社
2017 年版，第 6 页。

⑤ 蒋光慈：《十月革命与俄罗斯文学》，《蒋光慈文集》（第四卷），合肥工业大学出版社
2017 年版，第 8 页。

⑥ 韦良：《中国现代左翼浪漫主义诗歌研究》，博士学位论文，南京师范大学，2013 年。

对诗人内涵的阐释："诗人,文学家是代表社会情绪的,同时也是鼓动,启发,引导社会情绪的……倘若我们不是弱者啊,我们最低的限度要喊一声'反抗'!"① 诗人的使命是"为人类争自由,为被压迫群众求解放"②。

蒋光慈在他的纪游诗集《新梦》中,表现了对革命浪漫抒情的歌唱。诗歌成为政治宣传的工具或武器,极大限度地鼓动最广大的无产阶级投身到无产阶级革命事业中去。诗歌《送玄庐归国》写道:"玄庐!你这一次来,我知道:/无涯的白雪更把你的目光照亮了,/凛冽的北风更把你的心肠吹热了,/鲜艳的红旗更把你的血液染红了。/你今归去,我立看着你飞过乌拉山,/经过贝加尔湖,跳过满洲里,/跑入那闷沉沉的群众中。/高呼无产阶级革命/与全世界被压迫民族的解放万岁!"③ 诗人以玄庐的视角引导无产阶级革命和世界被压迫人民反抗与求解放的情绪。诗歌《复活节》也在深情地呼唤广大劳动人民的觉醒。《自题小照》《小诗》《新梦》抒写抒情主体战胜自我走向革命的心路历程。《自题小照》中表达诗人战胜困难走向未来的决心:"前进罢!/红光遍地/后顾啊!——绝壁重重/革命的诗人,/人类的歌童,/我啊!我啊!/抛去过去的骸骨,/爱恋将来的美容"④。《小诗》写出主体走出情绪低潮之后心系群众的情怀、献身革命的信念、拒绝后退的斗志、反抗绝望的勇毅、甘为群众的牺牲。《新梦》写抒情主体在"爱力"的"鼓动"与"引导"下,告别了往日的沉闷与失望,对自己的使命与责任有了新的认知。这三首诗为困惑彷徨的知识青年完成革命主体的转变提供了可供仿效的范本。《十月革命纪念》《莫斯科吟》《昨夜里梦入天国》等"红光国"系列诗歌及《新梦》《西来意》《自题小照》等"新我"系列诗歌都将对新世界、新生活、新气象、新主体的歌颂转化浓郁的诗情,以感染广大读者,实现情绪的共鸣。如《十月革命的婴儿》中,诗人写在与"皮昂涅

① 蒋光慈:《现代中国的文学界》,《蒋光慈文集》(第六卷),合肥工业大学出版社2017年版,第60页。
② 华希理:《论新旧作家与革命文学》,《蒋光慈文集》(第六卷),合肥工业大学出版社2017年版,第78页。
③ 蒋光赤:《送玄庐归国》,《新梦 哀中国》,人民文学出版社1983年版,第80页。
④ 蒋光赤:《自题小照》,《新梦 哀中国》,人民文学出版社1983年版,第62页。

儿"的亲密接触中，感受到"红色俄罗斯"的朝气与活力，精神受到洗礼，要让"巴拉半"的歌声响到中国去的理想信念更加坚定，全诗在"巴拉半"欢快有力的节奏中想象飞腾，有效地达到调动红色情绪的诗歌效应。蒋光慈的《新梦》饱含着勇敢的精神充溢着壮烈的空气，他极写俄国革命的初期的革命的怒潮，从而涌得人们精神焕发，引导大家齐向伟大的事业方面走去。在他的诗歌表现中，革命与文学实现了罗曼蒂克结合，影响激发了国内广大青年的革命情绪，实现了左翼革命文学鼓动、启发、引导的社会政治功能，所以有人认为他"初期的政治抒情诗《新梦》、《哀中国》以浪漫抒情的革命抒唱，呈现十月革命后的苏维埃诗人的革命情调……勃洛克式的罗曼谛克，支持了他对浪漫主义的坚守"①。评价他"以自己的力量掀起了文坛的'红色风暴'"②。

（二）浓烈的情感体现革命的"热度"

蒋光慈说："文学是社会生活的反映，一个文学家在消极方面表现社会的生活，在积极方面可以鼓动，提高，奋兴社会的情趣……""并且文学家负有鼓动社会的情绪之职任，我们听见了文学家的高呼狂喊，可以证明社会的情绪不是死的，并且有奋兴的希望"③。蒋光慈的纪游诗集《新梦》集中体现出奔涌的歇斯底里的情绪。作为抒情主体他将自己卷入革命的怒潮，狂放地释放自己的"热度"。他的纪游诗集显得真诚、热情甚至极端、粗暴。夏济安对他如此评价："他想方设法要让世人知道他与众不同。狂妄自大，率尔操觚。"④ 他纵情歌颂苏俄新社会、人们新生活，狂嚎痛失革命领袖。他用光热和力量来敲碎一切笼罩在中国及世界上空的阴霾，敲醒沉睡中的被压迫的人民，大声呐喊出一切无产阶级的希望。在《自序》中他这样写道："但是我生适值革命怒潮浩荡之时，一点心灵早燃烧着无涯际的红火。……俄国诗人布洛克说：'用你的全身、全心，全意识——静听革命啊！'我说：'用你的全身、全心，全意识——高歌

---

① 谢昭新：《论俄苏文学对蒋光慈文学创作的影响》，《江淮论坛》2010 年第 2 期。
② 符杰祥：《暴风雨中的歌唱》，硕士学位论文，山东师范大学，2000 年。
③ 蒋光慈：《现代中国社会与革命文学》，《蒋光慈文集》（第六卷），合肥工业大学出版社 2017 年版，第 61—62 页。
④ 夏济安、庄信正：《蒋光慈现象》，《现代中文学刊》2010 年第 1 期。

革命啊!'"① 热情洋溢地表达他创作《新梦》的初衷,表达出他对十月革命胜利后的新的社会主义国家的热情告白,从而激动而鼓舞广大青年的情绪。钱杏邨评价:"光慈的诗歌并不是标语口号,是极热烈极奔进的抒情诗歌。"②

为了增强诗歌的情感效应,在蒋光慈的纪游诗集《新梦》中,他往往采用排比句式,铺排手法,并多用感叹号与问号,以达到色彩浓烈、情绪昂扬的效果。他所译《劳工歌》诗句的表达就是这样的特色:"谁个给大家的饭吃,给大家的酒醉?/谁个终日劳动着不息?/谁个拿着犁儿犁地?/谁个拿着锄儿挖煤?/谁个给一些老爷们的衣穿,/自己反露着脚儿,赤着身体?"③"我们硬被迫着负着重担,/我们硬被迫着闭着眼睛,/我们硬被拉着走向坟墓去!"④ 一连五个"谁个",三个"我们硬被"表达对无产阶级在阶级社会中受到的残酷压迫的深切同情,对于剥削阶级强烈的痛恨。而在《我应当怎样呢?》中的第四节七句诗"泪呀,泪呀,狂涌的泪呀!/你把我涌得昏了,/你把我涌到什么地方去?/——涌到太平洋的深底?/涌到地球外的空间里?/泪呀,泪呀,狂涌的泪呀!/你索性把我冲得碎碎的!"⑤ 其中用了三个感叹号、三个问号来表达面对兄弟们的悲声时不可抑制的悲痛情绪。他在列宁去世时写下《哭列宁》一诗,全诗一气呵成表达对列宁无比沉痛的怀念及化悲痛为力量继续列宁未竟之志的态度。作者一开始就直白地抒发对列宁逝世的悲痛欲绝的情感:"喂!呼喇喇殒落了一颗伟大的红星!/喂!阴凄凄熄灭了一盏光亮的明灯!/哎哟!我要痛哭了!/我要悲惨地哀歌了!"⑥ 接着狂呼:"我的列宁!/俄罗斯劳农的列宁!/全世界无产阶级革命的列宁,/全人类解放运动的列宁!"⑦ 他连用了五个"葬在"表达列宁对红色革命的重要作用及人们对列宁的无比怀念:"列宁葬在那里?/列宁葬在全世界资产阶级的

---

① 蒋光赤:《新梦 哀中国》,人民文学出版社 1983 年版,"自序"第 18 页。
② 钱杏邨:《蒋光慈与革命文学》,方铭编《蒋光慈研究资料》,宁夏人民出版社 1983 年版,第 281 页。
③ 蒋光赤:《劳工歌》,《新梦 哀中国》,人民文学出版社 1983 年版,第 26 页。
④ 蒋光赤:《劳工歌》,《新梦 哀中国》,人民文学出版社 1983 年版,第 26 页。
⑤ 蒋光赤:《我应当怎样呢?》,《新梦 哀中国》,人民文学出版社 1983 年版,第 25 页。
⑥ 蒋光赤:《哭列宁》,《新梦 哀中国》,人民文学出版社 1983 年版,第 89 页。
⑦ 蒋光赤:《哭列宁》,《新梦 哀中国》,人民文学出版社 1983 年版,第 89 页。

欢笑里；/列宁葬在全世界无产阶级的哀悼里；/列宁葬在奔腾澎湃的赤浪里；/列宁葬在每一个爱光明的人的心灵里。"① 最后表达列宁虽死犹生，列宁的精神永存的无限情感："死的是列宁的肉体，/活的还是列宁的主义；/列宁虽死了，/列宁的心灵永化在无产阶级的心灵里。"② 在临列宁墓时，他同样写诗表达对列宁的歌哭与长嚎："纵让全世界无产阶级号天痛哭，也哭不醒最亲爱的墓里人！"③ 以致列宁逝世一年后，蒋光慈的回忆文章里仍长歌当哭，对列宁寄以无比崇敬的情感，表达当时对列宁逝世的不可置信的震惊："我们希望列宁的病快些好，祝列宁永远康健，因为他是现在世界中最有用的一个人，因为他指导我们到光明的路上去，因为他是社会革命的象征。"④ "列宁不应当死，列宁更不应当早死！但是列宁死了，列宁更居然早死了！/列宁死了！……"⑤ 这些诗句集中体现出他对列宁的深厚的不能释怀的情感。《怀拜轮》中他写出诗人拜伦对权威的反抗，对自由的高叫："在人类闷塞的时候，/在权威凶逼的时候，/只听得诗人不恭顺的高叫；/自由，/自由，/自由……/"⑥ 在诗歌中，作者同样连用四个"你是"礼赞并高度认同拜伦集"黑暗的反抗者""上帝的不肖子""自由的歌者""强暴的劲敌"于一身诗人兼革命家的浪漫形象，张扬两代革命者的斗争与反抗精神。《中国劳动歌》每节都以"快啊，快啊，快动手"收结，表达呼吁中国劳苦同胞打破帝国主义的压迫、推翻贪暴凶残的军阀、夺回他们的自由的急切情感。《太平洋中的恶象》《十月革命的婴儿》等诗篇无不以浓烈的情绪表达革命的情感。

蒋光慈纪游诗集《新梦》以浓烈的抒情震动了诗坛，并给以后左翼诗人诗歌创作以及中华人民共和国成立以后的政治抒情诗产生巨大的影响。钱杏邨评价他的诗歌："所以在全部里所表现的精神，只是向上的，

① 蒋光赤：《哭列宁》，《新梦 哀中国》，人民文学出版社1983年版，第91—92页。
② 蒋光赤：《哭列宁》，《新梦 哀中国》，人民文学出版社1983年版，第92页。
③ 蒋光赤：《临列宁墓》，《新梦 哀中国》，人民文学出版社1983年版，第108页。
④ 蒋光慈：《在伟大的墓之前》，方铭、马德俊主编《蒋光慈全集》（第六卷），合肥工业大学出版社2017年版，第163页。
⑤ 蒋光慈：《在伟大的墓之前》，方铭、马德俊主编《蒋光慈全集》（第六卷），合肥工业大学出版社2017年版，第163页。
⑥ 蒋光赤：《怀拜轮》，《新梦 哀中国》，人民文学出版社1983年版，第115—116页。

革命的歌调；只是热烈的，震动的喊叫；只是向帝国主义及一切反动力量抗斗的特征；没有悲愁的创作，没有失意的哀喊，只是希望中国也有这样光明的一日，精神是异常的震动而咆哮；……这一期的诗歌，看来似乎是与中国没有关系的，实际上却是中国革命文学的一个孕育的时期，等到它产生在中国文坛以后，不但传来许多革命的欢欣，简直如一颗爆裂的炸弹，惊醒了无数的青年的迷梦。"①

三 大众化的审美风格：以大众的语言表达民众的呐喊

蒋光慈旅苏纪游诗歌《新梦》不仅以表现革命主题，呈现浪漫主义色彩而展现出左翼文学创作的内涵，并且他以大众的语言、民众的呐喊呈现出大众化的审美风格，从而体现出左翼文学民众中心的审美理想。

（一）民众的情绪

蒋光慈认为社会生活的中心，渐渐地由个人主义趋向到集体主义。"现代革命的倾向，就是要打破以个人主义为中心的社会制度，而创造一个比较光明的，平等的，以集体为中心的社会制度。革命的倾向是如此，同时在思想界方面，个人主义的理论也就很显然地消沉了。"②"群众已登上了政治的舞台，集体生活已经将个人的生活送到不重要的地位了。"③革命的文学离不开革命的生活，所以"革命文学的任务，是要在此斗争的生活中，表现出群众的力量，暗示人们以集体主义的倾向"④。"革命文学的精神就是要把个人的变为集体的，是要表现人类生活的大变动，表现群众向光明欲望之鼓动，表现群众的奋斗，而不是每个个人内心生活的表现。革命文学就是要把以前少数人的文学变为多数人的，而劳动阶

---

① 钱杏邨：《蒋光慈与革命文学》，方铭编《蒋光慈研究资料》，宁夏人民出版社1983年版，第277—278页。

② 蒋光慈：《关于革命文学》，方铭、马德俊主编《蒋光慈全集》（第六卷），合肥工业大学出版社2017年版，第75页。

③ 蒋光慈：《关于革命文学》，方铭、马德俊主编《蒋光慈全集》（第六卷），合肥工业大学出版社2017年版，第75页。

④ 蒋光慈：《关于革命文学》，方铭、马德俊主编《蒋光慈全集》（第六卷），合肥工业大学出版社2017年版，第76页。

级诗人的集体主义遂变成他们对于人类艺术的一个伟大的礼物了。"① 可见，蒋光慈的《新梦》以群众的需求、民众的呐喊充分体现出左翼革命文学的核心追求。

为此，蒋光慈的纪游诗集《新梦》中的很多诗歌的主体都是"中国劳苦的同胞""全世界被压迫的人们""劳农""劳动的武士""皮昂涅儿""人类"等民众，他自觉地将个体融入集体，将"我"的个人情感变成"我们"阶级主体与民族主体情感，从而告别了好哥哥、甜妹妹的颓废格调，终结了早期浪漫主义的个人英雄主义色彩。在蒋光慈的诗集《新梦》里，在《自题小照》他认为"从那群众的波涛中，才能涌现来一个真我"②。在《我的心灵》中，他表达因为大众的"花果的蜜汁""哭笑的音流"变成"我的音流"，于是"有时我觉着我的心灵飞去了，与那全人类的心灵同化"③；"有时我听着痛苦人们的哭声，我的心灵就颤动不已"④；"有时我听着强暴人们的笑声，我的心灵就热跳不已"⑤。他与无产阶级大众同歌哭、共狂笑，时刻与无产阶级的命运结合在一起，"我"和"我们"自觉地融为一体。在蒋光慈描写的诗的世界里"男的，女的，老的，幼的，没有贵贱；／我，你，他，我们，你们，他们，打成一片"⑥，一起构建理想的乌托邦世界。中国劳苦的同胞一起革命共同反抗旧有一切罪恶，高举鲜艳的红旗，"努力向那社会革命走"。19 世纪的"拜伦们"与 20 世纪无数个"我"一起反对一切罪恶，高歌无产阶级革命。"皮昂涅儿"为未来而准备，将成为新世界的主人。

个人逐步走向集体，艺术的花为群众绽放，艺术的审美也渐趋大众审美。蒋光慈说："共产主义者也爱百合花的娇艳，但同时想此百合花的娇艳成为群众的赏品；共产主义者也爱温柔的美的偶像，但同时愿把此

---

① 钱杏邨：《蒋光慈与革命文学》，方铭编《蒋光慈研究资料》，宁夏人民出版社 1983 年版，第 286 页。

② 蒋光赤：《自题小照》，《新梦 哀中国》，人民文学出版社 1983 年版，第 61 页。

③ 蒋光赤：《我的心灵》，《新梦 哀中国》，人民文学出版社 1983 年版，第 64 页。

④ 蒋光赤：《我的心灵》，《新梦 哀中国》，人民文学出版社 1983 年版，第 64 页。

⑤ 蒋光赤：《我的心灵》，《新梦 哀中国》，人民文学出版社 1983 年版，第 64 页。

⑥ 蒋光赤：《昨夜梦里入天国》，《新梦 哀中国》，人民文学出版社 1983 年版，第 81 页。

温柔的美的偶像立于群众的面前。"① 因此，劳动群众欢笑歌哭是诗歌的根基，"哭的热泪／广洒在花的根底！／笑的欢声／广掺入风的波里。／但愿风送芳香，吹进了人们的心房深深地！"② 在蒋光慈的纪游诗中，即使是爱情这种个人性的东西也融入革命情绪、集体情绪，成为集体情绪协奏曲中的有力和唱。它也为革命盛开，为革命服务，爱成为让他在疲倦与烦劳的低徊状态重新找回革命的力量。他将爱情比喻成爱人斟满的温情的绿酒，低弹的芳琴的细奏，"饮了绿酒，听了细奏"，诗人又能高唱人生，"在那革命的怒潮中飞舞"③。为此，爱情也获得扩张变得豪放而宏大。

蒋光慈的诗歌代表了人民群众的情绪、思想与生活。钱杏邨高度评价："他的喊叫，都是民众的喊叫；他的情绪，就是民众的情绪；他的思想，也就是民众的思想。民众所感到的痛苦，他替他们说出了；民众所感到的对革命的欢愉，他也就感到了；他所表现的不是个人的，而是集体化的；他所表现的是'他们'的而不是'他'的。"④

（二）大众的语言

在表现形式上，蒋光慈采用大众化的语言表现大众的生活与情感。正如钱杏邨所言："他完全用民众的俗话做诗的语句，他是民众的战士，他的诗是为着民众的，民众的喜怒哀乐是他的诗料，他能够代表民众的利益，心理，能鼓动民众战斗的情绪。"⑤《新梦》纯粹自由体，没有精致的韵律与节奏，没有五四时期复杂的欧化词句，不是同年代李金发式的象征诗的"笨迷"。他用简单的文字、通俗化的话语讲述反抗、破坏与革命的道理，有时不惜用口语化的词句入诗。如《我应当怎样呢?》写道，"啊！这些可怜的兄弟们，／还正在喊着悲声呢！／我忍着心儿不听

---

① 蒋光慈：《无产阶级革命与文化》，方铭、马德俊主编《蒋光慈全集》（第六卷），合肥工业大学出版社 2017 年版，第 52 页。

② 蒋光赤：《太平洋中的恶象》，《新梦 哀中国》，人民文学出版社 1983 年版，第 43—44 页。

③ 蒋光赤：《与一个理想的她》，《新梦 哀中国》，人民文学出版社 1983 年版，第 94 页。

④ 钱杏邨：《蒋光慈与革命文学》，方铭编《蒋光慈研究资料》，宁夏人民出版社 1983 年版，第 272—273 页。

⑤ 钱杏邨：《蒋光慈与革命文学》，方铭编《蒋光慈研究资料》，宁夏人民出版社 1983 年版，第 269 页。

罢，╱我应当怎样呢?"① 质朴的诗句陈述的是受压迫的普通民众的心理，表现对受难的劳动群众的深切同情。《暴动》写"破坏旧的，新的就昂起来了;╱打碎锁环，自由就来到了"②。用口语化的大众语言讲述破旧立新、打碎锁链争取自由的革命道理，将深奥的理论简单化。《中国劳动歌》写"我们高举鲜艳的红旗，努力向社会革命走;╱这是我们自身的事情，╱快啊，快啊，快动手!"③ 用和友人日常交流的语言呼吁大家高举红旗走向革命。他有时用生动的比喻，把抽象的理论形象化，将诗歌语言变成人民大众可观可感的语言，如《莫斯科吟》中的诗句: "十月革命，╱如大炮一般，╱轰冬一声，╱吓倒了野狼恶虎，╱惊慌了牛鬼蛇神。╱十月革命，╱又如通天火柱一般，╱后面燃烧着过去的残物，╱前面照耀着将来的新途径。"④ 将十月革命的巨大影响比喻为大炮对野狼恶虎、牛鬼蛇神的震慑作用;又将十月革命的破旧立新的力量比喻为通天火柱，具有席卷一切的力量。在《西来意》中，诗人开篇即写"渡过了千道江河，爬过了万重山岭"⑤，用千道江河、万重山岭比喻赴"西天取经"路途的艰难。在蒋光慈的诗歌中，还有很多诸如"劳工神圣，资本家消灭，自由神万岁!"⑥ "高呼无产阶级革命与全世界被压迫民族的解放万岁!"⑦ "谁做工，谁得食!"⑧ 之类的标语口号式的诗句，更夹杂"喂!""哎哟!""啊!""呢!""哎!"等日常生活感叹词。例如"哎哟，哎哟……╱我的生命的主宰呀，╱我的上帝!╱我应当怎样呢?"⑨ "啊! 跑入那茫茫的群众里!"⑩ "流啊! 流啊! 不断地流啊!"⑪ "喂! 呼喇喇殒落了一颗伟大

① 蒋光赤:《我应当怎样呢?》,《新梦 哀中国》,人民文学出版社 1983 年版,第 25 页。

② 蒋光赤:《暴动——追念威尔汉》,《新梦 哀中国》,人民文学出版社 1983 年版,第 68 页。

③ 蒋光赤:《中国劳动歌》,《新梦 哀中国》,人民文学出版社 1983 年版,第 78 页。

④ 蒋光赤:《莫斯科吟》,《新梦 哀中国》,人民文学出版社 1983 年版,第 88 页。

⑤ 蒋光赤:《西来意》,《新梦 哀中国》,人民文学出版社 1983 年版,第 50 页。

⑥ 蒋光赤:《十月革命纪念》,《新梦 哀中国》,人民文学出版社 1983 年版,第 21 页。

⑦ 蒋光赤:《送玄庐归国》,《新梦 哀中国》,人民文学出版社 1983 年版,第 80 页。

⑧ 蒋光赤:《一个从红军退伍的兵士》,《新梦 哀中国》,人民文学出版社 1983 年版,第 73 页。

⑨ 蒋光赤:《我应当怎样呢?》,《新梦 哀中国》,人民文学出版社 1983 年版,第 24 页。

⑩ 蒋光赤:《自题小照》,《新梦 哀中国》,人民文学出版社 1983 年版,第 61 页。

⑪ 蒋光赤:《莫斯科吟》,《新梦 哀中国》,人民文学出版社 1983 年版,第 87 页。

的红星！/喂！阴凄凄熄灭了一盏光亮的明灯！/哎哟！我要痛哭了！/我要悲惨地哀歌了！……哎！列宁你死了！/你真地死了！"① 这样的大众化诗歌语言更贴近普通民众的生活与情感。

蒋光慈在《〈鸭绿江上〉的自序诗》中曾坦言："我只是一个粗暴的抱不平的歌者"，"我是助你们为光明而奋斗的鼓号"②，这几句话即表明蒋光慈的表现民众情绪的大众化立场。尽管蒋光慈的诗歌语言不够文雅不够精致，标语式口号式的诗歌审美风格也深深为人诟病，但正如夏衍所言"大众的文艺不能是细饼干，要是黑面包"③。他就是用这种粗糙的大众化语言以表达一般民众的心理，体现大众品位。所以在当时很多作家充当为文艺而文艺的文雅人士时，"光慈的立足点却是工人农民阶级的革命文艺观"，"努力的要做一个民众的文艺喇叭手"④。蒋光慈在《现代中国社会与革命文学》曾旗帜鲜明地表明他革命文学的立场："谁个能够将现社会的缺点，罪恶，黑暗……痛痛快快地写将出来，谁个能够高喊着人们来向这缺点，罪恶，黑暗……奋斗，则他就是革命的文学家，他的作品就是革命的文学。"⑤ 正是如此，在蒋光慈的纪游诗歌《新梦》创作实践中，他肩负着为光明而奋斗的使命，追随着时代甚至立在时代前面，站在被压迫、被剥削的群众的立场，以大众化的审美风格，浓烈的情感，奏出革命文学的罗曼蒂克协奏曲，为光明、为正义、为人类的幸福而奋斗。蒋光慈的纪游诗文虽显幼稚，还带有深受批评家诟病的标语口号式的特点，但是他的作品改变了以往好哥哥、甜妹妹的肉麻诗与莫名其妙的哲学诗的创作现状，给当时的诗坛带来了表现时代精神的作品。他以对无产阶级革命的热爱与讴歌、对于民众话语的担负、对未来社会的激情，体现出左翼文学创作的传统。

---

① 蒋光赤：《新梦 哀中国》，人民文学出版社 1983 年版，第 89 页。

② 蒋光慈：《我只是一个粗暴的抱不平的歌者》，《蒋光慈研究资料》，宁夏人民出版社 1983 年版，第 31 页。

③ 沈端先、冯乃超等：《文艺大众化问题座谈会》，方铭、马德俊主编《蒋光慈全集》（第六卷），合肥工业大学出版社 2017 年版，第 241 页。

④ 钱杏邨：《蒋光慈与革命文学》，方铭编《蒋光慈研究资料》，宁夏人民出版社 1983 年版，第 271 页。

⑤ 蒋光慈：《现代中国社会与革命文学》，方铭、马德俊主编《蒋光慈全集》（第六卷），合肥工业大学出版社 2017 年版，第 64 页。

结　语

现代中国域外纪游文学的
现代性意义

因晚清以来国势的衰颓，中国现代不少知识精英主动或被迫地选择了身体与心灵的漫游，于是现代中国域外纪游文学蔚为大观，成为醒目的文学现象。中国现代精英知识分子旅居日本、欧美、苏联等世界各地，汲取域外文明推进了中国现代化进程，从器物到制度再到文化等不同层面进行文化借鉴，在科学技术、政治体制、思想启蒙、女性文化、宗教文化、人文精神等各领域对中国思想文化现代化的进行了深入的思考。因此，现代中国域外纪游文学具有了非比寻常的现代性意义。

一　从文体发展来说，现代中国域外纪游文学呈现现代性的发展脉络

根据朱德发的定义，纪游文学是一种以游踪为骨骼，风貌为血肉，观感为灵魂，载体为躯壳的文学体裁。① 可见，游踪、风貌、观感、载体成为纪游文学的四要素。现代中国域外纪游文学在半个世纪多的发展过程中，应和时代的需要，促进了文体的发展，实现了现代转型。

（一）从目力所及到世界视野——游踪的拓展

古代由于认知的局限与生产力的落后，游踪极受局限。即使被放逐边疆，所达范围也极为有限。近现代由于航海业的拓展，人们对世界进行了前所未有的探索，对世界的认知范围扩大。古老的东方人知道除神

---

①　朱德发主编：《中国现代纪游文学史》，山东友谊书社1990年版，第14页。

州大地之外，还有一个彼岸世界存在，为近代中国行旅提供了目标与方向；通信事业的发达，人们能更迅速有效地收到来自远方的消息，为域外行旅目的地的了解创造了良好的条件；由于交通工具的发展，行旅方式发生变化，快捷便利的火车轮船代替了竹杖芒鞋、山轿蹇驴，行旅者可以快速地穿行于各国都市，为域外游历提供了可能。因此，现代中国行旅者游踪所及英、法、日、德、俄、美、意、比、荷等绝大多数发达资本主义国家。特别以旅欧美、旅日、旅苏为最。据统计："从1872年清政府向美国派遣第一批留学生算起，到五四运动前后，出国的留学人数约有四万多人。"① 1920—1925年，"赴法勤工俭学学生就曾多达1500人以上。在德国的留学生，高峰时仅柏林一地就有近千名。"② 甲午海战之后1896年，清政府公派13人留学日本，到1906年达到8000人之多。③而在俄国十月革命之后，新生的红色政权建立，左翼人士纷纷以朝圣的心情游学苏联。游踪的拓展，带来的是"变化与新奇"，而这种"求新意志"正是现代性的重要表现。

（二）从自然风光到政治文化——风貌的变迁

古人云："仁者乐山，智者乐水。"这句话集中体现了古代士人的某种追求。举岱在《〈游记选〉题记》中谈到前人游记的题材内容："前人的游记，……拿绘画来喻，这好象是'野外写生'的那一个作品。……古人旅行，……时刻都拥抱在大自然中，体味最深刻的也是自然，游记最好的题材便只有自然风景。"确实，中国古代行旅者遍游名山大川，写下了诸多绝美的自然风景，如初唐四杰之一的王勃的《滕王阁序》"潦水尽而寒潭清，烟光凝而暮山紫""落霞与孤鹜齐飞，秋水共长天一色"的诗句极写滕王阁吞吐万象的周围环境。柳宗元被贬为永州司马时，"日与其徒上高山，入深林，穷回溪，幽泉怪石，无远不到"，他的《永州八记》写遍了永州的山山水水。韩愈的《山石荦》"山石荦确行径微，黄昏到寺蝙蝠飞。升堂坐阶新雨足，芭蕉叶大栀子肥"。极致地描绘了黄昏入夜时的清幽景色。《徐霞客游记》写有天台山、雁荡山、黄山、庐山等名

---

① 李喜所：《近代中国的留学生》，人民出版社1987年版，第3页。
② 王淑良等：《中国现代旅游史》，东南大学出版社2005年版，第266页。
③ 王淑良等：《中国现代旅游史》，东南大学出版社2005年版，第254页。

山游记 17 篇，描绘了中国大好河山美丽风景。这些由点到面、由微观到宏观的山水表现了人们在拥抱大自然的过程中所得到的最直接的观感，从而给纪游文学留下了美丽而丰满的风貌。

而现代中国域外纪游文学，首先由于行旅的方式发生变化，现代人的行旅，"凭借火车轮船的便利，走遍各地全国的都市"，而都市是人改造自然的反映，人的活动淹没了自然成为主体。其次由于中国近现代时期，域外行旅的主要目的是学习借鉴以实现国家自由独立与繁荣昌盛，行旅者的兴趣点也从山山水水、自然风光变成了政治文化。于是，游记发展到近现代，"社会相"代替"自然风景成为了游记最好的题材"①。除古代游记中常有的自然景物、历史遗迹外，科学技术、经济建设、水陆交通、文化设施，甚至群众斗争的风貌、革命战争的场景，也成为域外纪游文学描写的对象，域外纪游文学的血肉更加丰满。可见，现代中国域外纪游文学能从社会进步与发展的角度观察问题、选择题材，从而在题材视角方面实现了现代性转型。

（三）由审美到功利——观感的衍变

观感是游记的灵魂。"借景抒情""融情入景"是古代游记的基本笔法，写景的目的就是抒情。不管是主体情绪是"人生得意须尽欢"的激扬、"兴尽晚回舟"的至味，还是人生失意时的惆怅，面对山川形胜，良辰美景，古代游记都寄寓着作者的观感与情思，表达了对生活的品位，对人生失意的遣怀，极富于审美情趣，如苏轼的《赤壁赋》由赤壁夜景"清风徐来，水波不兴"，"月出于东山之上，徘徊于斗牛之间。白露横江，水光接天"，从怀古伤今的悲咽，写到精神解脱的达观。在苏轼遭遇贬谪之时，还能以有限的人生赏无限的风月之感悟，体现审美的情致与格调。柳宗元的《永州八记》中书写田园般的诗意，表达壮志未酬的忧愤。其中的《始得西山宴游记》面对高峻独立出众的西山，产生旷远浩渺的感觉，作者通过比拟景物，与内心和解，与社会对话，传达了一种非常美好的审美情感。正因为如此，古代纪游文学被视为山林文学和休闲文学。而现代中国，行旅者视驱除鞑虏，实现民族振兴，国家富强为当时迫切现实任务，而这种意识在当时成为集体意识，弥漫在行旅者的

---

① 朱德发主编：《中国现代纪游文学史》，山东友谊书社 1990 年版，第 14 页。

主体情绪中，自然景物也成为带有行旅者主体情绪的风景。现代域外纪游文学承载着社会责任，体现强烈的功利意识。诸多现代中国域外纪游作品将眼中之景绘成心中之景，鞭挞丑类、匡扶正义、歌颂美好，爱国主义、民族主义、国际主义精神成为域外纪游文学的主要观感。域外纪游文学与时代精神结合，体现破旧立新、狂飙突进的现代性主体意识。如艾青在法国所做的第一首纪游诗《会合》书写来自日本、安南、中国等那东方的他们"虔爱着自由，恨战争，/为了这苦恼着，/为了这绞着心，/流着汗，/闪出泪光……/紧握着拳头，/捶着桌面，/嘶叫/狂喊！"从而诅咒黑暗，歌咏解放；闻一多留美时的《孤雁》描写了一只飞离了雁阵的孤雁，形只影单地奔向那"绝塞"的"水国"，映衬诗人孤身只影在波涛汹涌的环境中追求救国救民真理的过程；邹韬奋的《船上的民族意识》为帝国主义打压下的华侨的大声呼号，吕碧城的《欧美之光》抨击弱肉强食的社会现象，强调仁民爱物，呼吁世界和平……这些带着强烈的社会进步与发展的观感，无疑极具现代性的意义。

（四）散文到文体的各领域——载体的变化

中国古代的游记文学，是属于散文大家族中最自由的文体之一。辞海中这样定义游记："散文的一种，以轻快的笔调，生动的描写，记述旅途中的见闻，……并表达作者的思想感情。"纪游形式主要包括笔记、日记、书信等。近现代纪游文学紧扣纪游文学的核心要素——游踪、风貌、观感，在文体大革新的大背景下，冲破散文界限，除传统的山水游记之外，继承并发扬了中国古代文论中并不重视的纪游诗与纪游小说，纪游载体包括了日记、通信、诗歌、小说、辞赋、杂文、报告文学、特写、电影等诸多形式，如清末各位使臣的纪游日记、蒋光慈的《哀中国》《新梦》、郁达夫的《日本谣》的纪游诗，郭沫若的《漂流三部曲》的纪游小说，瞿秋白的《饿乡纪程》、邹韬奋的《萍踪寄语》纪游特写。朱德发将现代纪游文学概括为小说式纪游、特写式纪游、报告式纪游、小品式纪游、抒情散文式纪游五种文体。① 并且域外纪游文学应和文学革命与时代要求，载体语言形式从文言古体到白话现代文的转变。域外纪游文学在表现载体上以创新开放的姿态体现文体的现代性。

---

① 朱德发主编：《中国现代纪游文学史》，山东友谊书社 1990 年版，第 14—16 页。

二 从文化史意义上来说，现代中国域外纪游文学对中国走上现代化道路产生了巨大的影响

19世纪与20世纪之交，科技的进步带来了中国人对世界的概念的转变。因中国屡次战败，精英知识分子产生文化焦虑，带来文化比较与文化借鉴的意识。于是域外求知成为晚清以来统治阶层与精英阶层的共识。精英知识分子考察西方风土人情、政教风俗，在文化相遇过程中深深感受先进资本主义国家的科技进步、文化昌明，于是在其纪游文学中记录下对西方机械制造、电子技术、生物化学等方面的器物惊艳，同时也进行了西方政治昌明，制度民主、保障完善的乌托邦想象。在文化对比中，中国域外知识分子反思中国传统文化，思考富国强民与中国思想文化现代性建构的问题。

（一）域外纪游文学与中国思想文化现代性建构的纵深拓展

从晚清开始，中国现代域外纪游呈现向世界文化借鉴纵深拓展的趋势。从19世纪末到1917年，随着域外行旅成为共识，域外行旅者亲历了并在域外纪游文学作品中记载了西方文明的现代化速度与便捷舒适的交通，毫不保留地表达对西方资本主义文明的艳羡并将其用于国内的现代化改造中，成为中国思想文化的现代性的先导。1917—1927年中国域外纪游文学记载异域风情、西方物质文明与世界新思想，并推动着新文化运动与思想启蒙运动。这时期域外纪游文学"以科学与民主"为核心，以否定一切，重建一切的五四精神对外来先进文化进行全方位的拥抱，展现世界现代文明的勃勃生机，成为中国思想文化现代性的发端。1927—1937年的中国域外纪游文学的兴盛，并促进中国思想文化现代性的发展。因国内民族危亡形势加剧，这一时期域外纪游文学创作同样承担了时代的重任，民族意识、阶级意识鲜明。这一阶段行旅者的旅游感兴深入社会政治层面，通过制度的比较与分析为中国社会制度的淘汰与选择提供了可供借鉴的资源与理性判断的依据。1937—1949年中国域外纪游文学由于全民抗战与中华民族出路选择的斗争等特定的社会现实原因出现了迂回，但与时代性与社会结合得更为紧密，在民族意识的强化，和平反战的呼吁、未来道路的选择等方面更具有思想价值与社会意义，体现国家发展与世界发展的共时态的思考。在此意义上，本阶段域外纪游文学在思想文化现代性建构方面更进一步走向了深化。

（二）域外纪游文学与中国思想文化现代性建构的横向借鉴

域外纪游文学按旅居地来分主要有旅日纪游文学、旅苏纪游文学、旅欧美纪游文学三大类。旅日纪游文学除了晚清以来军事、科技、教育、制度、文化等方面的学习与借鉴外，更重要的是对文学革命的思考引领、立人救国主张的提出、人的天性解放观念的形成。它的重要性在于对传播现代文化的重要载体——文学的现代性进行有益的思考，更对现代化的主体——"人"的现代化进行了卓有成效的思考。旅日纪游文学现代性思想与国内思想、思潮互相激荡，给转型期的人们带来思想启蒙的现代思想，从而为使中国从近代迈入现代的五四新文化运动做了重要思想与舆论的准备。欧美国家一般来说是资深的资本主义国家，很多国家经济得到了长足的发展，进入了帝国主义阶段。旅欧美纪游文学除了表达科技与制度借鉴以外，更重要的是对欧美的人文传统的借鉴。欧美文化具有特定的平等理念、自由精神、人本思想。胡适、徐志摩、巴金等几位作家的旅欧美纪游文学，从人性的自由角度来体现人本主义精神，体现不同层面自由主义思想。而郑振铎、王统照、朱自清等早期文学研究会作家的旅欧美纪游作品出于对国内外政治形势感悟，底层生活的关心，在与欧洲文化对比过程中，从关注人的生存状态，维护人的基本权利，民族、种族平等方面表现"为人生"的理想信念。学衡作家梅光迪、胡先骕、吴宓等的旅欧美纪游文学以中西文化比较视野，主张用中华优秀传统文化来涵养人的人文主义精神。他们并不赞成新文化运动对西方文化借鉴的过激态度，强调孔学与东方学说。在对世界文化的现代性借鉴方面，这一批作家以其纪游文学作品表达新人文主义理念，将20世纪初向西方学习借鉴几乎变成全盘西化的状态拉了回来，重新审视传统、正视西方文化，从东西方文化源头的角度来思考中国思想文化的现代性建构。苏联红色文化中心的位置、模式成为世界的一道亮丽的政治景观，所以，旅苏知识分子主要对苏联进行政治借鉴。旅苏纪游文学介绍苏联新的国家的建立以来所取得的卓越的成绩、左翼文化的理想政治，为中国未来理想社会的描画提供了蓝图。旅苏纪游文学探讨俄国社会制度变革之后经济突飞猛进的原因，其中一个非常重要的原因就是改变阶级社会为少数剥削阶级服务的思想与体制，实现人民主体，体现人民情怀，也因此发挥了现代化建设的主体——人民的积极性。旅苏纪游文学对苏联的境况进行深入分析：经济的发展提升了人民的幸福感，人民幸福感的获得使人民更有主人翁意识与从事社会主义工作的热情，从而反过来更好地促进经济发展，实现了苏联社会的进步与人民群众主体意识提升的良性互动。在旅苏纪游文学中，他们记述了苏联通过教育普及、宣传普及、劳动竞赛、体育活动等方式提升人民大众的思想道德水平、业务水平与身体素质，从而全方位地打造高素质的人民群体。旅苏纪游文学从这些方面对苏联左翼文化的现代性进行剖析，为中国的文化现代性建构提供了借鉴的红色模式。

（三）域外纪游文学中国思想文化现代性借鉴的两大重要类型

在中国思想文化现代化进程中，女性文化与宗教文化尤其值得关注。因中国女性在封建社会中所受束缚最为深重，女性域外纪游文学对世界文化的现代性借鉴显得特别突出、特别重要。女校的开办与社会活动的参与开阔了女性的视野，女性域外求学产生了首先随父兄或夫婿一起到后来独立留学的转变，女性域外行旅逐渐成为日常生活景观。女性精英知识分子在留学过程中由于女性的切身之痛与留学带来的中外文化比较视野，她们的域外纪游文学中体现现代知识者的智慧与深度，表达对自身命运与未来的深入思考。女性域外纪游文学将个性解放意识与国家命运之思结合在一起，将自我之情与民族之情、人类之情结合起来对女性文化的现代性建构起到非常重要的作用。女性域外纪游文学作家以自己的声音参与着民族国家话语的建构，实现了从传统闺秀向现代女性的转型。

宗教也是一个需要进行文化现代性建构的一个特别的部分。如何让宗教文化走出传统的束缚实现现代化也是域外纪游文学展现的一个非常重要的话题。接受了宗教思想影响的域外作家许地山、吕碧城等在其域外纪游作品中以宗教的隐忍抚慰、以彼岸幸福慰藉现实痛苦，以宗教情怀对人生的困苦进行现实关怀。他们将佛教慈悲仁爱的情怀，自度度人、自觉觉他的善心，以及"劫难""幻空"观念融入其域外纪游作品中。人生之苦呈现坚忍的底色，使人能笑对人生悲苦，体现以人本精神为核心的人文关怀。他们的宗教主题的域外纪游作品与时代的要求相呼应，从而蜕去了传统宗教的迷信、宿命色彩，而带来以人为本的现代性的人文精神。

现代中国域外纪游文学从晚清以来的半个世纪，对域外文化的探寻沿着时光轴的推进，与时代要求、时代主题互相辉映，体现中国文化现代性建构中域外文化借鉴的纵深推进。而通过旅日、旅欧美、旅苏纪游文学对所在地文化各有侧重的横向借鉴，中国文化的现代性的借鉴更加显得全面多样。而在女性文化与宗教文化方面的现代性借鉴，则在两个特殊的领域中改变中国既有的观念，在中国思想文化现代性建构中更是意义深远。中国现代精英知识分子从器物惊艳到深层次的思想文化借鉴，对中国现代化之途进行了卓有成效的思考。他们对于域外文化"取其精华，去其糟粕"，用拿来的精神为中国思想文化的现代性建构做出了巨大贡献。

三　现代域外纪游文学对新时期以来的域外纪游文学的现代性启示

20 世纪 80 年代以来，随着中外文化交流的进一步拓展，又一次兴起了出国潮。除了域外求学，还有很多人是纯粹的域外观光旅行。因此，记录域外行旅体验的域外纪游文学又一次成为热潮，如王蒙的《王蒙漫游美文》、葛剑雄的《剑桥札记》、唐墨的《欧罗巴的清香》、嘉倩的《明天我要去冰岛》、林书羽和庄苣文的《流浪在北欧农场》、何立秋的《品味丹麦》、罗敷的《这么慢，那么美》《越简单，越美好》等。综观现当代域外纪游，新时期以来的域外纪游文学仍能从现代域外纪游文学中汲取有益的启示。

（一）新时期以来的域外纪游文学应与国家、时代要求同频共振

当代中国域外纪游文学因中国救亡图存的历史背景，很多知识分子抱着学习借鉴的态度进行域外行旅，所以他们往往能够理性分析域外文化影响源对中国现代化建构的重要影响，具有宏观视野，全局思维。现代中国域外纪游文学的"忧患情感常常与个性解放意识或忧国忧民思想相结合，愤怒情绪常常与反抗意识或革命意识或批判意识相结合，兴奋情绪常常与乐观主义或英雄主义或理想主义相结合。总之，喜怒哀乐的激情大都同现代意识交融为一体"①。新时期以来，由于集体文化氛围对

---

① 朱德发主编：《中国现代纪游文学史》，山东友谊书社 1990 年版，第 31 页。

个人与个性的重视，当代知识分子的域外游记也重视个人感悟。有的行旅者的域外行旅甚至抱着"为游而游"的心态，作为工作之余的放松或享受生活的态度进行，所写的域外游记大多是到达目的国家的衣食住行，游览参观的过程与细节、攻略与改进、体会与感受，不具备现代游记的"社会相"。正如陈晓兰所言："当代知识分子们的海外游历主要是一种诗学和文化上的观察与思考，旅游者不再以肩负寻求拯救国家的使命者的心态和眼睛来观察一切，而是以纯粹的旅行者个体、自我的目光对目的地国家的自然环境、城市空间、名胜古迹、民情风俗进行人文和诗学意义上的审美欣赏。"① 有的更是记载琐琐碎碎的行旅心得甚至宣扬个人得失，如《品味丹麦》中作者宣扬丹麦人建立在个人利益基础上的旅行观，房东 Kety 考虑到她的生日有 40 多人要邀请，与其准备 party 不如带着自己的孩子去旅游合算。所以她就带上两个孩子去印度了。一共花了 4 万克朗，在印度玩 10 天，非常开心。罗敷在《越简单，越美好》介绍瑞典的高中生的行旅目的："在瑞典，高中毕业之后有一个名正言顺放飞自我的空当年。毕业生们可以利用这段时间去环球旅行增长阅历……这时贴心的父母亲戚爷爷奶奶通常会在孩子的高中毕业家庭派对上送上多多少少的红包……以便让孩子们做自己想要做的事，比如来一场长长的旅行。"② 而新时期以来的域外纪游文学的域外眼光、全球视野除了表达个性化的心灵感悟、审美欣赏之外，还应结合国家与时代要求，深入进行中外文化比较，理性分析思考域外文化对中国文化发展具有重要作用的部分，以达到"他山之石，可以攻玉"的目的。

（二）新时期以来的域外纪游文学应有理性审视与批判意识

现代中国域外纪游文学书写行旅过程的所见所闻、所思所感。因为 20 世纪上半叶是一个资本畅通无阻、弱肉强食的时代，阶级剥削、民族压迫无处不在。域外行旅者在学习、借鉴的同时不忘以"民族解放意识、阶级解放意识、民族苦难意识、革命反抗意识以及崇高的爱国主义精神和无畏的英雄主义气概"③ 理性审视、批判社会上一切不平等、不公正的

---

① 陈晓兰：《当代中国旅外游记中的西方表述》，《当代作家评论》2008 年第 2 期。
② ［瑞典］罗敷：《越简单，越美好》，湖南文艺出版社 2018 年版，第 188—189 页。
③ 朱德发主编：《中国现代纪游文学史》，山东友谊书社 1990 年版，第 25 页。

现象，为世界和平呐喊，为民族解放呼吁，为被压迫被损害者而斗争。而新时期以来的域外纪游文学，则因为当时的去政治化的语境以及游览者享受、赏玩的心态，许多域外纪游文学都将异国景观化、诗意化、乌托邦化，缺乏对异域文化的批判意识，如罗敷对北欧慢生活的赞美，《这么慢，那么美》对瑞典旅游度假观的崇拜："瑞典人的名言：不在度假屋，就在去度假屋的路上……每年夏日假期到来的五月底，瑞典人无论工作中的 FIKA 时间还是工作以外的休闲时间，最热门的一个寒暄话题就是：今年夏天准备去哪度假？……然后从 6 月底到 8 月初，一个半月的长假所有的瑞典朋友们几乎失联，因为都在世界各地度假。"① 还有对瑞典等北欧社会高保障制度的艳羡："北欧的教育从小学到大学都是真真正正的免费"②，"'从襁褓到坟墓'政府包办的一生……工作福利中的带薪病假以及福利育儿假"③，还有很多域外纪游文学表达了由欧洲行旅引发的对大自然、道德、修养、秩序、爱与和谐的渴望，在中国又一轮文化焦虑中，全面表达了对域外资本主义文明的认同与渴望。但是却缺乏对西方社会全方位的整体观照与理性分析，缺乏对中国传统文化的充分自信。如何增强域外纪游文学的理性批判意识，重新思考民族文化传统、文化现代化的关系问题将是新时期以来域外纪游文学需要重点思考的问题。

　　现代中国域外纪游文学是中国现代纪游文学体系中的一个独特的、十分重要的组成部分，不仅详细地记录了他们对异域现代文化的观感与体验，而且也比较深刻地反映了他们面对西方异质文化时的复杂矛盾的心态与思考。现代中国域外纪游文学展现了行旅者所汲取域外现代文明的优秀成果，不断推进着中国社会的现代化进程。在半个世纪多的发展过程中，现代中国域外纪游文学应和时代的需要，在游踪、风貌、观感、载体的发展中呈现现代性的发展脉络，促进了文体的发展，实现了现代转型。现代域外纪游文学作为一种醒目的文学现象给新时期以来域外纪游文学的发展带来了有益的启示。

---

① ［瑞典］罗敷：《这么慢，那么美》，中国友谊出版公司 2015 年版，第 195 页。

② ［瑞典］罗敷：《这么慢，那么美》，中国友谊出版公司 2015 年版，第 130 页。

③ ［瑞典］罗敷：《这么慢，那么美》，中国友谊出版公司 2015 年版，第 13—14 页。

参考文献

作品类

巴金：《海行杂记》，东方出版中心 2017 年版。

抱朴：《赤俄游记》，北新书局 1927 年版。

冰心：《寄小读者》，山东文艺出版社 2019 年版。

陈衡哲、朱维之著：《陈衡哲散文选集》（第 2 版），百花文艺出版社 2004 年版。

陈晓兰编校：《美国印象——中国旅美游记选编（1912—1949）》，复旦大学出版社 2018 年版。

储安平著、韩戍编：《欧行杂记》，海豚出版社、中国国际出版集团 2013 年版。

戴鸿慈：《出使九国日记》，陈四益校点，湖南人民出版社 1982 年版。

邓以蛰：《邓以蛰全集》，安徽教育出版社 1998 年版。

方铭、马德俊主编：《蒋光慈全集》，合肥工业大学出版社 2017 年版。

冯铿、罗淑：《红的日记》，中国社会出版社 1998 年版。

冯玉祥：《我的生活》，黑龙江人民出版社 1981 年版。

冯沅君译著：《冯沅君创作译文集》，时代出版传媒股份有限公司、安徽教育出版社 2011 年版。

戈公振：《从东北到庶联》，湖南人民出版社 1984 年版。

郭沫若：《苏联纪行》，东北书店 1946 年版。

郭沫若著作编辑出版委员会编：《郭沫若全集》，人民文学出版社 1990 年版。

郭延礼编著：《解读秋瑾》（上、下册），山东教育出版社 2013 年版。

何立秋：《品味丹麦》，辽宁人民出版社 2014 年版。

胡铭：《从莫斯科归来》，群众图书公司 1933 年版。

胡愈之：《莫斯科印象记》，湖南人民出版社 1984 年版。

蒋光赤：《新梦 哀中国》，人民文学出版社 1983 年版。

蒋廷黻著，傅国涌编：《蒋廷黻文存》，华龄出版社 2011 年版。

瞿秋白：《瞿秋白游记》，东方出版社 2007 年版。

康有为：《欧洲十一国游记》，李冰涛校注，社会科学文献出版社 2007
　　年版。

老舍：《老舍散文》，人民文学出版社 2021 年版。

李健吾：《意大利游简》，河北教育出版社 1995 年版。

林克多：《苏联闻见录》，上海大光书局 1936 年版。

林鍼、斌椿、志刚、张德彝：《西海纪游草·乘槎笔记·诗二种·初使泰
　　西记·航海述奇·欧美环游记》，岳麓出版社 1985 年版。

刘海粟：《欧游随笔》，东方出版社 2006 年版。

刘锡鸿、张德彝：《英轺私记·随使英俄记》，岳麓书社 1986 年版。

庐隐：《东京小品》，河北教育出版社 1994 年版。

庐隐：《庐隐散文全集》，张军、琼熙编，中原农民出版社 1996 年版。

庐隐：《庐隐文集》，任海灯选编，燕山出版社 2007 年版。

庐隐：《庐隐作品集》，萧枫编《中国现代文学名家作品集》，河南大学出
　　版社 2004 年版。

庐隐著，钱虹编：《庐隐集外集（1920—1934）》，书目文献出版社 1989
　　年版。

鲁迅：《鲁迅全集》，人民文学出版社 2005 年版。

吕碧城：《吕碧城诗文笺注》，李保民笺注，上海古籍出版社 2007 年版。

吕碧城著，文明国编：《吕碧城自述》，时代出版传媒股份有限公司、安
　　徽文艺出版社 2014 年版。

吕美荪：《瀛洲访诗记》，青岛华昌大印刷 1936 年版。

茅盾：《苏联见闻录》，开明书店 1948 年版。

茅盾：《茅盾全集》，人民文学出版社 1984 年版。

茅盾：《杂谈苏联》，致用书店 1949 年版。

孟悦、戴锦华：《浮出历史地表：现代妇女文学研究》，中国人民大学出

版社 2004 年版。

秋瑾：《秋瑾全集笺注》，郭长海、郭君兮辑注，吉林文史出版社 2003 年版。

汤志钧编：《康有为政论集》（全二册），中华书局 1981 年版。

王统照：《欧游散记》，北京师范大学出版集团、北京师范大学出版社 2012 年版。

王统照：《王统照诗选》，人民文学出版社 1958 年版。

王统照：《王统照文集》（第五卷），山东人民出版社 1982 年版。

吴宓：《文学与人生》，王岷源译，清华大学出版社 2000 年版。

吴宓著、吴学昭整理：《吴宓日记》（全十册），生活·读书·新知三联书店出版社 1998 年版。

吴宓著、吴学昭整理：《吴宓诗集》，商务印书馆 2004 年版。

向警予著，戴绪恭、姚维斗编：《向警予文集》，人民出版社 2011 年版。

萧乾：《人生采访》，河北教育出版社 1994 年版。

萧乾：《未带地图的旅人——萧乾回忆录》，中国文联出版公司 1998 年版。

萧乾：《萧乾回忆录》，中国工人出版社 2005 年版。

谢冰莹：《绿窗寄语》，三民书局印行 1975 年版。

谢冰莹：《我在日本》，台湾：东大图书公司 1984 年版。

谢冰莹：《谢冰莹作品选》，湖南人民出版社 1985 年版。

谢冰莹著，艾以、曹度主编：《谢冰莹文集》，安徽文艺出版社 1999 年版。

徐志摩：《巴黎的鳞爪》，江苏文艺出版社 2009 年版。

徐志摩：《翡冷翠山居闲话》，四川文艺出版社 2019 年版。

许地山：《落花生：许地山散文精选》，四川文艺出版社 2021 年版。

许寿裳著，倪墨炎、陈九英编：《许寿裳文集》，百家出版社 2003 年版。

杨守森等编著：《外国纪游文学英华》，山东友谊出版社 1987 年版。

杨毅丰、康蕙茹编：《学衡派》，长春出版社 2013 年版。

殷夫、邹容、吕碧城：《孩儿塔·革命军·晓珠词》，北京联合出版传媒（集团）股份有限公司、万卷出版公司 2015 年版。

周作人著，止庵校订：《艺术与生活》，河北教育出版社 2002 年版。

朱自清：《欧游杂记》，天地出版社2013年版。

卓如编：《冰心全集》（第3版），海峡出版发行集团、海峡文艺出版社2012年版。

邹韬奋：《萍踪寄语》，北京师范大学出版集团、北京师范大学出版社2014年版。

邹韬奋：《萍踪忆语》，生活·读书·新知三联书店、生活书店出版有限公司2018年版。

邹韬奋：《韬奋全集》，上海人民出版社1995年版。

邹韬奋：《韬奋文集》（第二卷），生活·读书·新知三联书店1955年版。

（清）郭嵩焘：《郭嵩焘诗文集》，杨坚点校，岳麓书社1984年版。

（清）郭嵩焘：《伦敦与巴黎日记》，钟书河、杨坚整理，岳麓书社1984年版。

（清）李圭：《环游地球新录》，商务印书馆、中国旅游出版社2016年版。

（清）梁启超：《梁启超全集》，北京出版社1999年版。

（清）梁启超：《欧游心影录》，商务印书馆2014年版。

（清）梁启超：《新大陆游记》，商务印书馆、中国旅游出版社2016年版。

（清）梁启超：《饮冰室合集》（全十二册），中华书局1989年版。

（清）钱单士厘：《癸卯旅行记·归潜记》，杨坚校点，湖南人民出版社1981年版。

（清）容闳：《西学东渐记》，徐凤石、恽铁憔译，张叔方补译，湖南人民出版社1981年版。

（清）谭嗣同著，蔡尚思、方行编：《谭嗣同全集增订本》，中华书局1998年版。

（清）王韬：《漫游随录》，陈尚风等校点，岳麓书社1985年版。

（清）薛福成：《出使英法义比四国日记》，商务印书馆、中国旅游出版社2016年版。

（清）曾纪泽：《出使英法俄国日记》，岳麓书社1985年版。

［瑞典］罗敷：《越简单，越美好》，湖南文艺出版社2018年版。

［瑞典］罗敷：《这么慢，那么美》，中国友谊出版公司2015年版。

理论著作类

《马克思恩格斯全集》，人民出版社 2006 年版。

《毛泽东选集》，人民出版社 1969 年版。

《列宁选集》，中央编译局译，人民出版社 1995 年版。

鲍霁编：《萧乾研究资料》，北京十月文艺出版社 1988 年版。

陈独秀：《陈独秀文章选编》，生活·读书·新知三联书店 1984 年版。

陈建华：《"革命"的现代性：中国革命话语考论》，上海古籍出版社 2000 年版。

陈晓兰主编：《想象异国：现代中国海外旅行与写作研究》，时代出版传媒股份有限公司、安徽人民出版社 2012 年版。

方铭编：《蒋光慈研究资料》，宁夏人民出版社 1983 年版。

方维保：《红色意义的生成——20 世纪中国左翼文学研究》，安徽教育出版社 2004 年版。

冯光廉、刘增人编：《王统照研究资料》，宁夏人民出版社 1983 年版。

黄乔生：《西方文化与现代中国妇女观》，作家出版社 1995 年版。

黄嫣梨：《清代四大女词人——转型中的清代知识女性》，汉语大词典出版社 2002 年版。

贾鸿雁：《中国游记文献研究》，东南大学出版社 2005 年版。

姜智芹：《当东方与西方相遇——比较文学专题研究》，齐鲁书社 2008 年版。

荆竹：《荆竹文艺论评选》，黄河出版传媒集团、宁夏人民出版社 2017 年版。

旷新年：《现代文学与现代性》，上海远东出版社 1998 年版。

李岚：《行旅体验与文化想象：论中国现代文学发生的游记视角》，中国社会科学出版社 2013 年版。

李喜所：《近代中国的留学生》，人民出版社 1987 年版。

李喜所：《近代留学生与中外文化》，天津人民出版社 1992 年版。

李怡：《东游的摩罗——日本体验与中国现代文学的发生》，江苏凤凰文艺出版社 2018 年版。

林德冠、章武、王炳根主编：《冰心论集》（上、下集），海峡文艺出版社

2000 年版。

林伟民编选：《海滨故人庐隐》，人民文学出版社 2001 年版。

刘增人：《王统照传》，北京十月文艺出版社 2000 年版。

茅盾：《茅盾论创作》，上海文艺出版社 1980 年版。

苏明：《域外行旅与文学想象：以近现代域外游记文学为考察中心》，中国社会科学出版社 2016 年版。

钱理群、温儒敏、吴福辉：《中国现代文学三十年》，北京大学出版社 1998 年版。

任剑涛：《建国之惑：留学精英与现代政治的误解》，中国政法大学出版社 2012 年版。

石楠：《中国第一女兵：谢冰莹全传》，凤凰出版传媒集团、江苏文艺出版社 2008 年版。

宋剑华：《现代性与中国文学》，山东教育出版社 1999 年版。

孙立平：《现代化与社会转型》，北京大学出版社 2005 年版。

孙石月：《中国近代女子留学史》，中国和平出版社 1995 年版。

王淑良等：《中国现代旅游史》，东南大学出版社 2005 年版。

王德威、季进主编：《文学行旅与世界想象》，凤凰出版传媒集团、江苏教育出版社 2007 年版。

王一川：《中国现代性体验的发生》，北京师范大学出版社 2001 年版。

王岳川、尚水：《后现代主义文化与美学》，北京大学出版社 1992 年版。

夏晓虹：《晚清文人妇女观》，作家出版社 1995 年版。

肖巍：《女性主义伦理学》，四川人民出版社 2000 年版。

许纪霖、陈达凯主编：《中国现代化史·第一卷 1800～1949》第一卷，生活·读书·新知上海三联书店 1995 年版。

许纪霖、刘擎主编：《中国启蒙的自觉与焦虑》，上海人民出版社 2016 年版。

杨洪承：《王统照评传》，花山文艺出版社 1989 年版。

尹德翔：《东海西海之间》，北京大学出版社 2009 年版。

袁洪庚主编：《域外文学新论》，上海外语教育出版社 2007 年版。

章尚正：《中国旅游文学》，福建人民出版社 2002 年版。

中华全国妇女联合会妇女运动历史研究室：《五四时期妇女问题文选》，

生活·读书·新知三联书店 1981 年版。

周棉主编：《留学生与中国的社会发展》（第一卷），中国矿业大学出版社 1997 年版。

周宪：《现代性的张力》，首都师范大学出版社 2001 年版。

朱德发主编：《中国现代纪游文学史》，山东友谊书社 1990 年版。

朱寿桐：《中国新文学的现代化》，南京大学出版社 1992 年版。

邹嘉丽编：《忆韬奋》，学林出版社 1985 年版。

［日］北冈正子：《摩罗诗力说材源考》，何乃英译，北京师范大学出版社 1983 年版。

［美］本尼迪克特：《菊花与刀——日本文化的诸模式》，孙志民、马小鹤、朱理胜译，浙江人民出版社 1987 年版。

［德］本雅明：《发达资本主义时代的抒情诗人：沦波德莱尔》，张旭东、魏文生译，生活·读书·新知三联书店 1989 年版。

［法］波德里亚：《消费社会》，刘成富、全志钢译，南京大学出版社 2000 年版。

［美］丹尼尔·贝尔：《资本主义文化矛盾》，赵一凡、蒲隆、任晓晋译，生活·读书·新知三联书店 1989 年版。

［英］弗吉尼亚·伍尔夫：《论小说与小说家》，瞿世镜译，上海译文出版社 2000 年版。

［德］哈贝马斯：《公共领域的结构转型》，曹卫东、王晓珏、刘北城、宋伟杰译，学林出版社 1999 年版。

［俄］H. A. 别尔嘉耶夫：《精神王国与恺撒王国》，安启念、周靖波译，浙江人民出版社 2000 年版。

［德］卡尔·雅斯贝斯：《时代的精神状况》，王德峰译，上海译文出版社 1997 年版。

［德］马克斯·韦伯：《新教伦理与资本主义精神》，彭强、黄晓京译，陕西师范大学出版社 2002 年版。

［美］马斯洛：《人性能达的境界》，林方译，云南人民出版社 1987 年版。

［美］马泰·卡林内斯库：《现代性的五副面孔》，顾爱彬、李瑞华译，商务印书馆 2002 年版。

［英］迈克·费瑟斯通著：《消费文化与后现代主义》，刘精明译，译林出

版社 2000 年版。

[日] 实藤惠秀:《中国人留学日本史》,谭汝谦、林启彦译,北京大学出版社 2012 年版。

[法] 西蒙娜·波伏娃:《第二性——女人》,桑竹影、南珊译,湖南文艺出版社 1986 年版。

[美] 许烺光:《宗族·种姓·俱乐部》,薛刚译,尚会鹏校,华夏出版社 1990 年版。

论文类

鲍国华:《寻找"文学家"鲁迅的起点——北冈正子〈日本异文化中的鲁迅〉片论》,《文艺理论与批评》2020 年第 3 期。

鲍良兵、孙良好:《"旅行"中的苏俄形象与中国道路的不同想象——以瞿秋白和徐志摩的苏俄游记为中心》,《中国比较文学》2016 年第 4 期。

曹颖龙:《晚清维新士人眼中的"西方"——以康、梁的欧美游记为中心》,《全球史评论》2010 年第三辑。

冯雪:《晚清域外游记中的欧美形象》,硕士学位论文,山西大学,2013 年。

傅建安:《从闺门到世界——论 20 世纪初女性域外纪游文学创作》,《中国文学研究》2023 年第 1 期。

傅建安、崔昊:《论"东京鲁迅"与中国近代思想启蒙》,《城市学刊》2017 年第 1 期。

傅建安、孙文科:《论中国新世纪北欧纪游文学的生命哲学》,《怀化学院学报》2019 年第 9 期。

傅建安:《晚清使臣域外纪游文学现代性借鉴的文化间性》,《南方文坛》2022 年第 4 期。

傅建安:《现代域外纪游文学的思想价值》,《中国社会科学报》2019 年 11 月 4 日。

傅建安、肖胜英:《论邹韬奋域外纪游文学的现代性思考》,《城市学刊》2019 年第 1 期。

傅建安:《中国现代域外纪游文学的兴起与现代转型》,《城市学刊》2022

年第 1 期。

高旭东：《鲁迅：从〈斯巴达之魂〉到民族魂——〈斯巴达之魂〉的命
　　意、文体及注释研究》，《文学评论》2015 年第 5 期。

古继堂：《中国第一位女兵作家——谢冰莹》，《新文学史料》2000 年第
　　4 期。

贾植芳：《中国留日学生与中国现代文学》，《山西师大学报》（社会科学
　　版）1991 年第 4 期。

姜静楠：《江湖之忧更潇洒——论郁达夫及其纪游文学》，《中国现代文学
　　研究丛刊》1996 年第 4 期。

姜振昌：《新文化运动激起的涟漪——五四纪游文学创作概况的描述和判
　　断》，《山东师大学报》（社会科学版）1990 年第 2 期。

李欧梵：《当代中国文化的现代性和后现代性》，《文学评论》1999 年第
　　5 期。

李书磊：《作为异文化体验的"梁启超游美"——重读〈新大陆游记〉》，
　　《中国现代文学研究丛刊》2014 年第 3 期。

李喜所：《清末留日学生人数小考》，《文史哲》1982 年第 3 期。

林尚立：《现代国家认同建构的政治逻辑》，《中国社会科学》2013 年第
　　8 期。

刘洁：《徘徊在现代与传统之间——吕碧城文学创作的矛盾性之解析》，
　　《中国现代文学研究丛刊》2005 年第 2 期。

刘奎：《制度的风景：旅苏游记与四十年代文化人的政治选择》，《新文学
　　史料》2018 年第 3 期。

刘纳：《〈说钅日〉·新物理学·终极——从一个角度谈鲁迅精神遗产的独
　　异性和当代意义》，《中国现代文学论丛》2009 年第 1 期。

秦弓：《鲁迅与异文化的接触——以明治时期的日本为舞台》，《当代作家
　　评论》1996 年第 6 期。

沈庆利：《中西文化的聚光镜——老舍〈二马〉论》，《中国现代文学研
　　究丛刊》1999 年第 1 期。

孙晓娅：《谢冰莹与〈黄河〉月刊》，《中国现代文学研究丛刊》2001 年
　　第 3 期。

谭桂林：《佛性与现代性的渗透与融合——论太虚法师诗文创作中的新文

化影响》，《文学评论》2013 年第 3 期。

谭桂林：《鲁迅：用世界眼光讲叙中国故事》，《探索与争鸣》2016 年第
　　7 期。

谭桂林：《论吕碧城的佛学贡献及其佛教文学创作》，《人文杂志》2012
　　年第 1 期。

谭桂林：《论现代中国文学的都市诗》，《文学评论》1998 年第 5 期。

唐弢：《西方影响与民族风格——中国现代文学发展的一个轮廓》，《文艺
　　研究》1982 年第 6 期。

王兆胜：《论 20 世纪中国纪游散文》，《海南师范学院学报》（人文社会科
　　学版）2001 年第 3、4 期。

韦良：《中国现代左翼浪漫主义诗歌研究》，博士学位论文，南京师范大
　　学，2013 年。

肖淑芬：《庐隐：中国现代文学史上第一位女权主义作家》，《扬州大学学
　　报》（人文社会科学版）2006 年第 6 期。

杨丽娟：《20 世纪上半期中国的“苏俄通讯”研究》，博士学位论文，扬
　　州大学，2013 年。

杨汤琛：《文化错位下的书写——晚清首部域外游记〈西海纪游草〉分
　　析》，《华文文学》2016 年第 3 期。

叶杨曦：《近代域外人中国行纪里的晚清镜像——以冈千仞〈观光纪游〉
　　为中心》，硕士学位论文，南京大学，2012 年。

余婷婷：《1912—1932 年中国游记研究》，硕士学位论文，华侨大学，
　　2006 年。

张福贵：《“人民性”文艺思想生成的逻辑基础与理论建构》，《文学评
　　论》2022 年第 3 期。

张光华：《甲午战前旅日士大夫的日本印象》，《贵州社会科学》2013 年
　　第 7 期。

张历君：《镜影乌托邦的短暂航程——论瞿秋白游记中的乌托邦想象》，
　　《当代作家评论》2006 年第 1 期。

郑大华：《从“天下”走向“世界”——近代中国人世界意识的形成与
　　发展》，《中国文化研究》2020 年第 2 期。

周宪：《旅行者的眼光与现代性体验——从近代游记文学看现代性体验的

形成》，《社会科学战线》2000 年第 6 期。

周一川：《清末留日学生中的女性》，《历史研究》1989 年第 6 期。

朱德发：《文学研究会"为人生"文学观的基本特征》，《文学评论》1984 年第 6 期。

朱寿桐：《文学的本质是生命痛感的申述——中外比较文学视野中的汉语纪游文学》，《天津社会科学》2016 年第 6 期。

后　记

　　本著作是我国家社科基金项目的结项成果，课题从 2017 年获立项到现在已经 6 年多了。当我的《现代中国域外纪游文学研究》书稿打上最后一个句号之时，时间已经进入 2023 年初冬，在朋友圈游历了各处初冬季节从"绿"到"黄"再到"红"的颜色渐变的绝美风景的同时，我也经常流连忘返于银杏飘落，遍地金黄的校园。近几年由于疫情影响与课题压力，我的实地旅行减少了，但我却跟随各位大家神游了世界各地，收获颇丰，倍感充实。

　　本著作在对现代中国域外纪游文学进行全面观照的基础上，依据不同作家类别、不同的旅外缘由、不同创作追求，从宏观与微观结合的角度对现代中国域外纪游文学进行分析研究。本书分六章，从中国近现代域外纪游文学发展概况、近现代中国历史动因、日本纪游文学、女性域外纪游文学、欧美域外纪游文学、红色游历与左翼文化六个方面进行全面阐述，前两章纵向阐述发展概况与历史动因，后四章从不同地域、主题进行横向展开。因为研究面广，涉及的作家作品很多，作品的阅读量很大；文献资料的收集整理也存在很多困难，有些作品已经散佚，作家以笔名发表作品难以分辨，还有很多作家在国外发表纪游作品，跨国收集难度大，资料收集的完整性受到了影响。所以，研究的过程是很艰难的。现在回头想想，仍然觉得不容易。

　　我从 1999 年考入上海师范大学攻读硕士研究生时开始进行都市文学与都市文化研究，20 多年来我研究的理路经过了从作家作品研究，都市文学与都市文化的横向比较研究，都市文学与都市文化的纵向发展脉络研究，都市女性形象与都市文化的现代性建构的研究的过程，现在，我从现代域外纪游文学着手，力图从当年闪烁着思想光华的域外行旅者的点滴记载梳理寻找中国思想文化现代性建构的域外影响源。

感谢我的博士生导师谭桂林先生和硕士导师杨剑龙先生。我曾戏言这两位老师真是"一日为师，终生为师"。意思是当我成为他们的学生之后，不管在学习期间还是在毕业以后，总有很多问题请教老师，请求老师指导，老师也总不厌其烦地教导我。为此，我深怀感恩，并且觉得能遇上这样胸怀宽广、学识渊博的老师真是我人生的幸运。课题的立意得到谭老师的启发，得到杨老师的肯定，整个过程都得到两位老师的悉心指导。谭老师还为我的著作写了序，给我肯定、鼓励与鞭策。这些都让我非常感动。著作写作过程中参看了陈晓兰、李怡、苏明、李岚等诸多方家的研究成果，受益良多，在此一并致谢！感谢界内各位专家的抬爱，本课题获"良好"等级结项。

我还要感谢学校领导的支持与厚爱，感谢人文学院班子成员与老师们对我的支持与帮助。感谢我的爱人的支持与奉献，他在繁重的行政工作之余，默默做好了后勤保障工作，让我有时间和精力完成我的研究。感谢我的女儿，她正攻读硕士研究生，我们娘俩总是能互相鼓励，格式方面很多事情都由她帮我编写。

感谢中国社会科学出版社文学艺术与新闻传播出版中心郭晓鸿主任的大力支持，感谢本书责编王越老师的辛勤付出，她的严谨、认真的工作态度让人敬重。

感谢发达的数字化资源，让我免去了许多旅途的艰辛，能在校园内尽可能快地获得研究所需要的资料。我想如果换在过去，这部著作的完成将会更加困难。

著作也有很多地方不尽如人意，为此也给我提供了努力的空间。我将继续身体与精神的漫游，在无涯的书海中，用心摆渡。

傅建安
2023 年 11 月